清 华 东 方 文 库

李廷江　主编

清华日本研究

第一辑

社会科学文献出版社
SOCIAL SCIENCES ACADEMIC PRESS (CHINA)

清华东方文库编委名单
（按姓氏笔画）

主 办

清华大学日本研究中心

主 编

李廷江

执行编辑

李 佩 丁兆中

目录 ⸻⸻⸻ ＼

卷首语　日本研究的方法与中日关系 ………………………… 李廷江 / 1

特邀专论

开创新的日中关系 ……………………………………… 御手洗富士夫 / 3
全球化时代的日中关系展望…………………………………… 绪方贞子 / 12
中日共同历史研究的过程与问题………………………………… 步　平 / 18
政权交替和日本的走向………………………………………… 田中明彦 / 33

专题论文

日本外交的主流思维
　　——"带倾向性的中间路线" ………………………… 赵全胜 / 47
多极化趋势下的中日美三国关系与朝鲜半岛形势………………… 王少普 / 70
东盟国家如何看待中日关系
　　——以新加坡为中心…………………………………… 李　文 / 80
日本智库的沿革及其在外交决策中的作用……………………… 吴寄南 / 91
20 年来中国的日本外交研究（1985~2005 年）………… 李廷江 / 106

专辑　东亚共同体的谱系

东亚共同体形成的意义 …………………………………… 平野健一郎 / 125

东亚共同体与亚洲主义 ················· 山室信一 / 134

日本的东亚共同体构想与美国 ················· 刘世龙 / 153

韩国东亚论述系谱与分断体制克服的意义 ················· 白永瑞 / 161

论中国“东亚共同体”构想的理念及主要特点 ············ 石源华 / 171

从满洲到东亚共同体

    ——西田几多郎的再现 ················· 石之瑜 / 181

会议专辑 晚清中国社会变革与日本

日韩合并在华反响及其对清末宪政改革进程的影响 ············ 李细珠 / 197

“同文同种”下的陷阱

    ——试论梁启超的《和文汉读法》 ················· 陈力卫 / 224

在中国发现武士道

    ——梁启超的尝试 ················· 陈继东 / 257

清末军制改革与日本

    ——以张之洞为中心 ················· 李廷江 / 284

张之洞与日本模式海军建设的嚆矢

    ——创建湖北海军的颠末 ················· 冯青 / 299

法政速成科与清末中国 ················· 李晓东 / 318

从文学方面看中日两国百年历程

    ——历史和展望 ················· 刘岸伟 / 328

研究笔记

西方社会科学理论与日本研究：实证材料、方法和视野

    ——以《经济意识形态与日本产业政策：1931～1965 年的

    发展主义》为例 ················· 高柏 / 343

自古兴邦赖老成

    ——张睿父子与涩泽荣一 ················· 李佩 / 366

清华四大导师与日本 ················· 石长慧 / 382

卷首语
日本研究的方法与中日关系

李廷江

清华大学日本研究中心成立于中国与国际日本学界转型之际以及中日两国进入战略互惠新时代的重要时期。具有两大优势。第一个优势，是国际日本学格局出现了新的调整与变化。"时来天地同协力，远去英雄不自由"。近年来，面对中国的高速发展和日本社会的变化，欧美学界的日本研究锐气大减，不少学者对日本和日本研究向何处去产生了相当大的困惑和危机感。而中国的日本研究却生机盎然。清华大学对日本研究的重视和决心，反映了中国正在探索走出一条日本研究的新路，同时也预见了新一波研究日本的高潮即将在中国兴起。

第二个优势，是中日关系历史性变化提出了新的课题。为什么在国际上的日本研究走向低谷时，中国却掀起了又一轮的日本研究热呢？我想，主要的原因是中国方面的变化和中日关系的变化。对于中国的日本研究而言，中日关系既是重要的外部环境，也是重要的内在因素。因此，中日两国领导人提出建立战略互惠关系以及两国民众的善意回应，不仅仅是新一轮日本研究兴起的契机，也是保证把它做好做大的源头活水。

那么，当下中国的日本研究处于什么样的一种状态呢？它和中日关系具有怎样的联系呢？就此，我想从三个方面向大家汇报几点不成熟的思考。

一 "以中国为中心" 的日本研究

中国的日本研究始终与中日关系有着密切的关联，一部日本研究学术史就是一部中日关系史的真实记录。这里，我想以中日关系的视点，把近代中国的日本研究分为三个时期。

第一，清末以明治维新为样板，进行改革与革命的时代。众所周知，1895 年甲午海战之后，是清朝政府于震惊和觉醒之中，朝野上下学习日本的开始。在政治层面上，戊戌变法是光绪皇帝效仿日本的直接结果，清末新政是慈禧太后学习日本的间接结果，辛亥革命则是孙中山认同明治维新的必然结果，日本成为引发中国政治变动的重要媒介；在学术层面上，大批的中国学生留学日本，数以千计的日本教习顾问进入中国社会，近 40 年间中国总计翻译了 2717 本日文著作，日本成为影响中国学术发展的重要源流；在社会层面上，明治改革的经验给中国刺激与启迪，富国强兵的国策催生了中国的民族主义，侵略战争的创伤在中国民众的心底留下了刻骨铭心的历史记忆，日本成为触动中国民众情感脉搏的重要因素。可以说，在相当长的一段时间里，中国社会的一些重大变化都与日本有着千丝万缕的联系。

但是，相对日本对中国的影响，中国的对日研究十分逊色。此时中国学术界关注日本政治制度，只想通过引进日本的经验，尽快解决好自己的事情，表现出急切的拿来主义和实用主义。其结果，日本对中国的影响很大，中国对日本的理解还很片面与浅薄。

第二，参考战后日本经济发展模式，进行改革开放的时代。事实证明，战后日本的发展是促使邓小平决心改革的重要因素之一。随着改革开放的深入，日本的发展模式又开始广泛影响中国。首先，在认识层面上，中国领导人通过多次出访目睹了现代化的日本，从找出差距到认识了改革开放势在必行。其次，在决策层面上，由主管领导和专家组成的经济调查团，连续几批访日考察写出了受到中央领导高度重视的调研报告，加快了初期改革决策的步伐。最后，在民众层面上，代表世界先进技术水平的日本各类电器产品涌进中国社会后，表面上，人们的好奇心在硬件上，实质上，人们的认识发生了变化。

　　这一时期的研究重点是经济。自 20 世纪 70 年代末起，由经济领先的日本研究在全国政府和研究机构迅速铺开。最初是参照日本模式改革了企业管理制度，接着，借鉴日本经验深化改革一度成为决策层和学界的共识。到了后来，日本以及日本经验已经成为中国民众实感现代化内涵，继续改革开放的一个参照。这时的中国民众迫切希望了解"日本现象"的本质和什么是"日本经验"。但是，研究刚刚深入不久，应对解读中日之间的摩擦冲突逐渐上升为日本研究的主要内容。以至于学界前辈再三提醒和呼吁，中日关系研究固然重要，但是毕竟不能代替日本研究的全部。说到底，缺少历史感和整体认识的日本研究，能为社会提供的知识与实际的参考毕竟是有限的。可是，无论重视经济也好，还是转向中日关系也好，其目的就是要为我服务，希望从日本找到解决中国现实问题的答案。

　　也许可以说，从 19 世纪末到 21 世纪前夜的近百年的时间里，从中国问题意识出发，使用以中国为中心的研究视角，始终是中国日本研究界的最大特点。一方面，这个视角是人们长期形成的观念，是时代的产物，本来没有好与不好的问题；另一方面，这种习惯性意识，固定了我们理解日本的基本视野，影响了真正的学术研究，造成了日本形象与真相之间的差距。因此，如何改换问题意识，如何放宽研究范围，如何接近理解日本社会真实等，逐渐引起人们的重视，越来越为大家所关心。

　　虽然，现状并不令人满意。令人欣慰的是，变化来得很快。今天，中国的日本研究的问题意识正在告别"以中国为中心"的阶段，即将拉开"以日本为中心"的时代帷幕。

二　"以日本为中心"的日本研究

　　第三，就是今天的时代。也是我想提倡的把研究视角和模式从"以中国为中心"向"以日本为中心"转移的时代。换言之，这也是我对变化中的日本研究趋势的认识、概括与期待。

　　回顾历史，中日关系大环境的生态，决定了中国的日本研究者的心态。想一想，在过去的年代，作为中国人，从中国立场出发研究日本乃天经地义之举，不需要第二个视角。为什么？因为对于中国学者而言，在中日两国战争与和平、对立与冲突的一百年里，实在难以产生多维思考，即便有意识萌芽，客观环境也不具备可操作性，难以普及。百年中国日本研究的特色，也是日本研究难以进入科学殿堂的局限。

欢呼日本研究新时代的到来，是因为当下中国具备了科学研究的天时地利。

另外，经受了各种考验的中日两国建立了战略互惠关系，也使日本研究的范围和方法随之发生了根本变化。由于时代变了，研究者的心态也变了，科学的研究被提到议事日程上来。就这样，"以日本为中心"的研究视角和模式呼之欲出。

什么是"以日本为中心"的研究视角呢？主要有两点，角度与模式以及范围与方法。一是要在过去的"以中国为中心"的一个角度上再增加几个角度，客观看日本，全面了解日本，同时做到尽量以设身处地的移情方式研究日本的历史和现实，去认识、理解、重建一个真实的日本。二是多维思考研究日本，包括有中国人的方式，也有外国人的方式，同时也有日本人的方式。依我来看，中国的日本研究从关注政治，转到经济，再到以学术为主，从"以中国为中心"到"以日本为中心"的方法和意识的变化，反映了中国日本研究学术发展的轨迹，也是中日关系良性互动变化的必然结果。而且这种变化是必然的，独具中国特色的，同时也是其他国家所不具备，不可相比的。过去，我们也讲要客观研究日本，不要感情用事，但是很难做到，非不为也，乃不能也。但是，时代不同了，世界形势变了，中日关系变了，被欧美学者视为困境的日本研究，对于中国学者而言，天地广阔，具有无限生机。这是今天我们所面临的时代特征和学术背景。

三　21世纪中日关系新时代

当然，在机遇面前，我们还必须迎接新的挑战。

清华大学日本研究中心的筹备工作经历了较长的时间，我有幸参加了整个过程。在比撰写博士论文时间还要漫长的岁月里，在频繁地往返于日本和中国的旅途中，我始终思考着这样一个问题，那就是，为什么要研究日本，研究日本的意义何在？日本是中国的重要邻邦，是世界经济强国，历史上和今天都创造出了独特的文化。仅此而已，日本理所当然地受到国际社会关注，成为中国学者研究的重要对象。然而，对于今天的中国学者来说，研究日本除了要满足社会、知识和学术三个方面的需要之外，还应该坚持中日关系的思考。

　　如果用历史的眼光来审视的话，今天中国与日本的关系应该是最富有创意的，最有发展前途的。我认为两国的战略互惠关系，包括了历史中的中日关系、国际视野中的中日关系和21世纪的中日关系的三个内容。历史中的中日关系主要讲，2000年友好的大历史与100年的对立与冲突，战争与和平，政治经济与文化社会的几个层面。国际中的中日关系，就是要把中日关系放到国际社会的大背景中，思考地域合作、人类发展、世界和平的理念，同时中日关系也要得到国际社会的认同，得到周边国家的尊敬，是不排斥第三者、第三国的，是一个开放的联合体，要在国际社会中共同发挥重要作用。那么，21世纪中日关系的定义和内容也就呼之欲出了。就是要体现两者交流上的互动和互惠，理念上的和平与和睦，认识上的多元与多层。在世界政治经济社会大变革之际，中日两国的合作互惠无论对于国际社会还是对于东亚地区而言，都是稳定发展的极为重要的因素和保障。清华大学日本研究中心有幸成立于这样一个大时代到来之时，其意义之大、责任之重。展望未来，我们感到如履薄冰，任重道远。中日各界的支持和期待，将永远是激励我们努力的动力和财富。我们也保证不负众望，竭尽全力工作，把清华大学日本研究中心办好！

（本文为作者在2009年4月10日
清华大学日本研究中心成立大会上的发言）

特邀专论

开创新的日中关系

日本经济团体联合会会长　御手洗富士夫

在进入主题演讲之前，首先，我对去年成功举办的北京奥运会以及中国成功发射载人宇宙飞船"神舟 7 号"表示衷心的祝贺。北京奥运会以"同一个世界，同一个梦想"为主题，成功地向世界展示了发展中的中国，而集中了最先进科学技术的"神舟"飞船，又让人感到中国的科技水平已经位居世界前列。

另一方面，去年在四川发生了举世震惊的汶川大地震的惨剧。在此，我谨代表日本经济界，对受灾群众表示衷心的慰问。四川汶川大地震发生以后，日本迅速派出了救援队，抢救生命。救援队的工作受到了中国广大民众的赞誉，这有助于增进两国人民之间的信赖关系。据我所知，日本经团联（"日本经济团体联合会"的简称）的会员企业共向灾区捐赠近 40 亿日元。我担任会长的佳能公司，除佳能中国公司单独向中国红十字会捐款外，还将医疗设备运送到当地医院，用于伤者的治疗。另外，我担任委员长的"日中中坚干部交流实行委员会"共三次接待了总人数在 200 人以上的中国地震复兴考察团，持续开展了旨在使日本的经验和智慧能够为灾区恢复重建发挥作用的活动。

我认为，越是艰难的时候，越需要日中两国以"雪中送炭"的互助精神进行交往。我确信，在这场不幸的地震灾难面前，日中两国国民齐心协力面对困难的事实，必将有助于未来两国关系的发展。

——

今天我演讲的题目是《开创新的日中关系》。下面就此谈一些思考和想法。

2006 年 10 月安倍首相访华以来，日中两国的首脑互访外交使双边政治环境得到了巨大改善。去年 5 月胡锦涛主席访日之际，福田康夫首相和胡锦涛主席签署了《日中关于全面推进战略互惠关系的联合声明》，表示两国将整体推进"战略互惠关系"，共同创造亚太地区及世界的美好未来。这是继 1972 年《日中联合声明》、1978 年《日中和平友好条约》、1998 年《中日联合宣言》之后的第四个政治文件，描绘了日中两国对 21 世纪的美好展望。

政治环境是经济活动的基础。日本经济界热烈欢迎福田首相和胡主席签署的《日中关于全面推进战略互惠关系的联合声明》，高度评价两国首脑为此付出的努力。这样，日本与中国的联系将更加紧密，双方的信赖关系也将更加深厚。

回顾历史，日本与中国之间曾有过不幸的过去，我们日本国民应该深刻反省。1972 年，由于周恩来总理的努力等因素，日中两国实现了和平建交。当时的日本首相田中角荣访问北京时，周总理送他一句中国两千多年前的古语——"前事不忘，后事之师"。这句话是说"铭记过去发生的事情，对于现在乃至未来都具有重要的借鉴意义"。周总理当时呼吁不要忘记不幸的过去，但要在此基础之上构筑两国的友好关系。

其后，日中两国关系也曾几度面临困难，但是两国政府和国民牢记周总理的教诲，珍视"互惠"精神，时至今日已在各个领域发展和壮大了双边友好纽带关系。其中，我本人也实际参与了这些友好合作活动，并为两国之间日益增进的相互信赖关系深感欣慰。而我自己也一直以身体力行、"不惜粉身碎骨为国尽力"的周总理作为自己的榜样。

周总理留下了丰功伟绩。但非常遗憾的是，他在 1976 年尚担任国家总理这一重任时就逝世了。当时中国民众送给周总理的评价是"鞠躬尽瘁，死而后已"。这是贵国的《三国志》中蜀国的诸葛孔明留下的话。在日本，我们说这句话时，是表示"竭尽全力投身工作"的决心。赞美周总理，这句话再合适不过了。

作为一个组织或公司的领导，需要有像周总理这样的"不惜粉身碎骨为国尽力"的精神。作为佳能公司的经营者和日本经团联的会长，我每天牢记这句话，去挑战困难，也经历了各种各样的事情。我想，在座的各位将来作为中国各方面的领导，为国效力的机会很多，让我们一起以"鞠躬尽瘁，死而后已"的精神共勉而勇往直前吧。

二

对于今天在座的年轻学生们，我讲几句特别想讲的话。

在座各位恐怕是从中国各地来的吧。无论在什么地方，都会出现各种各样的人才。能不能成为人才，与其出身并没有关系，只要集中自己的才能，并充分发挥出来，就能够为国家效力。

其实，我本人也是在日本九州的农村长大的。从地理上看，日本的这个地方离贵国最近。

我来自九州的大分县，该县最南端就是我的故乡蒲江。那里临海，人们年复一年以农业和渔业为生，相互支持，可以称得上是一个"互惠"精神得到最佳体现的共同体。我在那里度过了 16 个春秋，其后壮志满怀地考到东京的高中及大学。

我大学毕业后到佳能公司工作，做到第七年时被派驻美国。最初从照相机、电子计算器等的销售做起，学习了会计、人事等，而后被任命为佳能公司驻美国当地法人公司的社长，前后共在美国工作了 23 年。在此期间，中国与美国和日本都实现了戏剧性的建交，当时我那种发自内心的喜悦之情，至今记忆犹新。

在美国期间，我也经历了几次经济衰退，也曾有过很多艰苦的时候。但每当出差回日本时，我必定会回故乡看看，感受家人的亲情和故乡的温暖，从中获得巨大的力量，从而能够振作精神返回美国。这就是我"为社会尽力"和"为国家尽力"的原动力。在座的各位可能今后也会遇到各种困难，希望你们在遇到困难时能想起今天我说的话，回故乡看看，感受故乡的温暖，并从中得到勇气和力量，从而战胜困难。

我于 1989 年 4 月回到日本，1995 年 9 月起担任佳能公司的社长。当时的日本正逢泡沫经济破灭期，佳能公司的经营也面临危机。我充分发挥在美国子公司时的经验，将人才和资金集中到收益和前景看好的领域，中止了持续出现赤字、没有发展前途的相关领域的事业，也就是推进事业的"选择与集中"，并在此基础上开展全球事业战略，终于使佳能变为屈指可数的高收益企业。

作为一个经营者，"创新"是我很下工夫的一件事。在制造业，制造出优质的产品来销售是根本。但是，如果不通过产品及附加服务经常向世人提供"新的价值"，从而被大家喜爱并得到支持的话，就不可能有持久的繁荣。大家可能都知道，从照相机的制造开始，佳能公司不断创新，在众多领域都开发出了自己独特的技术，特别是在数字技术领域，我们的复印机、打印机和照相机等产品一直走在世界的最前列。在这个过程中，我们获得了顾客的认同和信赖，从而建立起"佳能"这个品牌。

在中国，我们的产品也得到了很多人的支持。特别是在当今国际金融危机、各国经济均不景气的情况下，佳能公司依然实现了高速增长。

2006 年 5 月，我将社长一职托付给后辈，自己担任了整合日本经济界的组织——日本经团联的会长。自那以后，我就全身心地致力于日本和中国及世界各国经济界的合作与交流。我曾八次访问贵国，我的访华次数在历任经团联会长中是最多的，现在这个纪录还在更新。

日本经团联接待过到访的世界各国领导人，就各种合作的可能性交换意见。仅就中国领导人来说，我们就接待过国家主席胡锦涛、总理温家宝、政协主席贾庆林、政治局常委李长春、国务委员唐家璇等，进行了难能可贵的交流。

正如我刚才所说的那样，日本重视以"互惠"的精神与中国加深交流。2007 年，为纪念日中邦交正常化 35 周年，两国均开展了"日中文化体育交流年"的相关活动。我担任日方实行委员会的委员长，向各界呼吁支持这些活动，前后共举办了 300 多场的活动。由于大家的努力，这些活动进一步促进了两国国民层面的相互理解。而为了实现"互惠"，日中两国相互了解和理解是不可或缺的。增进相互理解，有利于贸易和投资的增长，从而为两国国民带来富裕的生活。借此机会，我向大家保证，我们日本经团联今后也将秉持"互惠"精神，为进一步促进两国的交流而努力。

三

2008 年 5 月胡锦涛主席访日时，他在对日本经济界代表的讲话中提出了四点建议：一是"重点加强节能环保领域合作"；二是"积极参与中国区域发展进程"；三是"大力推进两国企业合作"；四是"在地区和全球经济事务中加强合作"。这四点建议均是落实日中"战略互惠关系"的重要内容，日中双方应努力合作，使其得以实现。在这里，我想提醒大家注意的有以下几点。

首先是第一点建议中的环保领域的合作。现在大家都已认识到全球变暖是全世界面临的共同问题,因此我们应该考虑构筑继《京都议定书》之后的新的国际合作框架。日中两国应在这一领域努力构筑整体的、多层面的合作体系,以期成为世界的榜样。

在此,我想强调一点,这也是作为一个经营者平时感触较多的一点。这就是在开发新产品的同时,非常需要创新的正是保护地球环境所需的技术。防止二氧化碳增多引起的全球变暖以及消除各种污染物,保护地球,使之变得更加美丽,且能长久永驻,是我们生活在地球上的人类的共同责任。当今世界各国都在解决环境问题方面采取了各种措施,甚至出现了相互竞争相关环保成果的局面,这是令人欣喜的。当今时代,企业致力于环保是维护其品牌不可或缺的因素,我们应当采用最先进的技术,努力保护我们的环境。

佳能公司以"为世界的繁荣和人类的幸福作贡献"作为企业的目标,公司上下都在积极采取措施,应对全球环境问题。希望今后不仅政府之间,日中两国企业间的相关合作也能够有所进展。在日本经团联看来,全球环境对策和新能源开发等不仅仅是单纯地解决环境问题,在 21 世纪它还有可能发展成为一种新兴的产业,日本经团联对其可能性进行了各种讨论。去年 7 月,日本经团联与介入中国的环境产业较深的企业一同设立了工作小组,于 12 月总结了大家的建议,并将其传达给日中两国的总理和环境事务官员。

在中国,由"粗放型经营"转向"集约型经营",已经是国家的基本战略。为保护地球环境,中国正在致力于建设"循环型经济"。我想,如果我们所积累的节能及新能源技术今后能够为中国实现"循环型经济"作贡献,那将是一件非常令人高兴的事情。就此我们也已多次进行了各种意见的交换。

为了推进两国政府间的合作以及中国的环境产业的发展,有必要把握中国环境问题的情况、环境政策的动向以及正确理解和评价迄今日中环境合作的实际成果。在分析中国国内动向的基础上,发表研究成果以使更多的人能够了解日中环境合作的必要。日本政府将通过与中国的政策对话,构建制度方面的基础,并在政府构建的制度基础之上,最大限度地发挥企业具有的能力。这样,就可以通过促进和深化政府、企业的合作来进一步激发专家的研究智慧。我们应尽早创造这样的一种良性循环。

为了创造这种良性循环，充分应用专业的学术成果是重中之重。因此，日本经团联敦促日本政府在环境领域最大限度地投入人才、资金，并使用各种政策手法构建产官学合作体系。而学术的世界是没有国境的。在中国的研究机构中，清华大学对政府的政策立案具有很大的影响力。我期待清华大学在地球环境领域也能够与日本在内的世界各国交流，作出更大的贡献。

现在，在两国政府的支持下，日本经团联正在"日中节能—环境综合论坛"上努力推进企业合作的商务模式的构建。我热切期待清华大学的研究成果能够在这一平台上得到充分利用。

另外，现在中国政府正在大力优化产业结构，为此也必须优化消费结构。当今中国，环境标签和绿色购物正在迅速普及，而"环境友好型产品"即"环保产品"的概念也备受瞩目。为了使中国民众进一步理解"环保产品"的重要性，我们经团联曾表示可以考虑将在日本已经有十年历史的"环保产品展"搬到北京举办。

可能大家也知道，日本经团联的副会长、在华销售额达到1万亿日元的松下公司的中村邦夫会长曾这样说过，在中国，现在正是席卷企业和消费者的环境产业革命方兴未艾之时，在中国办"环保产品展"，将会给大家带来重要的启迪。中村先生对在中国举办"环保产品展"寄予很大的期待。如果这个"环保产品展"以及在联合国等机构讨论的"绿色新政"构想，能够成为日中两国进一步合作的领域，并使其成为振兴环境产业的催化剂，毫无疑问将带来看得见的有形成果。

诚然，地球环境问题不是一朝一夕就能解决的，但也绝不是可以袖手旁观的。希望中国和日本能就环境问题加强对话，并采取有实效的行动。在此，我们不能忘记一点，即环境问题不是单靠有环保意识的人们的努力就可以解决的。只有中央政府、地方政府、企业、团体，还有每个国民都参与进来，环境问题才有望得到解决。在这个意义上，应该把"环境"作为日中两国的共同目标，我们日本经济界也愿意为此作出更大的贡献。

上面谈环境问题用的时间稍微有点长了。胡锦涛主席的第二点建议就是积极参与中国区域发展进程。我认为，要构建和谐社会，必须缩小区域之间的差距。我热切期待日本企业能够积极地参与到中国的西部大开发、东北地区振兴以及中部地区崛起、环渤海地区振兴等战略中来。而这需要中方提供相应的信息和充分的相关奖励制度等。

　　我在演讲开始时提到了四川汶川大地震震后灾区的复兴，我们希望根据中国制订的恢复重建计划的宗旨，协助中方在生活基础设施的重建、产业基础的强化等方面做一些事情。

　　为了加强区域开发、实现和谐社会，就必须在描绘社会的未来图景时，尽早对社会、经济结构进行改革。例如，为了培育知识创造型产业，我认为日中两国进行信息交换是有裨益的。另外，少子化及老龄化问题在中国已成为严重的社会问题，这也可以成为共同研究的对象。

　　胡锦涛主席提出的第三点建议，是创造能够促进企业合作的环境。毫无疑问，加强两国企业间的合作，是促进日中经济双赢关系发展的基础。

　　要促进两国企业就必要的技术开展相关的商务活动。日本企业在推进企业间商务层面的合作时，很重视知识产权的保护。虽然这一点已经被反复强调，我仍希望中国的知识产权保护能够有切实的进展。另外，为了构筑战略性企业合作关系，毋庸讳言，有必要保证法律法规应用的透明性、事前预见性以及法律法规的切实执行。同时，为了使多样化的投资合作关系成为可能，完善资本市场和金融市场也是必要的。再者，为创造一个公平、公正的市场环境，也要求在实施《反垄断法》时保证透明度及确保事前预见性。这些都还需要日中双方的努力。

　　从日方来看，作为制造业基础技术的持有者的日本中小企业进入中国市场的重要性将不断上升。除去为将要进入中国市场的日本中小企业提供信息外，也有必要落实企业开拓市场所必需的服务支持，充实中小企业集聚区域内的行政服务等。

　　最后，胡锦涛主席提出的第四点建议，是加强两国在全球事务中的合作关系。日中两国在国际社会中都是占有重要一席之地的国家，在促进国际新秩序的形成、经济基础条件的改善方面负有相应的责任。而在观察国际社会的动向时，我们会发现有几个变化：世界各极的力量对比正在逐渐发生大的变化；地区和种族的对立因素呈现多样化；参与建立新秩序的成员也显著增加。

　　除核不扩散问题之外，最应关注的问题就是如这次金融危机中所显示的那样，仅仅依靠传统发达国家的合作体系已经不能解决世界所遭遇的问题。就经济方面而言，应从根本上重新思考产业文明的模式。产业革命以来的经济体系，并没有以资源的供给和大自然的循环功能是有限度的这一事实为前提。在全球化使经济发展加速时，大家深切意识到，以石油为首的资源需求的扩大与价格高涨已经成为制约发展的主要因素。环境问题也不可能在当今这个大量生产、大量消费、大量废弃的体系之中获得解决，这是我们迫切需要认识到的。

伴随着经济全球化的进展，出现了世界各国经济景气趋同化和波及面扩大的现象。源于美国的次贷危机引发世界各国经济同时陷入不景气的现象，可以说是一个典型的例子。针对这样的情况，需要世界主要国家有规律的政策运营和政策调整。而在掌握跨国流动的金融资本的规律等方面，我们的努力也还远远不够。

此外，我们也不能忘记世界贸易组织的强化。全球自由贸易体系是世界经济发展的基础，特别是当我们面临当今空前的经济危机时，就更需要维持和加强世贸体系。为了使世贸组织的"多哈谈判"尽早达成协议，希望日中两国政府能建立强有力的合作关系。

进一步而言，日中两国在东亚地区都是非常关键的角色。在经济增长如此显著的这一地区，日中两国应该为东亚共同体的形成发挥积极作用。

首先，促进日中两国签署经济合作协定是非常重要的。我坚信，在此基础之上，我们两国各自与东盟等之间达成的自由贸易协定及经济合作协定就可能互相融合，进而在亚太地区构筑整体性的合作框架。这将有利于本地区的发展。

为了使东亚地区的企业活动更加活跃，日中两国的合作非常关键。相关法律的完善、规格标准的统一、人才的培养、基础设施的完善乃至确保能源安全、应对地球环境问题等，都可以成为两国在本地区合作的领域。

为进一步加强这种合作关系，日本和中国之间有必要进一步推进人员交流。除保持从2006年开始定期举行的首脑协商外，肩负未来的青少年之间的交流也很重要。2008年是日中青少年友好交流年，由此有了实现四年内每年4000人互访的计划。值得注意的是，2003年访日的中国人只有53万多人，到2007年已超过了100万，四年之间增长了一倍。在日本首都东京的秋叶原和银座等地，集中了众多的，出售日本在世界上引以为豪的电子产品、高级化妆品及新潮服饰的商店，现在几乎每天都有大量的中国客人光顾。据我所知，这里有很多商店都可以使用"银联卡"。

当然，在日中人员往来之中，领导层的互访是很重要的。去年5月胡锦涛主席访日时考察了以环境和产业活动的和谐为目标的"川崎环保城"。胡主席访日之后，四川汶川发生了大地震，到年底时又遇上世界各国经济不景气的影响不断扩大，受其影响，中国地方官员的访日一度中断。但今年以来，辽宁省等中国地方政府的访日团让日方接待人员应接不暇，而且，大家想去的地方中都有胡主席去过的"川崎环保城"等。

希望在清华大学教学和学习的各位都能有机会访问日本，在秋叶原、银座开心地购物，也能到"川崎环保城"看一看，那里是刚才所讲的，与每个人息息相关的地球环境对策的实践地。如果这对大家的地区振兴和城镇建设事业能提供一定的参考价值，我们将非常高兴。另外，我们也希望能够开拓日中之间新的合作领域。

在演讲刚开始时提到的已故周恩来总理也是在年轻时来到日本，学习了各方面的知识的。我确信，扩大两国青年的互访并加深相互理解，正是将日中"互惠"变得更加丰富、充实的正确之路。

刚才也提到，在日中两国尚未建交的年代，民间层面上就长期进行了各个领域的合作和经济交流，虽然双方在社会制度和思维方式上有所差异，但是我们应该能够超越这些差异，不断探求共同的利益和价值观。我想，日中交流的漫长历史过程就是这样的。

今后的世界需要的是超越国家和民族的合作。从这个意义上说，并非只有经济才是重要的。当然，经济是支撑人们生活的重要方面，但是人类的活动并不仅限于此。政治、外交，还有技术开发、文学、艺术等对于人类的发展也很重要。在这一点上，我认为清华大学有突出的实力。清华大学除了医学、理工科等相关院系之外，还有经济、法学、新闻甚至美术学院。可以说，举凡有关深入研究和透彻探索人的固有价值所需要的因素的方方面面，清华大学都具备了。因此，我相信，在清华大学学习的各位将来必将成为国家和世界的栋梁。

谢谢各位！

（本文为 2009 年 4 月 10 日御手洗先生在清华大学的
纪念演讲稿，略有删节。翻译：李佩）

全球化时代的日中关系展望

首先，感谢清华大学日本研究中心为我安排了这样一个在清华海外名师讲堂（Tsinghua Global Vision Lectures）讲演的机会。

去年10月，JICA（日本国际协力事业团的简称——编者注）与日本国际协力银行（JBIC）的日元贷款部门合并，集技术合作、日元贷款及无偿资金援助三项援助业务于一体，这成为了新JICA的起点。

我于2003年10月就任JICA理事长。2006年3月我曾经来中国访问，对四川、贵州、陕西等省进行了考察。时隔三年，这次我作为新JICA的理事长再次来到中国，考察了东北地区的JICA项目，并拜会了国务院副总理李克强先生和科技部部长万钢先生、外交部部长杨洁篪先生等领导人，看到了中国国内发生的显著变化。

包括全球性经济危机、美国奥巴马政权上台执政，以及G8向G20的转型等在内，当今世界正在发生着巨大变化。在这种形势下，中国在国际社会中的地位明显提高，在达沃斯论坛等各种国际会议上，中国的影响力也正在扩大。

在全球化的潮流中，我们有必要回顾过去，并思考日中关系今后的发展。

我的个人背景与日中关系

我出生于日本东京的一个外交官家庭，童年时代曾在美国和中国的广州、香港等地生活过。1951年，我考入乔治城大学硕士课程攻读国际关系专业，后又在东京大学学习过一段时间。1956年在美国加州大学伯克利分校学习亚洲国际关系论等。回到日本后，我以"关于'满洲事变'（中国称'九一八事变'——译注）决策过程之研究"为题完成了自己的博士论文，并于 1963 年由加利福尼亚大学出版社出版。

在该书中，我着重论述了日本在战争期间的无责任体制。当时，不仅文职领导人，甚至包括军队高层在内，都难以对以军队为核心的日本的扩张政策进行控制。军队的过激行动瓦解了当时的政治权力结构，导致了"满洲事变"、退出国际联盟、陷入国际孤立、发动全面战争、最终战败的历史过程。

"满洲事变"也给我的家族带来了直接影响。在"满洲事变"爆发后不久，时任日本首相的我的曾祖父犬养毅遭军人暗杀。他生前曾经与孙中山等亚洲各国革命家有着深厚的交情，并曾长期对他们的活动给予援助。

1964 年，在东京的国际基督教大学，我作为兼职讲师教授题为"从鸦片战争到朝鲜战争"的亚洲国际关系史课程。后来又在联合国从事了几年的行政工作，1980 年作为教授在东京的上智大学讲授国际关系，并以英语和日语出版了题为《战后中日、中美关系》的研究书籍，对中日、中美恢复邦交的过程进行了比较分析。

1991 年，我出任联合国难民署（UNHCR）高级专员，致力于开展对难民的保护和援助工作。

在亚洲，来自"印度支那三国"（指越南、老挝、柬埔寨三国，所谓"印度支那三国"，是 19 世纪法国殖民主义统治人为造成的——编者注）的 300 多万难民的流出和遣返曾是联合国难民署的重大课题。中国接收了约 26 万越南难民，其他大多被欧美各国接收。1992 年，我访问了中国政府与 UNHCR 于 1979 年在北海市合作设立的越南难民安置点。令人欣慰的是，很多在那里定居下来的难民已能通过渔业维持生计，并掌握了冷冻技术等。

由于有过这样的经历，在 1997 年香港回归中国时，我受到中英双方的邀请，参加了这次具有历史意义的回归仪式。

全球化时代与人的安全保障

冷战结束（柏林墙倒塌已有 20 年了）之后，在 20 世纪 90 年代，相对于国家间的战争，国内动乱的发生更加频繁，其结果导致了大批的难民和国内流离失所者的出现。作为联合国难民署高级专员，我直接面对的就是这些问题（1991 年的库尔德难民、1994 年卢旺达大屠杀等）。

2000 年以后，由于信息通信技术与交通运输技术的发达，人员、物品、资金、信息等在转瞬之间便可穿梭于国与国之间，也就是说，我们步入了全球化的时代。在促进各国各地区的发展和经济增长的同时，也出现了跨国传播的传染病、气候变化、恐怖主义等各种各样的威胁。

处在这样的时代，对于超越国家安全保障的范畴，以个体的人为对象的新的安全保障的探求正在不断深化。

联合国前秘书长科菲·安南先生在东京大学和清华大学都发表过演讲。在他的倡导下，"人类安全委员会"（Commission on Human Security）得以成立，由阿玛蒂亚·森教授和我共同担任主席。经过历时两年的调查研究，委员会于 2003 年概括提交了《关于当今世界的安全保障课题》。

"保障人的安全"的概念被定义为"所有人类，都应该在保障基本权利和自由的前提下生存、生活。每个人作为人的尊严都应得到足够的尊重"。为保护人们远离动乱、贫困、环境破坏以及传染病，实现"人的安全保障"，重要的是要有对每个人负责任的政治体制，以及通过强化自助、自治能力而实现的自下而上的国家建设。

现在，我看到"人的安全保障"这个观念正在扩展到全世界范围。在中国，尽管"非传统的安全保障"的概念规定比较普遍，但是我也了解到有关"人的安全保障"的研究已经开始起步。今年 11 月，我出席了在纽约召开的人类安全咨询委员会会议，会议对人的安全保障概念的普及以及联合国为此而进行的项目的实施情况等进行了确认。

JICA 在人的安全保障方面所开展的工作

我从 2003 年 10 月起担任 JICA 理事长，在这里，"人的安全保障"理念在对发展中国家的开发援助项目中也得到了体现。

世界贫困人口大部分集中在非洲，在 2008 年的横滨会议上，日本政府表明了"将在 2012 年之前成倍增加对非洲的援助"。除了在地区基础设施建设、援助农业（大米）等方面以外，日本还对那些刚刚结束动乱的国家进行和平建设（peace building）的援助。

关于阿富汗，日本于 2002 年率先在东京召开了阿富汗重建援助国际会议。目前日本已向阿富汗提供了 4000 万人份的疫苗，建立了 550 多所学校，并培训了 1 万名教师。

为援助伊拉克重建，日本进行了电力、上水道等基础设施的建设。今年 10 月，我访问了伊拉克。我们计划今后进行农业、人才培养以及组织强化等方面的援助。

应对气候变化方面的工作

在人的安全保障方面的一个需要特别关注的问题，就是气候变化。尤其是发展中国家，应对气候变化的能力尤为脆弱。气候变化已对公平发展和摆脱贫困构成了威胁。除发达国家外，发展中国家也需要加入进来，需要我们从全球化的视点来进行应对。

迄今为止，日本向 90 多个发展中国家提供了 100 亿美元规模的援助，用以减缓和适应气候变化。印度尼西亚政府自主制订了应对气候变化的计划，日本通过日元贷款和技术合作给予了全面支持。同样的活动目前还扩展到了越南等国家。

JICA 在中国发挥的作用

今年是大平首相访华 30 周年、日中经济合作 30 周年。日中两国于 1972 年恢复邦交之后，中国结束了"文化大革命"，并且做出了利用国外低息长期贷款进行国家建设的决定。在向世界银行申请贷款之前，中国首先向日本政府提出了利用日元贷款实施铁路、港口和水电站建设，利用无偿资金援助建设中日友好医院，通过技术合作实施对铁路技术人员的培训等请求。

当时，用于煤炭外运的运输基础设施和电力基础设施成为了制约中国经济发展的瓶颈。日本政府提供的日元贷款、无偿资金援助以及技术合作给中国的改革开放带来了强有力的支持。

在其后的 30 年中，日本配合中国的国家发展计划（即每期的五年计划），针对各发展时期的开发需要，总共向中国提供了将近 36000 亿日元的政府开发援助。到日本进行培训的人数超过了 2 万人。

20 世纪 80 年代日本对中国的援助主要用于社会基础设施建设，从 90 年代开始加入了环境保护。进入 21 世纪以后，重点被放在以环境保护和法律法规完善为主的制度建设、人才培养、相互理解这些方面上。

20 世纪 80 年代，在青岛市，日中两国专家进行了新港口建设项目的可行性研究，利用日元贷款从日本等发达国家引进了最先进的装卸设备，同时还建起了青岛市经济技术开发区。结果，仅日本就有约 500 家企业向青岛市投入了 5 亿美元的资金。

这次，我考察了 JICA 在东北地区的项目。中国医科大学与吉林大学医学院作为日语教学的医学教育基地，不仅培养出了众多的医学人才，还成为了日中医务人员的交流基地。

在这些大学，通过由 JICA 提供后援（基层友好技术合作）的方式，与日本的合作大学以及结成友好关系的地方自治体共同开展了培养医疗人才的项目。

在环保领域，从 20 世纪 90 年代开始，JICA 以日中友好环境保护中心作为基地，在循环经济等领域中开展了技术合作。利用日元贷款，在北京市完成了第一家污水处理厂的建设，并以此作为开端，为全国 59 座城市的污水处理厂建设提供了援助。

这次我考察的长春中日友好净水厂为约 700 万长春市民中的 1/3 提供着生活用水（自来水），作为城市社会基础设施，发挥了非常重要的作用。

在增进日中两国相互理解的领域，从 1987 年开始，为了加深相互理解，我们接待了中华全国青年联合会、外交部等机构派遣的青年赴日参加青年进修，迄今为止已经接待了以李克强副总理为首的大约 4800 名中国青年。

日本和中国在开展对发展中国家援助上的特点

正如前面所讲的，中国有效地利用了日本等国家提供的援助，推进了改革开放进程。

现在，中国根据国内的经验，正推进着以支援非洲为代表的与其他发展中国家之间的南南合作。今年 11 月在埃及举办的中非合作论坛上，中国公布了今后 3 年中实施的 8 个具体援助项目。我还了解到，中国正在阿富汗进行医院建设等援助。

中国、日本之间的共同做法包括建立合作伙伴关系，尊重受援国家的主权和自主努力，基础设施建设与贸易、投资相结合，以及重视人才培养，等等。

今后的日中关系

我们应该利用过去 30 年来日中经济技术合作的成果以及此间形成的彼此间的信任关系，凝聚日中双方的智慧，为解决日中在全球化时代进程中所面临的共同课题而携手努力。

为此，需要在中央政府、地方政府、企业、大学、NGO 以及普通市民等各层次的伙伴间展开合作。

在亚洲和非洲，日中两国间信息沟通的需要正在加大。JICA 与中国进出口银行于今年 1 月在东京召开了联合工作会议，就项目评估方法等课题进行了广泛的意见和经验的交流。该会议还计划明年在北京举行。

今后，像这样的信息沟通和经验交流应该不仅仅局限于中央政府层面，包括各地方、地区的现场层面的各种合作伙伴都应该一起参与进来。

在帮助中国应对各种国内课题的方面上，日本还有着很大的发挥作用的空间。如环境保护、气候变化、经济领域里的法律法规完善以及医疗卫生，等等。

中国的第 12 个五年计划将于 2011 年正式启动，目前正处于准备阶段。我们希望与中国的有关单位加强合作伙伴关系，共同参与实施。

2011 年，清华大学即将迎来建校 100 周年。

在此之前，JICA 与清华大学在环保、法律法规完善等领域中通过 JICA 项目开展了合作。中国正在起草的《民事诉讼法》的有关项目中，在日本京都大学获得法学博士学位的王亚新教授日前主持召开了研讨会。

我听说在项目现场也有很多和清华大学毕业生一起工作的机会（北京高碑店污水处理厂、上海浦东机场等）。

对于 JICA 来说，作为全球化时代开展日中合作的一个重要环节，我们将会长期重视与清华大学之间的合作伙伴关系。同时我也衷心期待着日中两国的年轻一代能够承担起全球化时代日中合作的重任。

（本文为 2009 年 12 月 4 日绪方贞子先生在清华大学的
演讲稿，略有删节。翻译：李佩）

中日共同历史研究的过程与问题

中国社会科学院近代史所研究员　步　平

大家下午好！今天在场的很多都是老朋友了，到清华来讲演感到很荣幸。言归正传，李廷江老师给我出了一个题目。其实关于中日共同历史研究的讲演，他早就与我有约会。恰好，2009 年 12 月 24 号在日本刚刚宣布中日共同历史研究的第一阶段完成，在日方召开了记者招待会，当时我曾就一些问题发表了意见。所有的文章这个月的月末对外公布，大家都可以阅读，以上就是第一阶段了。

最近大家可能看到媒体相继也有一些报道，但是事实上媒体上的某些报道不是特别准确。我们试图让媒体能够关注或者是把握一个准确的方向，但中日双方的媒体，因为他们的兴奋点和我们不大一样，他们总是关注你们还有没有什么分歧，有分歧马上就说这个分歧是中日关系不可逾越的鸿沟。日方 24 号开招待会，第二天《读卖新闻》的标题就是"中日之间的鸿沟仍然不可逾越"。我第二天就找他们谈，我说我很不赞成你们的观点，有分歧是绝对的，学术分歧很多，但是学术分歧不等于就是中日之间的鸿沟，我们要把它弄清楚。所以昨天我接受了《参考消息》的专门采访，采访完了写的东西我还不满足，然后他传给我又重新做了修改。他又加了一个题目"历史学术分歧不等于中日关系的鸿沟"。我想这还客观一点。当然这段时间媒体可能继续介绍有关情况，我就先介绍几个问题，然后大家再提问题，咱们就是坐在一起来讨论，好不好？

讲点来龙去脉，然后再讲点我们是在什么层面上讨论。

先说来龙去脉。中日历史研究开始于 2006 年的 12 月，到现在正好是 3 年的时间，为什么开始于 2006 年 12 月呢？大家可能还记得 2006 年年底的时候，由于日本政治家坚持参拜靖国神社，导致中日关系到了冰点，所以安倍上台以后访华，进行了"破冰之旅"。安倍"破冰之旅"其中有一项内容就是和中方领导人确定下来要共同研究历史的基本原则。当时安倍来中国访问是 10 月，接着 11 月两国的外长就签订了实施框架，确定了两国各派出 10 名学者来讨论研究，然后就开始操作和运作。具体运作由中方的近代史研究所、日方的国际问题研究所承担。国际问题研究所隶属于外务省，基本上做组织工作而不是研究工作，这一点和我们不大一样，但总之就是双方共同组织这项工作。

2006 年 12 月 26 日第一次会议在北京召开，对方来的 10 位和我方的 10 位坐在一起。一开始有很多记者，长枪短炮地都对着他们，虽然只有 5 分钟的时间，但把气氛渲染得十分紧张。他们都撤出去后，我就说，记者在这儿的时候我们好像谈判一样，但是实际上记者撤走了以后就是我们学术讨论的环境了。所以我一直在思考，这次的共同历史研究既是学术研究，但也有政治背景或色彩。还有一层是民众很关注，他们带有很浓的感情色彩，所以这是一个政治、感情和学术三层面的问题。

在第一次会上我们讨论了研究形式的问题。如何研究，实际上大家都没有经历过。我们经历过的学术讨论当然有很多，与不同国家的学者坐在一起进行过讨论。但是政府主导的共同研究，究竟如何进行，当时我们大家都不清楚。所以第一次见面的时候，我们先是用了大概一下午的时间，每个人都做了比较详细的自我介绍，目的就是互相了解。因为这里面有些我们比较熟悉，有些不太熟悉。我们这边基本上是以研究历史学的学者为主的，与对方研究政治学的和法律法学的学者交往不多。自我介绍的目的是促进相互的了解，这是第一步。然后确定讨论会的形式，20 人全部参加的会议我们叫全体会，全体会召开的次数不是很多，大体确定开 4 次，在中国和日本轮流召开。因为我们研究的内容是包括了古代的、近代的和战后的，所以我们分了两个组，就是古代史组和近代史组，古代史组单独开会，近代史组单独开会，我们叫分组会。根据工作和研究的需要，分组会的次数很多。还有一个层面就是因为我和对方北冈伸一教授作为首席委员，之间有更多的接触，首席委员间的会议那就更频繁了。所以我也算了算，2008 年去了日本 9 次，2007 年也是七八次。

在这种会议上我们如何讨论和研究呢？因为在这之前韩国和日本已经在 2002 年开始了共同研究，到 2006 年我们开始的时候，他们的第一阶段刚刚结束。韩国和日本共同研究的方式是双方各 10 个人分别撰写论文，但是他们没有确定共同研究的题目，而是根据学者个人的兴趣撰写。比如说我对某一个时期的问题很有研究，那我就写这方面的文章，你对那个问题有研究你就写那方面的文章，双方的文章不是互相对应的。这样的话虽然他们第一阶段完成了很多文章，大概有 30 多篇，可是对话的可能性不太大。因为有的文章的内容距离非常大。所以我们想这次中日共同的研究需要确定下来共同的题目，这样便于研究。我们第一次会议把这些大框架给定了下来。

为了拟定题目，第二年的 3 月马上就在日本召开了第二次全体会。当然在两次会议之间又用邮件来回联络，探讨我们共同研究什么题目。第二次会上我们就定下来如同大家所见的共同的研究题目，大家看一下，左边是古代史的研究题目，一共分了三部分。第一部分是东亚国际秩序体系的变革，第二部分是双方的文化传播的影响，第三部分是中日相互的认识。每一部分里面选择了两个题目，加上总论，古代史一共确定了 7 个题目。那就是说围绕着 7 个题目双方各写 7 篇文章，这样的话有同样题目的文章我们讨论起来就方便许多，可以看到双方观点的差异。

右列的是近代，近代也是这样，我们确定了三个大的时间段。以中间的中日战争（1931～1945 年）为界，战前算一大部分，战中一部分和战后一部分。每一部分也确定了 3 个题目，近代就是 9 个题目，合计古代、近代一共是 16 个题目。大家知道，近代这一部分是比较复杂的，特别是中间有过战争，所以我们在每一题目之下还确定了若干关键词，我这里面没有列，每个题目下面其实都列了 10 个到 20 个左右的关键词。也就是说在写这篇文章的时候，这些关键词双方都要写到，避免各说各的话。观察近代部分的题目，我们可以看到，有的媒体的猜测是很不准确的，例如许多媒体报道说，南京大屠杀是重点。我们可以看到，南京大屠杀问题是放在第二部的第二章里面谈的，即在日本的侵略和中国的抗战这部分谈的。这部分时间也很长，南京大屠杀只是其中的一个关键词。媒体一报道，好像我们主要讨论南京大屠杀，特别是讨论南京大屠杀的数字。题目定下来了以后，双方就开始写文章，文章写作的过程大体上是用了一年的时间，也就是 2007 年的 3 月份确定题目到 2008 年，其实没有到 2008 年的 3 月，到 2008 年的 1 月基本上大体的文章都出来了，所以 2008 年 1 月我们就在北京又开了第三次的全体会，这中间我们各个分组都已经开了很多次会。

写出的文章相互交换，提出评论意见。有批评意见，当然也有肯定的意见，双方都是这样子。对方拿到意见以后，再对自己的文章进行修改。因为里面有一些学术性的意见是可以接受的。经过了这样几次反复，到了2008 年 5 月再开一次会的时候基本上所有的文章都已经完成了。原来我们计划是到 2008 年的秋天，因为 2008 年正好是中日和平友好条约签订的 30 周年（1978 ~ 2008 年），所以打算在那个时候发表。原计划是这样，我们基本上也是按照这个时间来安排的。但到了那个时候正好是奥运会前，大家都知道奥运会也有很多的特殊情况，包括一些敏感性的考虑和背景，所以就把它拖了一下。在这期间我们又进行了反复的讨论，经过了一些磨合，到 2008 年的 12 月最后宣布可以对外发表。大体上是这么一个过程（展示照片）。这是我们第一次会的情况，当时的外交部部长还是李肇星。

下面我想谈谈中日历史问题的对话空间。这是我长期以来一直在思考的一个问题，为什么想谈这个问题呢？我做了一个形象的说明，中日历史问题我认为是表现在三个层面上的问题。一个是政治层面的，一个是民众的实际上就是感情层面的，一个是学术的研究层面的。这三个层面的问题不是单独存在的，是互相交错而且互相影响的。如果交错非常复杂，像中间部分的话，就产生了所谓的"死结"，我们就会觉得解决起来比较困难。为什么？因为你把三个问题都交错在一起去了。比如，学术研究有学术研究的规范、角度，但是学术研究里面有一些你不可能不涉及的政治性的判断。政治问题中最大的一个和战争有关的就是是否承认侵略战争，对于战争是不是进行反省和道歉的问题。

民众的感情那是另一个层面的。因为许多人是战争的亲历者，他们有很深的关于战争的记忆，这种记忆有时候很难从心里抹去，他们会把很多的问题和自己的经历联系起来。这个层面可能感情色彩更浓一点。这就是这三个层面的交错。但是现在需要我们首先把学术层面的问题研究清楚。虽然不可能完全摆脱政治或者感情，但是你又要强调或者说又要重视学术层面，这里面就带来很多复杂的问题。我觉得到现在也没有将三个层面的问题完全厘清，所以会遇到很多的困惑，我今天说出来也希望大家能帮助我们一起来思考一下。

先说政治层面，就是日本人是否有反省和道歉。如果从政治外交层面上来说，我们在研究工作一开始就强调中日邦交正常化以来的基本文件，也就是《中日联合声明》《中日和平友好条约》，还有《中日联合宣言》。也就是说在这个基础上进行研究的话，应该说战后的日本是有反省的。如果没有反省的话，中日邦交不可能正常化，所以我觉得是有反省的。当然也有人怀疑这种反省是不是表面的外交辞令。其实在座的各位对日本的情况可能也比较了解，我想日本关于战争的反省可能存在很多层面，程度不一样。关于这个我曾经也写过一些文章来谈。我倒是比较看重战后初期的日本知识分子关于战争的一些思考，比较典型的像丸山真男先生提出的日本知识分子是悔恨的共同体的主张。之所以悔恨就是因为在战争期间的大部分日本知识分子都支持战争，没有去反对，只有很少数的人反对，后来也转向了，就是站到了支持战争的立场上。所以在战后发现战争把日本推到了崩溃的边缘的时候，知识分子认识到确实是应该反省的。

当然，这种反省的立场我觉得可能比较多的是站在自己的角度，思考的是：把日本拖到战争崩溃的边缘的责任应该谁来负，知识分子应该有什么样的责任。从日本战败的责任角度去思考，这是一个比较普遍的立场。这种立场也慢慢地会有变化，逐渐地会意识到这场战争带给亚洲，带给中国和韩国的灾难，从这个角度上也有飞跃，所以这是知识分子的一种思考。

日本战后知识分子的思考有些是一脉相承的，我这里举了几个例子。丸山真男我刚才谈到了，我这里举一个家永三郎的例子。大家可能也都知道，他围绕日本的教科书进行了很长时间的努力，对文部省进行诉讼，要坚持他自己编写的历史教科书的立场。他自己写过好几本书都是关于反省战争责任的，一会儿我要跟大家谈到我跟他见面时候的一些想法。另外，像大江健三郎这种有影响的文学家，他们自己也是在思考日本的战争责任。前两年我们还邀请他来做过一次报告，他当时报告的题目叫作"始于绝望中的希望"。他所谓绝望就是对日本现在的政治很绝望，认为日本现在是政治"右倾化"。但是他在组织保卫日本和平宪法（第九条）的运动，他觉得日本的希望就是和平的力量，他希望把对战争的反省和思考坚持下去。

所以我想日本这个层面是具有代表性的，总体上来说日本战后对于战争的反省和思考是存在的，当然说彻底不彻底，我们可以进行更精确的判断。我们还可以讨论 1995 年村山富市首相在战后 50 周年的谈话，相对来说就更清晰一点。所以到现在为止日本的政治家，一般说到日本的战争历史认识的话，都说要坚持村山首相的谈话的精神。虽然这是战后 50 年的时候才谈的，但是如果能坚持这样的精神，在政治上至少能够明确这么一个问题，就是说日本对侵略战争的反省的认识。

但是另一方面，可能大家接触比较多的就是战后不反省的日本政治家的态度。其实冷战开始的时候日本的国内就已经开始翻案了。就像大家知道的林房雄，也是有名的作家。他也是在战争中转向的。原来是所谓的"左翼"，后来也就转向了，支持战争。战后他提出了所谓的"大东亚战争肯定论"。所谓"大东亚战争"的概念，在美国占领时期是没有人敢说的，当时只能用"亚洲太平洋战争"的概念，"大东亚战争"的概念是不允许使用的，因为这完全站在日本皇国史观的立场上。但是在1956年的时候，林房雄就开始翻案了。到了20世纪80年代翻案比较活跃。80年代翻案是因为那个时候日本的经济也高速发展，世界第二位的GDP导致了一些人的膨胀的心理，所以就觉得日本不能光是经济大国，还要做政治大国。而他们认为政治大国的障碍就是日本对战争的反省，所以认为要摆脱政治小国首先要对战后的历史进行总清算，还是想要翻侵略战争历史的案。所以从那以后，我觉得历史问题就越来越突出了。

这个也是我们在和日本学者讨论的时候争议比较大的一个问题。我们是这么判断，日本的历史翻案从冷战开始就有，到20世纪80年代比较的活跃。包括那个时候又表现出了历史教科书的问题等。但是日本有的学者不是这么判断的，包括现在很多日本学者都在问，说历史问题是由中方提出来的，是1998年以后发生的。我们是不赞成这个判断的。在80年代就开始，到了90年代就更活跃了。

20世纪90年代日本经济开始长期停滞，停滞的时候就开始焦躁，要强调日本的爱国心，要振兴日本精神。那么日本的精神上哪去找？就要从战争中的日本军人的精神中去找。90年代中期典型的是日本自由主义史观研究会的活跃，在日本自由主义史观研究会的推动下编写新的历史教科书，加上这个时候日本首相参拜靖国神社，都是在这个大背景下。

所以，从政治上、从文件上日本已经反省承认侵略战争了，但是确实有一些政治家不断地有一些发言，包括在行动上也有一些活动。所以总的来说给人一种战后日本没有变化的印象。所以我们看到有一些媒体和民众也总是讲没有改变。我想这是一种零和博弈的现象。

当然，还有一些信息不对称的问题，我刚才说到日本国内战后的思考和反省，但研究与介绍的还并不是很多，人们了解的也不是很多，所以双方认识和判断上有差异。另外是日本的媒体无视其国内历史问题不断地反复，反而称中国方面打历史牌，双方的判断不同，这是我说的第一个政治的层面。

第二个感情的层面。感情层面就是民众的认识。两国民众是历史记忆的主体，但双方的历史体验很不一样，是不对称的。这种不对称是导致双方民众在历史认识问题上沟通困难的重要原因。日本战后走和平道路，也很反对战争。但是他们基本是从战争被害者的角度去理解战争的，包括对朝鲜的殖民统治和对中国的侵略，他们认为自己是战争的被害者。日本人作为战争被害者有没有道理呢？当然也不能说没有道理，因为从一般民众的感觉上来说，他有被害的一面的感受。最典型的就是原子弹的受害。如果你到广岛那儿去看一看的话，那里确实很强调原子弹受害。但是将这种受害认识原封不动地拿到中国来，中国的民众接受是非常困难的，甚至是不可能去接受的。

这里我谈一谈自己的体会。20多年前，我第一次去日本访问，到过日本很多地方，在参观神社和寺院的时候，都看到有悼念广岛、长崎原子弹被爆者的祭坛。上面还有好多的鲜花，有很多的老年人拄着拐杖，爬山上来以后把鲜花放上去。我当时是有点不理解，心里也不大舒服。我觉得日本人太矫情，总强调日本人是战争受害者。那么，你们知道不知道中国战争受害的情况呢？

1994年我第一次去广岛的时候，参观了广岛的和平资料纪念馆，那个馆设计得让你能够真正身临其境地感受原子弹爆炸一瞬间的场景。当你看到那个场景以后感到这个受害确实是挺大的，因为当时广岛的受害者里面大部分是妇女和儿童。这个饭盒是下面那个学生的，他的名字叫折勉滋，是广岛原子弹爆炸时的被害者。这个饭盒已经烧焦了，当然孩子也给烧死了。她的妈妈凭着饭盒才找到自己的孩子。还有那个小孩的三轮车，也是在玩耍的时候遇到原子弹爆炸。孩子被烧焦了，她的父母就把孩子的小三轮车埋到自己家的院子，纪念馆建起来以后把它挖出来去展览。这是比较典型的事，对于日本人来说，从这个角度看战争非常的残酷，原子弹非常的可怕。所以从广岛出发的和平运动的主要目标是反战，反核武器。他们觉得这样的和平运动很正义，很有道理。但是这种建立在日本被害意识上的和平思想原封未动地传到中国，我觉得很难得到中国民众感情上的理解。

我曾经做过调查，针对中国的学生、日本的学生和韩国的学生，请他们回答谈到"战争"这一概念你们的第一印象是什么。三国学生的回答中，中国学生说得比较多的是南京大屠杀、731 细菌部队和"三光"作战；日本学生说的就是原子弹爆炸、东京的空袭和冲绳作战；韩国的学生说的是殖民地统治、慰安妇和创始改名。这三国学生的感觉都很不一样，应当说他们说的都是事实，都不是虚构的。但是如果民众光是用这样的一种记忆来理解战争，民众之间的感情沟通是很难的。因为大家都是基于战争被害的一种经历，这是我说的第二个民众感情的层面。

第三个我想谈谈学术，就是这次我们研究中接触到的更多的一些问题。关于学术研究层面，有很多记者都问，你们有没有共识，有没有分歧？我说回答你们这样的问题非常的困难，为什么呢？所说的共识，比如说这次媒体报道了，我们在侵略战争的认识上有一个基本的共识，就是承认是侵略战争。有的人，包括网上就有批评，说这个问题还用你们说吗？本来就是侵略嘛，用不着你们去说。有人认为，南京大屠杀本来就是事实，用不着你们去做这个事。其实，作为学术研究，必须在确认侵略战争的前提下才能讨论具体的问题，所以确认是否是侵略战争对于学术研究是很有意义的。另外，从学术研究的角度看，分歧应该说很多，如果没有分歧学术研究也就没有什么价值了。但是这种分歧我们要把它划一划几种类型。一种类型是大是大非的大原则的问题。你如果不认为是侵略战争我们还谈什么？那我们就不是共同研究的问题了，等于是战争的继续了。我跟很多人讲，我们的共同研究不是战争的继续。另一种类型的分歧是对事物的判断方面的分歧，这涉及历史观的不同，但是需要长时间的交流。第三种分歧是资料利用方面的差异引起的。资料利用方面的分歧需要在交流资料的基础上逐渐达成共识。

我在这里举例说明，比如关于日本发动侵略战争的问题，问题在于日本把战争分几个阶段。我们用这个图来表示，在中国看来，无论是发生了"九一八"事变或者是卢沟桥事变，包括太平洋战争，包括苏联出兵，在我们的立场上讲都叫抗日战争，毫无疑问那段时间就是与日本的斗争，1931 年到 1945 年在我们中国的近代史上我们就叫抗日战争。但是，如果站在日本的角度，他们的研究会把这个战争分成几个阶段。"九一八"事变和卢沟桥事变之后他们认为是对中国的战争，特别是 1937 年以后他们叫日中战争。那么太平洋战争爆发之后，在日本的角度他们会认为是与欧美的一场战争，到苏联出兵东北又是另外一个情况。这是所谓的复合战争观。对日本国内民众，或者是媒体做一个民意调查，七成左右都认为对中国的战争的确是侵略战争。那么谈到对欧美的战争，他们一半以上就认为还是解放亚洲的战争。他们会把这场战争同19世纪中期的列强侵入东亚联系在一起，认为那是同西方战争的继续，所以认为1942年以后的战争就是解放亚洲的战争。当然，对于这个立场我们是很难接受的，因为我们从来不承认它是领导亚洲的，但是对此需要从研究的层面加以解决。

那么到了苏联出兵又有日本人认为，当时日苏中立条约还没有废除，所以苏联出兵是侵略，日本反而成了被侵略者。这种研究的角度和思路对于我们是根本不可能接受的，根本不可能承认的，因为我们就是抗日战争。但是这就是双方在学术研究层面上存在的差异，这就是差异。当然，日本比较进步的学者主张15年战争的认识，从日本对外扩张的角度认识战争。但是复合战争观在学术上还是有很大影响的。

另外一个学术方面的问题是对基本过程的判断上，可能我们有不同的角度，对一些规律性的问题，我们也有不同的分析角度。规律性的认识对方是不是能够接受，可能也会发生一些分歧。

比如谈到历史的必然性和偶然性的问题，我们这次讨论的时候争议也比较多。到现在仍然在讨论，将来可能还要讨论，还没有结果的。比如说日本对中国的侵略，承认侵略毫无疑问了，包括也承认在这个过程中使用了化学武器、细菌武器，违背了国际公约，也包括对劳工、对妇女的暴行。不能否认的是，现在在日本法庭还有诉讼，就说明战争的影响是多么深刻了。日本的学者也谈到了这些问题。但是他们文章里也会谈到这些事件产生的偶然性的问题。比方说强调"九一八"事变以后当时军部和外务省之间的差异和分歧，卢沟桥事变的时候当时日本国内各种不同的声音，特别是和平工作的努力，所以有的学者认为战争不是必然的，也有和平的选择。强调偶然性的学者注重事件过程中的一些细节问题。所以我们双方在这个问题上就会有一些不同的判断。我们认为需要从明治维新，甚至从明治维新之前日本人对东亚的认识开始分析问题，从那一角度看一看明治维新之后一步一步走过来的路，就会发现侵略并不是偶然的，并不是突然发生的，而是一步一步走过来的。日本一些学者强调偶然的因素，或者其他选择可能是存在的，但并不能将偶然性作为基本的认识逻辑。这种差异和分歧严格来说是历史观的问题，历史观的分歧从学术的角度来说是长期存在的，我们不要求马上在这个层面上解决。

刘大年先生当所长的时候，从20世纪90年代就已经和日本学者开始共同研究了。那个时候刘大年也遇到了这样的问题，他也和很多人说，我们首先要解决的是历史事实方面的问题，把历史事实说清楚，必须得承认历史事实。当然在讨论事实层面问题的时候可能会存在一些问题，同样的历史事件我们掌握一部分的资料，对方也掌握一部分的资料。我们现在遇到比较多的情况就是同样的事实，我们利用对方的资料不是很多，对方利用我们的资料也不是很多。相对来说我们利用对方的资料稍微好一点，对方利用我们的资料更差一点，这里面有各种各样的原因。可能他们在中国找资料不太容易，连我们自己也不太容易，这是个问题。但是共同研究可以互相交换资料，互相交换信息，争取在历史事实这个层面上我们能够做到双方的信息是对等的，对事实的基本的判断我们能够达成基本的一致。这个我们可以做到，如果不一致我们还可以去努力。

但是对所有的事实与事件进行综合的研究和分析，在历史观的层面上我们不可能要求完全一致。严格来说，在这样的问题上在每个国家的内部实际上也并不一致，我们自己也有各种各样不同的看法。所以我想学术研究在这个层面上的分歧会持续很长的时间，所以我希望媒体不要一有学术性分歧就把它说成一种原则性的，或者是政治层面上的分歧。学术分歧就是学术分歧。

其实产生学术分歧有很多的原因，特别是中日两国近代的体验有很多的差异，这个差异导致了我们对很多问题判断上的分歧。日本近代的发展过程，从佩里的黑船过来迫使日本开国，然后经过了明治维新，特别是经过了甲午战争、日俄战争，应当说日本完成了向近代化的转变，而且成为了一个强国。经过日俄战争以后应当说日本在亚洲是一个大国，是一个强国了。当然这个强国后来又经过了战争，战争之后经过了恢复以后很快又强盛起来了，大体是这么一个过程。但是这个过程在中国经历了非常漫长的一个时期。中国也被迫开国，打开国门的时候也希望能够强盛起来，我们也经过了很多的努力。但是我们这些努力经历了很多的失败，每次失败都使革新的进程发生逆转。这些失败往往都是因为外来的帝国主义的侵略战争。中国的近代历史上同帝国主义之间的战争暴露出来我们民族的分散，所以我们非常希望民族的团结，渴望民族的解放。在这么漫长的时期里，民族主义是非常需要的，我们需要通过民族的团结实现我们民族独立和解放。

相反，日本从日俄战争的时候已经成为强国了，如果那个时候你再强调所谓的民族主义，就是走向了极端的大东亚主义。所以日本战后对民族主义在思考和反省、警惕。民族主义在日本是一个值得警惕的问题。这一点同我们在很长时间内需要用民族主义团结民众是有很大的差异的。

我再举个例子，是教育上的一种差异。熟悉日本教育情况的人都知道，日本的历史教育在我们看来是"厚古薄今"。日本的历史教育里对古代比较重视，相对来说对近代要轻视一些。日本史也好，世界史也好，都是古代历史占的分量比较多，近代历史占的分量比较少。教师讲课也是古代讲的时间比较长，讲到近代的时候都快到学期末了，老师就让学生自己去看。我问了很多的历史老师，他们也是这样的一种体会。我们大家知道中国中学生的世界史是古代一本，近代一本；中国史也是古代一本，近代一本，分量基本是相同的。日本高中的日本史里面涉及中国人，古代的 22 个人，近代的只有 1 个，也是差异很大的。可以看出来它古代史的教育相对比较强，近代的要差。

我也找了一下中国历史教育中讲到日本的，前面 3 个标题讲的是日本古代的，下面的 8 个都是讲的日本近代历史。也就是说，我们对日本近代讲得要多，对日本的古代讲得要少，与日本的历史教育恰恰相反。像这样历史教育的差异一类的问题可能是导致我们在学术研究上好多分歧产生的一个原因。

我们的共同研究想要达到什么样的目的？社会舆论关于这个问题的判断有不同的意见。有人认为这是一种斗争，必须得让对方承认侵略、反省、认罪，等等；也有人觉得需要从学术上把一些问题澄清，包括一些数量的问题，等等。我认为从学术的角度我们共同研究最大的成功就是学者坐下来冷静讨论影响两国发展的重要障碍，让我们国家的关系能够正常发展不受影响。既然历史问题影响了两国关系的发展，学者要坐下把历史问题理一下。历史问题影响到两国的关系发展对两国都是不利的，这个问题的解决对两国来说都是双赢的，应当是这么一个判断。我不大主张通过打历史牌的方式来处理历史问题。

这种情况下，我一再强调历史的认识需要跨越国境。而跨越国境其实不是我们的发明，因为任何一个国家在走向国际化的过程中，对历史的认识，或者是视角都需要拓宽，因为需要融入到国际社会里面去，需要有一个比较宽的视角来观察自己、观察周围才行。

我们的历史教育过去强调站在本国的立场上观察世界，包括世界史。

实际上世界史并没有做到视角的拓宽，只不过是站在我的角度上看别人、了解别人，而不是站在对方的立场上，特别是站在更高的角度去看世界。我们的世界史还做不到这一点，所以我们需要通过这样的共同研究能够适当地拓宽。当然政府间的研究政治背景比较强，所以说一下子能不能拓宽，或者说能不能跨越国境比较困难。但是大家都知道，在这之前，实际上我们学术间或者学者间、民间早就开始共同研究了。学者间的共同研究的过程中，当然这样的研究对方的学者没有这么多的政治色彩，相对来说共同语言更多一点。

我们在学者间的共同研究过程中强调了解对方的认识角度，争取理解或接受对方的视角，把观察问题的视角放宽。我们经常思考，不仅站在本国的立场上考虑问题，还要站在亚洲的立场上。在中日政府间的共同研究之前，我们和韩国、日本三国的学者编写了大家都知道的三国的近现代史。在那个讨论过程中，我们都非常深地体会到其实东亚世界近代面临着一个同样的问题，就是西方列强来到东亚的问题。三国都希望强国的愿望是一样的。但在面对西方列强的时候，三国采取的抵抗方式不一样，最后的结果也不一样。不仅是中国在鸦片战争后被迫打开国门，日本也有被黑船打开国门的问题，韩国也有列强对它的压迫的问题，我们都从这个角度去观察一下，东亚在那个时期遇到的是共同的问题。所以在心平气和的情况下，我们会找到一个更宽的视角来观察近代的东亚。所以在那之后有一些韩国的学者非常有感触，他们觉得很有必要将视野拓宽。大家都知道韩国的民族主义情绪高涨，但正是韩国的学者非常积极地提倡把东亚史作为韩国历史教育中的一门课，让韩国的学生不仅要学韩国史和世界史，还要学习东亚史，力图让学生们从东亚的视角来观察问题。

大家都知道德国和法国历史问题的解决。德国和法国共同编写的历史教科书 2006 年出了第一册，它现在已经出了第三册，已经全部完成了。德、法大家都知道是宿敌，以前打了很多年仗，一战结束之后他们就开始想讨论编写共同的历史教科书，但是后来又打仗。等到二战结束以后他们马上就开始做，做了 60 年，到 2006 年的时候编出来了，现在是三本都编出来了。2007 年德国国际教科书研究所邀请包括我在内的日本和韩国的学者访问，介绍经验，他们觉得德、法的做法对于东亚是一个经验吧。

2008 年的 11 月份他们又找到我，说他们在德国找到三位学者，一个是研究中国史的，一个是研究日本史的，一个是研究韩国史的。他们也编一本东亚史，然后请我们给他们做后盾，我觉得确实对我们是一种挑战，当然我们在会上也说了，东亚确实比欧洲有一些迟，历史问题的解决可能要有一段时间。但是我们并不是没有努力，因为除了政府间的，民间的、学者间的努力也是在进行的。所以我想这种努力如果能做得好的话，也能够吸取这方面的经验。

当然也有一些争议，有一些人说东亚和欧洲是不一样的。有人强调欧洲有一个欧洲文明的概念，欧洲有同一性，欧洲人有一个我是欧洲人的意识。但是亚洲人没有我是亚洲人的意识，据说在中国调查不到10%的人会意识到我是亚洲人。东亚的人们一般都认为我是中国人，我是日本人，我是韩国人，没有一种我是亚洲人的意识。但是也有的德国的学者跟我们说，不要迷信所谓的欧洲同一性，那是欧洲人为了欧盟建立而鼓吹的，你们只要去努力做，亚洲应当还会建立这种意识。他说你们东亚可能比我们还要强，你们还有一个汉字的文化的背景，还有儒教的背景，所以比我们欧洲也不差。他们居然这样思考这个问题。所以我们亚洲应当有信心，也可能是过于理想，但跨越国境的历史认识还是值得我们去努力的。我不敢说在我们哪一代就能够解决，真正能够跨越国境。但是如果不努力，就永远不可能，历史问题就总是影响国家关系发展的阻力。历史问题如果不从根本上解决的话，说不定哪一天就会爆发出来，所以我觉得要建立跨越国境的历史认识才行。

这一次的中日共同研究结束以后，日本多数媒体的报道都有意强调分歧、夸大分歧，根本没有什么大局意识。我们的媒体记者也对报道分歧有兴趣，对跨越国境的历史认识的意义认识比较肤浅。实际上我们双方媒体都有这样的问题，大家如果没有真正的跨越国境的意识，他就想挑那些毛病，把那些小问题放大了，让大家都关注，去耸人听闻，那就真是不好办。但是这种东西不是一天两天能解决得了的，我们也希望我们的媒体能够努力去做，有一些媒体相对来说也是比较努力地在做，他们有时候也把握不住，因为客观上确实需要学术界给一些正面的积极影响，有些年轻人对于历史知识的掌握上也不是很全面的。

有人问，你们究竟谈没谈南京大屠杀这样的问题？刚才我说了那是我们的关键词之一，当然要讨论了。讨论的时候我们首先讨论的就是定性，南京大屠杀存在不存在，是不是一个反人道的、大规模的屠杀行为。应当在这个问题上没有太大的差异，一开始就明确了这一点。但是人数问题我们都没有讨论，双方的文章写出来了以后就互相交换，中方的学者谈到了数量的时候，谈到了南京大屠杀之后的南京审判和东京审判。南京的判决书里面写的是 30 万以上，东京的判决书上是 20 万以上，我们就把这个数字列出来了。日本方面的文章开始没有说 30 万是南京判决书的数字，他说的是中国的官方数字。我当时就提出来我不同意写官方数字，因为你要这么一写好像我们的数字是官方想出来、拿出来的。我说不是，我们是有根据的。也就是南京审判 1947 年就提出来的 30 万，所以后来的学者讲是 30 万，那是以判决书为证。当然那个判决书上的 30 万也好，包括东京审判的 20 万也好，是不是一个实证研究的结果呢？应该说还不是，当时也没有条件做那么精确的实证研究，一加一一直加到 30 万，不可能。那怎么办？如果是科学的研究我们当然是可以把它搞得更精确。现在有没有这个条件呢？如果有这个条件我们现在就坐下来研究，我们就把它一加一加去，都承认没有这个条件。那既然没有这个条件的话，学者利用判决书上的数字应当是没有问题的，它不是一个官方不官方的问题。当时我们就把这个问题放下了，没有讨论这个问题。但是记者媒体双方都会关注这个，就在上个月的 24 号，在开媒体发布会的时候是我和北冈同时坐在台前，大家提问题。也有记者问南京大屠杀的问题，北冈先生回答的，他说南京大屠杀的问题我们认为是存在的，而且责任应该说是在日本方面，数字问题我们没有讨论。然后我又接着回答，题目里没有南京大屠杀，但是一个题目下面有一个主题词是南京大屠杀，我说我们研究了，数字的问题我也想解释一下。我为什么要多说这几句话？我也是为了避免媒体又说什么官方数字，我说了两个判决书上的数字，我认为学者利用两个判决书上的数字都是可以的。然后北冈又补充了一句，说我们当时没有讨论这个判决书的数字精确还是不精确。他没有反驳我，我也没有反驳他。但是日本的媒体报道说我们俩在吵架，写的是我说 30 万，他说不准确。所以中方的报纸马上就给转过来了，就是这样子。

其实这样的问题很多。我们国内也有一些人，包括一些学者感情色彩比较浓，就觉得你怎么能否认 30 万呢，我们南京大屠杀纪念馆都写的 30 万，你怎么能否认这个呢？所以我一再说我们没有否认，我们强调这个是南京审判的数字。但是你非要说这是一个实证研究的结果，应当说也没有太多的道理。因为确实没有实证的研究，如果你进行实证的研究，可能还会发现有一些漏洞。但是我们为什么把对南京大屠杀事实认定的问题转移到数字的讨论上去呢？那样转移本来是日本右翼设置的一个陷阱。数字一不精确就说是中方的夸张，白发三千丈，哪有三千丈，那就是你夸张，夸张不是事实，就是虚构的。这是他的逻辑。所以我觉得没必要去讨论数字的问题。可能类似这样的问题也比较多。

（本文根据 2010 年 1 月 15 日步平先生在清华大学的
演讲录音整理）

政权交替和日本的走向

东京大学副校长　田中明彦

今天有幸在非常著名且重要的清华大学大讲堂系列中发表演讲，我表示十分感谢。刚才主持人做了介绍，我现在担任东京大学的副校长，但是今天给大家讲的内容是我以一个政治主义学家或政治研究者的角度来说的。当然，在日本的体制之下，即便是东京大学的副校长对政府的批评，也不会对大学造成什么影响。但是我本人更愿意作为一个政治学家或者是研究者，而不是以东京大学的某个职务来发表意见。另外，刚才李廷江教授在介绍的时候说我的专业是国际政治学，但是今天我所讲的内容更多的是国内的政治。让我们一起思考一下今天的主题，即民主党政治的特征。现在民主党是日本的执政党，正好鸠山由纪夫首相组织新政权是今年 9 月 16 日的事，本周正好迎来了该政权的 100 天。我先让大家了解一下这最初的 100 天民主党政治的情况。

我们看一下成立之初的这 100 天的有关情况。该政权在刚起步的时候受到了国民的期待，并且赢得了很高的支持率，支持率最高达到了 70%。但是过了 100 天之后，目前本国国民的支持率已经下降到了 50% 左右。现在该政权跟其他政权的不同之处就在于要尽量减少对官僚的依赖，要让我们看到新型的政治决策程序。我可以举一个例子，比如说在编制下年度的预算的时候，是采取开放的姿态，通过电视媒体让民众直观地看到预算的情况，尽量地提升政府决策预算编制的透明度。

这是一个新的趋势，但同时也有一些其他的趋势。比如说重要职位阁僚，他们会针对同样一个问题发表不同的看法，同时阁僚和首相之间也会产生分歧。而且首相今天说的话明天可能就改口了，给人留下整个政策的形成显得有一些混乱的印象。同时我们再看一看对外政策，在与美国的关系方面出现了一些紧张、摩擦。刚才谈到舆论界反映对于政权的支持率下降了，为什么支持率会下降呢？国民说作为首相鸠山由纪夫缺乏领导力，另外还说在实权方面，现在领导民主党的小泽一郎比首相拥有更大的权力。所以总体来说，从表面上来看，目前的民主党政权所呈现的就是一方面政治决策的程序焕然一新，但同时又给人留下政治决策程序混乱的印象。

接下来我将给大家分析一下为什么我们目前从表面看到的决策的新做法和混乱会同时并存。而且作为分析产生这种现象的原因的前提，我还想跟大家一起来思考一下，为什么在今年的9月份日本实现政权的更迭。为什么会出现政权的更迭？为什么民主党会上台执政呢？我觉得有几方面的原因。第一种观点是对于在此之前长期执政的自民党的表现国民并不满意，对于自民党所抱有的幻想破灭了。确实，在自民党执政期间日本的经济长期低迷，社会贫富差距不断拉大，贫困人群的数量不断增加。此外，在小泉执政之后的三年里历经了三代首相，而他们政权的表现并不令人满意。但是这种观点存在一个缺陷，就是在此之前也有过自民党执政表现不好的情况，但是却没有发生政权更迭，或者是即便发生了政权更迭，也在很短的时间内又被自民党把政权重新夺了回去。比方说在20世纪70年代，当时日本的经济情况也相当低迷，但是仍然维持了增长。1993年虽然有短期的政权的更迭，但是不到一年的时间里自民党又重新夺回了执政的宝座。1997、1998年，在金融危机的冲击下日本的经济非常不好，但是自民党仍然能够坐稳执政党的宝座。也就是说在此之前自民党也有执政成绩不好的情况，但是却没有出现政权更迭。为什么到了2009年会出现政权更迭呢？刚才所介绍的这些观点不能很好地解释这个问题。

在这种情况之下又产生了第二种观点。第二种观点简单地说就是诞生了可以取代自民党的新的政党——民主党。可以这么说，第一种观点是认为自民党执政成绩不好，所以被赶下台，而第二种观点是民主党的诞生才使得自民党下台。也就是说刚才提到此前也有针对自民党执政大家不满意的情况，但是没有实现政权更迭，原因就在于没有合理取代自民党的新政权。现在大家看到的民主党是21世纪以后不断壮大的一个政党，到了2009年，日本的国民判断民主党有能力去取代自民党，因此最终通过选票选择了民主党代替自民党。但是这种观点也有其他的意见，即为什么民主党会在21世纪以后成为一个非常有实力的政治势力？在自民党执政的时间里，没有能够诞生出有力量的政治势力，为什么到现在却会诞生这样一个非常具有实力的政治势力呢？我认为对此有两种可能的解释。

第一种解释理论是结构性的解释，第二种是主张性的解释。第一种结构性的解释是说1994年，当时众议院的选举制度进行了变革，由于这种新的制度的引进，形成了能够让第二种政治势力形成、发展的环境。也就是说由于选举制度产生了结构性的变化，有可能产生有实力的在野党成为第二大党。第二种是从主张方面来进行解释的，具体来说就是民主党所提倡的要进行政治改革的主张在日本的政治之中获得了支持，使自己迅速地发展。也就是说拥有改革意愿和主张的这样一个政党在20世纪90年代到21世纪这几年中获得了更多日本国民的支持，因此最终实现了政权的更选。

接下来我想尝试给大家详细介绍一下刚才所说的结构性的解释和主张性的解释。

首先，在思考民主党为什么能够得到如此大的发展的时候，我认为结构性的解释是非常有用的。具体来说，结构就是指新的政治体制，也就是新的选举制度。这种选举制度是指小选举区和比例代表制度并存的选举制度，其中小选举区的制度发挥了非常重要的作用。一般的情况可以说从1994年引进新的选举制度以后，这十几年里，随着选举的不断进行，原来存在的为数不多的在野党会逐渐演变形成一个大的在野党，就是说其他的在野党会被这个大的政党吸收合并。

法国有一位非常有名的政治学家叫迪维尔热（音同）。他有一个观点认为存在以下规律：如果采用小选举区制，也就是说在一个选区里头只是通过简单工作的方法选出一个，最终就会使这个政党得到发展，并且形成两大政党制。

1994年之前日本采取的是中选举区制，在一个选区里面会有五到七个人同时当选。能够让五到七个人在一个选举区同时当选的情况，如果套用迪维尔热（音同）先生的主张，从规律角度来说会在日本同时形成七个非常有实力的政党。我们看一下当时日本的实际情况，自民党的体制实际上是一个联合体，其中包括五个左右的派系。作为当时最大的在野党的社会党，一般认为它是由两个派系组成的联合体。在中选举区制度之下，占多数的政党永远会享有多数，因此在这种优势下很难形成政权的更替，在野党要想使自己的实力得到增强是非常困难的。

可以举一个例子，如果说一个选区会有五个当选的名额，对于在野党是不利的，它可能只能有一个人当选，如果他想要多一个人当选的话，就必须同时推出两组候选人。而如果在那个选区在野党的支持率只有20%的话，就会造成20%的票分别投给两个在野党支持的候选人，造成两个在野党的候选人同时落选的情况产生，因此会形成在野党永远也上不去的趋势。

与之相比只有一个人当选，且只能有一个人当选的情况对于执政党是有利的。我们可以设想一下，在一个小选举区有多个在野党同时候选的话，那所有的在野党都选不上。但是如果说没有同时存在多个在野党，而是多个在野党组成一个在野党的话，自民党所占有的优势就会不断地被削弱。在野党的力量逐步地增强，最终能够获得51%的支持率的话，它就会战胜执政党，获得当选。可以说在小选举区制度之下，在野党会面临很大的压力，要求不断地整合、合并。

实际上1994年日本选举制度改革之后，曾经诞生了10个左右新的政党，但是这10个左右新的政党逐步地整合，到了21世纪初的时候逐步形成了一个新的政党。在小选举区制度之下，所有的选区只要有一个人获得51%的多数支持的话，所有的席位就不会变。也就是说这种制度有一种可能性，从理论上来说，如果所有的选区都是49%~51%这样的支持率的话，最终的席位会被同一个政党全部拿下。我们也可以看到在2006年众议院改选的时候，小泉领导的执政党获得了将近2/3的席位。但是大家也可以了解到，在这个制度之下，因为选民支持率的轻微变化就会实现政权的更迭。也就是说原来是51%对49%这样的局面，如果其中2%的人改变主意的话，就会形成原来的51%变成49%而49%变成51%的局面，在很短的时间内实现政权的更迭。

因此，在2006年曾经给自民党带来压倒性胜利的选举制度到了2009年却带来了截然相反的结果，这也就说明小选举区的理论规律发挥了作用。因此，2009年为什么会出现政权的更迭呢？是托小选举区制度之福出现了能够取代自民党的政党民主党，同时国民对于自民党执政的不满一起造成了这个结果。

但是，这种从结构角度进行说明解释的观点也存在着缺陷，从刚才所介绍的结构性的解释说明的角度不能够说明为什么1994年会对选举制度做出变革。为此，我们需要对为什么在1994年会对选举制度进行变革做出说明。对于选举制度为什么进行改革，最简单的解释就是这一年诞生了细川政权，他领导实施了选举制度。但是有一个新的疑问，细川政权为什么会诞生？原因也非常的简单，这是因为在1993年的大选之中，自民党没有获得过半数的席位。

由于自民党没获得过半数的席位，其他的政党组成了联合政权选举。但是这种说法又与刚才我介绍的中选举区制度的特点不相符合，实际上自民党在中选举区制度之下很难简单地获得过半数的席位。为什么自民党在1993年没有拿到过半数的席位呢？原因在于自民党的分裂。即在1993年，小泽一郎、鸠山由纪夫、冈田克也等当时自民党的党员集体脱离了自民党，造成了自民党的分裂，从而使自民党在选举之中没有获得过半数的席位。刚才提到了自民党是几个派系组成的联合体，如果这些派系之中一个或者是几个派系脱离自民党的话，自民党就不能够保持过半数的席位。但是，就此还可以提出新的疑问，为什么在这个时间，小泽一郎、鸠山由纪夫、冈田克也等人要去分裂自民党呢？答案就是他们有一种政治改革的意愿，为了实现这种意愿就必须把自民党执政的情况予以终结。

他们认为自民党政治哪些地方不可取呢？我们可以举出三点：第一，在自民党政治的背景之下，会持续出现结构性腐败的现象，这是在政治方面花钱太多所造成的。第二，在自民党执政的情况之下，官僚会决定一切。第三，在自民党执政的背景之下，会持续出现无法做出重要决策的现象。当时分裂自民党的这些人认为之所以存在这些缺陷是当时的选举制度造成的。也就是说如果不对选举制度进行改革的话，就无法克服自民党执政所存在的缺点。这与我刚才所介绍的中选举区制度是相关的。

让我们回顾刚才所介绍的内容，刚才提到在中选举区制度下，一个选区可以选出三到七个当选人。在这种情况下，自民党有多个候选人同时进行选举会造成自民党内部各个派系之间的竞争，其结果是当选的这些人会结合在一起形成整个自民党执政的情况。对于自民党来说，自己所要参选的选区里面，竞争对手不仅仅有在野党的候选人，也有自己同党的候选人。

比如说在一个可以有五人当选的选区里面，自民党就会有四到五个候选人去参选，这种情况下，对于每个自民党的候选人来说，自己最有力的竞争对手其实是跟自己属于同一党派的自民党的其他的候选人。由于都是来自于同一个政党，所以在政策方面是没有什么区别的，要想战胜自己党内的其他竞争对手成功当选的话，就得花钱。这就是中选举区制度的最大的缺陷。

一方面要花钱，另一方面作为自民党的候选人，为了让自己更容易当选，就要让选民意识到自己在自民党里有更重要的地位。因此可以认为做过大臣的候选人比没有做过大臣的候选人显得更加重要，所以每个候选人在当选之后都想当大臣，即使当不了大臣也想当副大臣。我们可以看到来自同一个政党内部的四五个候选人在同一个选区里展开竞争，最终会形成跨越各选区的自民党内部四到五个派系之间的竞争。大家都想当大臣并分成五个派系来竞争，如果你想要当总理大臣的话，你就要获得五个派系之中至少三个派系以上的支持。我们选出来的总理大臣为了维持自己的地位，就需要把大臣这样的职位分配给具有实力的自民党内部的派系。刚才讲到所有的政治家都想当大臣，政治家又为数众多，为了让更多的人当上大臣，所以每隔一年或者是两年内阁就要进行一次改组，以使更多的人当上大臣。

政治家都忙于选举，而且当了大臣也只能当一次，实际上在国会进行答辩的时候，大臣的答辩词都是由官僚来写的，政策也是由官僚制定的。同时政治家要当选需要筹集更多的资金，资金从哪儿来呢？是从日本社会里存在的各种利益集团中获得。利益集团会向政治家捐献政治资金，作为回报让政治家出面保护自己的利益。按理说官僚要对利益集团的行为进行规制。官僚保护利益集团的利益，作为一种回报，自己在退休之后可以在利益集团里面谋得一个职位，在日本把它称为"天神下凡"。因此就产生了利益集团、政治家和官僚之间的所谓"铁三角"的关系。

刚才我给大家介绍了实质上产生这些问题的复杂根源就在于中选举区制度，小泽一郎、鸠山由纪夫或冈田克也认识到这一点并要对它进行改革。他们认为要想从根本上改善日本的政治，必须对选举制度进行彻底的改革。当时这些人都在自民党内部，但是为了改变刚才所介绍的中选举区制度，他们不惜分裂自民党，跟在野党结合，最后对选举制度进行改革。其结果是1994年的1、2月，在经过巨大努力之后，选举制度得到了改变。

实际上改变选举制度对于政治家来说是非常困难的一件事，因为其中包括在中选举区制度下当选的议员，对他们来说永远维持中选举区制度是最好的。但是即便是在这种情况下，大家仍然通过努力实现了引进小选举区制度。从客观的角度来说，我认为这是个奇迹。在选举制度变革之后不到两个月，细川政权就下台了，而实现了这些选举制度改革的政治家又沦为了在野党。

因此从长期的角度来说，可以认为1994年政治家通过努力实现了选举制度的变革，但是付出这些努力的政治家又都沦为在野党。但在此之后，刚才所介绍的结构性的说明、解释发挥了作用，即小选举区制度的法则发挥了作用。在十年之后，这些人的努力，他们的意愿终于实现了。刚才也提到了小选举区制度实际上对于拥有多数人支持的政党是有利的，小选举区制度引进的结果实质上使引进这些制度的政治家处于不利的局面，包括小泽一郎、鸠山由纪夫、冈田克也这些人，实际上是自己选择了一个对自己不利的制度。但是在十多年内，原来四分五裂的在野党不断整合，最终到21世纪形成了政党民主党，并且在整体上获得了成功。同时在2009年，刚才所介绍的小选举区制度的规律再次发挥了作用，最终由民主党取代了自民党上台执政。

通过以上的介绍，大家可以看到2009年所发生的政权更迭实际上是当初具有政治改革意愿的这些人的努力，通过十多年的时间最终使自己的意愿和愿望变成了现实。也就是1993年，当时作为自民党成员的小泽一郎、鸠山由纪夫、冈田克也等一些议员不顾改革对自己带来的不利，依然坚持脱离了自民党，通过努力，在2009年实现了意愿，取得了巨大的成功，是一个成功的故事。

确实，鸠山由纪夫政权诞生之后，给日本的政治带来很多新的变化。在新的制度之下，日本的各个省里的决策程序确实产生了变化。过去由官僚来决定重要的事项都改由大臣、副大臣和大臣政务官这三个政治家来协商决定。另外我刚才也提到了鸠山政权的政治运营是非常混乱的，进行政治制度改革并且成功的政治集团为什么会出现这种情况呢？通过十多年的努力实现的政治制度的变革却混乱不堪、支离破碎，实在令人有些心痛。

最后一个疑问就是为什么会这样呢？我个人认为原因就在于他们进行政治改革的对象并不是政治决策的内容，而是政治决策的程序。正如我刚才所说，在进行政治改革的时候，要改变自民党体制，这里面存在什么样的问题呢？一共有三点。

第一是存在着结构性腐败的问题，第二是政策决定的做法是不对的，第三是对发展成果进行分配的对象是不对的。我们当时认为这种既得利益集团和官僚以及政治家结合在一起，因此就形成了这种错误的决策机制，这种机制本身是有问题的。民主党首先就说官僚做重要决定的决策程序是有问题的，首先感觉就是官僚做决策的问题。同时，他们提出要让预算编制变得更加的透明，也就是要让预算编制这种程序、这种制度产生变化。最后，在推行政策的时候要改变维护既得利益集团利益的做法，而让每个人都能够受到政策的保护，即对政策分配的对象进行保护。

比如说在政策方面，他们提出发放儿童补贴，要让每个家庭都享受到政策的好处；同时提出不是向作为中介组织集团的农业协同组合发放补贴进行照顾，而是要向每个农户发放相应的补贴；还提出不是向修建高速公路的团体去分配预算，而是要直接实现高速公路的免费，让每个国民享受免费公路的好处。

这些政策实际上都是着眼于程序、机制，就是说谁要向谁怎么做这方面进行改变。实际上民主党就是由那些对政策、程序、机制进行改变，大家达成一致的政治家组成的政治团体。但是同时又不得不指出，他们这个政党并不是一个就每项政策的具体内容达成共识的组织。大家逐渐地了解到要针对政策决策机制和政策程序进行改变。这一点大家是有共识的，但是对每项政策、每项内容，每个议员之间没有达成共识。而且就一项政策和其他相关的政策之间是否存在着矛盾之处也没有进行很好的研究。

我们看昨天或今天的相关报纸可以了解到，过去鸠山首相曾经说过取消高速公路暂定税率，现在改口说要继续维持下去，同时又说当时主张的发放儿童补贴还是要坚持做的。实际上这两项政策如果从向国民提供好处这个角度来说的话，都是符合民主党的主张的。但是我们看一下这两个政策之间是存在矛盾的，一方面你取消高速公路收费的话，你的税收就会下降；另一方面发放或者提升对儿童补贴的话，支出就会增加。如果这两项政策同时推出，就会造成财政无力可支，最终陷入崩溃。一方面要减税，另一方面要增加支出，这两项政策是不可能同时存在的。其结果是鸠山首相选择了优先发放儿童补贴的政策。因此我认为当时包括小泽、鸠山、冈田在内的政治家的目标是要对决策的机制层面进行改变。他们认为这是最重要的。并且这也是获得国民支持最多的，形成了政权的更迭。

然而另一方面民主党获得政权，因此在没有对政策内容进行很好的磋商、达成政策的基础上就牺牲了很多的在野党，使自己的势力不断地扩大，发展到了今天，最终的结果就是形成了刚才我所介绍的从执政初期的 100 天来看在政治运营等方面出现了很多新的变化，但在施行这些政策的时候却暴露出很多混乱。

按照我刚开始的题目来说还是要谈一谈民主党的对外政策，但是由于时间关系，我想简要地谈一下这个政策。依我个人所见，鸠山政权在对外政策方面也同样表现出了刚才我所提到的他在国内政治运行方面所存在的一些问题。也就是说民主党的政权或者是民主党这个政党把自己的重心放在对正式程序进行改变上，但对于政策的内容却仍然没有进行很好的研究。在对外政策方面，民主党重视的政治决策程序是什么呢？这一点可以从鸠山首相所提倡的对等的关系中得到体现。

民主党认为自民党时代的这种关系是不对的，也就是说可以认为民主党的负责人认为日美之间在决定政策的时候，在程序方面是不对的。因此，我们可以看到，让人认为民主党他们希望建立一个并不是美国人说什么我们就要做什么的这样一种对外政策的决策程序。但是，另一方面在民主党内部，就是说在实现了这种对等的决策程序之后，具体的政策内容应该是什么呢？其实就这一点并没有达成共识。

这种不一致的最典型表现就是围绕着日本冲绳普天间美军基地的搬迁问题，日本的外相、环卫大臣和首相说的话都不一致，而且他们之间的发言是相互矛盾的。我们看一个比较具有建设性的意见，也就是鸠山首相提出要重视东亚的关系。我认为在东亚的政策方面，除了刚才所说的决策机制以外，在内容方面也是逐渐明朗。比如说，在所谓历史认识问题方面，民主党就不是像自民党那样的看法。我想鸠山首相所提出的要通过与东亚各国之间的合作，构建东亚共同体这样一个目标，实际上不光是反映了重视周边国家关系这样一个决策的程序，同时也是具有实质性意义的。

但是即便如此，正是由于民主党作为一个势力更重视程序的改革，因此虽然提出了东亚的政策，具体的内容可能还是缺乏民主性。另外在提到对外政策的时候，有一个根本性的问题，就是在 21 世纪中，日本要成为什么样的国家，必须要提出愿景。在过去民主党说的是如果让自民党执政持续的话，日本将会变得越来越坏，因此，要对政治决策的程序进行改变。但是仅仅说这些我们觉得不能够让人明白日本在 21 世纪能够成为什么样的国家，不能让世人理解它的愿景。在过去一个月围绕着预算的讨论方面，也可以看到存在着混乱。我想今后日本在全球范围之内发挥作用的重要因素和领域之一就是让科技在全球取得成功。但是我们看过去一个月预算的审计情况，民主党很多人主张科技预算是浪费，应该予以削减。我们认为引进一个透明的政治决策程序是正确的，但是在透明的政治决策程序之下，允许对科技的预算进行削减是不可取的。这实际上是反映出了日本缺乏战略。而且另一方面我们认为日本对于世界的发展做出援助、发挥作用是十分重要的，但是在预算的财务过程之中认为对发展中国家进行援助是浪费，应该予以削减。

对刚才所介绍的日本的国内政治和对外关系做一个总结的话，作为一种要对政治过程、政治程序进行改革的政治运动，民主党政权可以说取得了一定的成功。但是由于过于关注程序的改革，所以，现在民主党政治的各个领域都出现了混乱。

我认为今后日本的国内政治和对外政策都取决于民主党今后如何去决定这些政治和政策的内容。以上就是我做的演讲，接下来的时间如果各位有问题的话可以向我提出来，谢谢大家。

主持人：谢谢田中先生，下面我们进入提问环节，欢迎同学们提问。

提问：谢谢田中老师的演讲，我提一个问题，现在民主党和其他两党联合执政，但是我们也可以看出来它和两党联政的时候出现了一些问题，比如说对美的关系上，比如说机场的问题，还有最新的援助计划，跟它联合执政的政党都提出了不同的意见，这对它有一些影响。我想问一下民主党在未来会不会独立执政？就是不再继续这种联合执政的现象。谢谢！

田中明彦：你刚才提到的这个问题是刚才我没有提到的非常重要的一个问题，我认为正是由于联合执政这种情况的存在，我所指出的这些矛盾会变得更加严重。这个现象之所以发生是由于日本采取两院政治，由众议院和参议院组成，法案只有在两院得到通过才可以成立实施。现在，民主党在众议院是有压倒性优势的，超过了半数，但是在参议院民主党自身没有过半数的席位，因此，它必须要借助社民党和国民新党这两个党的力量。虽然这两个党的规模比较小，只有 5 ~ 7 个席位，但只有跟它们结盟才能保证法案所通过的半数。因此可以说这两个小党跟它的政治势力相比，现在所拥有的政策方面的权力是非常大的。因为明年 7 月份参议院进行改选，从目前正常的观察来看的话，民主党一党在参议院所拥有的席位有可能超过一半。因此，在 7 月以后，可能会发生变化，但是问题是如果在参议院选举之前，民主党的支持率大幅度下降的话，就有可能造成民主党在参议院的席位得不到增加的情况出现。话说回来，目前作为正常的预测，民主党在明年 7 月份参议院选举之中还是能够获得过半数的席位，即便不和其他的政党结盟单独也能执政。

提问：我是来自人文学院的，谢谢田中先生的演讲。现在日本的经济情况非常不好，应该说是日本的财政赤字超过了 150 亿日元，刚才田中先生的演讲提到了还要削减科技方面的投入，同时对援助方面也进行削减，如果不进行这些削减的话，日本的财政赤字不会更大吗？有没有一种其他的削减预算的办法存在呢？

田中明彦：实际上在过去的一个月里，民主党通过一些办法力图要找出过去存在的浪费之处进行削减，但是这里面存在着很多的疑问，包括刚才提到的要削减科技的投入和对外的援助。但这种做法到底能不能满足他所需要实现的政策呢？实际上也是不够的。即便是削减了这些，比如说他要对儿童发放补贴，要取消汽油暂定税率，同时要实现高速公路的免费，即便再进行削减，目标所需要的财源还是得不到保证的。

因此今后民主党应该认真考虑的是如果要实现自己在竞选当中提出的政策纲领，就要找到新的财源。当然，对于预算的浪费必须削减，减少预算是要进行认真的研究的，哪些地方是真正的浪费，其实要梳理这方面的内容是十分困难的。同时要考虑到政策之间的衔接，比如说现在经济非常的不景气，要是通过削减预算的方法来减少支出的话，很可能会使不景气的局面进一步加重。在削减财政支出和经济不景气之间还是存在着一定的关系。

同时各个政策之间的关系也要进行很好的梳理，比如说民主党一方面提出要取消、降低对于汽油的税率，当然最终会作出一个维持汽油暂定税率的决定，我觉得这种做法是正确的。如果一方面对汽油减税，另一方面又要实现自己所提倡的为了解决气候变暖问题，减少二氧化碳气体的排放，这两个政策之间实际上是矛盾的，因为汽油变得更便宜的话，就会有更多的人开车，会有更多的温室气体排放，因此我认为在这方面民主党本次作出的维持汽油暂定税率的决策是正确的。

正常情况之下，在经济不景气的前提下进行增税是不合适的，但是我们要看到在发达国家里头日本国民的税率水平是比较低的，并不是很高，因此如果要真正从国民的角度去办一件让他们满意的事情的话，从长期来看还是需要增税的。

提问：谢谢您的演讲，我是日本学生，我的问题是自民党今后重新夺回执政的可能性有多大？

田中明彦：我很难预测自民党不经过改革而夺回执政党的席位，但是只要是小选举区制度的话，肯定会诞生新的在野党的，一种情况是以目前的自民党为核心作为在野党存在下去，另一种可能性是自民党解体，从中诞生新的政党。但是实际上小选举区制度的特点是，在所有的选区里头，只要你比对方多1%，或者是仅仅多一票，就会获得政权。如果国民有一些认为民主党的执政做得太差的话，下一次的大选之中自民党重新夺回执政的宝座也是可能的。之所以这么说，我们看到 2006 年的自民党有 300 多个议席，但是这次大选之中一下子失去了 200 多个议席，我们就可以想到今后在民主党的身上可能会发生同样的事情。

我们想作为民主党来说，除非出现它的领袖层发生分裂等这样的情况，否则对于它最好的选择就是提早下一次大选的时间。日本的众议院的大选是每四年一次，民主党的政权如果保持统一、合理的做法的话，下一次大选的时间应该是 2013 年。当然在这个时间鸠山首相会不会继续做首相不一定，也可能会发生首相的更迭，但是我想自民党最早夺回政权的时间是 2013 年。但是如果民主党能够克服目前的混乱局面，并且赢得国民的支持的话，在下一次的小选举区中仍然有可能继续执政，而且这种做法在小选举区制度的其他国家，像英国是屡见不鲜的，比如说英国的保守党曾经是连续三届执政 12 年，在此之后换成了工党一直执政到今天，在其他的一些国家里面我们可以看到一个政党长期执政达十二三年之久，再换其他的政党这样的现象也是屡见不鲜的。

提问：您作为一名专家，也是一名日本国民，我想问从您的政治观点出发的话，您目前更倾向于哪一方呢？谢谢。

田中明彦：我可以告诉你的是，我不是任何一个党的党员，但是我个人支持哪一个政党，在大选之中投票给哪个党，这个很抱歉，是属于我个人的隐私。连我夫人都不会告诉。不能说。

主持人：由于时间有限，我们不能请更多的人提问了，再次感谢田中先生的精彩讲演和热心的答疑。请允许我代表讲堂向田中校长赠送清华海外名师讲堂纪念章。今天的活动到此结束，谢谢大家！

（本文根据 2009 年 12 月 22 日田中明彦先生在清华大学的
演讲整理。翻译：李佩）

专题论文

日本外交的主流思维

——"带倾向性的中间路线"

〔美〕 美利坚大学　赵全胜

有关日本外交的研究自二战以来可以说是汗牛充栋，特别是日本学术界以及西方学术界对于日本外交都十分关注。作为日本的主要邻国，中国学术界，更不要说政界、经界，也都对日本的动向极其关注。这主要是因为日本作为一个第二次世界大战期间三个轴心国之一的世界强国，在遭到毁灭性的打击之后很快又重新崛起，成为世界第二大经济体，以至于美国哈佛大学的亚洲问题专家傅高义在 20 世纪 70 年代末即惊呼"日本名列第一"[1]。也就是说，美国的国际问题专家在当时就已认定日本已经或即将成为世界的领先大国。在 80 年代出现的"敲打日本"（Japan Bashing）的热潮中更是把日本视为继苏联之后美国维持与巩固全球霸主地位的又一挑战者。自那时以来，欧美国家对日本内政外交的研究持续升温，而日本学也由一个不为人注意的小学科一跃成为备受瞩目的显学。

　　笔者曾于 20 多年前在日本东京大学进行了为期一年的实地考察研究，在此基础上，完成了有关日本外交政策制定过程和中日关系的研究项目[2]。

---

[1]　见 Ezra Vogel, *Japan as Number One*. New York and London: Harper & Row Publishers, 1979。

[2]　根据这一项目所出版的专著有英文、日文、中文三个版本。这一专著的英文版本为：Quansheng Zhao, *Japanese Policymaking: The Politics Behind Politics*. New York and Hong Kong: Oxford University Press/Praeger, 1993。中文版本为：赵全胜：《日本政治背后的政治》，商务印书馆，1996。日文版本为：趙全勝『日中関係と日本の政治』（杜進・栃内精子訳），岩波书店，1999。部分章节亦在国内学术刊物上发表过，参见赵全胜《谈谈美国的日本问题研究》，《日本问题》1986 年第 2 期，第 48~53 页；赵全胜《从生丝问题上的保护主义政策看当代日本政治》，《日本问题》1987 年第 3 期，第 15~24 页；赵全胜《从中日关系正常化看日本政治的多元化》，《日本问题资料》1988 年 4 月 20 日，第 6~15 页。

从那以后，笔者一直关注着日本外交政策的演变与发展方向。本文的着重点在于对日本外交的主流思维进行梳理，并提出了"带倾向性的中间路线"这一概念。在以后的部分将对这一概念以及相关具体案例进行详细的阐述。

一　中心议题和理论基础

为了更好地理解日本外交的发展方向，我们有必要把考察的重点放在日本政治外交界的主流思维上。作为一个第二次世界大战以后发展起来的民主多元国家，日本各界对外交政策有不同的意见和倾向性，是非常自然的。但是如果只是简单地把这些不同意见进行罗列，则无法得到其真谛。因此，这里强调的是主流思维。所谓"主流思维"，主要指日本政经学界和官僚体系，通过较长时间的思想激荡而就其外交政策所达成的一定程度上的共识。这种共识只是反映了相对多数人的意见，而这种相对多数也是在不断变动中的。

当对一个国家的外交政策进行分析时，就不能不注意到国际关系理论中的基本概念。大家耳熟能详的现实主义理论集中强调的是国家的实力和国家的根本利益。① 外交政策的最高领导最注意的是如何保持这个国家的兴旺与政权的巩固。依据这一理论流派，所谓高政治和低政治之说，也就是一个国家在外交政策的制定上，其军事、政治、外交的重要性往往要高于其他因素，比如经济、文化方面的考量。从这个意义上讲，各国之间军事、政治实力的增长与削弱，以及对本国国家利益优先顺序的相对变动，都会对该国的外交政策走向产生重大影响。由此可见，现实主义是以一国的国家实力和根本利益为考量的。其他因素，例如意识形态因素都处于相对次要的地位。

而自由主义学派，特别是最近兴起的对全球化的研究，则把关注的重点放在国与国之间的相互依存，特别是大国之间在经济贸易领域由于相互

---

① 有关这一学派的主要理论著述见：Kenneth Waltz, *Theory of International Politics*. Readings, Massachusetts：Addison-Wesley Publishing Company，1979。把这一理论用于外交政策研究的重要代表作的例子有：John Mearsheimer, *The Tragedy of Great Power Politics*. New York：W. W. Norton & Company, 2001。

依存的加强而带来的合作与妥协上。① 从这个意义上讲，世界舞台上的国际组织，以及在区域层面上出现的一系列旨在为共同体建设而形成的国际机构与组织，都对国与国之间的关系以及一个国家的外交政策走向产生巨大影响。

与此同时，最近一个时期所广为流行的建构主义理论则把注意的重点放在一国政策制定者因对国际形势、地区和世界格局发展的感知变化所引发的外交政策变化上。② 一个国家及其政策制定者对本国、本地区历史的认知，所处地位的感受，都是这个国家在制定外交政策时的重要考量依据。由上可见，自由主义学派和建构主义理论所强调的都是国家实力与利益之外的因素。从这个意义上讲，它们常常被统称为理想主义这一大的学派。

毋庸置疑，国际关系和外交政策分析理论中还有众多的学派可以用来分析日本外交政策的走向。以上所举的只是几个主要的理论学派。另外派生发展出来的一些学派，例如：权力转移理论、利益集团理论、决策者与内外环境互动理论等，都是十分有用的理论框架。事实上，最近也有不少学者已经开始试图从国际关系理论的视角来分析亚太地区的国际关系。③ 本文在对日本外交的主流思维进行分析时，也将在不同程度上对这些理论有所应用。

二　历史回顾

近现代日本外交自明治维新以来曾经三次面临十字路口，需要做出重大的方向性的政策选择。第一次十字路口发生在 19 世纪中叶。当中国的清政府受到以英国为首的西方帝国主义列强侵略时，日本作为长期以来中国的学生，非常注意这一次如费正清所说的"中西方文明的大冲突"。当中国

① 见 Robert Keohane and Joseph Nye, *Power and Interdependence*. Boston: Little, Brown and Company, 1977。
② 有关这一学派的代表作包括：Alexander Wendt, *Social Theory of International Politics*. New York: Cambridge University Press, 1999。
③ 我们可以从以下几个例子看到这方面所做的努力：G. John Ikenberry and Michael Mastanduno, ed., *International Relations Theory and the Asia-Pacific*. Columbia University Press, 2003。Stephan Haggard, "The Balance of Power, Globalization, and Democracy: International Relations Theory in Northeast Asia," *Journal of East Asian Studies*, Vol. 4, 2004. pp. 1-38。

在鸦片战争中被打败，并于 1842 年签订了中国历史上第一个不平等条约——《南京条约》，以及随之而来的接二连三被其他帝国主义国家（如法、德、俄）所入侵，乃至割地赔款、丧权辱国时，这一切都使日本的统治者、上层阶级，以及知识分子提出了一个重大问题：日本应该如何从中国的失败中吸取教训？其外交政策应该向何处去？是继续坚持和中国一样的闭关锁国和排外政策，还是洗心革面走一条不同的道路？这也就是 1868 年日本实行明治维新，对其内政外交进行重大改革的大背景。

日本的明治维新直接导致了其工业化的迅速实现，国力大幅度增强，国际地位也迅速崛起。从 19 世纪末到 20 世纪初，日本接连打败了两个大国，也就是在 1894～1895 年的甲午战争中打败了大清帝国，紧接着又在 1904～1905 年的日俄战争中战胜了俄国，日本也由此从一个远处东海的弹丸之地一举成为名扬四海的"日本帝国"。日本政治、经济、社会都在这一时期经历了脱胎换骨式的重大变化，从一个以农业为主的封闭性封建国家走向以工业化为导向的经济军事强国。所有这些都使日本的统治者自我膨胀，同时也进一步接受了西方殖民主义者弱肉强食的帝国主义逻辑。于是，日本从 20 世纪上半期逐渐走上军国主义道路，殖民朝鲜半岛，入侵中国东北，建立"满洲国"，以至参加德、意、日三国轴心，积极发动第二次世界大战，南下东南亚，袭击珍珠港，使"日本帝国"的版图扩大到日本有史以来的最大范围。① 然而，耀眼的胜利也预告着惨痛的失败。在中国、朝鲜和其他亚洲各国人民所发动的反侵略战争中，日本受到了极大打击。美国反攻太平洋诸岛，轰炸日本本土，在广岛和长崎投掷原子弹。苏联红军挺进中国东北，击溃日本关东军。这一切都给日本带来了毁灭性的打击，最终导致日本于 1945 年 8 月宣布投降，接受美军占领。

日本在二战结束时的惨败使日本面临着其近现代史上第二次决定性的选择。日本的内政外交向何处去？日本如何从战争的废墟中发展起来并重返国际社会？这些都是日本所亟须解决的关键性问题。在美军占领当局的领导下，日本于 1947 年通过了第二部宪法，从此走向了以和平发展为主轴

---

① 有关日本侵华，特别是南京大屠杀，可参看：Joshua Fogel, ed., *The Nanjing Massacre: In History and Historiography*. University of California Press, 2000。Iris Chang, *The Rape of Nanking: The Forgotten Holocaust of World War II*. Basic Books, 1997。

的道路①。战后不到二十年，日本就进入了经济高速发展时期，成为亚洲经济起飞的领头雁。随后，日本经济超过了欧洲诸强，直逼美国，成为世界第二大经济体。

从 20 世纪 90 年代开始，随着苏联的解体，以及全球化地区主义趋势的不断加强，日本也经历了一系列的变化。从 20 世纪 90 年代初到本世纪初，日本经济经历了"失去的十年"的困境，1997 年的亚洲经济危机更使日本经济雪上加霜。而从 80 年代初开始的中国经济高速增长，以及随之而来广受国际社会关注的中国崛起，更给日本举国上下带来了全方位的巨大冲击。从 90 年代开始浮出水面的朝核危机更触动了日本内政外交的敏感神经。随着这一系列重大国内外政治经济情况的发展，日本朝野上下出现了新一波的民族主义情绪，政治保守化倾向也进一步加深②。日本政界以及政治领导人也经历了一场前所未有的、以小泉纯一郎为代表的重大社会政治变革③。这一切都把日本外交推向了一个新的十字路口④，促使日本的决策者、政治家和知识分子在 21 世纪初展开了一场如何在新的历史条件下作出符合日本国情和国家利益的政策大辩论⑤。

由此可见，日本在其近现代一百多年的外交政策选择中，经历了三次重大的十字路口。每一次的政策抉择不但对日本本国的发展性命攸关，而且也对亚洲乃至全世界的和平与发展都有重大影响。而这些政策选择又无一不与在现实主义和理想主义影响下的主流思维紧密相连。在头两次历史关头的选择中，日本都在国内外的巨大压力下做出了具有转折意义的重大选择。例如，在明治维新时期，选择了"脱亚入欧"的道路，也就是说日本脱离了"落后的、贫穷的和分裂的东亚"，通过"富国强兵"的方法而加入欧美强国之列。第二次世界大战之后，在美国占领下，日本实现了带有历史性的转变，也就是从一个军国主义的、专制的政体向一个民主多元的、以和平为主的新型政治转变。

① John Dower, *Embracing Defeat: Japan in the Wake of World War II.* Norton, 1999.
② Eugene Matthews, "Japan's New Nationalism," *Foreign Affairs*, Vol. 68, 2003. pp. 158-172.
③ Kent Calder, "Halfway to Hegemony: Japan's Tortured Trajectory", *Harvard International Review*, Vol. 27, No. 3, Fall 2005, pp. 46-49.
④ Glenn Hook, et al., *Japan's International Relations* (2nd Edition). Routledge, 2005.
⑤ Yutaka Kawashima, *Japanese Foreign Policy at the Crossroads: Challenges and Options for the Twenty-First Century.* Washington, D. C.: Brookings Institutions Press, 2003.

三 "带倾向性的中间路线"

在 21 世纪初，日本朝野基本上达成共识，完成了从后冷战时期开始就着手酝酿的外交方向第三次大的政策选择。与前两次的一个根本不同就是日本无需选择带有与过去决裂性质的转变，而选择了一条颇具玩味的"中间路线"。笔者在 2005 年 5 月有机会参加了安倍晋三在访问美国时举行的一次午餐讲演会。这也是为他一年多以后就任日本首相所进行的热身活动之一。在此次午餐会上，笔者向安倍提出日本在当时的相当一段时间内加强了与美国的关系，而与中韩关系有所恶化，那么日本外交是否仍然受到"脱亚入欧"思想的影响。安倍回答说，日本同美国的关系和与中韩之间的关系是互为补充的，而不是互相排斥的①。安倍的这个思路典型地反映出日本这一轮政策选择的新趋势是把两个不同的极端方向避开，而向中间靠拢，也就是所谓的"走中庸之道"。安倍上任一个月之后，美国《纽约时报》也发表评论指出，他的外交路线是走"中间路线"②。在 2007 年秋登上日本首相宝座的福田康夫也是一个典型的走中间路线的稳健的政治家。也就是说，在日本，除了少数人仍然选择极端路线外，多数精英层人士选择的是中间路线。但即便如此，不同的政治家在不同的时期还是可以有不同的倾向性。而这种倾向性又往往是了解这一时期日本外交发展方向的关键因素。这就是本文所强调的日本外交以"带倾向性的中间路线"为主流的思辨方式。下文将就日本外交的"带倾向性的中间路线"这一命题的具体表现逐一进行分析。

（一）中间路线一："脱亚入欧"与"亚洲一体"

在日本两千年的历史长河中，作为中华文明的热心弟子，日本东亚社会一员的身份一直是很清楚的。而这一身份的认同在 19 世纪中叶，日本社会发生重大变革时期受到了根本性的挑战。当时的日本知识分子领导人，也就是后来创建庆应大学的日本思想家福泽谕吉提出了"脱亚入欧"的口

---

① 有关安倍的这次午餐讲演会请见：Shinzo Abe，"Miles to Go：My Vision for Japan's Future"，http：//www. brookings. edu/events/2005/0502japan. aspx。

② 《强硬安倍上任一月转向中间路线》，http：//news. xinhuanet. com/world/2006-10/31/content_5269631. htm。

号。福泽认为，日本应该脱离当时仍处于落后状态的中国及其他亚洲社会，应尽最大努力按照欧洲国家的模式成为现代社会的一员。① 为此，应在日本国内进行一系列的政治经济改革，加速现代化。在国际社会上，日本应该与欧美先进国家结盟，成为强国中的一员。

与福泽谕吉同时代的日本思想家冈仓天心尽管也深受西方文化的影响，却在其对外关系的思想中提出了与福泽截然不同的口号。他在《东洋的觉醒》一文中提出了"亚洲一体"的政策建议，对西方白人社会对东方的入侵进行了尖锐的批评，强调了东亚社会团结一体抗拒西方入侵的重要性。② 当然，冈仓天心的"亚洲一体"的提法与我们今天东亚共同体的提法有着很大的区别，但它毕竟代表了日本知识分子在当时对日本在国际社会中的身份认同问题上所存在的不同思路。

由于日本国内外形势的急剧变化和清政府对外政策的一系列惨败，福泽谕吉学派在日本政学界逐渐占据了上风。随着"脱亚入欧"思想的深入人心，日本社会中尊重与热爱中国文化的思想潮流被轻视与厌恶亚洲社会的心态所取代，并且从这个意义上发展出了"既然西方列强能够对包括亚洲在内的发展中国家进行殖民侵略，为什么日本不能?"的心态。这种心态直接导致了日本实施殖民朝鲜、占领中国、入侵东南亚的一系列侵略行径。沿着这一思路走下去的日本在亚太地区的扩张政策一直到第二次世界大战结束才告终结。

如前所述，1945 年日本战败使日本面临着其当代史上的第二次重大选择。实际上，日本经历了长达 7 年的美军占领期，这使日本不可能独立地进行政策抉择，而只能接受美国的领导，并参加以美国为首的西方阵营。国际大环境也更加确认了日本沿着"脱亚入欧"方向发展的外交政策。1952年签订的《旧金山合约》以及随之而生效的《日美安保条约》都使日本成为冷战时期西方阵营的坚定一员③。日本社会高度西化（也就是美国化）的趋势自二战结束以来一直是日本社会发展的主线。

二战之后的年代里，亚洲经济的复苏与高速发展，带来了 20 世纪中后

---

① 福沢諭吉『西洋事情』，慶応義塾出版局，2002；『文明論之概略』，福沢諭吉，1875。

② 岡倉天心『東洋の覚醒』，聖文閣，1940。

③ Victor Cha, *Alignment Despite Antagonism*：*The US-Korea-Japan Security Triangle*. Stanford University Press, 1999. Walter LaFeber, *Clash*：*U. S. -Japan Relations throughout History*. W. W. Norton, 1997.

期的东亚四小龙的经济奇迹，从而使日本认识到亚洲对其经济发展的重要性。而这一认识又被中国连续二三十年的经济高速发展和冷战后东亚经济共同体的启动［例如东盟+3（中、日、韩）］所加强。日本在位首相不止一次地宣称："'脱亚入欧'已经不完全是日本所应该采取的政策选择。日本既是东亚社会的一员，又是西方先进工业化国家的一员。"但是在实际运作上，特别是在需要作出重大政策抉择的关键时刻，日本决策者更经常的是向欧美方向倾斜。例如，在小泉首相任期的后半期，当他被问到日本与中、韩关系恶化的对策时，他回答说："只要跟美国搞好关系，对中、韩关系也就自然会改善。"其重欧美、轻东亚的心态在此表露无遗。当然，在日本社会中要求领导人正确处理对中、韩等亚洲国家关系的呼声在相当一段时间里不断高涨，特别是经济企业界尤其担心日本在亚洲的经济地位有可能被逐渐削弱而敦促其领导人"回归亚洲"。① 这也是 2006 年 10 月初，安倍晋三当选日本首相后首次外交出访的国家便是中国和韩国的主要原因之一。安倍之后的福田康夫加强与中韩之间的合作关系等一系列做法也是这方面的明证。有理由相信，日本外交在以日美同盟为基轴的方针下，同时强调处理好与其他亚洲国家关系的中间路线的选项仍将继续下去。

（二）中间路线二：和平与军备

日本国家发展道路的方向在明治维新时期就经历了重大的政策辩论。当时日本知识界与领导层所达成的共识是"富国强兵"。也就是说为实现"脱亚入欧"的目标，日本需要在实现其工业化的同时，也要成为一个军事大国。从这个意义上讲，经济发展与军事发展是并重的。从 19 世纪后半期开始到第二次世界大战，军事发展目标进一步成为日本外交的优先考虑。由于二战的惨痛失败，在美军的领导下，日本朝野痛定思痛，通过了 1947 年以"和平宪法"著称的新宪法。新宪法第 9 条正式放弃日本除自卫以外的军事能力，奠定了日本在半个多世纪以来得以和平发展的基础。美军占领结束后随即签订的《日美安保条约》为日本提供了核保护伞。所以，尽管在冷战时期仍然面临着苏联的安全威胁，但日本仍然可以专心致志地发展经济，而把它的军事预算控制在 1% 上下。这也就是后来世所周知的"搭

---

① 有关日本财界早期与中国的交流，参看李廷江『日本財界と近代中国－辛亥革命を中心に』，御茶の水書房，2003。

顺风车"（free ride）的经济发展战略。日本此举也奠定了其半个多世纪以来以经济发展优先为特点的内政外交的指导方针①。

随着日本国力的不断增强，日本社会出现了要在发展经济的同时也提升其军事地位的呼声，也即认为日本应成为军事大国。② 日本老牌政治家小泽一郎所提出的"普通国家"概念即是这一思潮的代表。③ 大家记忆犹新的是在老布什任职期间发动的美国第一次对伊拉克的战争，日本提供了巨额的经济赞助，但是在伊战后，科威特政府在《纽约时报》上所发表的感谢信上只对十几个出兵国家表示感谢，日本的名字根本没有提及，这被认为是日本"支票外交"的重大失败。在这一思想指导下，日本国内出现了一种修改宪法、改变宪法第9条的思潮。不少学者和政治家开始为国防军备升格制造舆论，进而把"防卫厅"改为"国防省"。加之"中国威胁论"在日本的广为流行和20世纪90年代开始的朝核危机及其后来的高潮迭起，都对日本国内加强军备的思潮起了推动作用。

当然我们也应该看到，日本社会中坚持和平发展，反对加强军事装备、成为军事大国的社会力量还是十分强大的。日本朝野都有为数众多的政治家与学者反对修改宪法，特别是宪法第9条。他们认为，日本坚持优先发展经济，避免成为军事大国的战略是成功的，日本的和平宪法在世界上也是独特的，对维护世界和平已经作出了重大贡献。所以，日本不应该重走军事大国的道路。

关于日本在和平与军备发展不同外交方向的争论中，国际舆论也是有不同看法的。美国的主流政治家希望日本能够成为一个负责任的"正常国家"，在国际事务中，特别是国际安全事务中作出重大贡献。④ 他们认为，日本战后的发展已经为其和平道路奠定了坚实的基础，所以日本不可能再次发动侵略战争，对其他国家造成安全威胁。⑤ 对这一问题，中国、韩国、朝鲜，以及曾受过日本侵略的东南亚国家则持有不同看法。他们认为，日本应该在修宪问

---

① Eric Heginbotham and Richard Samuels, "Mercantile Realism and Japanese Foreign Policy," *International Security*, Vol. 22, No. 4, Spring 1998, pp. 171–203.

② 胡荣忠：《日本军事大国化的新动向》，《日本学刊》2004年第5期，第24～38页。

③ Takashi Inoguchi and Paul Bacon, "Japan's Emerging Role as a 'Global Ordinary Power'", *International Relations of the Asia-Pacific*, Vol. 6, No. 1, 2006. pp. 1–21.

④ Gilbert Rozman, "Japan's Quest for Great Power Identity", *Orbis*, Winter 2002. pp. 73–91.

⑤ Michael Green, "Understanding Japan's Relations in Northeast Asia", Testimony for the Hearing on "Japan's Tense Relations with Her Neighbors: Back to the Future", House Committee on International Relations, September 14, 2006.

题上持慎重态度，特别是宪法第 9 条。日本应该坚持其和平发展的道路，对过去历史中所犯下的侵略罪行进行深刻的反省，以避免重走军国主义的老路。在这个意义上讲，日本所面对的不光是其自身所面临的两难选择，而且也面临着来自美国和亚洲的两种不同声音。在这样的国内外大环境下，日本中间路线的选项已是必然的。但是在每一个具体的政策上，例如修宪问题等，不同的政治领导人则会有不同的政策倾向性。而相关政策是否发生重大转变也取决于该时期的主流思维向某一特定方向倾斜的程度。

（三）中间路线三：经济优先与"政治大国"

日本外交自二战结束以来的第一个指导方针就是所谓的"吉田主义"。当时的日本首相吉田茂提出了优先发展经济的国策。如上一节所讲到的，日本修改了其明治维新以来所强调的"富国强兵"这一建国方针，以强调"富国"为首要目标，而在"强兵"这个问题上则依赖于美国的核保护伞。也就是说，只要《日美安保条约》保证了日本的国家安全，日本就不需要把大量的财力用于国家安全方面，而只需保持一个小而精的自卫队力量就可以了①。多年以来，日本长期把其军事开支维持在国民经济收入的 1% 就足以维持其国防的需要，而集全国上下的力量努力发展经济，使日本迅速超过了英、法、德等欧洲大国。日本早在 20 世纪 70 年代就成为仅次于美国的第二大经济实体。

日本经济大国的地位还被其在海外活跃的经济活动所不断加强。日本在美国的大量投资与收购，再加上日美两国间此起彼伏的经济贸易摩擦，都使日本的实力得到世界的公认，从而有力地提高了日本的大国地位。应该值得强调的是，日本在海外开发援助问题上也逐渐超欧赶美。早在 80 年代，日本就已成为对第三世界国家提供最多援助的国家。这一领先地位直到 90 年代后期日本经济出现不景气时才又被美国超过。虽然日本有其"失去的十年"的经济不景气，但直到今天，日本仍然是世界第二大经济强国，尤其是它的机械、汽车制造业与电子高科技的发展水平都处于世界的领先地位。②

---

① 尽管如此，日本的国防力量仍然位居世界前茅。

② 参阅 Steven K. Vogel, *Japan Remodeled：How Government and Industry are Reforming Japanese Capitalism*. Cornell University Press, 2006. Richard Colignon and Chikako Usui, *Amakudari：The Hidden Fabric of Japan's Economy*. Cornell University Press, 2003. Bai Gao, *Japan's Economic Dilemma：The Institutional Origins of Prosperity and Stagnation*. Cambridge University Press, 2001.

尽管日本在经济领域取得了骄人成绩，但它在世界的影响力并没有得到相应的增长。与上一节提到的和平与军备这一两难的困境所类似，日本在最近一段时间以来也面临着如何把其经济大国的地位提升到与之相称的政治大国地位上。① 很多日本的政治家对日本所谓的"经济巨人"和"政治侏儒"的状态十分不满。为改变这一状态，日本加强了其在地区事务中的活动，特别是在东亚共同体的启动与发展，以及区域性的经济整合上都注入了巨大的财力与精力②。但由于日本不能很好地处理历史问题给其他国家带来的伤痕，结果就难以提高其在亚太地区的作用。在小泉执政期间，日本与中、韩两国的关系由于小泉连续参拜靖国神社而陷于低谷。这都使日本决策层认识到，仅仅强调经济关系或提供经济援助并不一定就能加强其政治地位或改善外交关系。

举日本对中国提供经济开发援助为例：自 1979 年日本开始对华提供援助以来，在二十多年的时间里中国接受了高达几十亿美元的经济援助，包括长期低息贷款、无偿援助和技术援助。③ 但进入 21 世纪以来，日本政府以中国的军事开支不透明等原因，多次削减或冻结对华援助，最后把这一援助锁定在 2008 年的中国奥运年时结束。所以，虽然在整体上来讲日本的对华援助对中国的现代化发展发挥了极其宝贵的作用，但由于在停止援助期间的言辞举措不当，也就大大削弱了日元贷款对加强两国政治关系的作用。④ 这些都是值得日本政府所吸取的教训。

日本实现其政治大国的另一个途径是希望通过对现存的国际组织加以改造来实现。这里面最好的例子就是日本以联合国为基轴的外交政策以及其在最近几年来所开展的一连串推动联合国改组的活动。日本的目标是积

---

① 王红芳：《小泉执政后向政治大国全面推进的轨迹》，《国际资料信息》2004 年第 4 期，第 24～27 页。

② 参阅 Peter J. Katzenstein and Takashi Shiraishi, ed., *Beyond Japan：The Dynamics of East Asian Regionalism.* Cornell University Press, 2006. J. J. Suh, et al. *Rethinking Security in East Asia：Identity, Power, and Efficiency.* Stanford University Press, 2004. Edward Lincoln, *East Asian Economic Regionalism.* Brookings Institution Press, 2004。

③ 参阅金熙德《日本政府开发援助》，社会科学文献出版社，2000；Juichi Inada, "Japan's ODA：Its Impact on China's Industrialization and Sino-Japanese Relations", *Japan and China：Cooperation, Competition, and Conflict.* Hans Gunther Hilpert and Rene Haak, eds., Palgrave, 2002. pp. 121–396。

④ Takamine Tsukasa, "A New Dynamism in Sino-Japanese Security Relations：Japan's Strategic Use of Foreign Aid", *Pacific Review*, Vol. 18, No. 4. pp. 439–461.

极推动改革联合国安理会的组成，而使自己和现存的中、美、俄、英、法一样，成为常任理事国。① 2005 年，日本和德国、巴西、印度一起组成联盟，开展了如火如荼的入常竞选活动，但终因未得到相应大国的支持以及亚洲邻国的响应而功亏一篑。② 在可以预见到的将来，日本在入常问题上仍然不会放弃其努力，不但会继续做大国的工作，也会向亚洲、非洲和拉丁美洲的小国开展外交攻势③。但其争取入常的前景还是充满了变数。

事实上，尽管日本政府成为政治大国的努力得到了国内主流精英层与政治家的认可，但日本岛内有关日本不要成为政治大国而保持其中等国家地位的呼声也不绝于耳。根据这一派的意见，日本应该继续其战后以来所实行的经济优先的政策，使日本成为一个举世瞩目的经济发达、民主健康的和平国家，而无须在政治与军事领域与其他大国争夺领导地位。这也就成为意在求得平衡的这种中间路线的民意基础。

（四）中间路线四：领导者、被领导者或伙伴关系

哈佛大学政治学家亨廷顿教授在回答记者有关他对日本将来发展方向的预测时答道："我想在现阶段，日本还是会跟美国走，而到了下一阶段，日本就会转向中国。"他进一步解释之所以持有这种看法是因为日本在历史上就总是与当时的世界头号强国结盟：先有英国，又有德国，最后是美国。随着中国的不断崛起，如果中国成为东亚地区首屈一指的强国，日本就会投向中国的怀抱。亨廷顿的预测是否正确我们姑且不论，但它反映了日本外交政策中的一个心理因素，也就是日本长期以来有一种崇拜强者、轻视弱者的心态。在这个意义上讲，日本习惯于或作为强权大国的追随者，或成为周边国家的领导者，而不知道如何与其他国家平等相处。

日本的这种心态在处理与中国关系的时候也是相当明显。在千年以上的历史长河中，日本一直视中国为自己的文化母国而持一种仰视的态度。到了近代以来，随着中国被西方国家入侵与分割而日积虚弱，成为"东亚

---

① Kitaoka Shin' ichi, "The United Nations in Postwar Japanese Diplomacy", *Gaiko Forum*, Vol. 5, No. 2, summer 2005. pp. 3–10.

② Reinhard Drifte, *Japan's Quest for a Permanent Security Council Seat*, New York: Palgrave MacMillan, 1999.

③ 可参见毛峰《日本金援非洲倍增制衡中国》，《亚洲周刊》2008 年 6 月 29 日，第 22 ~ 23 页。

病夫"，日本对中国的态度就来了180度的转弯，由仰视转变为俯视，不屑与中国为伍，强调"脱亚入欧"。这种强弱关系的转变直到现在还对日本国民心态有着深刻的影响①。无论是"以强对弱"或"以弱对强"这两种关系，日本都知道如何去应付，而对中国崛起之后在东亚地区所出现的双雄并立的"以强对强"的新的结构则感到无所适从，乱了阵脚。很明显，日本需要在今后长期的国际关系的转变过程中对自己的心态进行调整，在心理上做好由中国崛起所引发的国际关系转变的准备②。这样的一种心理转变也就使日本外交开始对一种前所未有的伙伴关系的出现有所适应。这种中间路线的想法也就成为日本接受中国战略伙伴关系的提法，以至提出自己的战略互惠关系的设想。

（五）中间路线五：传统政治与民意外交

任何国家的外交政策都是深受其国内政治和传统外交的影响。本文一开始所提出的笔者在1993年出版的 *Japanese Policymaking* 一书中特别强调了日本传统外交的重要性，重点分析了日本政治中的非正规机制。根据这一分析框架，在正规机制，例如政府部门、政治家、执政党所起的正常作用之外，日本外交还深受其传统政治的影响。这些政策制定机制，包括社会层次上的"付合"（社会网络），机构层次上的"黑幕"（非正规机构与政治家），以及个人层次上的"根回"（共识的建立），统称为非正规机制。③日本政治外交中时有所闻的"料亭政治"和"密使外交"都是这一决策风格的具体表现。④ 日本外交的这些非正规机制在其20世纪70年代以来的对华外交中发挥了重大作用。

随着全球化的进一步发展，日本政治也发生了引人注目的变化。日本民众与政治家对包括民主价值观在内的意识形态因素更为注重。日本政策的决定过程大幅度增加了透明度，有关公共政策的辩论也日益盛行。这些

---

① 有关日本的这种矛盾心态可参阅戴季陶《日本论》，九州出版社，2005。

② 有关亚太地区大国关系转换的论述参阅：Quansheng Zhao, "The Shift in Power Distribution and the Change of Major Power Relations", in *Future Trends in East Asian International Relations*, edited by Quansheng Zhao. London：Frank Cass, 2002. pp. 49–78。

③ 有关这一专著见第45页注2。

④ Michael Blaker, Paul Giarra, and Ezra Vogel, *Case Studies in Japanese Negotiating Behavior*. USIP Press, 2002.

都造成民意对政策方向的影响力度明显加大。① 日本执政党与在野党政治家的风格也随着社会风气的变化而朝着更加公开化与透明化的方向发展。② 小泉纯一郎在其执政 5 年期间所作的重大政策改革就是这一变化的明显例子。我们可以预期，包括外交政策在内的公共政策的公开辩论和进一步机制化将不断减少"密使外交"和"黑幕政治"的作用；日本外交也将更注重其国内的民意背景，并更经常地使用"民意牌"。尽管我们预期有这样的政策性变化，但作为一个政治实体的传统政治文化不会马上消失，其顽强的生命力不可低估。③ 在这样的大背景下，可以设想由于外交政策的制定与实行本身就带有相当程度的机密性，而日本又是从事"密使外交"的高手，日本传统外交与民意外交交替出现这种中间路线的现象是可以预见的。

以上所论述的日本外交政策路线中中间路线的选择，既反映了后冷战时期新的国际形势的变化，也有着日本国内政治发展的深厚的民意基础。虽然这次历史转型不像前两次那样是脱胎换骨式的"革命性的转变"，但也是一种触及灵魂的历史反省。在这个意义上讲，日本外交的这种主流思维的形成可以被称为"无声的革命"。应该指出的是，这里所提到的种种选择不一定总是对立的，例如可以在成为经济大国的同时成为军事大国与政治大国，这里所强调的只是优先顺位轻重缓急的排列，也就是所谓的"倾向性问题"。这种中间路线也不是一种简单的中庸之道，而是一种在两种极端选项中的平衡。我们还应该注意到，日本外交中走极端历史传统的影响并没有因这条中间路线的出现而完全消失。相反，它会时不时地再度浮现并影响具体政策的制定。从而使其成为"带倾向性的中间路线"。小泉时代的坚持参拜靖国神社而造成中日关系重大倒退和福田时代的拒绝参拜靖国神社、积极推动中日关系的改善，就是这条中间路线不同倾向性的具体例证。我们是否可以这样说，小泉的"把日美关系搞好，日中（日韩）关系自然都会好"的说法反映了"脱亚入欧"思想的倾向性，而福田在其访华时所

---

① Ellis Krauss, *Broadcasting Politics in Japan*: *NHK and Television News*, Ithaca: Cornell University Press, 2000.

② Frank Schwartz and Susan Pharr, eds. *The State of Civil Society in Japan.* Cambridge University Press, 2004.

③ 有关日本政治文化的精彩论述可参阅: Ruth Benedict, *The Chrysanthemum and the Sword*: *Patterns of Japanese Culture*. New York: New American Library, 1946。中文版本为本尼迪克特著《菊与刀》，商务印书馆，2005。中国学者在这方面的著述可参阅李兆忠《暧昧的日本人》，金城出版社，2005。

提倡的"温故创新"和他支持继承孔教儒教学说的提法则反映了"亚洲一体"的倾向性。还应该指出的是，日本外交这种带倾向性的中间路线主流思维的形成是经过较长时间的孕育、思辨的渐进过程。也就是说，它始于20世纪后冷战时代的出现，而在21世纪初历经小泉、安倍和福田，最后才基本形成。所以，我们在研究日本外交的主流思维时要特别注意这个中间路线的倾向性问题。

四　日本对华政策与博弈中的中日关系

日本外交主流思维的这种带倾向性的中间路线既可以看做是现实主义与理想主义两大思维方式的碰撞，又可被用来分析日本对华外交的演变。回顾二战结束以来的日本外交，以《日美安保条约》为基石的对美外交无疑是日本外交中的重中之重，而对华外交则可以被看做是仅次于对美外交的重点外交方向。日本对华外交经历了从冷战外交到以 1972 年中日建交为标志的中日友好外交的重大转变。而自 20 世纪 90 年代中期起，日本开始出现了终结"1972 年体制"，迈向开展对华"正常外交"的呼声。[1] 中日双方都随着苏联解体而导致的后冷战时期的来临而对各自的外交政策进行了全方位的调整，因此可被称之为"博弈外交"[2]。

博弈外交的特点是以本国的国家利益为基本考虑，根据国内外形势的新的特点而对以前的外交政策进行调整，从而更加注重实际利益而减少意识形态因素的考量。这一点在小泉纯一郎执政期间十分明显。从 20 世纪 90 年代中期到 2006 年 9 月小泉下台，中日外交经历了一个从相对友好的平稳期逐渐转变为相对敌视的低谷期的过程。对于这种变化的出现，学界有各种不同的解读。有的学者认为，这是由于国际形势出现的结构性变化所引起的；有的学者认为，变化的主要原因来自于日本国内的右倾化和民族主义高涨；而还有一种解释是把中国崛起而引发的日本不平衡感作为一种主

---

[1] Ming Wan, *Sino-Japanese Relations: Interaction, Logic, and Transformation*. Stanford University Press, 2006. Reinhard Drifte, *Japan's Security Relations with China since 1989*. Routledge, 2003. Takashi Inoguchi, ed., *Japan's Asia Policy: Revival and Response*. Palgrave, 2002.

[2] 对于中日关系的博弈局面，可参看马亚华《论中日囚徒困境的存在及逃逸》，《日本学刊》2006 年第 2 期，第 14～28 页。

要原因。应该说，这些论述在一定程度上都是有一定道理的，但我在这里想强调指出的是中日双方对对方的政策都有失误的地方。由于本文主要是研究日本外交，以下将主要讨论日本对华外交的得与失，特别着重于对小泉纯一郎任首相期间从田中角荣时期的"友好外交"的倒退，两国关系出现重大倒退所进行的分析。

日本方面在小泉执政时期所出现的失误主要表现在以下三个方面：第一，日本外交政策之所以花费了很长时间才在中间路线这一主流思维上达成共识，是由于其传统上缺乏大的战略性思考，特别是在国际形势中出现权势转移的这一关键性时刻。我们知道，美国对由于中国崛起而带来的国际关系中的权势转移进行了较为长期而深刻的研究。美国智库和政府决策部门都对如何应对中国崛起不断地开展政策性的辩论。美国对华政策的变化突出表现在其对台湾政策的转变上①。小布什总统的对华政策从刚上台时的"竞争对手论"而发展到后来的"合作伙伴论"就是一个最明显的例子。我把最近一个时期以来出现的中美关系的变化称之为迈向"共同管理"的新阶段②。也就是说，北京和华盛顿联手对亚太地区集中表现在朝鲜半岛和台湾海峡的热点问题施行双方默认，但不公开宣示的共同管理模式。这一模式的一个直接后果就是由中美主导的六方会谈对朝核危机的掌控以及台湾地区在美国外交政策中的地位呈不断下降的趋势③。相反，日本就缺乏这种长远的战略性思考，从而在面对权势转移所带来的新的变化时举措失当。和美国相对照的是，台湾问题在日本外交政策考量中的地位不但没有降低，反而呈上升趋势。东京在与华盛顿二加二会谈之后所公开提出的台湾问题直接涉及日本根本利益的说法就是这样一个例子。这无疑使北京方面认为东京伤害了它的核心利益，而对日本今后的发展深感疑虑，从而在小泉时期出现了从根本上动摇中日关系基础的苗头。

由于缺乏大的战略思想的考量，日本外交就不能很好地把握其中间路

---

① Quansheng Zhao, "America's Response to the Rise of China and Sino-US Relations", *Asian Journal of Political Science*, Vol. 14, No. 1 (December 2005), pp. 1–27.

② Quansheng Zhao, "Moving toward a Co-management Approach: China's Policy toward North Korea and Taiwan", *Asian Perspective*, Vol. 30, No. 1 (April 2006), pp. 39–78.

③ 见《中国评论》记者 2006 年 8 月对笔者的一次访谈，《台湾在美国外交战略上的地位明显下降——访美利坚大学国际关系学院教授赵全胜》，《中国评论》2006 年 10 月号，第 48～50 页。

线的倾向性。这可以从日本对华政策上与美国的不同点中得到证明。刘卫东总结出以下六处不同：（1）在战略层次上，日本倾向于对抗，而美国更重视引导；（2）在安全问题上，日本既有防范又有挑衅，而美国则是合作与防范并重；（3）在经贸问题上，日本更注重对华经济机遇，但其内涵稳定性不足，而美国的决策虽时常受到政治因素的影响，但目标局限内涵稳定；（4）台湾问题的战略价值对日本呈上升状态，而对美国则逐步降低；（5）对日美同盟，日本试图用来遏制中国，而美国则希望借其防范中国和控制日本；（6）在意识形态层次，日美对华态度出现不同步的升降变化。①

第二，正是在这种缺乏大的战略背景思考的前提下，小泉首相及其智囊错误判断了中方在靖国神社问题上的决心，也低估了中国在国际事务中所可能发挥的作用。平心而论，日本不愿意在其内部事务中"听从外国指挥"，从而要在中国面前说"不"的做法，也是可以理解的，但选择靖国神社这个问题来做文章则实际上把自己放在一个必定是输家的地位。② 日本在这个问题上的立场甚至遭到了它的盟友的批判。例如，美国联邦众议院国际关系委员会主席海德就致书日本驻美国大使，对小泉参拜靖国神社提出了强烈的批评③。这种批评不光来自美国政界，而且也包括美国的主流媒体④，甚至和日本关系很深的日本问题专家都表示了在这个问题上的不解与批评⑤。对美国外交界主流而言，这里面有一个很明显的道理：你可以和中国采取对抗的态度，但是不可以在第二次世界大战这个问题上翻案。从外交上讲，小泉首相的这个做法也是不明智的。连续参拜靖国神社的后果是使双边关系降到谷底，而使北京可以在表达自己意见的时候更加无所顾虑。中国在日本争取成为联合国常任理事国问题上持明确反对态度就是引用了

---

① 刘卫东：《近年日本和美国对华政策的差异》，《日本学刊》2006 年第 5 期，第 40～52 页。

② 有关靖国神社问题来龙去脉的详细论述，可参阅高海宽《靖国神社与合祀甲级战犯》，《日本学刊》2006 年第 3 期，第 20～31 页。

③ 有关海德对日本批评的报道可参阅："Yasukuni Visit Denounced by Chairman of U. S. House Committee on International Relations", October 28, 2005. Access at http：//news. wenxuecity. com/BBSView. php？SubID = news&MsgID = 96139&c_ lang = big5。

④ 例如，美国《纽约时报》发表社论对日本外相麻生太郎有关历史问题的错误言论进行了尖锐的批评，见：Editorial, "Japan's Offensive Foreign Minister", *The New York Times*, February 13, 2006。

⑤ Brad Glosserman, "Koizumi's Dangerous Determination to Keep a Promise", *PacNet Newsletter*, No. 46, October 20, 2005. Timothy Ryback, "A Lesson From Germany：Japan May Have to Bend Its Knee", *International Herald Tribune*, April 26, 2005. pp. 8.

靖国神社问题作为日本没有很好面对历史的证据①。在这个意义上讲，日本对华政策背离了其中间路线的主流思维，所以是失败的。

第三，小泉内阁的对华外交和日本国内保守倾向的发展出现了一种恶性循环的互动。而这种互动又使日本外交的灵活性受到了很大的限制。换言之，日本国内民族主义的高涨使其领导人更加坚持"不听北京指挥"而无视问题本身的对错，上面提到的靖国神社问题就是这样一个例子。而反过来，这种领导人的一意孤行又推动了日本媒体对中国的批判②，致使"厌华"情绪的蔓延，加剧了两国民众间的对立。③ 在这种形势下，对中日关系有深入了解的有识之士亦很难站出来对错误的外交方向予以纠正。甚至当有的政治家、学者、企业家对政府的对华政策提出异议的时候，还受到包括涉及人身安全在内的个人攻击，这就更加使日本国内为数众多的持不同政见者保持沉默，从而无法坚持其中间路线的立场。这种恶性互动当然限制了小泉政府在对华问题上开展务实和灵活外交的可能性。

与日本相对比，总体来看，中国近年来的对日外交还是有明显的成果的。但也有值得注意的地方。例如，有些人从传统概念出发把日本政治右倾化现象误认为是军国主义复活，甚至认为"中日早晚必有一战"。在民间方面则有"网络民族主义"和"对日外交新思维"等两极并立的倾向。这些都对中国的对日政策有一定的干扰。④ 本文认为，我们应在以下几点上进行反思。首先，北京应继续把对日外交放在全球大环境下进行战略思考。亦即，国家利益的优先顺序的排列问题。长期以来，中国领导人从来没有把历史问题放在其对日政策的首位。在毛泽东时期，日本被认作是在美、苏两霸与包括中国在内的第三世界之间的"中间地带"，也就是所谓的"第二世界"的一员。在尼克松 1972 年访华前后出现的北京—莫斯科—华盛顿三角战略关系的大格局中，东京被认为是一个可以争取的对象。在中日关系于 1972 年以田中角荣访华为标志的全面正常化的过程中，以毛泽东、周

---

① 刘江永：《战后国际法中的日本》，《环球时报》2005 年 5 月 18 日。

② 金赢：《日台关系的新走向》，《日本学刊》2006 年第 3 期，第 32~36 页。

③ 中日两国各自都就中日关系进行了多方面的舆论调查。例如，中方的调查可看："Chinese Respondents Rational Toward Sino-*Japan*Relations"，*China Today*，Vol. 54，No. 11，November 2005. p. 8。日方的调查可看：『海外における对日世論調查结果』，『外交フォーラム』196 号，都市出版株式会社，2004，第 58~61 页。

④ 参见现在北京工作的一位资深日本问题专家对笔者的电邮提示，2008 年 7 月 19 日。

恩来为代表的中国领导人固然对当时出现的日本军国主义倾向和历史问题
进行了批评，但一直都是把这一问题从属于北京全球战略的考量中。1978
年邓小平开创中国的改革开放新时代以后，中国的外交是服从于北京努力
实现现代化的战略目标之下的，中国的对日外交也是以此为首要考量。① 北
京对日本在历史问题上的错误行为，包括教科书问题和日本个别领导人
（例如当时的首相中曾根康弘）参拜靖国神社的行动都进行了批评，但并没
有使其干扰自己争取团结日本，使日本为帮助中国现代化而服务的战略目
标。② 而在小泉执政的这段时间，北京似乎把历史问题提升到对日关系的第
一位考量，从而进一步使两国关系渐行渐远，反过来在中国的其他核心利
益上（例如台湾问题）受到了损害③。这恐怕和对代表日本外交主流思维的
中间路线缺乏深刻认识不无关联。

其次，在外交策略方面也是值得推敲的。一个国家的外交首先要对自
己究竟有多大影响力有一个清醒的估计。内政问题要按内政方法来处理，
外交问题要通过外交渠道来解决。即使在两国兵戎相见的时候也要尽可能
保持最高层交流渠道的畅通，美、苏领导人在冷战时期即是如此，而不应
该由于一个问题没有得到解决就拒绝最高领导人见面。④ 在处理复杂国际问
题的时候更要审时度势，充分利用一切可以利用的对方阵营中的矛盾与机
会。美国把 20 世纪 80 年代由于"敲打日本"而造成的日美关系恶化转变
为 90 年代后半期在新的日美安保指针的引导下而出现的双边关系重大改善
就是这一方面的成功案例。也就是说，美国争取到了东京外交的主轴仍然
向华盛顿倾斜。具有讽刺意味的是，日本对美关系的改善是和日本对华关
系的恶化几乎同步进行的。这也就说明，外交策略的不同确实可以对一个

---

① 有关当时中日双方的相关战略思考，参看李恩民『日中平和友好条約交渉の政治過程』，御
茶の水書房，2005。

② Quansheng Zhao, "China Must Shake Off the Past in ties with Japan", *The Straits Times*
(Singapore), November 7, 2003, p. 20.

③ 有关日本近年来加强日台关系的做法，可参看吴万虹《日台关系的新走向》，《日本学刊》
2005 年第 2 期，第 24 ~ 31 页。

④ 笔者在 2005 年 3 月在北京召开的学术研讨会上对中日关系中的一些做法提出了批评，其中
就包括停止高层互访的做法。有关当时辩论的报道请看《美日联手对付中国——留美学者
谈中美日关系》，《环球时报》2005 年 3 月 25 日，第 15 版。其他有关中国国内对日政策的
辩论，可参看 Peter Gries, "China's 'New Thinking' on Japan", *The China Quarterly*,
December 2005. pp. 831－850。

国家对外关系的转换发挥举足轻重的作用。

还应该指出的是，开展对一个国家的外交不仅应该了解这个国家的历史，而且更应该准确掌握这一国家的现状，这在对日外交上尤其重要。如前所述，自明治维新以来在"脱亚入欧"和"富国强兵"方针指导下，日本逐渐走上了一条对外扩张的军国主义路线，给亚洲人民，特别是中国和朝鲜半岛带来了巨大的灾难。但是我们也应该看到，日本自二战结束以来还是坚持了一条经济优先发展的国策，其"和平宪法"对约束日本对外扩张的可能性还是起了作用的。日本内部也在如何认识过去历史的问题上进行着复杂而艰巨的斗争。在这个问题上，北京就有必要进一步加强对日本的研究，正确认识日本社会政治发展的主流①。特别是，应该对日本外交的主流思维有清晰的认识，也就是说，应该特别重视本文所提出的带倾向性的中间路线。通过大量的外交工作，使这种倾向性向有利于中国利益的方向转化。与此同时，北京也应该站在高瞻远瞩的立场上引导国内的民族情绪向正面发展。为了达到这一目的，对日工作和其他外交工作都应该尽可能地吸纳日本问题专家，或至少对日本有切身了解的精英分子参与决策过程，这样才能避免对日政策出现失误。其实，"知日家"的重要性还不仅仅在于能提供比较符合实际的认知，而且还能在外交折冲中提供有用的网络关系。中国前驻日大使杨振亚在其回忆文章中所提到的他利用与当时日本首相竹下登青年时代发展的个人友谊而阻止了策划中的李登辉访日就是一个很好的例子。② 北京亦应更加重视对日本新生代政治家的工作，应该看到他们对影响日本外交中间路线这一主流思维向何处倾斜所能发挥的潜在性的重大作用。③

值得欣慰的是，中日两国政府与民众在中日关系这一亚太地区至为重要的双边关系上都进行了深刻的反省与再思考。胡锦涛主席和安倍晋三首相在 2006 年 10 月和 11 月在北京和河内的两次会见都代表了两国领导人改弦更张，改善双边关系的决心。随之而来的多次高层互访，包括 2007 年温家宝总理访日和福田康夫首相访华，以及 2008 年的胡锦涛主席访日，都使

① 美国学术界对这一问题的把握是十分重视的，在这方面是值得借鉴的，可参看：Robert Pekkanen, *Japan's Dual Civil Society Members*, Stanford University Press, 2006。

② 杨振亚：《我对中日友好交往的几点体会》，《日本学刊》2006 年第 3 期，第 5～11 页。

③ 可参阅吴寄南《日本新生代政治家》，实事出版社，2002。

中日关系走出谷底，并不断升温。在一些具体问题上，例如东海油田的合作开发①和中日军舰互访②，也取得了重大突破与进展。同时，也应该看到，中日之间尽管在小泉之后的安倍与福田时期恢复了高峰会谈，但仍存在着不少其他难题，譬如：围绕着钓鱼岛的领土纠纷③、教科书问题，以及日本在台海问题上的态度等④。这些难题都有待于两国领导人在今后一一面对，予以解决。

五　今后日本外交的发展方向

在经过后冷战时期相当长时间的酝酿与思辨，日本政治、经济和官僚各界主流已经基本上达成了一种共识，这就是日本外交的带倾向性的中间路线。根据对这一共识的分析，特别是安倍和福田这几年的政策行动，我们可以看出今后日本外交在中间路线这一主流思维下在不同问题上的不同倾向性：

第一，日本外交将继承战后日本外交把对美外交放在第一位的传统路线。我们可以预见到，日本领导人不光要强调日美同盟为其带来的安全保障，而且也会紧跟全球化的发展潮流而强调其对民主价值观的认同，更加强调日美之间所存在的共同价值观念。与此同时，日本外交将如日本前首相中曾根康弘表明的会努力实现其"完全独立的主权国家的目标"⑤，更加强调国家利益与独立自尊的重要性⑥。也就是说，安全和价值观将成为日美同盟的两大支柱。在可以预见到的将来，日本以对美外交为基石的战略方针不会改变⑦。

第二，日本将谨慎处理对华关系。尽管东京对由于"中国威胁论"而

---

① 毛峰：《中日共同开发东海相互让步》，《亚洲周刊》2008 年 7 月 6 日，第 46～47 页。

② Andrei Fesyun, "A Slight Sino-Japan Thaw", *The Washington Times*, July 17, 2008, p. B2.

③ 南方朔：《两个钓鱼台互动：北京东京台北三角博弈》，《亚洲周刊》2008 年 6 月 29 日，第 24～25 页。

④ Kent Calder, "China and Japan's Simmering Rivalry", *Foreign Affairs*, Vol. 85, No. 2, Mar/Apr 2006. pp. 129-139.

⑤ 中西宽『二一世紀の国家像を確立せよ』，『外交フォーラム』200 号，都市出版株式会社，2005，第 10～17 页。

⑥ Michael Green, *Japan's Reluctant Realism*. Palgrave, 2001.

⑦ Anthony Faiola, "Japanese Premier Plans to Fortify U. S. Ties in Meeting with Bush", *Washington Post*, November 15, 2006. A12.

引发的疑虑仍然存在，但日本将更加以宏观的权势转移这一战略发展方向作为其外交政策的出发点，而在涉及中国核心利益的问题上，例如台湾问题，将谨慎从事。这也是从日本的现实利益出发的，如果真的出现了从"政冷经热"① 到"政冷经凉"的转变，这对日本的根本利益也会带来很大的伤害②。为了避免面对在中美两强之间进行选择的困境，东京方面将进一步加强其在发展日美中三国框架方面的努力。

第三，日本将会更加积极地参与东亚地区经济共同体的建立与发展。在强调经济合作的同时，例如10+3的框架（东盟+中、日、韩），日本也会强调在共同价值观框架下所推动的区域整合，也就是所谓的10+3+2（澳大利亚和新西兰）+1（印度）。这样做既能与中国分享在东亚地区的领导地位，又能对不断增加的中国的影响力予以平衡③。

第四，日本政界会继续推动对其和平宪法的修改，以进一步提高日本政治和军事大国的地位。日本为提高其在包括联合国在内的国际组织中的地位的努力仍将继续。为了实现其成为联合国安理会常任理事国的愿望，日本将在这一问题上加大对美国和中国做工作的力度，以求得到这两大强国在这一问题上真正的理解和支持。尽管日本在朝核问题上处于次要角色的位置，但它在为解决这一问题而形成的六方会谈这一框架的参与上仍将采取积极的态度④。日本对可能出现的中、朝、韩、俄在半岛问题上的统一战线将会继续保持警惕，亦将避免由于领土争执而造成的日韩关系恶化⑤，进一步加大其改善日韩关系的力度。

第五，日本外交将把加强其"软实力"（soft power）作为实现其外交战

---

① "Staying Positive," *Beijing Review*, Vol. 49 Issue 3, January 19, 2006. p. 19.

② 伊奈久喜『小泉外交とは何だったのか—ポスト冷戦後の日本が直面する外交課題』，『外交フォーラム』220 号，都市出版株式会社，2006，第 12~20 页。

③ Fred Hiatt, "A Freedom Agenda for Japan", *Washington Post*, November 15, 2006. A21.

④ 在这方面可参阅笔者在 2006 年发表的几篇论文，见 Quansheng Zhao, "China's North Korea Policy: A Secondary Role for Japan", in *North Korea Policy: Japan and the Great Powers*. eds. Linus Hagström and Marie Söderberg. London and New York: Routledge, 2006. pp. 95–111. Quansheng Zhao, "Chinese Foreign Policy toward Korea and Coordination with Japan", 佐藤東洋士・李恩民編，『東アジア共同体の可能性—日中関係の再検討—』，御茶の水書房，2006，第 347~374 页。以及赵全胜『変容する東アジアの地域的経済および安全保障の枠組み』（佐藤史郎訳），中逵啓示編『東アジア共同体という幻想』，ナカニシヤ出版，2006，第 181~211 页。

⑤ 《韩日独岛争端愈演愈烈》，《侨报》2005 年 3 月 18 日，A15。

略目标的重要手段。作为世界第二大经济体，日本有这个实力来开展"软实力外交"。这不光是指日本将继续其以 ODA 为代表的经济外交，而且也将强化其文化外交。日本自 2006 年以来所推动的邀请中国中学生到日短期访问学习的项目就是这方面的一个很好的例子。我们知道，推动中日青年交流的计划甚至在小泉在任期间就已经启动了。也就是说，从加大民间外交的力度上做起。日本希望能够从青少年出发，进一步改善日本在国际社会，特别是亚洲地区的形象。例如安倍首相夫人在其访问北京一所中学时也特别强调了这一点①。文化外交也将成为日本软实力外交的一个重要组成部分②。

　　日本外交这一"带倾向性的中间路线"主流思维的形成可以说是在现实主义与理想主义不同理论框架下不断进行思辨的过程中所产生的。如前所述，我们在进行政策分析的时候，应该特别注意这个"倾向性"问题。也就是说，尽管中间路线已经成为共识，但不同的领袖人物（及其派别），在不同的政策领域，以及面临不同的国内外形势都会催生出不同的倾向性。这些基本因素都将成为分析研究这一主流思维及其发展变化的基础。

（本文原载于《日本学刊》2009 年第 1 期）

---

① 毛峰：《推动中日友好从中国娃娃开始》，《亚洲周刊》2006 年 11 月 5 日，第 62～63 页。

② Kondo Seiichi, "A Major Stride for Japan's Cultural Diplomacy", *Japan Echo*, Vol. 32, No. 6, December 2005. pp. 36-37.

多极化趋势下的中日美三国
关系与朝鲜半岛形势

上海交通大学日本研究中心　王少普

在世界多极化与经济全球化浪潮的冲击下，战后以美国为中心的世界秩序正在发生重要变化。此次世界金融与经济危机的发生，使这种趋势变得更加明显，对国际关系发生重要影响，本文将重点探讨对中美日三国关系与朝鲜半岛形势的影响。

一　关系人类命运的重大课题
强化了三国的合作要求

随着历史的进展，人类对资源的过度开发，使人类与自然界矛盾的积累，达到了爆发的临界点；同时，经济全球化、世界多极化有了进一步的发展。这使人类共同风险与共同利益增加，没有国家可以单独解决人类面临的能源和气候等问题。

经济规模位居世界前三位的中日美三国，在石油消费上也位居世界前三位，在二氧化碳排放量上则分别居世界第一、二、五位。这种状况，不但在三国间产生了诸如在石油价格等问题上的相近要求，更重要的是在这些酝酿着世界性风险的问题上，三国如果不合作，将会给三国以及世界带来巨大的灾难。

在世界发生金融危机与经济危机的情况下，为了克服经济困难，三国都需调整产业结构，扩大市场，而"节能减排"这一亟待解决的问题中就蕴含着极大的商机，三国在此问题上有竞争，但三国各自拥有的特点，又使它们的合作变得必要。正如美国总统奥巴马在访问日本时指出："日本在环保技术等方面，立于高端，在人类必须发展经济而不损坏环境的目标面前，美国乐意成为日本重要的伙伴"①；奥巴马在访华时表示："作为能源的最大消费者和生产者，如果没有美国和中国共同努力的话，这个挑战是得不到任何解决的。"②

二 在金融上和经济上形成了相互支撑结构的中日美三国，为纠正世界经济的失衡更需要合作

经济全球化，使各国间的依赖关系加强，而中日美三国由于经济规模的庞大以及各自经济模式的特殊性，更在经济上和金融上形成了相互支撑的特殊结构。

当代美国经济模式，主要是指 20 世纪 80 年代美国在里根当政期间以"新自由主义"为指导形成的所谓"新美国模式"。该模式主张"国家最小化、市场最大化"，强调市场的自发调节作用，主要通过金融市场融资。"这种类型的资本主义，其积累的决策权，主要在私人公司，它们可以自由地追求短期利润目标，通过金融市场获得资本"③。"新美国模式"与美元的霸主地位及美国透支消费的文化传统相结合，形成了美国经济独特的"债务推动型增长模式"。

中国的经济模式基本是出口导向型。改革开放初期，中国为了解决发展资金不足的问题，以各种优惠措施特别是廉价优质的劳动力吸引外资，大量的外国直接投资进入中国市场。同时，由于国内消费能力的提升与市场的发育需要一定时间，中国经济的外贸依赖度自改革开放以来一直保持着相当高的程度。中美两国互为第二大贸易伙伴，日本是中国位居第三的贸易伙伴，而中国则是日本头号贸易伙伴。

日本是一个居制造业高端的国家，其出口产品呈高附加价值化的特点，与高速发展时期相比，日本内需虽有较大提高，但外贸依赖度仍比较高。

---

① 2009 年 11 月 14 日，美国总统奥巴马在日本东京发表的"亚洲政策演讲"，见共同社 2009 年 11 月 14 日讯。

② 2009 年 11 月 17 日《中美联合声明》，见《人民日报》2009 年 11 月 18 日讯。

③ 〔美〕戴维·柯茨：《资本主义的模式》，耿修林等译，江苏人民出版社，2001，第 12 页。

为降低生产成本，日本把大批劳动密集型及资本密集型产业转移到中国，将中国作为一个面向全球市场的生产基地。它对中国的直接投资具有鲜明的出口导向性质。依据相关性计算，1994～2005 年，日本在华直接投资与中国对美出口额之间的相关度高达 0.88。特别是进入 21 世纪后，日本大幅度增加了向亚洲出口半成品的数量，而亚洲各国特别是中国则在增加向美欧出口成品的数量。例如，日本电器、机械与运输设备等制造行业，在世界处于领先地位，这些行业中的企业不断扩大在华投资和生产规模，其最终产品则回销或销往美欧等发达国家和地区，日本对华投资对中美贸易发生明显的贸易创造效应。

因此，日本经济学家若杉隆平指出："在日本、美国和中国或东亚之间形成了贸易三角。这个贸易三角以美国为最终市场，从日本出口或在当地进行生产。日本向美国的出口虽然没有显著增长，但日本向中国的出口一直增长，中国向美国的出口也有大幅度增长。"①

上述模式使中日特别是中国对美贸易持续保持着相当高的顺差。同时，由于美元所具有的国际储备货币的特殊地位，美国资本市场的吸引力，以及贸易顺差国需将其贸易盈余用以维持出口部门的增长和本国货币对于美元的长期价值稳定，而不得不将相当部分的贸易盈余投资于美国债券。据统计，美国国债于 2008 年 9 月超过 10 万亿美元，2009 年 11 月 16 日增至 12.031 万亿美元，外资持有的国债金额中，中国居首，持有 7989 亿美元，日本次之，持有 7515 亿美元。

上述模式曾支撑了世界经济的高速发展，但是，由于美国政府的监控不力，让美国金融资本的疯狂逐利突破了这一模式应有的平衡限度，从而使世界陷入严重的金融、经济危机。要从根本上摆脱当今的危机，必须重建世界经济的平衡，显然，作为世界现有经济模式主要支撑者的中日美三国，在此重建过程中承担着重要的责任，必须进行合作，目前突出的问题是防止与克服贸易保护主义。

---

① FROM RIETI NO.76（见《日本经济产业研究所电子信息》第 76 期）。

三 支持亚太区域经济一体化的共同立场，使中日美在东亚共同体问题上的分歧有可能得到协调

世界金融危机与经济危机的发生，使东亚共同体进一步成为东亚乃至亚太地区国际关系中的热门话题。这一问题与中日美三国关系有着密切联系。

东亚共同体是一个综合概念，有若干层次。目前讨论的东亚经济共同体，主要指东亚自由贸易区。此次世界金融危机与经济危机为东亚自由贸易区的发展提供了新的动力。

美国在调整经济发展方针，正由原有的债务推动型向出口推动型转变，要求进一步开发迅速崛起的亚洲市场。日本与欧盟相比，市场较为单向，此次危机使日本对美国的直接、间接出口明显下降。为走出经济困境，日本提出"内外一体"，变亚洲的需要为日本的内需等主张。中国对美国出口也下降，中美贸易摩擦有所增加，中国对亚洲市场的需求也在增加。加快东亚自由贸易区的进程，显然有利于亚洲市场的扩大。

在此背景下，中日美在东亚共同体问题上的分歧和共同要求都有所发展。中方主张，以"10+1"（东盟 10 国分别加中国、日本、韩国等）为基础，以"10+3"（东盟 10 国加中国、日本和韩国）为主渠道，以东亚峰会为重要的战略论坛，推进东亚共同体的进程；同时，支持亚太区域经济一体化，欢迎美国作为亚太国家发挥建设性作用。

日方主张，东亚共同体以"10+6"（"10+3"+印度、澳大利亚和新西兰）为主。日本外相冈田克也表示，美国不应该成为东亚共同体的正式成员。日本首相鸠山由纪夫虽表示东亚共同体不应排除美国，然而也没有明确否定冈田的意见；同时，日本也支持亚太区域经济一体化，但是主张日美同盟是亚太地区和平稳定与繁荣的基础。

美国则表示，美国是太平洋国家，反对被排除在东亚共同体之外。为此，美国采取了一系列行动，如加入"东南亚友好合作条约"，积极推动环太平洋自由贸易协议等；同时，主张实现亚太区域经济一体化。

显然，在东亚共同体的问题上，中日美之间既有不同要求，也有共同之处。能否协调好三国在此问题上的矛盾，不仅关系到三国关系，关系到

东亚与亚太经济一体化的成功与否，而且关系到东亚乃至亚太的国际格局与国际秩序如何转变。由于三国都支持亚太区域经济一体化，这就使三国的矛盾有了协调的基础。从实际出发，可考虑将三国的主张作为三个不同但又相互联系的阶段性目标：第一阶段，以"10+3"为主渠道，推进东亚共同体建设；第二阶段，可扩大为"10+6"；第三阶段，则可扩大为亚太自由贸易区。总之，既要有所区别，又不能将区别绝对化；既照顾到各区域的特殊利益，又逐步扩大各区域间的共同利益与联系，才能积极稳妥地推进东亚及亚太区域合作。

四 世界多极化的发展，使国家间关系以及各国所面临的外交任务发生了重要变化，中日美关系正向相对"平衡"的方向发展

经济全球化使国家间的关系不再像冷战时期那样敌友分明，而往往既是朋友又是对手；世界多极化的发展，特别是这次世界金融与经济危机的影响，使各国的利益进一步趋向多元。在这种情况下，各国政府能够也必须更多地考虑外交关系的"平衡"。中日美关系的发展，也出现这种趋势。

1. 奥巴马政府的亚洲政策，显示出以日美同盟为基础，以对华外交为重点的方向

奥巴马以访日为起点开始了其亚洲政策的调整。综观奥巴马的亚洲政策，可见以下特点：

其一，奥巴马的亚洲政策在美国的世界战略中占据了冷战后前所未有的地位。世界金融危机的发生，以及中国等亚洲新兴国家的迅速发展，使亚洲的重要性更为凸显。奥巴马与他的前任相比，目光更加集中地投射到了亚洲，他明确表示美国是太平洋国家，主张太平洋不是美国与亚洲间的障碍，而是将双方联系起来的纽带。

其二，在强化同盟关系的同时，要求进一步发展在亚洲的伙伴关系。

亚洲在美国世界战略中地位的上升、面临挑战的增加，以及与亚洲国家共同利益的发展，使美国必须也能够在亚洲建立更加广泛的合作关系。因此，奥巴马在表示坚持与深化美日同盟的同时，强调与中国合作的必要性和重要性，指出中国的快速发展将会有助于全球发展，美国不谋求遏制

中国，并欢迎中国在世界上发挥更大的作用。①

其三，积极开辟亚洲市场，重视亚太区域的经济合作。美国为了摆脱金融及经济危机，确定了经济发展的新战略。其基本内容是：增加储蓄，减少支出，改革金融体系，削减长期的财政赤字与负债，重视制造业，增加出口。为此，就必须积极开辟亚洲市场，奥巴马主张亚洲国家减少对外贸的依赖，扩大内需，并希望在亚太地区的多边合作中发挥领导作用。

其四，奥巴马政府在显示出较为宽容的文化姿态的同时，继续高举美国价值观的旗帜。坚持美国价值观是美国政治家一贯的基本选择。在美国相对优势减弱、美国模式受到挑战的当今，坚持美国价值观具有了新的现实意义。这就是为何奥巴马在承认亚太地区是具有多种文化的地区的同时，依然反对以传统文化特点与经济发展为理由损害人权的原因所在。

从上述亚洲政策出发，奥巴马提出了其对华与对日政策。对华政策基本内容有两个方面，即：预防与合作。在坚持建立对华战略预防的同时，对华战略借重的要求增强，特别是在经济上，奥巴马说："我相信美国的未来维系于向全世界出口美国制造的商品，而中国正在成为美国商品的最大市场之一，亚洲也是，因此美国自己封闭市场也是不正确的。如果我们对亚洲的出口哪怕仅仅是增加一个百分点，那也意味着能够创造出数十万甚至上百万的工作岗位，这是容易做到的。"② 因此，在合作方面，奥巴马政府表现出更加积极的姿态，要求建立与深化双边战略互信；要求致力于建设21世纪积极合作全面的中美关系，并希望采取实际行动稳步建立应对共同挑战的伙伴关系。对日政策基本内容也有两个方面，即：控制与结盟。从此立场出发，奥巴马政府在坚持美日同盟仍然是美国亚洲政策基轴的同时，要求适应形势需要，深化美日同盟，扩大美日合作内容。

美国在克林顿政府时期，曾提出建立以北美为基础向亚太辐射的扇形结构的战略设想。这个扇形结构，以美日同盟为轴心，以美国与韩国、东盟一些国家、澳大利亚、新西兰等国的双边同盟关系为扇骨，以APEC为扇面，其目标则是构建以美国为中心的新太平洋共同体。这一战略设想已考虑到同盟关系与多边合作的联系。而目前地区与世界形势的变化，使奥巴

① 2009年11月14日，美国总统奥巴马在日本东京发表的"亚洲政策演讲"，见共同社2009年11月14日讯。
② 2010年2月3日，奥巴马向参议院民主党政策委员会议员的演讲。

马在这个方向上走得更远一些。奥巴马的亚洲政策，显示出在亚洲以美日等同盟关系为基础，以对华合作为重点，以同盟关系与对华合作相互制约，又以多边合作为加以联系与整合的方向。

2. 鸠山政府的外交政策，强调在美国与亚洲之间取得平衡

日本民主党政府也提出了对美对华政策的调整主张，主要表现在以下两个方面：

其一，日本政府与美国"对等"的要求加强。

冷战后，苏联解体，日本消除了战后最主要的安全威胁，国内自主意识抬头。在这样的条件下，小泽一郎首先提出了要使日本成为"正常国家"的口号，这一口号虽然主要想摆脱战后雅尔塔体系给予日本的限制，但也包含改变美日关系主从化的要求。近年来，特别是以美国为源头的世界金融和经济危机的发生，使美国的相对优势减弱，日本的这一要求更加强烈。民主党提出了与美国建立"紧密而对等"关系的主张。所谓"对等"，就是主张更多地从日本利益与民众愿望出发，处理对美关系。鸠山内阁与美国政府在印度洋供油与普天间机场迁移等问题上的分歧之所以难以调和，因为这些分歧不仅涉及具体利益，更关系到日本能否在与美国"对等"的要求上有所突破。

其二，日本政府开始更多地考虑美国与亚洲外交关系的"平衡"。

美日同盟的限制，使日本外交带上了单向性，当年日本政府不愿加入"东南亚友好合作条约"，原因正在于此。但是，随着中国等国的迅速发展，国际格局发生着前所未有的变化。日本无论在安全上还是经济上，仅仅依靠美国难以获得保障，在世界金融与经济危机发生的今天，尤其如此。例如，经济上，日本的头号贸易对象国虽然已变为中国，但是日本对华投资相当大的部分只是把中国作为生产基地，产品最终还是出口到美国。因此，在美国发生金融危机后，日本经济受到明显影响。同时，美国针对此次危机发生的原因，提出了将"债务推动增长模式"转换为"出口推动增长模式"。由于美日都居于制造业高端，美国的这一转换，势必加强与日本在相关领域的竞争。这种情况下，日本提出了"内外一体""将亚洲市场视为内需市场"等口号。据有关机构对日本制造业未来投资方向的统计，居一、二、三位的是中国、印度、越南。这必然促使日本外交由以美国为中心，转向更多地要求在美国与亚洲特别是中国之间寻求平衡。

正是基于这种需求，鸠山首相表示，日本"此前有些过于依附美国，

虽然日美同盟很重要，但作为亚洲国家，日本将制定更为重视亚洲的政策"，希望与美国建立"紧密而对等的同盟关系"，力图更加自主地谋求日本的利益。因此，在普天间基地迁移问题上，不愿按照原有方案行事。但是，战后日本的特殊发展道路，使日本对美国形成了深刻的依赖，加之美国战略重心向亚太倾斜的压力等原因，使鸠山内阁无力迫使美国接受其方案。

鸠山下台后，菅直人内阁消极接受教训，修改了鸠山时期的对美、对华政策，强调"对中国正在增强军力一事必须给予严重关注。有个词叫作'势力均衡'"，并表示"亚洲局势处于高度紧张，美军正在发挥威慑作用"。日本《防卫白皮书》则渲染所谓"中国军力与意图的不透明"，建议强化西南群岛的军事部署和日美防务合作。

3. 中国坚持独立自主的和平外交方针，努力使中日美关系顺应世界潮流，向着平衡、合作、开放的方向发展

美日同盟是冷战时期的产物，在相当长的时间内，将中国作为其主要假想敌之一。冷战结束后，美日同盟的作用有所变化，但是建立与增强对中国的战略预防，仍是其战略目标的重要内容。同时，美国显示了在亚洲以美日同盟为基础，以对华合作为重点，将同盟关系与多边合作加以联系与整合的方向。日本则一度出现了在美国与亚洲之间寻求某种平衡的要求。

针对上述变化，中国的对美对日政策也在发生调整。胡锦涛指出：当前，国际形势继续发生深刻复杂变化。新形势下，中美两国在事关人类和平与发展的一系列重大问题上拥有更加广泛的共同利益和更加广阔的合作前景，肩负着重要的共同责任。新时期中美关系的战略性和全球性日益凸显。[①] 对中日关系，胡锦涛指出：当前，国际形势正在发生复杂深刻变化。中日拥有的共同利益和面临的共同挑战都在增多，两国关系面临向更高层次、更广空间发展的重要机遇。中方愿同日方一道，着眼两国人民根本利益，顺应世界发展潮流，推动中日战略互惠关系持续深入向前发展。[②] 虽然中美关系与中日关系相比更带全球性质，但是中国将中美关系、中日关系

---

① 2009 年 11 月 17 日，中国国家主席胡锦涛在北京会见美国总统奥巴马时的讲话，见《人民日报》2009 年 11 月 18 日讯。

② 2009 年 9 月 21 日，中国国家主席胡锦涛在纽约会见日本首相鸠山由纪夫时的讲话，见《人民日报》2009 年 9 月 22 日讯。

均放在战略层面进行定位和运筹。同时，中国继续坚持独立自主的和平外交方针，"坚定地站在和平力量一边"，不结盟，努力与世界各国搞好关系，对促使中日美关系顺应世界潮流，向着平衡、合作、开放的方向发展，发挥了积极作用。

五 世界多极化趋势的增强，推动中日美合作关系发展；同时，也增加了三国关系和东亚地区的不确定性

中国等新兴国家的迅速发展，使当今世界多极化趋势增强，但并未从根本上改变发展中国家的地位；美国的"领导能力"，虽因此次金融危机的发生有所削弱，但尚未发生根本性动摇。世界秩序进入重大变化的过程之中。处于这一过程中的中日美三国，合作关系有所发展，同时，也增加了三国关系和东亚地区的不确定性。

2010 年 2 月 1 日，美国国防部向国会提交了新版《四年防务评估报告》。该报告作为奥巴马政府的主要战略报告之一，对未来数年的美国军事和安全战略具有重要指导意义。值得注意的是，该报告认为，美国面临的安全环境"更加复杂，不断变化，充满不确定性"；当前地缘政治呈现四大趋势——大国崛起、非国家行为体力量日益增强、大规模杀伤性武器扩散、全球性问题，这四大趋势将塑造未来安全环境。该报告表明，现任美国政府将美国安全利益的界定为"安全、繁荣、普世价值、合作性的国际秩序"。

依据上述判断与界定，该报告在谈及中国时，一方面表示"美国欢迎一个强大、繁荣和成功的中国的崛起"；同时，指责中国发展"反介入"战力、军事透明度"有限"。因此，该报告认为，在中美关系上，美国应将"深化合作"与"管理风险"并重齐举。

日本防卫政务官长岛昭久直白地说明了日本需对华采取双重政策："中国不同于冷战时期的苏联。有的方面可以封锁，但必须作为市场去与之打交道。这是两难选择。"菅直人内阁在把握对美、对华外交的平衡度上，更"现实"。日本防卫相北泽俊美在亚洲安全会议上发表演讲称，亚太海域的稳定"无法离开美国来谈此问题，能在这个海域全面铺开的只有美国"，正显示了上述趋势。目前来看，由于海洋权益与未来中日两国国力消长的关

系变得越来越密切，海洋权益之争，对中日关系的影响明显上升。

上述趋势，在今年"天安舰事件"发生后，更为明显。美方加强了对中国的疑虑。美布鲁金斯学会东亚问题中心的主任兼高级研究员卜睿哲（Richard C. Bush III）认为，"天安舰事件"，让外界感到"惊讶"，或者说是与想象的格格不入，即中方不顾美、韩为首的调查组所出具的权威证据，执意站在朝鲜一边，再次为平壤撑起保护伞。卜睿哲说，这使得北京与华盛顿和首尔之间多年来趋于改善的关系大打折扣。①

2010年7月21日，美韩两国外长和防长在韩国首都首尔举行了两国历史上首次"2+2"会谈。会谈后，发表了联合声明，强调将扩大和深化同盟，并称，韩美将"通过在今后数个月内在韩国东部和西部海域进行的一系列联合军演，维持能够抵挡和击退朝鲜的任何一种'威胁'的联合防卫态势"。其后，日本防卫省表示，日本海上自卫队官员将首次以观察员身份，参与美韩联合军事演习。日本《朝日新闻》称，此举标志着三国军事防卫合作的等级提高了。

总之，世界金融与经济危机的发生，使世界多极化的趋势更为明显，这种变化对中日美关系产生了重要影响，形成了新的合作动力，也使中日美关系出现了一些新的问题。三国的合作要求有所上升，这符合世界潮流与三国利益。三国应该进一步加强沟通，增强互信，努力促成平衡的、合作的、开放的中日美"三边关系"的形成，这对克服当前的世界金融与经济危机，促进东亚以及亚太地区多边合作的发展，实现亚太及世界的和平、稳定与繁荣具有重要意义。对三国关系中出现的新问题，其中包括对朝鲜半岛形势的影响，不能掉以轻心，应立足全局，未雨绸缪，妥善处理。

（本文为2010年在日本早稻田大学召开的
"解读日本外交"学术研讨会的会议论文）

---

① 转引自美国之音中文网燕青文章《东京占上风？专家指北京外交今不如昔》。

东盟国家如何看待中日关系

——以新加坡为中心

中国社会科学院亚太与全球战略研究院 李 文

冷战结束后，东盟逐渐由一个地区防御性组织上升为一个地区协调性组织。在"10+3"的东亚合作机制内，中国、日本、东盟成为相互制约的三大力量，构成了一种具有平衡、稳定状态的三角关系。东盟地位的上升，得益于冷战结束后中国的迅速发展、中日关系的失和与地区合作重要性的上升。从东盟的立场看，中日两国始终处于势均力敌、不冷不热状态，最符合自身的利益。

一 "中国—日本—东盟"新三角关系的形成

东盟（ASEAN）自成立至今已经历了 40 多年的历史。目前的东盟，正处于 40 多年以来最好的历史时期。从 1967 年 8 月东盟的成立到 20 世纪 90 年代，东盟的功能主要是防御性的。"大国平衡战略"是这一时期东盟作为一个地区组织最主要的对外政策。冷战时期，东盟产生和存在的意义在于使东南亚内部以及东南亚与外部世界之间保持了一个大体上的平衡，在地区内两个超级大国借冷战机会在东南亚地区扩张时期起到了重要作用。

20 世纪 90 年代以来，伴随冷战的结束和东亚区域合作潮流的兴起，以及东盟本身的扩大和东南亚区域内政治、经济合作的日益进展，东盟对东南亚地区事务的处置能力大幅提高，同时也使自身在东亚国际政治格局中的影响和作用日益增大。现今的东盟已经成为东亚主要国家进行对话和协商的一个"核心"。这使东盟的性质与作用都发生了重大变化，即东盟已经由一个地区防御性组织变成一个地区协调性组织，其对外政策也在由"大国平衡战略"逐渐调整为"平衡大国战略"。

东盟国际地位的上升改变了东亚国际关系格局。第二次世界大战结束至今近50年的东亚格局及其走向大致划分为四个发展阶段。第一阶段是"一方独霸"（1945～1949年）。二战以后，东亚地区除朝鲜半岛分为南北两部分分别由美苏进驻外，并不存在像欧洲那样东西方两大势力对峙的局面，战败国日本除北方四岛外全部由美国单独占领，美国实现了对日本和太平洋的完全控制。国民党统治下的中国也基本上处于美国的控制之下。因而东亚地区，这一时期美苏两极格局的特征并不明显，东亚由美国一方独霸。第二阶段是"两方对抗"（1949～1970年）。1949年中国革命的胜利和中华人民共和国的成立是对美国独霸东亚的沉重打击，它改变了东亚和整个亚洲的面貌，随着《中苏友好同盟条约》的签订，美国开始对中国实施所谓的"遏制"战略，策划了从北到南的以遏制中国为目的的"新月形军事条约国"格局。于是，美苏的对抗和冷战在东亚地区就有了突出的表现。尤其是在中国抗美援朝战争胜利后，东亚成为冷战前沿，中苏和日美两大阵营严重对立。第三阶段是"大三角关系"（1970～1990年）。20世纪60年代中苏关系破裂后，东亚地区出现了中、美、苏战略大三角关系。第四阶段是"小三角关系"（1990年至今），即中国、日本、东盟成为在东亚相互制约的三大力量。这一时期，尽管美国在东亚依旧是一个举足轻重的存在，但也只是一个最为主要的稳定性因素。东亚本身的区域性发展，尤其是东亚区域合作的推进，中国、日本和东盟无疑是最主要的承担者。

在上述三极中，东盟虽然是最弱的一极，但却扮演着重要的"第三者"和"协调人"的角色，成为东亚合作的"核心"和实际领导者。这种地位和角色主要是通过两个机制得以显现的。其一是"10+1"，即东盟10国分别与中日韩3国（即3个"10+1"）合作机制的简称。其二是"10+3"，即东盟10国领导人与中国、日本、韩国3国领导人举行的会议。该会议是东盟于1997年成立30周年时发起的。东盟的存在和发展加大了东亚主要国家不断从对抗、对立走向对话与合作的可能性。

二 中国的快速发展是东盟国际地位迅猛上升的主要原因

东盟之所以能够由一个防御性的地区组织上升为东亚版图中的一支举

足轻重的力量，冷战后的区域经济集团化趋势大发展和中日关系发生的结构性调整是最重要的原因。而中日关系所发生的这种调整，主要原因又在于中国的快速崛起。可以说，东盟国际地位的上升，主要受惠于中国的快速发展。

中国经济的快速发展，在经济、政治两个方面使东盟受益。20 世纪 90 年代以来，尤其是 2002 年中国—东盟自由贸易区建设启动以来，东盟从发展对华关系中获得了巨大的经济利益。东盟与中国的贸易连年高速增长。1950 年，中国与东南亚国家的贸易总额仅有 0.77 亿美元。1978 年增长到 10.42 亿美元。1987~1996 年，双方贸易发展开始提速，从 45.64 亿美元迅速提高到 203.95 亿美元。2008 年，中国与东盟双边贸易总额达 2311.2 亿美元。[①] 此外，东盟中较发达的国家印尼、马来西亚、菲律宾和泰国对华贸易的总额和顺差增大，新东盟成员国则享有中方给予的更多优惠。这些对外贸依存度很高的东盟经济的发展明显带来了利好。[②]

中国的崛起导致中日摩擦的增大，还导致东盟不仅在经济上，而且在政治、外交、安全等多个方面都成为最大的赢家。温北炎指出："近十年来，日本经济持续衰退，而中国经济迅速崛起，中国与东盟建立了全面合作关系。东盟国家看到东亚格局的变化，积极协调中、日与东盟的关系，做到'左右逢源'，以争取东盟的最大利益。"[③]

在 20 世纪 80 年代，日本一定程度上成为东亚国家的"领袖"。包括中国在内的东亚邻国大都认可日本现代化模式的典型意义，日本还是包括中国在内的东亚邻国现代化的重要资金和技术来源。日本学者所谓的"由日本这只领头大雁带领东亚其他小雁起飞"的"雁行模式"就是在这一背景下提出的。日本前首相大平正芳则更提出了"环太平洋合作构想"：像美国特别照顾中南美洲各国，德国特别照顾欧洲共同体，欧洲共同体特别照顾非洲那样，日本对太平洋各国与地区加以照顾。[④] 这一时期，包括印度尼西

---

① 中华人民共和国商务部网站。

② 张蕴岭：《中国与周边国家：构建新型伙伴关系》，社会科学文献出版社，2008，第 99~100 页。

③ 温北炎：《印尼、马来西亚、新加坡在东亚合作中的作用及其态度》，《东南亚研究》2004 年第 4 期，第 12 页。

④ 日本大平正芳纪念财团编《大平正芳的政治遗产》，李德安等译，中央文献出版社，1995，第 382~409 页。

亚、马来西亚、泰国、菲律宾和新加坡五个老成员国在内的多数东南亚国家与中国逐渐建立外交关系。而这些国家与日本，却已经发展了比较紧密的相互关系。当时，在日本看来，东南亚实际上已经成了自己的"后院"。"日本喜欢在这个和谐的飞行模式中保持它的带头雁的地位，尤其把泰国、越南、印度尼西亚和马来西亚等东南亚国家纳入一个非正式的区域性贸易和投资集团名下"①。

但自20世纪90年代开始，情况发生重大变化。中国经济持续增长，国际地位迅速提高，与东南亚国家的关系也出现了突飞猛进式的发展；日本却在经济上出现衰退迹象，国际地位也有所下降。2001年5月，日本发表的官方文件《2001年贸易白皮书》中首次承认：日本充当亚洲经济发展领头雁的"雁阵型结构"发展态势已经被打破，取而代之的是急速增长的中国经济。在中国由过去一个需要帮助的穷国变成一个对日本富有挑战性的国家后，中日关系开始从"蜜月期"转向"冷淡期"，原来决心要"世世代代友好下去"的朋友变成了"翻脸不认人"的对手。虽然经贸往来仍在继续，但政治上的矛盾与分歧日益显见。野村综合研究所的宫本伸雄则断言："日本和中国在今后50~100年中不可能摆脱政治和战略的竞争关系。"② 可以预见，在未来一段时间里，中国和日本之间的关系难以发生根本性的变化。在东亚区域合作成为一种发展大势的情况下，中日之间的这种对立，给东盟国家提供了难得的机遇。在东亚区域合作中，中日两国相互牵制的结果是：双方都不具备领导地区合作的能力，同时又非常不愿意对方占据领导地位，东盟从而被历史性地推上领导者的位置。

日本—东盟关系增添了不断强大的中国这个重要元素，客观上增大了东盟国家的自主权、主动权和外交斡旋空间，使东盟开始摆脱对日本单方面依赖的被动局面。"中国积极参与到地区合作的进程之中，一方面直接呼应了东盟的大国平衡战略，成为推动东盟继续合作的催化剂；另一方面，间接冲击了日本想象中的地区领导地位，压缩了日本在东南亚传统的'经济势力范围'。为了竭力维护这个日本人心目中的战略'后院'，它不得不

---

① 〔美〕巴里·诺顿主编《经济圈——中国大陆、香港、台湾的经济和科技》，贾志天、贾宗谊译，新华出版社，1999，第144页。

② 〔德〕杜浩：《冷战后中日安全关系》，陈来胜译，世界知识出版社，2004，第263页。

随中国地区合作的'节拍'和动作而反应"①。从而，进入新的世纪以来，中国和日本这两个在东亚举足轻重，同时又有些势均力敌——中国是政治大国，日本是经济大国——的大国争相向东盟示好，给东盟的发展带来了许多实质性的收益。

这种收益广泛涉及经济、政治和安全等多个方面。2002 年 11 月，在柬埔寨首都金边举行的第六次东盟与中国领导人会议上，中国和东盟 10 国领导人签署了《中国—东盟全面经济合作框架协议》，宣布到 2010 年建成中国—东盟自由贸易区，启动了中国—东盟自由贸易区的进程。这一重大进展给日本形成重大压力，促使其加快了与东盟合作的脚步。2003 年 10 月，东盟和日本在印尼的巴厘岛签订了《东盟—日本全面经济合作伙伴框架协议》。2007 年 8 月，日本与东盟在马尼拉达成自由贸易协定。根据这项协定，日本将对从东盟进口的按价值计算 90% 的产品实行零关税。在 2003 年 11 月中国和东盟签署了《东南亚友好合作条约》之后，2003 年 12 月，日本也正式加入《东南亚友好合作条约》。双方还签署了"面向新世纪的日本与东盟伙伴关系"的《东京宣言》。可以预见，未来日本对中国—东盟关系的发展还会产生这种"对抗性战略反应"（strategic counter-reaction），而东盟还将从中日竞争的战略态势中获得相对更大的国际行动空间和相对更多的政治、经济利益。

三　东盟如何看待中日关系

从东盟的立场看，中日两国始终处于势均力敌、不冷不热的状态，最符合自身的利益。如果中日一方的力量远远超过另外一方，东亚的均衡格局就难以保持，东盟在区域内的协调者地位就会发生动摇。如果中日关系破裂，东亚区域合作难以进行，东盟的领导地位也就无从谈起。而如中日结盟，两国就会自然而然地成为东亚地区的主导者和领导者，东盟的地位就会被边缘化。

中国目前正处于自共和国成立之后最好的时期，中国的发展也给东盟带来了机遇，中国与东盟呈现出从未有过的良性互动。但是东盟并不希望

---

① 韦民：《论东亚国际格局变动下的日本—东盟关系》，北京大学《"东盟四十年：回顾与展望国际学术研讨会"论文集》，2007 年 11 月。

中国迅速崛起，成为地区内没有任何力量能够对其加以约束和限制的超级大国，于是希望依靠日本甚至印度一起牵制中国。与此同时，东盟同样不希望日本快速衰落，期望日本在向东南亚输出技术的同时，与美国一起控制本地区。换言之，东盟希望通过美国这个"温和的超级大国"，以及不断"扩大美国和日本在该地区的存在与影响力"，以制衡中国这个"雄心勃勃的地区强国"。东盟的这一用心在东盟地区论坛（ARF）中就略见一斑，该论坛的主要目标是"拖住美国、扶植日本、约束和改造中国"。① 此外，新加坡对历史上日本对本国快速发展所起到的作用长存感激之心，因此，希望日本在未来仍然能够继续扮演东亚经济增长中心的角色。2007 年新加坡总理李显龙在接受《明镜》周刊记者采访时说："中国繁荣强大，对区内是好事。如果中国羸弱混乱会给区内带来很多问题。与此同时，我们相信另一个繁荣而有影响力的中心的存在，对区内也是好事。"②

作为"大国平衡"战略的设计者和先行者，新加坡领导人的看法很能反映东盟在大国平衡框架内发展对华关系的政策。2005 年 10 月下旬，新加坡总理李显龙访华期间在中共中央党校发表的题为《中国在新亚洲的和平发展》的演讲中说："中国的崛起是当代最重大的事件。世界各国要如何应对中国崛起所带来的全新局面，是一大挑战。……东盟国家作为一个整体，是亚洲重要的一部分。……东盟国家很乐意跟中国建立更密切的关系，但是，它们也想同其他伙伴国加强关系。东盟正与印度进行自由贸易协定的谈判，也正在巩固跟美国、日本和欧盟的长久联系。东盟国家不想完全依赖中国，它们要跟中、美、日三国维持友好关系，而不愿在任何中美或中日纠纷中，被逼偏袒或靠向任何一方。这是东盟倡议建立一个开放的区域合作框架的原因。"③

新加坡外交部长杨荣文对东盟在大国平衡战略框架下发展对华关系的看法，则更为直白、更加明确。他说："我们必须适应中国经济的发展，它正在改变全球的景观。中国经济增长将给东南亚带来繁荣，一如历史上中国的强大和贸易繁荣带给我们的好处。但是，我们必须发挥东南亚自身的优势。这里不仅有丰富的资源、不同的气候和地理环境，而且拥有历来就向国际贸易和投资开放的文化。我们不是任何大国的潜在的竞争对手。然

---

① 喻常森：《东盟地区论坛的目标及大国的立场》，《东南亚研究》2004 年第 4 期。

② 《李显龙谈中国崛起》，《南方都市报》2007 年 6 月 22 日。

③ 李显龙：《中国在新亚洲的和平发展》，《联合早报》2005 年 10 月 27 日。

而，只有我们在经济上相互融通、在政治上更加协调，我们才能充分利用这些优势。与所有的主要大国保持良好关系，让每个大国都从我们的发展和繁荣中受益……在所有领域，我们都必须从战略的高度来思考并采取行动，这样东南亚才能成为中国与印度之间的主要缓冲区。这是我们的历史定位，而且这还将是我们的未来。"①

新加坡看好中国的发展前景，对中国的定位更加积极全面。冷战结束后，尤其近年来随着中国经济的持续发展和国际地位的提升，新加坡对中国的看法更加积极与全面，其突出特征是由单纯将中国看作一个在世界范围具有举足轻重的政治大国逐渐转变为对中国经济、政治、文化地位的全面重视，对中国的评价更加积极、全面。亚洲金融危机中，新加坡高度评价中国坚持人民币不贬值的政策，认为中国表现出了大国的责任感，对亚洲的发展作出了重要贡献。近年来，新加坡领导人日益重视中国在亚洲世界所发挥的日益重要的作用，认为中国的发展有利于亚洲乃至世界的和平、稳定与发展，将为亚洲和西方各国提供机会，经济上和战略上都会有利于更好的全球平衡。新加坡对中国的重视，固然有血缘和文化上的原因，但起决定性作用的因素还是双边经贸关系的发展。新加坡虽然只是一个拥有 400 万人口的小国，但在东盟 10 国中，其与中国的双边贸易额多年来始终位居首位。

新加坡的新领导人李显龙对中国改革开放以来所取得的快速发展表示由衷的赞赏。2005 年初，李显龙说，自 1985 年首次访问中国之后，每一次访华他都能目睹和感受到当地发生的显著变化，不单是有形的建设，更重要的是中国人民在认识和能力上的变化，都给他留下很深刻的印象。在中国开放之后，中国人民都更加了解中国以外的发展，知道他们所需要的是重拾信心。他们都很积极、很起劲地引进更多的发展项目。中国的变化太快了，总是在不断地取得进步，每一二年便使人耳目一新。这种变化正在改变中国，也在改变整个世界。新加坡希望中国成功，并且学习世界上最好的东西。② 同年 10 月，他再次指出："新加坡相信，中国的崛起对亚洲、对世界来说，都大有好处。中国把 13 亿人的生活水平翻了几番，这将使整

---

① 杨荣文：《东盟为适应新格局而重新定位》，新加坡《海峡时报》（英文），2005 年 9 月 18 日。转引自张蕴岭《中国与周边国家：构建新型伙伴关系》，社会科学文献出版社，2008，第 98～99 页。

② 李显龙：《改革开放在改变中国与世界》，新华网新加坡 2005 年 10 月 25 日电。

个区域更加繁荣和稳定。随着中国的崛起，世界经济的重心将逐渐转移到亚洲。这将为亚洲国家带来更有利的发展环境，使亚洲能在国际事务中扮演更大、更有建设性的角色。"①

但新加坡继续奉行以亲美为中心的大国平衡战略，希望中国和日本之间保持适当距离，相互之间成为东亚地区相互平衡和相互牵制的力量。

近年来随着中国国际地位的不断上升，奉行大国平衡战略的新加坡加重了对中国的防范心理。为了防止中国对东南亚影响过于强大，在思考整个亚太地区的国际关系格局时，新加坡格外重视美国在东亚的地位，近年来尤其希望美国能够在东亚合作中扮演积极角色，以便在一定程度上抵消中国的影响。新加坡认为，面对一个强势崛起的中国，亚洲国家只有与美国合作，才能维持此区域势力的均衡状态。李光耀声称："只靠亚洲国家是不能形成均势的，日本和东盟都不能同中国形成势均力敌的局面。如果使美国参与亚洲事务，加上日本的经济实力，就可以保持平衡。"② 因此，他建议日本与美国保持在安全保障方面的同盟关系，认为这符合日本的国家利益。新加坡领导人在不同场合呼吁美国保持在亚太的军事存在，要求美更多参与亚洲事务，以维护亚洲的"战略平衡"。新领导人称，只有美国才能维持亚洲和平、稳定与繁荣的局面，否则东亚迟早要被一个国家垄断，这将减少地区其他成员的呼吸空间。③

在思考地区内国际关系格局时，新加坡积极发展与日本和印度的关系，支持两国在东亚发挥更大的作用，以在一定程度上对中国形成制约和平衡。美国撤走了在东南亚国家的驻军和两个军事基地后，东盟国家就拉日本来作战略平衡，参与东南亚地区的政治与安全事务，与东南亚国家开展政治与安全合作对话。东盟此举正中日本下怀，日本积极鼓励东盟加强多边安全合作对话，东盟地区论坛的建立，与日本的积极支持分不开。在东盟实施拉住日本平衡中国和日本的关系的战略过程中，新加坡扮演了十分重要的角色。如2003 年日本已经与新加坡在建立自由贸易区方面达成协定，而日本与泰国、菲律宾、马来西亚等国家就建立自由贸易区事宜也进行了谈判。

建议日本借助自身的发展模式对中国在内的东亚其他国家的示范作用，将中国纳入具有"确定性"的世界体系中，从而使中国被"先进的"世界

---

① 李显龙：《中国在新亚洲的和平发展》，《联合早报》2005 年 10 月 27 日。
② 王根礼、周天珍：《外国首脑论中国》，红旗出版社，1998，第 107 页。
③ 《吴作栋急于修补其言谈对中新关系造成的伤害》，《国际先驱导报》2003 年 5 月 26 日。

体系同化，减少在其强大起来之后有可能出现的"不确定性"，是新加坡赋予日本的一项"历史使命"。

鉴于中国是一个与日本相邻的大国，中国实施改革开放政策以后，日本格外留意这个每年 GDP 增长 8% 到 10% 的邻国，认为中国的强大对日本在东亚地区的显赫地位直接构成威胁。宫泽喜一在首相任上与李光耀谈话时，就表示对中国崛起的忧虑和担心，认为中国缺少民主制度和新闻自由的监督和制衡，中国崛起将对日本及东亚的安全构成威胁。大多数日本领袖相信，美日的防卫合作关系能给日本 20 年的安全保障。然而宫泽和其他日本领袖担心的却是长远的局势发展，他们暗自害怕有朝一日美国军力将难以在区域维持支配的地位，不愿再保卫日本。中国究竟会起着稳定作用还是引起麻烦，没人说得准。

对于日本的这一担心，李光耀的建议是："我认为最好是把中国纳入现代化的世界体制里。日本应该吸引中国优秀生到日本深造，让他们同日本的年轻一代建立密切的关系。同样，中国最杰出的顶尖人才如果能有机会到美日欧，就能开阔眼界，认清中国要繁荣富强，就不得不在国际上做个积极的成员。如果中国在推行经济改革的进程中多方受到孤立和阻挠，它就会对先进国家产生敌意。"①

李显龙的思路与李光耀相同，认为只要中国越来越纳入国际体系，就会增加这个日益崛起的大国对世界的责任而不是威胁。2005 年 10 月，李显龙指出，随着全球化的日益发展，世界有必要适应中国的增长，而中国也需要全球化的市场、投资、金融体系与世界贸易组织，因此，中国有必要在取得增长的同时作出相应的调整，以在世界上扮演更加重要的角色。② 2007 年 11 月，他再次强调"中国和新加坡对许多区域课题的看法一致，尽管我们对这些课题的应对方法不尽相同。新加坡希望亚洲和平稳定，并且相信一个稳定、开放、繁荣的中国，一个愿意积极参与区域事务的中国，加上其他大国的合作，是亚洲和平稳定的最佳保证"③。

---

① 李光耀：《李光耀回忆录：经济腾飞路 1965～2000》，外文出版社、新加坡联合早报时代媒体（新）私人有限公司，2001，第 555 页。

② 李显龙：《改革开放在改变中国与世界》，新华网，新加坡 2005 年 10 月 25 日电。

③ 《李显龙：稳定开放繁荣的中国是亚洲和平最佳保证》，中国新闻网，2007 年 11 月 19 日（http://www.chinanews.com/gj/yt/news/2007/11-19/1081176.shtml）。

近年来，新加坡积极推动东亚合作，尤其是构建一个开放式的合作框架，将印度、澳大利亚、俄罗斯甚至美国和欧盟也拉入这个框架之中，隐含有一个重要动机，就是担心在"10+3"框架中，仅靠日本和东盟的力量难以平衡中国。对此，李显龙的解释是："从战略的角度来看，如果亚洲具有一个开放的框架，可以让美国、欧盟以及其他国家参与，这对中国也有利，因为这有助于稳定中国跟其他大国的关系。相反的，如果这个世界分裂成排他性的国家集团，或互相对立的势力范围，对抗、互相敌视、甚至冲突的局面将是难以避免的。"①

从发展区域合作和有利于经济发展繁荣的角度出发，新加坡希望中日之间保持相对良好的双边关系，不愿看到中日关系走向破裂。

日本虽然侵占过新加坡，但第二次世界大战结束后，日本在国家安全方面受美国的保护，在经济方面受到美国的扶持，逐渐成为亚洲最发达的国家。东南亚成为日本倾销商品、输出资金和获取自然资源的重要地区。新加坡独立后要发展经济、引进资金和技术，把日本看作重要伙伴国，维护和发展两国良好关系是必然趋势。李光耀把新日关系作为新加坡的外交重点之一，两国总理多次互访，使两国关系稳步发展。20世纪70年代中国与日本外交关系实现了正常化，新加坡表示赞成，认为这将使亚洲地区保持平衡和稳定。李光耀要求日本像美国一样，在政治上成为东盟的伙伴国，在经济上成为资金、技术的输出国。新加坡与日本的经贸关系稳步发展，日本成为新加坡外商投资和对外贸易的第二大伙伴。20世纪90年代初，日本加大了对东南亚国家的投资。至1994年，日本对东南亚各国的投资、技术转让和经济援助已超过美国，位居第一。1997年，仅新加坡新项目投资的85亿新币中，日本就占了24%，达20.4亿新币。

随着发展和改革开放政策的深化，中新经贸关系不断登上新台阶。中新贸易额1990年为28亿美元，2008年为524.36亿美元。新加坡是中国在东盟国家中的第二大贸易伙伴。新加坡是中国重要的外国投资来源地，2008年，新加坡在中国投资项目757个，实际外资金额44.35亿美元，位居中国利用外资国家或地区的第六位。2008年中国对新加坡直接投资3.9亿美元。截至2008年，中国在新加坡承包工程、劳务合作完成营业额131.67亿美

---

① 李显龙：《中国在新亚洲的和平发展》，《联合早报》2005年10月27日。

元。① 中国还是新加坡的第二大旅游客源地，每年到新游客超过 70 万。新加坡领导人认为，中国中产阶级不断壮大，预期到 2010 年将达到 4 亿人，这些人中许多将有能力到新加坡旅游。新加坡著名证券公司大华继显研究公司报告指出，中国的经济发展可为新加坡贡献约 1.6% 的国内生产总值；中国出口平均增长 1%，将带动新加坡对华出口增长 0.5%；中国关税每下降 1%，新加坡的机械与运输设备出口就会增加 99 万美元，其他工业品出口增加 33 万美元。

新加坡认识到中国和日本在东亚经济发展中的重要性，认为两国关系的稳定与否直接影响到东亚经济的整体发展状况。新加坡影响中日关系未来进程的能力是边际性的，但也愿意和其他东盟的伙伴一道竭尽所能确保这两个巨人之间良好的关系，尽量采取对两者都有利的发展战略，积极协助发展包括中日双方在内的区域经济合作安排。

例如，在 2005 年中日关系出现日趋紧张倾向时，李显龙在访问日本时就表示，中日两国都在扩大各自在地区和国际上的影响，因此产生摩擦是自然的事情，但双方的冲突并非不可避免，因为两国政府都看到了合作带来的好处，认为包括日本在内，世界必须适应中国的快速发展，抵制中国的经济增长是无用的，最后只会被甩在后面。同时希望中日双方应该平息各自国内的情绪，避免摩擦，寻找合适的方法逐步解决两国在领土和历史等方面的分歧，走向和解。②

近年来，以新加坡为代表的东盟按照上述思路协调中日关系，并认为收到成效。如温北炎就认为："在东盟国家的推动和协调下，中、日在东南亚的利益也得到了平衡。"日本主流媒体和官员也看到了东盟在协调中日关系方面所起到的作用，并积极加以评价。日本前首相中曾根康弘说："日本在亚洲必须与中国、东盟建立合作机制，如果日本与中国在东盟问题上发生争斗，那么，日本将一事无成。对中国来说，如果与日本在东盟问题上发生冲突，也是徒劳无益的。"③

---

① 中华人民共和国商务部网站。
② 李显龙：《世界须适应中国快速增长，中日应避免摩擦》，《环球资讯》2005 年 5 月 25 日。
③ 温北炎：《印尼、马来西亚、新加坡在东亚合作中的作用及其态度》，《东南亚研究》2004 年第 4 期，第 13 页。

日本智库的沿革及其在外交决策中的作用

上海国际问题研究院 吴寄南

在日本的外交决策过程中，智库的作用日渐突出。和许多发达国家一样，日本从中央到地方都有一些专门从事公共政策研究的机构。它们涵盖了日本政治、经济和社会生活的各个领域，推出了一系列政策报告，试图对政府的决策施加影响。其中也包括日本的外交决策。

在战后很长一段时间里，以外务省为代表的政府部门在外交决策过程中始终发挥着主导性的作用。日本的智库并不像它们在欧美的同行那么活跃。但是，随着冷战结束后，日本外交决策渐趋多元化，智库所扮演的角色也越来越重要。

一 日本智库的沿革及其现状

"智库"来源于英文中的"Think Tank"。《纽约时报》在 1967 年 6 月的一组介绍兰德公司等机构的连载文章时首创了"Think Tank"即"智库"一词①。目前，"智库"一般被定义为由多学科专家组成的，为决策者在处理社会、经济、科技、军事、外交等各方面问题出谋划策、提供最佳理论、策略、方法、思想等的公共研究机构。

美国是全世界智库最发达的国家，拥有 2000 多个各类智库。仅华盛顿特区就有布鲁金斯学会、外交政策评议会等著名智库 100 多个。传统基金

---

① 〔日〕三井情報開発株式会社：《日本における民間シンクタンクの役割》，http://research. mki. co. jp/overview/j-tt. htm。

会、战略与国际问题研究中心等智库云集的首都华盛顿 K 街甚至有"智库一条街"之称。有人甚至将智库称为"立法""司法""行政"和"传媒"以外的第五大权力[①]。

1. 日本智库在经过一段快速扩张期后进入相对缓慢的发展阶段

战前，日本就曾有过一些为军国主义对外侵略服务的知识集约集团。其中，最具代表性的是隶属"南满铁路株式会社"的"满铁调查部"。"满铁调查部"成立于 1907 年，专门对中国东北地区和内地，苏联远东地区的政治、经济、社会等情况进行调研。"满铁调查部"在其存世的 40 年间先后出台各种专题报告一万多份，堪称当今日本智库的"祖师爷"。

战后，随着日本经济的高速增长与外向型拓展，迫切需要应对国内外日趋尖锐复杂的矛盾，智库便应运而生。1959 年 12 月，前首相吉田茂创建了日本国际问题研究所（JIIA），并亲任首任会长。这是日本在外交领域的第一家智库，在国际上一直享有盛誉。2008 年 1 月 9 日，美国外交政策研究所公布了除美国外全球最具影响的十大公共政策智库的名单。日本国际问题研究所赫然名列其中[②]。1965 年和 1970 年，野村综合研究所（NRI）、三菱综合研究所（MRI）先后问世。野村综合研究所的前身是野村证券公司调查部，它以拥有国际视野、重视多学科的综合研究而著称。三菱综合研究所由原三菱经济研究所、三菱原子能工业公司的综合计算中心以及技术经济情报中心合并而成。野村综合研究所和三菱综合研究所在全盛时期都拥有数百名专职研究人员，称得上是日本智库中的"大哥大"。

20 世纪 70 年代初，日本一跃成为仅次于美国的西方第二大经济实体。"尼克松冲击"和石油危机给日本持续十多年的经济高速增长画上了句号。伴随着经济环境的急剧变化，从中央政府到地方自治体乃至大企业都需要探索新的发展战略。正是在这样的背景下，"智库热"在日本悄然兴起，在 20 世纪 70 年代的 10 年里竟陆续有 100 多家智库呱呱坠地。1973 年 7 月，日本国会通过了《综合研究开发机构法》。根据这项法律，由各级政府出资，由经济企划厅和国土厅共同管辖的综合研究开发机构（NIRA）于 1974 年 3 月正式问世。NIRA 财力雄厚，历届理事长都是日本国内首屈一指的

---

① 〔日〕横江公美：《第五种权力 美国的智库》，文艺春秋出版社，2004。
② 〔美〕外交政策研究所编《智库与市民社会》，2008 年 1 月。

"经济通"，因而在很长时间内被视为日本智库的"总管"①。

"智库热"在 20 世纪 80 年代继续"发烧"。由于日元升值的原因，80 年代后半期新建的智库很多是以大银行和大商社为背景的。比较著名的有三和银行系统的三和综合研究所（SRIC，1985 年）、樱花银行系统的樱花综合研究所（SIR，1986 年）、富士银行系统的富士综合研究所（FUJI RIC，1988 年）、日本生命保险公司系统的日生基础研究所（NLI Research Institute，1988 年）、大和证券公司系统的大和综合研究所（DIR，1989 年），等等。这些金融、证券系统的智库适应日本经济在全球范围扩张的需要，为政府和企业出谋划策，发挥了重要的作用。

进入 20 世纪 90 年代以后，日本智库进入了发展速度渐趋缓慢的"盘整"阶段。其间，由于日本经济持续滑坡，一些财政基础脆弱的智库被迫歇业关门。至 90 年代末，智库总数较 80 年代减少约 20%。但是，这段时期也陆续有一些新的智库问世。其中，最引人注目的是于 1997 年同时问世的东京财团（TKFD）和 21 世纪政策研究所（The 21st Century Public Policy Institute）。东京财团的主要出资者是日本财团，它网罗了一批顶级学者就日本的内政、外交问题提出政策建议。在小泉纯一郎和安倍晋三担任首相的五六年间，东京财团与政权中枢走得很近。21 世纪政策研究所隶属于经团联，其经费较充裕，影响也比较大。在地方智库中，堪称后起之秀的是由新潟县、青森县、山形县等 11 个县于 1993 年共同出资建立的"环日本海经济研究所"（ERINA）。其研究方向明确，研究力量雄厚，在区域一体化研究中发挥着"领头羊"的作用。

2. 日本智库机构精简，以接受委托研究为主

目前，日本全国约有 300 多家智库。按其组织形式大致可分为 3 类：

（1）拥有各类专业研究人员，独立开展研究；（2）以自身研究人员为主，延揽部分外部专家进行共同研究；（3）主要从事项目管理，研究课题基本上仰赖外聘专家。日本的智库基本上以第二、第三类为主。

根据 NIRA 在 2007 年对 271 家智库进行的调查，研究人员和职员合计

---

① NIRA 的首任理事长是曾任经济企划厅综合计划局局长的向坂正男，第二任理事长是前国土厅事务次官下河边淳，第三任、第四任理事长分别是前经济计划厅事务次官星野进保、盐谷隆英，现任理事长是东京大学教授伊藤元重。关于 NIRA 是日本智库"总管"的提法见宫川公男著《政策形成過程とシンクタンク》，《総合研究開発機構の歩み——NIRA30 年史》，2004 年 3 月，第 7 页。

不到 10 人的智库占智库总数的 43.8%，10 至 19 人的占 29.7%，两者合计占智库总数的 73.5%。就组织形态而言，271 家智库中属于营利法人的为 132 家，占 48.8%；财团法人 102 家，占 37.6%；社团法人 23 家，占 8.5%；特定非营利法人 8 家，占 3.0%；独立行政法人 3 家，占 1.1%；其他 3 家，占 1.1%。① 日本智库中营利法人的比例明显地高于欧美国家。

调查表明，这 271 家智库在 2005 年度共承担 3993 项研究课题。其中，由中央政府、地方自治体和大企业委托智库研究的共 2935 项，占总数的 73.5%，由智库自主决定研究的 939 项课题，占总数的 23.5%，另有 119 项是外部提供资金赞助的项目，占总数的 3%。不过，从总体上说，自主研究的比例呈缓慢增加的趋势。20 世纪 90 年代中期，日本智库的自主研究比例仅为 17% 至 18%。相比之下，10 年间这一比例提高了五到六个百分点。②

在 NIRA 调查的这 271 家智库中，主要从事国土开发研究的位居第一，占智库总数的 22.1%；从事宏观经济分析的占 18.1%；综合类和产业类的分别占 10.3% 和 10.0%；纯粹从事国际问题研究的仅占 3.3%，加上从事政治、行政研究的智库，合计也不到总数的 10%。③

3. 日本的外交智库分属"官""民"两大系统

日本主要从事外交和国际关系研究的智库分为两大类：一是具有政府背景，甚至是直接隶属于有关省厅的智库；二是民间筹资、独立运营的智库。

在官方色彩较浓的智库中，比较有代表性的是：日本国际问题研究所（JIIA）、亚洲经济研究所（JCIF）、和平安全保障研究所（RIPS）和防卫省防卫研究所（NIDS）等。日本国际问题研究所从诞生起就与外务省关系密切，它的历任理事长和所长除个别人以外都是外务省的退职大使，研究人员中也有相当一部分是外务省的派遣人员④。2006 年 11 月 30 日，在安倍内阁担任外务大臣的麻生太郎选择在日本国际问题研究所发表演讲，推出了所谓的"价值观外交"。亚洲经济研究所根据 1960 年通过的《亚洲经济研

① 〔日〕総合研究開発機構：《シンクタンクの動向 2007》，第 16 页、第 18 页。NIRA 这项调查不包括大学附属的政策研究机构，也不包括中央政府和地方自治体内的政策研究机构。
② 〔日〕総合研究開発機構：《シンクタンクの動向 2007》，第 24、25 页。
③ 〔日〕総合研究開発機構：《シンクタンクの動向 2007》，第 16、21 页。
④ 从 20 世纪 80 年代以来担任理事长或所长的分别是日本前驻苏联大使中川融、新关钦哉，前驻美大使松永信雄和前驻联合国大使小和田恒、佐藤行雄。

究所法》成立，隶属于通商产业省。所长最初由通产大臣任命，1998年起与日本贸易振兴会（JETRO）合并，地位明显下降，但该所拥有150多名研究人员，其规模不仅在日本政府系统的智库中独占鳌头，在日本国内社会科学研究机构中也仍然是名列前茅的。和平安全保障研究所是以防卫厅（现为防卫省）和经团联为后盾建立起来的，主要接受政府有关战略问题的委托研究。防卫省防卫研究所的前身是保安队的研修所，其所长、副所长均由防卫大臣任命。它与防卫省的关系要比日本国际问题研究所与外务省的关系更加密切。

民间智库中从事外交和国际关系研究的主要有：PHP研究所（PHP Institute）、日本国际交流中心（JCIE）、日本国际论坛（JFIR）、世界和平研究所（IIPS）、冈本组合（OAI）、亚洲论坛日本会议（AFJ），东京财团（TKFD）、冈崎研究所（Okazaki Institute），等等。这些民间的外交智库或聘用多名退职的外交官，或干脆由前外交官主持。例如，日本国际论坛理事长是前外务省东南亚一课课长伊藤宪一；冈崎研究所的理事长兼所长是日本前驻泰国大使冈崎久彦；冈本组合的代表是前外务省北美一课课长冈本行夫。世界和平研究所由前首相中曾根康弘于1988年创建并一直担任所长，现任所长是日本前驻美国大使大河原良雄。该所在国际上有较高知名度，是美国外交政策研究所认定的美国以外全球最具影响的30个公共政策智库之一①。

二 智库对日本外交决策的影响

无论是哪一个国家，外交决策都属于最高层次的国家决策之一，直接关系到国家核心利益的保障。在这一点上，日本也不例外。冷战结束以后，随着国际国内政治环境的变化，日本的外交决策的过程日趋多元化，智库扮演的角色也越来越重要。

1. 冷战后日本外交决策过程的新变化

日本政府的所有决策都按自下而上的"禀议制"模式确定。在外交决策过程中，作为"第一推动力"的是外务省各地区局的课长一级官员。其流转程序是：（1）外务省相关课在大致确定有关政策的概要后，禀报到主

---

① 见 http://www.fbri..org/research/thinktanks/mcgann.globalgotothinktanks.pdf。

管局；（2）由主管局局长出面就这项政策与外务省其他部门乃至外务省以外的相关省厅沟通；（3）外务大臣官房就这项决策否符合相关法律进行验证，确定没有法律瑕疵后由外务省的局长联席会议审议通过；（4）在内阁官房副长官召开的事务次官联席会议上审议通过这项政策；（5）一些重要的政策还需要在阁僚会议上通过，并提交国会审议，获批准后才能付诸实施。

当然，在外务省以外也存在着影响决策的若干因子，它们分别是：（1）自民党的政策调查会及下属外交部会、国防部会和各种特设的委员会。其意见经过总务会或两院议员全体大会批准即为自民党的方针。外务省自然不能忽视自民党作为执政党的态度。（2）在野党。在野党可以在国会提出质疑甚至投反对票予以阻止。所以，一些重要的政策在出台前往往需要通过朝野主要政党的国会对策委员长事先进行沟通和协调。（3）以经团联为代表的财界以及其他利益集团。经团联经常会就重要对外政策发表自己的意见，力图在政府的对外政策中刻下自己的烙印。（4）大众传媒以及国民的呼声。

长期以来，外务省在日本外交决策过程中一直发挥着核心的作用。它掌管着日本派驻世界各国使领馆所搜集的大量情报，按照日本国家利益最大化的原则适时地提出应对方针和策略。首相作为最高决策者，在外交问题上几乎完全听命于外务省官僚。在这种情况下，不要说是在野党和传媒界，就连自民党有时也被外务省官僚牵着鼻子走。在这种情况下，日本的智库对外交决策的影响从总体而言是比较弱的。唯一的例外是20世纪70年代末，综合研究开发机构等智库在大平首相的推动下出台了"综合安全保障战略"。正是依靠这项战略，日本才顺利度过了第二次石油危机。①

冷战结束以后，在日本的外交决策过程中出现了一些引人注目的新变化。主要表现在：

第一，日本外交所面对外部环境日趋复杂。冷战的结束特别是苏联的解体，使得国际格局发生急剧变化。大国竞争已从单纯依靠军事力量转变为综合国力的竞争。与冷战时期相比，日本掌握的经济筹码分量越来越大，但同时它所面临的挑战也日趋深刻和复杂，除传统安全威胁外，非传统安

---

① 徐志先、徐淡编《日本的脑库》，时事出版社，1982，第38页。

全威胁也日益上升，涉及政治、经济、环境、能源和资源等多种领域。外务省官僚仅靠传统思维和有限的专业知识已难以应付。

第二，外务省在外交决策中的核心地位发生动摇。从2001年开始，外务省官僚中连续曝出丑闻，对外形象受到严重损害。加上日本冲刺"入常"受挫以及在处置某些地区事务时应对失当，这些都导致外务省在外交决策中的地位相对下降。首相官邸开始更多地插手外交事务。在森喜朗、小泉纯一郎两届内阁担任官房长官的福田康夫，甚至一度被称为"第二外务大臣""第二防卫厅长官"。自然，与外务省相比，外部专家和智库的意见更受到重视。

第三，日本新生代政治家参与外交决策的意愿上升。随着日本政界新老交替步伐的加快，战后出生和成长起来的新生代政治家逐渐站到政治舞台的中央。与其前辈相比，他们的国际阅历要丰富得多，国际对话能力也强得多，不甘心被外务官僚牵着鼻子走，寻求在对外决策中拥有更多的发言权。一些智库遂趁势而起，成为其处理对外事务时的重要谋士和智囊。

第四，朝野各大政党都开始关注外交政策，并力争有更多的话语权。冷战结束以后，自民党在日本政坛"一党独大"的局面已不复存在。1993年，自民党首次尝到下野的滋味。随后，它又在2007年、2009年的参众两院选举中遭到惨败，再次丧失政权。民主党在走向权力中枢的过程中，不再满足于在讨论外交政策时只说"不"的现状，开始更多地在外交事务中发挥自己的影响。但由于它暂时还难以驾驭官僚集团，只能求助于学界精英和现有的智库为其出谋划策，而在民主党执政后由于同官僚集团的磨合尚需时日，在一段时期内倚重智库的趋势会更加明显。

第五，日本大众传媒在引导舆论、左右政局方面的作用日益明显。冷战结束以后，随着传统政治运作模式逐渐出现"制度性疲劳"，加上小选举区比例代表制并立的新选举制度的导入，政治家越来越重视通过大众传媒为自己造势。大众传媒在引导舆论、左右政局方面的作用日益明显。特别是进入新世纪以后，在小泉纯一郎、安倍晋三两届内阁任内，"剧场型政治"更发展到了登峰造极的地步。其结果，不仅让一些政治家迅速走红，也促使学界精英和智库越来越热衷于利用传播媒介为自己的主张呐喊造势，试图对外交决策产生较大影响。

总之，随着内外环境的急剧变化，日本外交决策机制逐渐由一元化向多元化演变，智库扮演的角色日益加重。从NIRA对2005年各类智库研究课题的调查来看，国土开发、环境、交通等领域委托研究的比例接近90%，自主研究比例仅为 10% 左右，而国际问题领域的自主研究比例却高达 60%。这说明日本智库越来越倾向于用自己的研究成果介入和影响日本的外交决策过程。①

2. 日本智库影响外交决策的主要途径

智库一般并不直接参与外交决策。日本智库也是如此。目前，日本的外交智库主要通过两大途径对日本的外交决策施加影响。

第一种途径，适时发表有关政策建议和研究报告，用引导舆论、形成民意的方式来影响政府的决策过程。

冷战结束以后，日本的外交智库普遍重视用引导舆论、形成民意的方式来影响政府的外交决策。联合出版英文杂志《AJISS-Commentary》的日本国际问题研究所、和平安全保障研究所、世界和平研究所和日本国际论坛是日本最大的 4 家外交智库。近年来，它们越来越热衷于将自己的政策报告公之于世，不仅有文字版，还有网络版②。这些政策报告所涉及的都是日本外交当前所面临的紧迫课题。例如，日本国际问题研究所从 2005 年以来先后向政府提出的政策建议有：《如何解决朝鲜核问题》（2005 年 7 月）、《有关日本与东盟的安全合作的建议》（2006 年 1 月）、《日本对黑海的政策——为实现"自由与繁荣之弧"的外交》（2007 年 3 月）、《从上海合作组织着手推进我国的欧亚外交》（2007 年 3 月）、《核能开发与可持续发展的未来》（2008 年 1 月）。③ 和平安全保障研究所从 2005 年以来先后撰写了《国际恐怖活动的现状与展望》（2005 年 5 月）、《朝鲜经济状况调查》（2006 年 9 月）、《欧盟共同外交、安全政策的现状与展望》（2007 年 7 月）。2008 年 3 月最新发表的报告是《洞爷湖八国首脑会议前夕日本应对恐怖主义的对策》。④ 日本国际论坛从 1988 年发表第一份政策建议《日本、美国和亚洲"四小龙"的结构调整》以来，总共发表了 30 份政策建议报告，其中 11 份报告是近 7 年出台的。其中有：《变化中的亚洲与日本对华关系》

---

① 〔日〕総合研究開発機構：《シンクタンクの動向 2007》，http：//www. nira. go. jp/douk-ou2007. pdf，第 24 页。

② "AJISS" 是 The Association of Japanese Institutes of Strategic Studies 的简称。

③ 见日本国际问题研究所网页：http：//www. jiia. or. jp/indx_ teigen. html。

④ 见和平安全保障研究所网页：http：//www. rips. or. jp/from_ rips/houkoku. html。

（2006 年 10 月）、《印度的崛起与日本的应对之道》（2007 年 9 月）、《俄罗斯的国家本性及日本对俄战略》（2008 年 1 月）。① 世界和平研究所从 2005年以来，陆续推出了一些政策报告，例如，《21 世纪日本的国家形象》（2005 年）、《东亚共同体》（2005 年）、《国际组织、地区共同体、国家和NGO 在全球治理中的作用》（2006 年）、《海洋国家日本的未来走向》（2007年）和《日本的对华战略要看准中国的发展前景》（2007 年）。②

第二种途径，由智库代表充当首相的顾问或参与政府组织的各种恳谈会、顾问委员会及首相、官房长官的私人咨询机构，以此推介自己的主张。

这一特点在日本进入新世纪以后反映得特别明显。不过，在小泉、安倍和福田这三届内阁任内，其具体的表现形式不尽相同。小泉纯一郎是新世纪诞生的第一位日本首相。他上任伊始便延聘东京财团理事长、庆应义塾大学教授竹中平藏和"冈本组合"代表冈本行夫担任内阁参事。竹中平藏后来还曾出任小泉内阁的经济财政大臣、金融担当大臣和负责邮政民营化的国务大臣。他所代表的东京财团也因此成为日本最炙手可热的智库之一。冈本行夫也毫不逊色。他在外务省曾任北美局安全保障课课长、北美第一课课长，是皇太子妃小和田雅子在外务省的直接上司。1991 年海湾战争前夕，因对外务省放弃派兵出国的努力感到失望愤而退职，创办名为"冈本组合"的智库。小泉出任首相后，冈本先后被任命为首相助理（2003年 4 月）、内阁官房参与（2003 年 9 月）和首相外交顾问（2004 年 4 月）。在担任首相助理期间，牵头撰写了题为《21 世纪日本外交的基本战略》的报告。冈崎研究所的理事长冈崎久彦虽然没有像竹中平藏、冈本行夫那样在小泉内阁拿到一官半职，却也是首相官邸的座上宾。小泉上任后于 2001年 6 月 29 日至 30 日首次出访美国，在马里兰州的戴维营与布什总统会晤。冈崎受命提前赴美国"打前站"，进行私下沟通，足见其受小泉器重的程度。小泉曾经主张，日本只要搞好日美关系，日中关系、日韩关系自然就会改善。这是小泉"东亚外交"走进死胡同的根子，而这一想法恰恰来自冈崎久彦。③

在小泉之后继任首相的是安倍晋三。他与日本主要外交智库的关系也

---

① 见日本国际论坛网页：http：//www. jfir. or. jp/j/index. html。
② 见世界和平研究所网页：http：//www. iips. org/j-page2. html。
③ 日中协会理事长白西绅一郎对笔者的介绍。

很密切。安倍担任首相期间，东京财团主任研究员、东京大学教授北冈伸一颇受重用。北冈伸一是 2006 年 12 月启动的中日历史问题共同研究项目的日方召集人，也是首相官邸主导的一系列恳谈会和专家咨询小组的负责人。2007 年 6 月 29 日，北冈伸一在"关于重新建立安全保障法律基础的恳谈会"上呼吁修改宪法解释，以便让自卫队可以拦截射向美国的弹道导弹。这一讲话被认为是对集体自卫权"禁区"的一次冲击，是安倍所倡导的"摆脱战后体制"的重要一环。

福田康夫对外交问题一直十分关切，他在担任小泉内阁的官房长官时曾邀集一批学者专家就建立取代靖国神社的国立追悼设施问题进行探讨。但由于小泉执意参拜靖国神社，这些专家撰写的报告出台后就被束之高阁。2007 年 9 月，福田康夫接替安倍晋三出任首相。他上任伊始就提出了既要重视日美同盟又要注意改善与亚洲关系的"共鸣外交"主张，明显地与其两位前任拉开了距离。2007 年 12 月 6 日，福田内阁"外交智囊"的名单首次公诸报端。这个名为"外交政策学习会"的智囊班子由防卫大学校长、原神户大学教授五百旗头真牵头，成员中的冈本行夫本身就是智库代表，其他成员也多半在重要的外交智库中兼任研究委员或项目负责人①。

3. 日本智库对中日关系走向的分析和对策建议

进入新世纪以后，中日关系一度陷入邦交正常化以来的最低点。如何突破僵局，使中日关系走上稳定发展的轨道，自然成为日本各界人士的普遍关注。日本外交智库积极出谋划策，发表了一系列政策报告。其中比较引人注目的有：（1）日本国际论坛于 2006 年 10 月发表的题为《变化中的亚洲与日本对华关系》的政策报告，这是已故庆应大学教授小岛朋之牵头拟定的。（2）PHP 研究所于 2007 年 12 月发表的中间报告，2008 年 6 月政府正式出台的题为《日本的对华综合战略》的政策报告。它是由和平与安

---

① 外交政策学习会的成员包括五百旗头真在内，共 11 人。五百旗头真以外的 10 人是冈本组合代表冈本行夫、庆应大学教授小此木政夫、东京大学教授北冈伸一、东京大学教授田中明彦、京都大学教授中西宽、政策研究研究生院大学副校长白石隆、经济同友会副代表干事小岛顺彦、日本国际协力银行前总裁筱泽恭助、日中友好会馆副会长（前驻华大使）谷野作太郎、日本贸易振兴机构前理事长渡边修。其中，田中明彦兼任和平安全保障研究所的研究委员，是东京财团安全保障研究项目的负责人；白石隆是东京财团亚洲研究项目的负责人；北冈伸一是东京财团政治外交研究项目和联合国研究项目的负责人；中西宽是日本国际论坛的评议员。

全保障研究所副会长渡边昭夫领衔撰写的。（3）世界和平研究所 2008 年 4 月出台的题为《日中关系的新篇章——超越历史寻求共存》的政策报告。这份报告是在该所会长、前首相中曾根康弘主持下，于 2008 年 1 月至 3 月撰写，在中国国家主席胡锦涛访日前夕发表的①。

这 3 篇报告的共同点是：

第一，它们都从战略的高度强调了妥善处理对华关系的重要性。例如，日本国际论坛的报告指出："日中两国作为崛起的大国并存，是近 160 年来的日中关系史上从未经历过的事态。……保持日中关系的顺畅，对日本的安全保障和经济，乃至对亚洲地区的和平与繁荣都具有重要的意义。"②PHP 研究所的报告则强调："（日中）两国的经济关系已经发展到相互依存的阶段，都希望双边关系能稳定和持续发展，互相都已经不能忽视对方的关切。而且，日中两国在经济以外的领域加强合作不仅对双方利益攸关，对地区和世界也有重大的贡献。从这一意义上说，两国关系可以说是'基于战略利益的互惠关系'。"③ 世界和平研究所的报告则认为，"中日两国在国际法和正义的基础上发展双边关系，为缔造新的地区秩序开展积极的合作对本地区来说是极其重要的，亚洲各国都对中日关系走向成熟寄予极大的期待"④。"未来的世界究竟朝什么方向，现阶段应该说有很多不确定的因素，而迅速发展的中国无疑是极其重要的关键。（日本）如何与中国相处，不仅对中日关系，对亚洲地区乃至整个国际社会都有影响"⑤。

第二，3 篇报告都对中国未来走向进行预测，试图将中国的发展纳入日本所期望的轨道。日本国际论坛的报告指出，对日本来说，最理想的状态是让中国在经济上成为"发展的中国"，在政治上是"稳定的中国"，在对外关系上是"与其他国家协调的中国"。PHP 研究所的报告强调，在"成熟

---

① 杨立群：《专访中曾根康弘：相互敬爱，开启中日友好新篇章》。《解放日报》2008 年 5 月 10 日。

② 〔日〕日本国际フォーラム编：《変容するアジアの中での对中関係》，2006 年 10 月，第 10 页，http：//www.jfir. or. jp/j/pr/pdf/28. pdf。

③ 〔日〕PHP 研究所：《日本の对中総合戦略》，2007 年 12 月，第 2 页，http：//research. php. co. jp/。

④ 〔日〕世界和平研究所：《日中関係の新章——歴史を越えた共存の発展を目指して》，2008 年 4 月，第 1 页，http：//www. iips. org/jcr/jcr-j. pdf。

⑤ 〔日〕世界和平研究所：《日中関係の新章——歴史を越えた共存の発展を目指して》，第 5 页。

大国""霸权大国""未成熟大国""不稳定大国"4种可能性中，中国最有可能成为"未成熟大国"，即国内存在较多矛盾及社会问题，经济增长一时放缓，但能够持续发展，继续朝政治大国和经济大国的目标迈进。对日本来说，应该促使中国成为"成熟的大国"和"可以信赖的邻国"。世界和平研究所的报告认为，中国经济不见得永远高速增长，2010年以后将进入调整阶段，存在着"软着陆"和"硬着陆"两种可能性。如果是"软着陆"的话，增长率也许会下降到目前的一半，但如果由于"泡沫经济"瓦解出现负资产效应，呆账坏账问题趋于严重的话就可能面临严峻的调整局面。作为日本政府和日本企业应该做好有可能发生"硬着陆"的准备，采取适当的对策。①

第三，3篇报告都对如何掌握对华关系主导权，促使两国关系持续稳定发展提出了建议。日本国际论坛的这项研究开始于2005年10月，最后一次讨论是在2006年8月31日，时任首相的还是小泉纯一郎。它的9项建议中，第1项就是呼吁日中两国领导人尽快恢复相互访问，并使这种相互访问定期化、制度化。它的建议中比较有新意的还有"加强日中两国在安全保障和军事领域的对话""推进以留学生和学者为中心的教育交流""开展双边和多边的历史共同研究"，等等。PHP研究所的报告中共有16项建议，包括"日本率先建议召开日美中首脑会谈""定期召开日中在政治、安全领域的高层磋商""设立常设机构，投入更多的智力资源研究和制定对华战略""促进日中两国在环保和节能领域的合作""积极吸引来自中国的资金、投资家和游客""继续实施有助于提高中国民众生活水平和法治程度的对华援助"，等等。世界和平研究所的报告主要围绕处理中日关系的8大基本原则展开，这8大原则是：（1）从大局出发构筑友好关系；（2）超越历史问题；（3）日本帮助中国解决面临的各项难题；（4）中日合作构筑地区新秩序；（5）加强中日间的相互理解；（6）促进经济领域相互依存关系的发展；（7）通过对话解决两国间的分歧；（8）在安全保障领域加强对话。应该说，这些建议都是有一定前瞻性的。中曾根康弘在世界和平研究所公布这份报告时发表演讲，还强调法德历史和解可作为日本、中国追随的模式。"日本必须谦虚正视过去，不要做伤害中国人民感情的轻率的发言"，中日两国

---

① 〔日〕世界和平研究所：《日中関係の新章——歴史を越えた共存の発展を目指して》，第19页。

"有机会成为亚洲和平与稳定的关键"。

必须指出的是，这3篇报告中无论是对中国国内形势和对外政策的分析，还是关于日本如何保持对华优势的判断，都有不少中方难以苟同的观点。例如，日本国际论坛的报告断言，中日间的历史问题起因于中方刻意渲染日本没有痛改前非，企图以此消除国民中存在的"劣等感"，培植所谓的"大国意识"。报告强调日本如何追悼战死者（包括参拜靖国神社）是其内政问题，不容外部干涉。同时，报告还多次提及自由、民主主义和法制等基本的价值观，主张日本要积极宣扬基于这种基本价值观的立场。PHP研究所和世界和平研究所报告的基调相对比较积极一些，但也有指责中国军费增长过快，导致邻国将中国视为威胁和潜在威胁的内容。

迄今为止，日本智库还未曾有过如此聚焦中日关系、集中发表政策报告的局面。这既是客观形势发展的需要，也是日本智库影响力逐渐增大的标志。据日本媒体报道，这3篇对华关系的政策报告都在发表的同时，提交给了首相官邸。PHP研究所这份报告原定在2008年4月推出最终报告。为了配合福田康夫首相访华，特意在2007年12月将中间报告公之于世。共同通信社和中日两国的主要报纸迅即进行了报道。而世界和平研究所的报告选择在胡锦涛主席访日前夕的2008年4月23日用日文、英文和中文同时发表，并送交世界各国主要外交智库，显然有扩大其国际影响的考虑。

三　影响日本智库在外交决策中发挥作用的主要障碍

尽管日本智库近年来在外交决策中所扮演的角色日益重要，但其影响和地位还不能与其欧美各国的同行相比拟。事实上，除日本国际问题研究所、世界和平研究所等少数几家智库在国际上有一点知名度外，日本的大多数智库都很少为人们所知悉。日本作为世界第二经济大国，人文科学领域的人才济济，智库创立的历史也比较长，出现这种结果确实令人遗憾。

根据日本国际大学副教授信田智人的分析，导致日本智库在外交决策中作用比较有限的原因是：（1）在政治层面上，日本的官僚系统过于强大，而缺乏政党轮替也造成智库的"市场需求"不足；（2）在制度层面上，外务省垄断信息，而智库在筹集资金上遭遇种种限制；（3）在供应层面上，由于日本的学术界崇尚"史料至上主义"，智库难以集聚足够的人才从事公共政策研究。① 应该说，这一判断是很有见地的。

如果再具体地进行分析，影响日本智库在外交决策中发挥作用的主要障碍是：

第一，日本政治决策传统程序的束缚。如前所述，日本政府的所有决策都按自下而上的"禀议制"模式确定。各省厅一向扮演着既是政策的制定者，也是政策执行者的双重角色。官僚们从执政党那里得到了全权委托，从一开始就排斥智库尤其是民间智库的参与。近年来日本外交决策虽出现多元化趋势，来自政界、财界、学术界、传媒界包括智库的影响明显上升，但外务省官僚在外交决策中处于强势地位的基本格局却没有根本变化。再加上根深蒂固的"外交神秘主义"的影响，重要的外交信息始终被视为国家机密而对智库保密，智库即便有一些积极的建言也很难被外务官僚采纳。

第二，日本精英阶层横向交流的缺失。在日本的学术界、智库和政府部门间，不存在类似美国的那种"回转门"式的人事交流。政府公务员相对来说是一个比较封闭的群体。外务省尤其如此。日本的外交智库中目前有不少退职的外交官挑大梁甚至担任第一把手，而逆向的流动就比较罕见。前面提到的东京财团理事长竹中平藏和冈本组合代表冈本行夫虽然被遴选为内阁参事、首相助理，尊则尊焉，与外务省却还是挨不上边。2001 年以后，上智大学教授猪口邦子、东京大学教授北冈伸一分别出任日本驻维也纳的裁军大使和驻联合国的副代表。2004 年，《日经商业周刊》主编谷口智彦被任命为外务副报道官。但这些任命只是极个别的现象。而且，迄今为止还没有智库成员到外务省任职的先例。

第三，日本社会资金管理机制的限制。资金瓶颈是制约日本智库发展的重要原因。日本现行税制中没有类似美国《联邦税法》第 501 条 C 项第 3 款的条款，智库长期以来无法享受捐款免税的优惠。虽然 2001 年税制改革后规定特定非营利法人在满足认定基准的条件下可获得捐款免税的待遇，但资格审查异常严格，只有少数政府系统的智库可作为"特定公益增进法人"享受捐款免税的待遇。1999 年 11 月的一项调查显示，在特定非营利活动法人的 1034 个民间组织中对现行税收制度表示"满意"的只占 5.2%。此外，依靠基金运营收入维持的智库，由于投资领域只限于国债等极其狭

---

① 〔日〕信田智人：《日本外交决策中学者和智库的作用》，在 2007 年 12 月 6 日庆应义塾大学举行的研讨会上的发言。

隘的领域，其运营收益在低利息时代逐年下降，难以为继。2004 年 3 月，野村综合研究所将它的宏观经济分析部门"剥离"给了野村证券公司。究其原因，是由于宏观经济分析难以为该研究所赚取可观的咨询费。但这样一来却使野村综合研究所正式与智库"绝缘"。《朝日新闻》在报道这一动向时不无感慨地说，日本智库已进入了"寒冬"时代①。

当然，日本智库作用受限的最根本原因，是日本从第二次世界大战以后在外交和安全保障问题上一向追随和依赖美国，没有多少自由发挥的余地。前首相中曾根康弘就曾感慨地说："外国批评日本长期缺乏自己的国家战略，国际社会上的声音微弱，世界上知名的日本政治家甚少。我想其原因之一就是对美国的过分依赖已成为日本举国上下的社会风潮。"② 由冈本行夫牵头起草的《21 世纪日本外交的基本战略》也强调"为推进未来的日本外交，需要制定明确的国家战略"，而"这是迄今为止的日本外交所欠缺的"。③ 近年来，日本国内围绕要不要拟定对外战略的议论日益高涨。这无疑是外交智库施展拳脚的有利时机。但是，无论是首相官邸还是外务省，其主要精力依然放在如何应付迫在眉睫的各种挑战上，很少考虑中长期的课题。从这一意义上说，日本外交智库的"市场需求"还没有真正激活，在很大程度上制约了其可持续发展。

---

① 〔日〕山田厚史：《〈総研〉やめた野村総研シンクタンク冬の時代》，《朝日新闻》2004 年 6 月 11 日。

② 〔日〕中曽根康弘：《日本二十一世纪的国家战略》，海南出版社、三环出版社，2004，第 3 页。

③ 〔日〕《二十一世紀日本外交の基本戦略》，http：//www. kantei. go. jp/jp/kakugikettei/2002/1128tf. pdf。

20年来中国的日本外交研究
（1985~2005年）

清华大学　〔日〕中央大学　李廷江

本文讨论近年来中国的日本外交研究。本文分上下两部分：上部分以
《日本学刊》（1990年前为《日本问题》）① 为例，试通过分析该杂志从
1985年至2005年的20年间所发表的日本外交研究文章，找出其变化与特
点。下部分拟根据以上考察与平时的观察思考，讨论中国的日本外交研究
与中日关系变化的关联。

一

作者有幸在中国改革开放初期，作为中国社会科学院面向全国招考的
实习研究员，在中国社会科学院世界政治研究所日本组从事研究，以后又
作为新建中国社会科学院日本研究所的第一批研究人员加盟中国的日本研
究队伍。1982年出外学习，任教到今天，三十几年来始终没有离开日本研
究学界，一直留恋和关心祖国的日本研究学科的进步和发展。从1990年到
现在，又有幸参与了筹划与建立中国社会科学院日本研究基金（1990~?）
和清华大学日本研究中心的工作。此次，能有机会重温20年来中国的日本
外交研究，倍感责任重大和力所难负。另外，我之所以选择了以《日本学

---

① "1978年改革开放以后，中国大陆共创办了57种日本研究杂志。属于全国中文核心期刊中
的日本研究杂志有7种，其中《日本学刊》和东北师范大学外国问题研究所于1980年创办
的《日本学论坛》分别排名7位和10位。"林昶：《中国的日本研究杂志史》，世界知识出
版社，2001，第118~124页。

刊》为题材，除了学术层面的考虑外，也出于对几十年如一日，辛苦劳作，把自己的青春献给了我国日本研究学术出版事业的当年的小朋友和老朋友的一份尊敬。尽管如此，由于常年不在国内，有些情况生疏，对历史的梳理和分析中难免有错误和挂一漏万的地方，敬请同仁批评指正。

回顾 20 年中国的日本外交研究史，我们可以清晰地看到中国对日本外交的认识不断加深，研究的水准也在逐年提高。《日本学刊》的前身是《日本问题》。《日本问题》是中国社会科学院日本研究所所刊，创立于 1985 年①。1990 年中华日本学会成立，《日本问题》更名为《日本学刊》，成为与中华日本学会的合办杂志，被称为代表中国研究日本的学术刊物。从 1985 年到 2005 年的 20 年间，该杂志共发表了近 240 篇研究与涉及日本外交（包括中日关系）的文章。从时间上看，20 年来中国的日本外交研究以 10 年为一期，可以分为两个时期。第一个时期是 1985～1995 年，第二个时期是 1996～2005 年。从文章数量和内容上来看，第二期的后十年共有 133 篇，比第一期前十年的 106 篇有大幅度增加。同时选题范围和内容也有变化。

第一期也可以分为两个阶段，1985 年到 1990 年为第一个阶段，1991 年到 1995 年为第二个阶段。第一阶段可以说是中国日本外交研究的起步阶段。在这 6 年里共发表有包括 1987 年第 5 期刊登的纪念中日邦交 15 周年的 13 篇文章在内的 40 篇文章。此外的 27 篇文章中有孙平化纪念池田勇人的短文。这样，讨论日本外交的论文有近 30 篇。这些论文主要涉及日美关系、中日关系、日苏关系、日欧关系以及南海诸岛主权问题，日本与亚太地区，中日关系与亚太的安全与和平等内容。1985 年的两篇文章谈的是 20 世纪 80 年代日美关系的趋势和中日关系的回顾与展望，每篇不到 4000 字。前者从日美两国政治军事的密切合作入手，认为基于两国利益所在，经济上的冲突再激烈，也不会给两国关系带来根本性变化。后者通过对中日两国悠久的历史交流回顾，强调深刻认识日本法西斯在侵华战争中给中日两国人民

---

① 1985 年 5 月，中国社会科学院日本研究所《日本问题》编辑部发出《日本问题》征稿启事，指出"本刊主要反映我国学术界对日本的经济，政治，外交，文化，艺术，教育，科技，社会思潮，风俗等方面的历史，现状和发展的学术研究成果，提供学术讨论园地"。刊物开辟有学术论文等 12 个栏目。其中在希望投稿者撰稿时应注意的 5 点事项中，特意提到，学术论文以万字以内为宜，引用资料务请详细注明出处。

带来的深重灾难，防止历史悲剧的重演，是中日两国共同努力的方向。① 孙平化以他的亲身经历，深情而深刻地指出，在中日关系艰难时刻，是池田内阁把日中关系推向半官半民的新阶段，在战后中日关系的历史长河中所起的作用，是不能忽视的。② 1986 年有 7 篇文章从不同角度谈日本外交。其中 2 篇文章论述日本的对外战略和日本综合安全保障，其他 5 篇分别为日美关系、日苏关系、日本在亚太地区的作用与地位、中日关系与亚洲的安全和发展、面向 21 世纪的中日关系。在谈到中日关系与亚洲的安全和发展时，宦乡提出，为了迎接 21 世纪的到来，中日两国应该在三个方面达成共识。第一，大家都要认真地温故知新。历史证明，"和则两利，战则俱伤"，在中日关系上，中国方面相信联合声明以及和平友好条约是中日两国确立互相信赖的基础。第二，大家要极力加深相互了解。在发展中日关系上，要看得远些，要互相尊重，又敢于提出不同的甚至相反的意见，中日两国的学者和政治家，更应该互相成为净友。第三，我们两国应该为亚洲和平作出贡献。③

　　1987 年是中日邦交正常化 15 周年，这一年所刊登的 17 篇文章中有 12 篇为纪念邦交正常化的专文。此外的 5 篇中，有讨论 1986 年日本外交、日本国家战略和 2 篇日苏关系的文章④。近十位中日外交当事人，回顾建交前后的坎坷历史，一致强调只有严格遵守声明和条约的原则，才能实现中日世代友好。宦乡、张香山、孙平化、肖向前、赵安博都在文章里一再提到日本社会存在的违反中日联合声明与和平友好条约的严重问题，如教科书事件、参拜靖国神社事件，以及光华寮案等。1988 年有 6 篇文章，美苏关系、中日关系、关于海南诸岛主权的各一篇，其他的为关于日本国家战略与 21 世纪日本国家政治。《贯彻条约精神　发展中日友好——纪念〈中日友好条约〉签订 10 周年》一文，从五个方面重温了条约确定的各项原则和

---

①　张碧清：《八十年代的日美关系》，《日本问题》1985 年第 1 期，第 36～39 页。田桓：《略论中日关系的过去和未来》，《日本问题》1985 年第 4 期，第 41～44 页。

②　孙平化：《池田勇人与中日关系》，《日本问题》1985 年第 3 期，第 5～6 页。

③　宦乡：《中日关系与亚洲的安全和发展》，《日本问题》1986 年第 2 期，第 1～4 页。

④　周季华：《转折时期的日本国家战略》，《日本问题》1987 年第 1 期。钱学明：《日美苏关系中的日本》，《日本问题》1987 年第 2 期。钱学明：《1986 年日本外交的新发展》，《日本问题》1987 年第 3 期。徐之先：《日苏关系的新动向及发展趋势》，《日本问题》1987 年第 3 期。

条约的执行过程，再一次明确了坚持条约精神是发展中日关系的基本的观点①。1989 年共有两篇文章，第 1 期《日本东亚经济圈构想初析》和第 6 期《布什上台后摩擦日趋激化的日美关系》。1990 年有 6 篇文章，包括日美关系、日本对欧洲政策、对华政策以及 20 世纪 90 年代日本外交的新动向。

通读这 6 年的文章，我们可以看到，由于 1985 年到 1990 年，《日本问题》杂志还不是全国性的学术刊物，除了中国社会科学院和日本研究所外，国内几个著名的国际问题研究机关，便理所当然地成为该刊物著者的主要来源。比如，中国国际问题研究所、现代国际关系研究所、上海国际问题研究所等。在当时国内条件下，上述研究部门有利用外文资料等得天独厚的便利，还有长短期出国考察和学习的机会，因此他们写出的文章，无论是在资料上，还是在观点上，都有独到之处。鉴于到 1991 年我国国内专业介绍日本研究的期刊只有 7 家②，所以《日本问题》杂志上的文章，在全国的学术影响还是不可低估的。美中不足的是作者层面的局限。6 年内发表两篇文章以上的有 7~8 名之多，其中张碧清先生发表了 4 篇，周季华和钱学明各发表了 3 篇。专家队伍人数较少，利弊各半。精于追踪动态的专家，问题意识敏锐，关心内外形势的变动，注重多变中的诸因素与角色，然而从理论角度探讨和历史因素的考虑略有不足。另外，如果按照 1985 年 5 月《日本问题》编辑部的征稿启事中提到的注意事项，学术文章以万字以内为宜的要求，上述文章也有篇幅不够之嫌③。

第二个阶段，从 1991 年到 1995 年，其间共有文章 56 篇。在 1991 年所发表的 17 篇文章中，有关于中日关系、中东外交、日苏外交、海湾战争与日本、美国的对日战略、日美学者对 20 世纪 80 年代日本战略思想流派研究的论文，此外的论文主要讨论的是日本的崛起、日本的国际新秩序设想、日本的国际化等问题。张香山《中日关系诸问题》和加拿大郭焕圭《从国际思想史看 21 世纪的世界与日本》的文章，角度与资料上颇有新意，发人深省。何倩在《90 年代的日本外交展望》中指出了日本外交

---

① 赫赤：《贯彻〈条约〉精神 发展中日友好——纪念〈中日和平友好条约〉签订 10 周年》，《日本问题》1987 年第 5 期，第 1~5 页。

② 7 种刊物是《日本学刊》《现代日本》《现代日本经济》《日本问题研究》《日本研究》《日本的科学与技术》《日语学习与研究》。详见《1991 年我国国内专业介绍日本研究期刊介绍》，《日本问题》，1991 年。

③ 《日本问题》征稿启事，《日本问题》1985 年第 2 期。

如果不顾复杂的国际现实，不顾他国利益，一味追求三级体制，将导致难以预测的后果。①

1992 年是中日邦交正常化 20 周年，这一年合计 18 篇论文中有 12 篇讨论中日关系。另外的 6 篇文章是日美关系、日本对韩外交、日台关系和关于日本国际新秩序方面。何方《国际形势和中日关系》的大作，高屋建瓴，认为要是没有中美关系的松动和来年中国恢复在联合国的席位，中日邦交正常化也许还会拖一段时间。反过来，中日关系的发展，又促进了国际形势的缓和，也推动了中美关系的恢复和改善。文章说，要讨论中日关系，就必须把它放到世界范围中去，而不能脱离国际环境，孤立地看待中日关系。② 为此，何文提出有必要从过渡时期国际形势发展的基本趋势、海湾战争与苏联变化对世界格局和国际形势的影响、过渡时期建立世界新秩序的斗争有着特别重要的意义、世界经济发展趋势和亚太经济合作问题、亚太地区形势和中日美苏四边关系这五个方面，来理解中日关系的性质与发展（遗憾的是由于篇幅，著者没能具体阐述后两个问题）。同时，为了把中日友好合作关系推向一个新的阶段，文章谈到要增进互相理解，正确处理分歧；要扩大交流、加强合作；要参与国际合作，为世界作贡献。③ 这些分析和提示，至今仍然有着其重要的意义。分析日美关系和日本对韩外交的文章，也都有一定的新意。郑必坚关于中日关系的思考，提出两国关系历史新机遇的命题，并列出 5 点理由。一是经济关系的新机遇，二是政治关系的新机遇，三是多文化合作关系的新机遇，四是长期形成的深厚的民间交往关系的新机遇，五是两国关系历史发展正反两方面经验的新启迪。④

1993 年的 7 篇论文中有 3 篇谈中日关系，2 篇分析日本的联合国外交，其他的 2 篇是苏联解体后的日本外交动向和关于亚太地区国际环境与安全思考的论文。进入 20 世纪 90 年代，在讨论日本外交时，除了日美、日中、日苏等重要的双边关系以及多边关系以外，日本的大国化及其趋势成为我国学者关注的热点。自 20 世纪 80 年代以来，随着日本经济的增长，日本开始积极地参与亚太地区和联合国的各项活动。对此，鲁义在《日本的联合国

---

① 何倩：《90 年代的日本外交展望》，《日本学刊》1991 年第 2 期，第 77 页。

② 何方：《国际形势和中日关系》，《日本学刊》1992 年第 1 期，第 1～5 页。

③ 何方：《国际形势和中日关系》，《日本学刊》1992 年第 1 期，第 1～5 页。

④ 郑必坚：《关于中日关系的历史新机遇》，《日本学刊》1992 年第 6 期，第 3～4 页。

对策与活动》中指出，从 20 世纪 80 年代起，日本就明确提出，要作为国际国家在国际社会承担更大的责任，因此千方百计地在联合国争占位置，增大发言权，便成为日本提高国际地位，向政治大国迈进的重要步骤。[①] 张碧清提到联合国的改革趋势，提到日本基本具备进入常任理事国的条件，但是能否达到目标则取决于五个常任理事国的态度，认为取得五个常任理事国的一致支持，日本将费尽苦心，需要做大量工作[②]。

1994 年也有 7 篇讨论日本外交的论文。其中有 1 篇阐述 21 世纪中日关系，1 篇讨论日俄领土问题，其余的 5 篇文章从不同的角度对日本外交进行了考察。即冷战后日本外交、日本环境外交、"55 年体制"下的日本外交、日本对华政策、日本外交的特点[③]。姚文礼认为，冷战结束后，日本正在调整内外政策，为了了解其未来对外政策走向，有必要回顾分析冷战期间日本外交政策的演变。[④] 林晓光指出，日本政府近年来通过国际合作加强环境保护，积极开展环境外交，是日本政府谋求作为国际国家扩大在世界上的影响，积极参与国际事务的解决并力争发挥主导作用，注重外交战略的综合性、多层面次性、全方位性，即推行大国外交的重要一环。[⑤] 杨运忠从中日关系的客观条件的变化，日本对华外交政策的基本框架与内容方面分析，认为日本对华政策进入了强化政治外交的新阶段，并提出经过 20 世纪 90 年代的努力，中日两国已具备了建立面向 21 世纪友好合作关系的基础与条件，问题的关键是要求同存异，抛弃人为地涂在两国关系上的政治色彩和某种不应有的心理因素。[⑥] 刘文研究"55 年体制"与日本外交的关系，认为在"55 年体制"存续的 38 年里，日本外交表现出了以下四个特点：（1）外交及安全问题成为自社两党激烈争论的焦点；（2）外交和安全保障问题的争论曾引起政界的改组；（3）外交问题的解决和外相的任用带有权力斗争色

① 鲁义：《日本的联合国对策与活动》，《日本学刊》1993 年第 2 期，第 73 页。

② 张碧清：《日本争当联合国安理会常任理事国的活动及前景——兼谈联合国的改革》，《日本学刊》1993 年第 3 期，第 25 页。

③ 姚文礼：《简论冷战期间日本对外政策调整》，《日本学刊》1994 年第 1 期。林晓光：《日本政府的环境外交》，《日本学刊》1994 年第 1 期。杨运忠：《日本对华政策进入新阶段》，《日本学刊》1994 年第 2 期。刘映春：《"55 年体制"下的日本外交》，《日本学刊》1994 年第 2 期。赫赤：《80 年代日本外交的若干特点》，《日本学刊》1994 年第 4 期。

④ 姚文礼：《简论冷战期间日本对外政策调整》，《日本学刊》1994 年第 1 期，第 1 页。

⑤ 林晓光：《日本政府的环境外交》，《日本学刊》1994 年第 1 期，第 19 页。

⑥ 杨运忠：《日本对华政策进入新阶段》，《日本学刊》1994 年第 2 期，第 93～94 页。

彩；（4）官方外交和民间外交发挥不同作用。① 赫赤考察了20世纪80年代的日本外交，认为有3个特点，即：（1）继续坚持日美同盟，积极发挥自主性，（2）立足亚洲，面向全球，（3）经济开路，手段多元，为实现政治大国化而创造条件。②

1995年发表了包括日本的日台关系、对越外交、亚太外交、联合国外交、日本安全战略和2篇中日关系的7篇文章。此外，还有一篇谈谢罪外交与失言外交的短文。殷燕军使用多方的文件史料，认为吉田书简确定了日台条约的基本框架，也招致中日之间20年不正常状态的持续存在，使战后东亚的国际关系发生了重大变化。③ 金熙德通过分析日本对华 ODA 政策调整的政治与经济方面的用意，提示中日关系正在进入一个重新定位的新时期。④

第二阶段为日本外交研究起步的成熟时期，其特点之一是对日本外交分析的多元化、研究视野的广阔化和资料使用的规范化。这个特点和刊物的更名有一定的关联。1990年春，中华日本学会在北京成立。中华日本学会是1949年新中国成立以后的第一个全国性日本研究的学术团体。鉴于形势发展的需要，原来由中国社会科学院日本研究所创办的《日本问题》，改名为《日本学刊》，由中国社会科学院日本研究所和中华日本学会共同主办。刊物还是双月刊，每期12万字，比原来增加了篇幅。1990年9月，《日本问题》编辑部和《日本学刊》筹备组在更名启事中，强调《日本学刊》是我国日本学科的综合性学术刊物，要为全国日本研究者提供学术交流园地。同时还特别指出，刊物将增强学术性和理论性，扩大内容，办好专论、学术讨论等。⑤ 自刊物更名后，几乎所有的文章都有了注释，篇幅也增大了，体现了对学术性的重视。同时，少数专家一言堂的局面也有了改变。比如，从第二阶段的作者单位就可以看到这一变化。除了上述提到的几个研究机构外，还有外交学院、中国政法大学、济南陆军学院、北京大学历史系、北京大学政治系、吉林大学、南开大学、中国社会科学院台湾

---

① 刘映春：《"55年体制"下的日本外交》，《日本学刊》1994年第2期，第73~78页。
② 赫赤：《80年代日本外交的若干特点》，《日本学刊》1994年第4期，第31页。
③ 殷燕军：《战后日台关系框架制定过程——吉田书简再考》，《日本学刊》1995年第2期，第123~35页。
④ 金熙德：《日本对华 ODA 政策的演变和中日关系》，《日本学刊》1995年第2期，第32页。
⑤ 见《日本问题》编辑部、《日本学刊》筹备组关于《日本问题》更名《日本学刊》启事，《日本问题》1990年2期，第126页。

研究所、世界历史研究所等单位。体现了全国性刊物的学术权威，也代表了中国日本外交研究的水准。

第二个时期（1996～2005 年），可以称为日本外交研究的发展时期。前一阶段（1996～2000 年）和后一阶段（2001～2005 年）共有 133 篇文章，前后两个阶段发表的文章数量大致相同。第一阶段的热点是中日关系，自 1997 年纪念中日邦交正常化 25 周年开始，1998 年纪念中日和平友好条约签订 20 周年，同年 11 月江泽民主席访问日本，1999 年既有对江主席访问日本的评说，又面对迎接 21 世纪中日关系的命题。所以，关于中日关系的文章占据很大比例。

在这一阶段关于中日关系研究中，首先必须要提到的是直接参加了中日复交与和平友好条约谈判的张香山所撰写的《通往中日邦交正常化之路》（1997 年第 5 期）、《中日复交谈判回顾》（1998 年第 1 期）和《中日缔结和平友好条约前后》（1998 年第 4 期）3 篇重要的文章。1998 年何方提出了要构筑中日关系第三个千年[1]，日本学者国分良成分析 1972 年体制及其变化与建筑发展中日协调关系的几个问题[2]，高增杰在纪念《中日和平友好条约》签订 20 周年之际，重温了中国的日本研究，强调只有深刻了解日本，才能适应形势进展的需要，推进中日关系的良性发展[3]。刘德有的 3 篇文章为《21 世纪中日关系的思考——从日本人的文化心理说起》（1997 年第 5 期）、《中华人民共和国成立 50 周年寄思——一个中国的原则与中日关系的发展》（1999 年第 5 期）、《思考 21 世纪的中日关系》（2000 年第 6 期）。蒋立峰在《江泽民主席访问日本意义重大》（1999 年第 1 期）一文中，从历史与现实的层面高度肯定和赞扬了江主席为期 5 天的对日本的访问。武寅也在《关于发展中日关系的几点思考》（1998 年第 5 期）中，对如何巩固发展中日两国关系提出了重要的建议。肖向前作为战后中日关系见证人，又从香港回归讨论了亚洲与中日关系。[4] 在纪念中日邦交正常化 25 周年时，早在 1990 年就写出了《战后中日关系》专著的东京大学教授田中明彦，又从国际关系的

---

① 何方：《构筑中日关系的第三个千年》，《日本学刊》1998 年第 4 期。
② 国分良成：《"1972 年体制"的变化与发展协调关系之路》，《日本学刊》1997 年第 5 期。
③ 高增杰：《日本研究的回顾与展望——写在纪念〈中日和平友好条约〉签订 20 周年之际》，《日本学刊》1998 年第 4 期。
④ 肖向前：《从香港回归看亚洲形势和中日关系的发展》，《日本学刊》1997 年第 5 期。

视角对中日关系作出了乐观的回顾与展望。① 高海宽和孙树林分别提出纪念《中日和平友好条约》签订 20 周年，要开创和平友好的中日关系的同时不能忘记周恩来为发展两国的理解、为缔结中日友好条约而作出的贡献。② 安成日的论佐藤荣作上台前后的对华政策演变提供了认识中日邦交正常化的历史背景。③ 另外，从宏观角度展开分析的还有中江要介、王升、顾春太。④ 范耀江的论文分析了影响日本对华政策的台湾因素。周启乾考察明治时期日本对华贸易的论文，填补了我国学界在这一领域研究的空白。李清津关于邓小平共同开发思想与钓鱼岛问题的论文，再一次提醒我们在思考中日关系时，应该认真理解邓小平作为大战略家，对处理中日关系中一些有争议问题的思路。⑤ 殷燕军的论文剖析了冷战后日本舆论界学术界对国际形势和中国国情的认识。⑥ 2000 年《日本学刊》发表提出了极有争议的对日新思维的时殷弘写的关于 20 世纪日本的选择和命运的文章和金熙德、吴胜、孙承的文章。⑦

从 1996 年到 2000 年，与研究中日关系相比，对日本外交其他方面的研究显得薄弱。

1996 年有 4 篇文章讨论日本亚太外交，2 篇谈日美关系和日台关系，日本对朝鲜外交，西欧外交和日本外交的转型。⑧ 1997 年有张茜红《论"日

---

① 田中明彦：《日中关系的回顾与展望——以国际环境和国内政治等因素的影响为中心》，《日本学刊》1997 年第 5 期。
② 孙树林：《饮水不忘掘井人——周恩来与〈中日和平友好条约〉》，《日本学刊》1998 年第 4 期。高海宽：《开创和平友好的中日关系的新纪元——写在〈中日和平友好条约〉签订 20 周年之际》，《日本学刊》1998 年第 4 期。
③ 安成日：《论佐藤荣作上台前后的对华政策演变》，《日本学刊》1998 年第 2 期。
④ 中江要介：《展望未来的中日关系》、王升：《世纪之交：中日关系的回顾与展望》、顾春太：《新形势下的中日关系探析》，《日本学刊》1999 年第 2 期。
⑤ 李清津：《邓小平"共同开发"思想与钓鱼岛问题》，《日本学刊》1999 年第 3 期。
⑥ 殷燕军：《冷战后日本舆论界学术界对国际形势和中国的认识》，《日本学刊》1999 年第 5 期。
⑦ 时殷弘：《和平扩张·军事征服·商业福利——20 世纪日本的选择和命运》、金熙德：《"中日伙伴关系"的背景、实质及趋势》、吴胜：《冷战后中美日三角关系中的日美关系》、孙承：《日本对外战略和对华战略简析》，《日本学刊》2000 年第 2 期。
⑧ 1996 年第 1 期 3 篇文章讨论日本的大国外交，曹云华：《日本的大战略：地区主义还是双边主义》，赵光锐：《日本正在"回归"亚洲》，池元吉、田中景：《试析日本亚太战略中的几个问题》，还有第 4 期孙承《日本在亚太地区的国际作用》的文章。刘世龙：《当前日美安保体制的 3 个特点》（第 4 期）；周季华：《日美安保体制的强化与东亚的安全》（第 4 期），杨运忠：《日台关系进入重视政治交往的新阶段》（第 3 期）；金熙德：《90 年代日本与西欧关系的基本特点》（第 2 期）；姚文礼：《转型期的日本外交——评大平、铃木、中曾根内阁外交》（第 4 期）等。

台条约"》、王公龙《90 年代日本对东盟的外交政策》、梁云祥《冷战后日本外交政策决策体制的变化及其特点和原因》、侯文富《略论美菲交涉与〈旧金山对日条约〉中的劳务赔偿问题》。1998 年，除了中日关系外，仅有刘世龙写的日美关系、金熙德写的日俄（苏）关系、杨运忠《日本的周边军事外交》和丁英顺《日朝关系正常化进程及其展望》4 篇文章。1999 年到 2000 年的 2 年里，乌兰图雅《简论战后日本对蒙外交的演进》和赵阶琦《新时期日本对朝鲜政策初探》两篇论文，给中日关系清一色的、令人感觉单调的日本外交研究领域多少增添了一些色彩。

下面讨论第二时期第二阶段的研究情况。在第二阶段从 2001 年到 2005 年期间，中日关系研究仍然占据主流。其理由有二，一是适逢 2002 年中日邦交正常化 30 周年和 2003 年《中日和平友好条约》签订 25 周年，二是小泉内阁上台以来围绕历史问题中日关系的恶化。5 年之间，共发表 30 篇左右有关中日关系的文章，占总数的一半。这个时期分析中日关系主要聚焦在四个方面。第一，中日关系政冷经热的分析；第二，日本强硬势力对中日关系的影响；第三，日本方面的负面因素，如国防族、右翼，以及台湾问题；第四，对如何打破中日两国政治僵局的讨论。主要的文章有：金熙德《中日"政冷经热"现象探析》（2004 年第 5 期），张伯玉《试析日本对华强硬政策》（2005 年第 2 期），桐声《日本右翼势力及其对日本内外政策的影响》（2005 年第 6 期），吴寄南《日本"新国防族"的崛起及其影响》（2003 年第 5 期），《对打破中日关系僵局的几点思考》（2005 年第 2 期）。5 年里，中日两国政府领导人和民间在历史问题上的不谐音，在南海主权问题上的争执升级，媒体和民间的不信任情绪的与日增长，都给日本外交研究带来了新的要求与课题。其实压力并不都是坏事，变压力为动力，形势要求学者必须从不同角度思考、解析中日关系现象后的本质所在。经济问题是中日之间的重要问题，民间的理解与交流是保障相互利益的基本，地区的安全则是 21 世纪中日两国必须取得共识、携手努力的课题，同时在思考中日关系的时候，两国内部因素同样不能忽视。俞新天的《中日国内政治对外交政策的影响》（2001 年第 6 期）一文，在分析角度和结果上都令人耳目一新。冯昭奎认为中日经济关系与中国工业化密切相关①，始终看重经

---

① 冯昭奎：《中日经济关系与中国工业化》，《日本学刊》2003 年第 4 期。

济因素在中日关系中的分量，是冯昭奎思考中日关系的独特视角。就地区
安全问题，有几位学者提出了十分有益的看法。如徐万胜《安全保障与战
后日本政党政治》（2001 年第 1 期）、孙承《日本的地区安全合作思想与实
践》（2004 年第 2 期）、江新凤《日本安全战略面临全面调整——评安全保
障与防卫力量恳谈会报告》（2004 年第 6 期）、白如纯《日本地区外交战略
调整的若干问题》（2004 年第 6 期）、姚文礼《21 世纪初期日本安全战略调
整刍议》（2003 年第 6 期）等。

在研究台湾问题同中日关系的内在联系时，有些学者注意到问题的多
面性和其复杂性。

蒋立峰《日本必须信守关于台湾问题的承诺》（2002 年第 4 期）、张进
山《日本政界"台湾帮"的动向及其对中日关系的影响》（2001 年第 2
期）、张耀武《冷战后的日美安保体制与台湾问题》（2001 年第 3 期），还
有桐声《关于中国东海的钓鱼岛、专属经济区和大陆架问题的法律分析》
（2003 年第 6 期）、李中邦《日本调查大陆架及台湾地区政治情势对钓鱼岛
主权的影响》（2003 年第 6 期）、孙伶伶《从国际法角度分析钓鱼岛群岛主
权问题》（2004 年第 2 期）、吴万虹《日台关系的新走向》（2005 年第 2
期）、李广民《美日同盟涉台条款溯源》（2005 年第 6 期）等论文都提出了
新的见解。在第二阶段，除了上述的研究外，有少数文章也涉及了日本的
外交决策过程、日俄关系、战后日本政党在外交决策过程中的地位和作用、
日本"有事立法"中的政治力学管窥、日本对华复交决策的政治力学等问
题。[1] 另外，几位经常撰文的专家也有分析日美关系、中日关系以及国际体
系与日本对外结盟的问题，在此不一一评论了。总之，第二阶段同第一阶
段比较，在研究水平的提高等方面有了令人欣喜的长进。如果说还有要改
进的地方，大致有两点。其一，还是评论文章多于分析文章，宏观讨论多
于微观分析，事例研究多于理论研究，中日关系研究更是多于外交整体研
究。其二，还是总给人有题目重复、内容相近、热衷于一阵风、追踪动态
的感觉。当然，这些问题需要慢慢来，一点一点克服。

---

[1] 吴胜《冷战后日本外交决策过程的新变化——关于日本对华政策决定过程的案例分析》
（2001 年第 1 期）、林晓光《世纪之交的日俄关系》（2001 年第 5 期）、张勇《日本对华复交
决策的政治力学》（2004 年第 2 期）、高洪《日本"有事立法"中的政治力学管窥》（2003 年
第 4 期）、郭定平《论战后日本政党在外交决策过程中的地位和作用》（2003 年第 2 期）。

二

这一部分讨论中国日本外交研究的特点。首先，虽然 20 年来近 130 名的作者队伍里新秀层出不穷，但是关于中日关系的讨论仍始终占主导地位①。这是中国的日本外交研究的第一个特点。另外，注重追踪日本外交现状的倾向，不仅稀释了日本外交研究中的学术性氛围，造成微观题目与实证性研究的困难，也直接影响了后来者与年轻学者对中日关系的钟情以及选题时的求大追新。这是中国的日本外交研究的第二个特点。中国的日本研究始终强调科学研究要为现实服务，研究成果应该能够影响政府的外交政策。因此，如何为政府的政策服务，既是中国日本研究的首要目标，也是中国日本外交研究的主旋律。似乎可以说，在今天的中国，上述理念是学术界的常识。然而，仅就中国的日本外交研究而言，事实证明了过度追求学术研究直接为政府献策的学术定位，其结果限定了日本外交研究的选题范围与思考空间的自由。从这个意义来说，从 1998 年 11 月江泽民访问日本到 2008 年 5 月胡锦涛访问日本的近 10 年的时间里，讨论中日关系的文章如雨后春笋般出现也就不难理解了，不少非研究日本外交的其他专业的学者争先恐后地为中日关系出谋献策似乎同样也无可非议了。笔者几次聆听到几位日本研究的先辈谆谆提醒说，我们的日本研究决不单单是中日关系研究，要把握日本社会的本质动向，要研究日本外交的总体战略。更有甚者自嘲说："中日关系变幻万千，只知道跟着领导后面走，今天形势大好，明天天下大乱，一会儿'政冷经热'，一会儿'世代友好'，不能自圆其说，太尴尬了。学术是科学，要为政策服务，但是不能跟着政策走。"此番话语，意味深长。由此可见，当今时代，社会对科学的期待之大，学者对自己的要求之高。同时，上述现象也反映了中国的日本外交研究徘徊在世俗分析与科学分析之间的两难境况。

另一个特点，表现在作者队伍上。一是队伍基数较大，连续发表文章的人较少。20 年里发表的近 240 篇文章，作者有近 140 人（包括联名作者）之多。其中发表 2 篇文章的 16 人，3 篇以上 9 篇以下的 16 人，10 篇以上的

---

① 据统计，20 年中《日本学刊》刊登的有关中日关系的文章总计 76 篇，占日本外交研究总数的 1/3 弱。

两人（中国社会科学院日本研究所研究员刘世龙 13 篇，金熙德 11 篇）。上述的 34 名作者中，外交官 5 人，中国社会科学院日本研究所历任所长、副所长 8 人，该所研究员 6 人，外交部国际问题研究所研究员 1 人，中国现代国际关系研究所（即现在的中国现代国际关系研究院）研究员 1 人，上海国际问题研究所研究员 1 人，日本学者 2 人，其他的均为在京研究机构和大学的学者。发表 1 篇文章的学者有 100 名左右。二是由于主要作者的学术背景与工作性质关系，文章讨论当代和眼下的日本外交动向以及中日关系的现状问题较多。比如，如何面向 21 世纪的中日关系、简论日本对外战略等题目，总给人过于讲究政治概括和政策建议的感觉。有些实证考察文章使用"通论""概论""试论"的题目，造成学术化、专业化欠缺之嫌。

通读 20 年来的相关文章，从学术内容来看，还可以发现《日本学刊》有关日本外交研究的第三个特点，即"四多四少"。所谓的"四多四少"，就是大题目的文章较多，原创性的文章较少①；宏观分析的文章较多，微观探讨的文章较少；政策建议的文章较多，理论分析的文章较少；大腕学者的文章较多，年轻学者的文章较少。有关宏观分析的文章，可以 1985 年到 1995 年中的 106 篇文章题目为例。其关键词多为论、略论、简论、发展、新发展、发展趋势、新台阶、新阶段、新程序、新进程、新机遇、新秩序、动向、新动向、现状、现阶段、作用、过去与未来、展望、经验教训等。所以，即使文章内容再好，由于读者仅是浏览每一期的目次总有似曾相识和刻板老调的感觉，少些活跃新颖，就难以调动读者一阅为快的冲动。因此，有时仅仅从题目上几乎看不出两篇文章的区别，有时又会出现题目不同内容相似的文章。关于在日本外交研究上老到学者与青年学者的文章比例不均的原因，一是中国的日本外交研究队伍还在逐渐发展成熟期，人员的数量同其他学科相比明显不足。二是现阶段的国内研究环境与资料条件

---

① 如讨论两国关系的题目多为中日关系、中美关系、中苏关系。如 1985 年和 1986 年共发表的 10 篇文章，其题目如下：《80 年代的日美关系》《论日本对外战略的发展》《略论中日关系的过去和未来》《面向 21 世纪的中日关系》《池田勇人与中日关系》《中日关系与亚洲的安全和发展》《日本综合安全保障战略初探》《日美关系的现状与展望》《戈尔巴乔夫执政以来的日苏关系》《日本在亚太地区的作用与地位》。这种现象到 20 年后的 2005 年也没有大的转变。2005 年共发表 9 篇文章，其题目如下：《失衡的 2004 年日本外交》《试析日本对华强硬政策》《对突破中日关系僵局的几点思考》《日台关系的新走向》《浅析日本新闻媒体中的厌华情绪》《国际体系与日本对外结盟》《中日关系与东亚合作》《日英同盟与"再定义"后的日美同盟比较》《美日同盟涉台条款溯源》。

同学者们的研究需要仍有一定的距离。当然还有其他方面的因素。

那么，为什么政策建议的文章较多，理论分析的文章较少？我想，其理由除了与研究者队伍结构有关外，还有两个方面值得考虑。首先是研究者的问题意识。现代的学界，有以为政策进言为荣的风气。其实作为一名社会科学工作者，谁不期望自己的学术研究能够指导政策，为社会服务呢？放下为社会服务的课题不做，谁还愿意再花时间，玩实证或玩理论呢？所以第一个问题也是研究者社会责任的物化。其次，与写政策建议的文章相比，写实证研究和理论探讨的文章太费力气，时间成本太高，效益太低。而且，写实证研究和理论探讨的文章是要有真才实学，是要下苦工夫的。特别是年轻学者既要有板凳要坐 10 年冷的思想准备，同时还要学会做科学研究中的粗活。俗话讲，厚积而薄发。同政策建议的文章不同，撰写实证研究和理论探讨的文章，首先要求的是踏踏实实地从基础做起的科学态度。今后能否加强对日本外交的实证研究和理论探讨，直接关系到这一学科的发展（当然，或许出现上述情况的原因同《日本学刊》的属性有关，作为学会刊物要有整体的考虑。但是即便如此，如果在文章内容和比例安排上稍加调整，不仅能活跃版面，也将既能促进日本外交研究的深化和提高，也能有助于读者对日本外交研究整体状况的理解。还有，现在的版面限制了论文的字数，以后可以考虑适当调整篇幅，以利于篇幅较长的实证研究论文的发表）。

2000 年至 2005 年的 6 年里，《日本学刊》共发表 78 篇有关日本外交研究的文章。其中半数以上讨论中日关系或者围绕中日关系的多国关系。其余的文章也集中在探讨日本的安全战略、地区合作与东亚合作、日本的对外政策、日俄关系、日美关系等问题。然而，对于日本的东南亚外交、联合国外交、欧盟外交、中东外交、韩国外交及朝鲜外交则少有涉及。只有通盘把握日本总体外交战略，才会有准确的眼光去客观考察日本的地区外交政策。从迄今的相关文章里，从中国的日本研究来看，不乏精通日本外交的学者。无论是对中日关系的分析，还是对日本外交政策的讨论，总能给读者耳目一新的印象，读起来使人心悦诚服。这些是需要光大发扬下去的。从这个意义上讲，近 6 年来《日本学刊》有关日本外交的研究，虽然谈的都是现实性极强的内容，但是由于题目太近，结果不能给人新鲜的感觉。从选题来看，有过于集中之嫌。这一点恐怕是为了结合现实而编辑，或是集中安排了学术研讨会论文的缘故，新视角尚有待开拓。

如何发掘新的资料是历史学的重要课题。但是，在日本外交研究方面同样需要注意资料的使用和思考问题的角度。通常来说，一篇好文章，首先要角度新。我在这里提及的问题，有的是对刊物编辑的希望，更多的是对研究者的希望。说到底，日本外交研究的提高首先是研究者的任务。从内容来看，除了要在资料的发掘上下工夫，还要处理好现实研究与基础研究的关系。一篇精湛的现状分析来源于作者对历史的深刻了解。一位能够洞察历史的学者同样是时刻关注时代脉搏的跳动的。我想强调，基础研究应该是在更重要的层面上具有为现实提供借鉴的功能和价值的。

当然，近年来的变化也是可喜的。我把它归纳成以下四点。（1）多元化。实证分析的文章明显增多。有的文章开始探讨理论问题。（2）国际化。增加了外国学者的文章，其中一改以往只注意名学者、大学者的做法，开始刊登外国年轻学者论文。（3）学术化。同 2000 年前相比，近 5 年里领导同志的文章少了，非学术性的文章不多了，学术规范程度也加强了。（4）年轻化。从国外学有所成的青年学者初显身手，日益活跃，表明了日本外交研究领域后继有人。

上面的梳理，只是为中国的日本外交研究的动态勾出一个粗线条的历史的轮廓。诚然，《日本学刊》上登载的文章不是中国的日本外交研究的全部成果，但是也代表了中国的日本外交研究的水平。从中我们依然可以得到有意义的启示和参考。

20 年来中国的日本外交研究是改革开放的时代与建交后世纪之交的中日关系变化的直接产物。这一学科的发展与变化折射了中日两国社会以及中日关系的发展与变化，也同从事这一学科工作的研究者的基本心态变化有着千丝万缕的联系。下面通过阐述影响中国的日本外交研究的客观与主观的两个层面，力争找出其最显著的特征。

研究日本对于中国知识人而言，总是与救国求变求新相联系。近代中国的日本研究始于鸦片战争后，历经 1894～1895 年的甲午战争，1898 年戊戌变法，20 世纪初的清末新政，到 1911 年的辛亥革命。1915 年的日本对华"二十一条"，则成为中国知识人告别日本，走向欧美找寻救国之路的契机。这是大家都熟悉的事实。新中国的日本研究同中国的社会变化与中日关系同步。改革开放时代的日本研究也经历了几次起落，现在又似乎进入了新一轮的研究日本高潮。研究日本，一要侧重日本的成绩与问题，二要注意日本与中国的关系交往。所谓研究，也就是弄清事实，拿出合理说法。在研究中国的日本研究历史时，金熙德特别注意到张香山的一段话："明治维新后中国人去日本留学，未能真正学习日本，而只想学习日本模仿西方的能力以及通过日本学习西方。""解放后我国的对日研究也发生过错误，如50 年代过低估计日本战后改革的成果，60 年代中期提出日本人民的'四个敌人论'，70 年代初提出日本军国主义已经复活的提法。"金认为，中国研究日本的历史，不乏宝贵的经验和需要引以为戒的教训，需要认真加以总结。作为中国日本研究的两代人，张香山和金熙德的问题意识深刻且有现实性。

为什么中国知识人从近代到今天经 160 年之久，跨 3 个世纪竟然反复在研究日本的问题上老马失蹄呢？更何况，日本始终是影响中国实现内部发展和外部和平的最重要国家之一，无论是历史上还是今天。这是个十分重要的问题，如何面对现实，总结历史，推动中国的日本研究，实在有必要就这个问题进行详细论证和讨论。为了阐明这一点，须对从事日本研究的作者的心态以及中国的日本研究的生态做实证考察。这件工作要另文专门分析。下面仅就本文讨论的日本外交研究提出几点看法。

研究研究者的心态首先要注意研究者的年代。中国的日本外交研究队伍，大致由四个年龄层组成。首先是张香山、赵安博、肖向前、吴学文、刘德有等第一代，其次是"文化大革命"前就开始从事日本研究的第二代，再次为 1980 年代前后进入研究机关的第三代，接着是 20 世纪之交成长起来的年轻的第四代。就笔者手头的部分材料看，第一代人先后推出了相当一批有分量的关于战后中日关系的通史和自传体的著作，而以学术角度推出日本外交研究专著的多来自第三代和第四代的学者。这个统计，表面上看起来只是侧重点的差异，背后恰恰表明了研究日本的不同经历造就了他们各自的兴趣点和心态。前者通过叙述一段历史的过程，要向今人后世传达为了恢复中日两国关系正常化，建立相互的理解信任，上一代人付出了极大的努力和牺牲的事实。相对而论，后者的著作就是要检讨日本的外交、外交制度、外交人事、外交的类型和外交的思想等。比如从《风雨阴晴——我所经历的中日关系》《为中日世代友好努力奋斗》《时光之旅——我经历的中日关系》的书名，就完全可以感受到第一代人的主观感情之浓。

其实只要回顾一下战后两国关系与中国日本外交研究的过程，就不难理解研究者之间的代沟现象。成长在不同时代的研究者的心态差异，从另一方面也给这门学科的发展和变化带来动力。与大多数是战后中日关系的亲身参与者不同，其他的三代人有学院式经历的人居多。随着时间的流逝，接受过国内外专业训练的年轻学人将与日俱增。应该指出，中国的日本外交研究者的知识结构和心态的差异，带来了他们之间的明显特点，从他们的文章中，读者不难看出其中的老辣和专业，各自的思想痕迹和短长。正因如此，中国的日本外交研究总的趋势是越来越专业化，越发脱离过去一提日本外交研究就等于中日关系研究的模式。毫无疑问，研究者有种种的心态，关于心态的讨论，还有很多难以回避的问题。另外，到底哪些思想心态问题怎样限制了他们的研究选题，又对他们的研究发生了何种影响等，还有待详细分析。这里考虑的仅仅是年代与心态的角度。

同研究者心态问题直接有关的就是日本外交研究的客观环境问题，即研究者的生态问题。中国的日本外交研究者的生态环境基本是在中国的政治社会的框架下形成的。这其中有部分人于战前和改革开放后曾经到海外留学，接受那里学校的教育和训练。除去第一代人在 20 世纪 30~40 年代所享有的体验，就是从 20 世纪 60 年代到 21 世纪初，中国国内"文化大革命"以来的时代变迁，再有从中国到海外，这种环境的变化给中国知识人的人文心态的冲击之大是众所周知的。讨论人文生态的问题，还要考虑中日关系的社会环境的变化，中日两国力量对比的变化，尤其是中国的日本研究本身的变化和围绕日本研究的外在环境的变化。作为一门科学，中国的日本外交研究，理所当然地受到中国的学术风气、思想潮流、时代环境的影响。事实上，谁都很难指出上面的诸多因素究竟给日本外交研究冲击最大的是什么。笔者想强调，大环境的影响固然重要，但是诸如马立成的"对日新思维"，"孙歌现象"，前后两次的"中日两国历史共同研究项目"，"王敏现象"等，似乎也都可以归纳进影响颇大的人文生态的重要内容。

作为本文的结语，笔者认为中国的日本外交研究已经进入了新的发展阶段，令人欣喜、乐观。同时，笔者也坚信，中国的日本外交研究同中国的日本研究一样，一定会比历史上任何时期做得都好，中国社会的持续变革和中日关系的良性循环也一定会对它的进步产生积极的推动作用。

专辑　东亚共同体的谱系

东亚共同体形成的意义

东京大学名誉教授 平野健一郎

引 言

　　首先衷心祝贺清华大学日本研究中心的成立。能够在中心成立后的第三天，作为"清华东亚讲堂"第一讲的主讲人在此演讲，我感到非常高兴和荣幸。新的、全球化时代的中日关系，必须是一种新型的中日关系，也必将会是如此。清华大学日本研究中心必须能够引领新的中日关系，我坚信也必将如此，毋庸置疑。满怀这样的信念，今天我将就东亚共同体形成的意义作一个发言。

　　今天，东亚的人们都认为东亚共同体形成的意义，第一，就在于它能够带来国际关系的稳定。第二，东亚共同体的形成将有利于解决国际课题。第三，如果能够形成东亚共同体，人们的生活和文化将会变得更为丰富。第四，东亚共同体的形成将解决亚洲的历史问题。最后，东亚共同体的形成将深化统合理论，为国际关系理论的发展作出贡献。基于东亚共同体的形成有以上五点意义，接下来展开论述东亚共同体。

　　在进入今天的主题之前，首先就全球化时代中社会现象的认识方法，谈一下我的看法。在全球化背景之下，我们将比以前更有必要"全球性"地把握所有的对象。在思考中日关系时，有必要把握全球中的中国、日本和亚洲。所谓的"全球性地把握"是指，将所有的对象都作为整体中的一个部分来分析。部分构成了整体，整体由各个部分组成。本来，国际社会的结构就是多层次的。个人是构成家族、集团、地区—区域的一个部分，而家族、集团、地区—区域是由个人组成的。国家—国民社会是由家族、集团、地区—区域构成的，进而言之，国际区域（亚洲、非洲、欧洲、北美、南美等）由多个国家—国民社会组成；在复合结构的国际区域的外围就是国际社会。"修身齐家治国平天下"是中国古代的一种理念，作为经世思想，虽然由于近代以后的个人主义思想而被认为是落伍的，但是可以看出其中对多层结构把握的观点仍然是适应全球化时代的。

因此，中日关系不仅仅限于中国和日本两个国家的关系，它是中国和日本两国以及包含了这两国关系的亚洲区域的一个部分，也是国际社会的一个部分。我期待创建于新时期的清华大学的日本研究，开展全球性的日本研究、中日关系研究和亚洲研究，取得以往没有的、新的丰硕成果。

那么究竟全球化是什么呢？这里，我们可以解释为人、物、钱、信息的跨境移动。如此一来，在思考国际关系时，不仅要考察政治和经济，还有必要考察社会、文化方面。另外，在考量国际关系时，不仅要考察国家、政府之间的关系，还需要从非国家关系的视角考察。同时国际关系也不能仅视为 international relations，有必要将其视为 international relations 和 transnational relations 两者的结合。根据我最近的发现，为了把握包括 international relations 和 transnational relations 两者在内的国际关系，最好的方法就是考察人的国际移动（跨境）。

共同体的形成

人的共同体的典型例子就是国民共同体。考察国民共同体时就会发现，某种规模以上的共同体的形成之中，人的移动是一个必要条件。通过某种范围的空间的移动，人们的意识能够朝着同一方向被调动。而物理上不移动的人们的意识，自近代以来，由于受益于报纸、广播、电影、电视等媒体（即信息移动手段）的发展而愈发活跃。人们开始期望出现比以往更大更强、具有一定方向性的共同体，而这样的动员也就被称为"政治性动员"。

另外，人的移动使得一定期间内、更广阔空间内的人们的生活变得有共通性。因为"文化的共通性"得以普及，语言的共通性会扩大，人们的知识、意识、价值观等方面的共通性也会提高。对于国民共同体这样的政治共同体，政治性动员和政治意识（we-feeling）是很有必要的。并且，人们在新的共同体中经营生活的时间长了之后，会产生"历史的共通性"，由此共同体将变得更加牢固。

如上所述，共同体的形成需要人们的动员和文化的共通性。这里我想强调的是，产生这两个因素的原因在于人的移动和信息的移动。使人的移动成为可能的是移动手段（交通手段、运输手段），使人们在意识方面产生变化的是信息移动技术。我们还要关注随着交通、通信手段的发展，人的共同体的范围也将可能发生变化。

东亚地区共同体

东亚地区的共同体在历史上也曾经出现过。第二次世界大战以前，20世纪30年代曾兴起了全球性的经济板块化现象。通过地区内的贸易自由化和对域外设置关税壁垒，世界经济被划分为几个板块，从而形成了板块经济。首先是英帝国形成了板块经济圈，法国和德国追随其后，随之日本也开始效仿。其结果是全球性的整体贸易保护的体制化不断发展，世界经济整体萎缩。可以这样认为，板块经济以及由此引起的各国经济的萎缩成为法西斯主义迅速扩张的一个重要原因。为了获取资源，日本开始走向利用军事力量扩大经济圈的帝国主义道路，最终宣布了"东亚共荣圈"的完成。但是，这个"东亚共荣圈"是否为真正意义上的地域共同体呢？

关于地区共同体的形成，我想提醒大家注意，地域主义（regionalism）的政策、言论和地域化（regionalization）有其实际情况以及实际情况的变化。"地域主义"是"创建这样的一个地域吧"或者是"基于这样一个地域推行政策吧"等诸如此类的政策目的，也是倡导这样的政策目的的一种言论。与此不同的是，"地域化"用于表述现实地推进某地域形成的意图和不同于地域主义的别的原因形成地域的倾向，或者指实际上正在逐渐形成某一地域的现实。对于地域共同体的形成，地域主义和地域化都是必要的。进而言之，没有地域主义也可以形成地域共同体，但是如果没有地域化则不能形成地域共同体。

在第二次世界大战后的亚洲，20世纪60年代以后，成立了东南亚国家联盟（ASEAN，1967～　）；太平洋经济合作理事会（PECC，1980～　）；亚洲太平洋经济合作组织（APEC，1989～　）；东盟地区论坛（ARF，1994～　）；当时的马来西亚首相马哈蒂尔所提倡的东亚经济核心论坛（East Asia Economic Caucus，EAEC，1990～1991）、上海合作组织（SCO，2001～　）、还有2005年11月召开第一次EAC峰会而开始运作的"东亚共同体"（EAC，2005～　）等众多具有地域共同体性质的机构。虽然也有人认为这些机构或者其中一部分机构就是亚洲/东亚的地域共同体，但是并不尽然。因为以上这些都还不是地域共同体。这些充其量只是地域主义和地域主义的机构。因为作为必需条件的地域化都还没有明显进展，所以不能称为地域共同体①。

那么在时间上距今最近的"东亚共同体"也不是地域共同体吗？在讨论这个问题之前，我认为应该特别注意到可以说是"东亚共同体"前身的EAEC。所以在此我们先回顾一下 EAEC 的历史。1990 年，马哈蒂尔提议 ASEAN（当时是 6 个国家）再加上中国、日本、韩国共 9 个国家组成一个地域共同体，这就是 EAEC 的由来。马哈蒂尔对欧洲的 EU、北美与中美的 NAFTA 这些自由贸易圈的形成和发展感到很大的威胁，认为亚洲也必须建立自己的自由贸易圈以和它们对抗，从而呼吁组建排他性的集团（最初的名称是 East Asia Economic Group，即 EAEG）。由于美国政府对自身被排斥在外感到不悦和澳大利亚政府的强烈反对，加上日本政府因顾及美国政府的态度而犹豫不决，马哈蒂尔的计划最终破产。确实，马哈蒂尔的构想里由于具有类似于板块经济形成的排他性的因素，因而不能克服外部的反对。虽然他想抓住通过亚洲各国处于成长中的经济的合作来推进地域化的趋势，其结果还是终结于地域主义的书面提案上。这是它的最大弱点。

那么，最近的"东亚共同体"的特征又是什么呢。第一个特征就是，它也是地域主义。具体而言，它仅仅是政府间的机构而已。第二个特征是，尽管是政府间的组织，但是参加的国家尚未确定。最主要的参加国成员方案是 ASEAN 的 10 个国家加上中国、日本、韩国，一共 13 个国家。颇有意思的是，如果真的由这 13 个国家组成，则"东亚共同体"就是马哈蒂尔构想的复活。如果果真能够如此，那么马哈蒂尔的构想得以在十几年之后复活，其原因是什么呢？为什么这次美国政府就不反对了呢？为什么日本政府的方针也发生了变化呢？这里存在诸如此类的几个疑问，很耐人寻味。

"东亚共同体"的第三个特征和成员国尚未确定这一点也有关系，即"东亚"指的是从哪儿到哪儿，其范围并没有明确。第四个特征就是，由于

---

① 关于这些与东亚共同体相关联的地域主义的更详细的概观可以参考平野健一郎的《在亚洲的地域性的创生——追寻其原因》，载〔日〕山本武彦编《地域主义的国际比较——以亚洲太平洋—欧洲—西半球为中心》，东京：早稻田大学出版部，2005，第 31～64 页。

有了这个"东亚共同体",人们似乎可以真正开始努力去解决地区规模的问题了。对于这一点应该给予积极评价,因为我们似乎可以在这里看到地域主义和地域化结合的可能性。

东亚的地域主义和地域化

每当如上所述的以亚洲为舞台的各种地域主义构想被提出来时,总是有人担心这会不会成为"大东亚共荣圈"的翻版。尤其是,针对日本过于热心的构想,人们总是十分警觉这是否会是"大东亚共荣圈"的重演。实际上,战后的日本社会中也存在着对东亚共同体、亚洲的地域主义的强烈的过敏现象。特别是在知识分子中间,存在着强烈的否定"大东亚共荣圈"的情感。日本政府未能赞成马哈蒂尔的构想,除了对美从属的姿态以外,害怕被人批判为这是图谋上演"大东亚共荣圈"也是一个原因。很多日本人都认为,即便其他亚洲各国倡导地域主义,但如果是日本居先领头,那么"大东亚共荣圈"的噩梦有可能复苏,所以日本绝对不可以站在前列打先锋。我希望大家能了解这一点。

即便如此,在亚洲反复出现地域主义呼声的原因何在呢?可能这是因为并非"亚洲是一体"(冈仓天心)吧。因为实际上亚洲绝非一体。毛里和子教授是日本的现代中国研究的领军人物,最近 5 年在早稻田大学领导了 21 世纪 COE 项目——"现代亚洲学的创建",对于创建新的亚洲研究作出了很大贡献。这位毛里教授,在总结这历时 5 年的项目时,重新提出了"亚洲是指什么"的问题。

据毛里教授讲,至今为止的亚洲是"虚构的亚洲"或者是"作为象征的亚洲",亚洲作为人们应该追求的一个目标,假想它在遥远的那一方。这个假想仅仅是个空想,所以也有很多人反而仅仅是将其看作单纯的"空间性的场所"的存在。虽然居住在亚洲地区的人们有追求自身的"作为身份认同"的亚洲的倾向,但是至今还没有"亚洲身份认同"。最近,由于国际关系的进展,亚洲地区也许开始创建在功能方面有统合性的"功能性亚洲",而进一步将其制度化,这样有可能产生"制度性的亚洲"。毛里教授向我们展示了以上 6 种亚洲的可能状态,并指出这些都还没有成为现实,今后应该加大旨在追求"功能性的亚洲"和"制度性的亚洲"的努力程度。正是因为无论是哪种形式,作为一体的亚洲并不存在,所以呼吁形成亚洲共同体的地域主义反倒是不断加强了①。

然而，根据我的微不足道的研究以及基于研究之上的考察，今天的东亚"地域化"取得了很大的进展。并且，在这一地区形成引导东亚共同体形成的可能性也在加强。如今在东亚，与各种地域主义无关并且是从令人意想不到的方面开始，地域化启动了并且正在向前推进。所谓的"令人意想不到的方面"，指的是亚洲的人们的跨境移动，即国际移动。这里请大家注意上文提到的，即对于共同体的形成，人的移动是必要条件，使人的移动成为可能的是那个时代的交通手段和运输技术这一点。自20世纪70年代喷气式飞机用于国际民航线路以来，东亚的人们的国际移动急速增加、扩大，从而在这个地区形成了非常密集的国际移动网络图②。

东亚共同体的可能性

如上所述，人的国际移动的增加逐渐促进了东亚的地域化，而人们期待这一地域化成为东亚共同体形成的基础。东亚地区的人的移动，使"作为人的生活空间和行动范围的东亚"逐步显现并得以形成。换言之，东亚地区基于地理上的接近性而在逐渐形成。

即使东亚地区将基于地理上的接近性而逐步形成，但是会产生人们的亚洲身份认同吗？如果人们没有亚洲身份认同，能够产生东亚共同体吗？确实，在东亚，例如语言上就很不相同。没有共通的语言，人们如何进行交流呢？怎样才能使大家有共同的身份认同呢？对东亚共同体的可能性有所怀疑的人肯定会提出类似这样的一些问题。

但是，由于地理上的接近性使人们国际移动时，会体验到某种程度的文化上的接近性。这里所说的文化上的接近，指的是因同是亚洲人而感到的"亲近感"。虽然在细节上有很多不同，也会发生误解和摩擦，但是大体上人们还是觉得彼此是同类。进而言之，这里存在着一个容许的范围，

---

① 毛里和子《总论 设计"东亚共同体"——对现代亚洲学的挑战》，载〔日〕山本武彦、天儿慧编《东亚共同体的构筑1·新的地域化》，岩波书店，2007，第2~4页。

② 详细内容请参考平野健一郎的《亚洲的人的国际移动——东亚共同体的原动力》，载〔日〕西川润、平野健一郎编《东亚共同体的构筑3·国际移动与社会变容》，岩波书店，2007，第125~154页。

在这个范围之内，大家都可以相互体会和享受相异点。于是，在频繁的移动、接触、交流的过程中，发生了新的文化上的共通化。上述东亚的椭圆形航空线路网络空间中，生活着具有同样的年轻人文化、大众文化、流行文化的各国人们。为了寻求这样的体验文化的机会，在亚洲重复越境的人也在增加。过去，留学是从东亚各国到欧美各国的单向移动，最近在东亚，双向移动的留学的潮流愈加显著，可以说是形成了"东亚留学圈"。想必我们可以期待在这些人的移动过程中，多多少少会产生共通的东亚文化。

本来，现在席卷亚洲所有人的全球化浪潮迫使亚洲人成为一个命运共同体。由于全球化的影响，大家必须携手共同对抗全球化。这就是让亚洲人积极朝一个共同体的方向发展的强大动因。人们强烈意识到这一共同命运，再加上逐渐提高文化方面的共通性，那么东亚整体将成为一个安全共同体，这也是大家所期待的。

以上的分析有没有问题呢？是否是过于乐观的期待呢？人的国际移动（越境）的确会使国境的含义发生改变。人们反复地自由跨越国境，那么国境就会变成一个开口。国家的一个属性就是拥有强固的，不是开口的国境，所以人的国际移动实际上成了向国家的挑战。包括移民在内，跨境进入的人们，对于管理他们的国家而言是一个直接的挑战。提倡地域主义，并且看上去是在不断推进的国家，终究有可能会敌视这种可以推进地域化的人的国际移动。

使人的国际移动变得容易的移动手段，也会使传染病的传播更加容易。不仅仅是传染病，还有环境问题等，今天几乎所有的问题都是越境的国际问题。因此，要解决这些问题，单靠某一个国家是不可能的，必须通过全球或者整个地区的合作来实现。为了阻止传染病的传播，最现实的办法不是限制人的国际移动，而是由人的国际移动来推进地域化，从而在这一地域范围内切实解决问题。但是这里也存在一个问题，即为了使整个地区来应对传染病，就必须形成相应的制度，那么谁来主导这件事呢？如果不能指望国际移动的人们的自发性行为，那么就只能期待国家间的合作或是NGO等社会组织吧。对于东亚共同体，人们也期待能解决这样的一些基本问题。

最后，可以这样认为，对于东亚共同体，也有学术上的可能性。也就是，沿着新的、符合亚洲的地域统合的道路前进的可能性。一般而言，很多人都认为，东亚所拥有的条件和欧洲的条件完全不同，所以不可能实现像 EU 一样的地域统合。但是，这种想法可能犯了一个错误，即将 EU 的统合看得太绝对化了。的确，EU 的成立，有在此之前的长期的文化统合的历史，还有同时进行的经济政治的统合这些条件，所以地域统合才有可能。基于这种想法的统合理论很是兴盛。与此相对，现在刚开始起步的东亚的地域统合中，长时间的文化统合的历史可能也刚刚开始。但也有人指出，由于经济方面的合作急速进展，人的国际移动也变得非常频繁，统合的超国籍（transnational）的性格也明显显示出来，并且脱中心也是一个颇有意思的特征。研究 EU 统合历史的一位日本年轻学者指出，"只有亚洲国际关系史研究要在全球视野下重新把握越境的人、物、钱、制度等方面的情况及其关联性，并作为全球化历史从构造方面对此加以阐明。这是超出欧洲统合史之上的广域政治经济秩序的研究"。如果能够以人的国际移动为线索，开展这样的新的地域化的研究，在学术上也值得一做。

结束语：从"大东亚共荣圈"到东亚共同体

以上我所说的是，从今以后，如果创建东亚共同体，那么这将是一个人们的生活创造的共同体。这个共同体是一个不亚于 EU 的多文化、多语言的共同体。并且，在多国籍方面将超出 EU，更具全球性格。生活在东亚的我们，正在参与一个新的历史的实验。这是一个在尊重各自的国家、集团的文化的同时，在东亚地区创造共通性、共同性的具有挑战性的实验。而且，在这个实验中包含着反省并克服过去的历史这一课题。这个课题对日本人而言，是一个很重大的课题。

参与东亚共同体的形成，对于日本人而言，将是一个诚实地面对历史课题，从而找到正确的答案的一个过程吧。经过慎重的思考之后，我得出了以下的想法。"从'大东亚共荣圈'到东亚共同体"这一表述很可能会招致误解。有人可能会这样认为，这不是要从"大东亚共荣圈"出发，没有任何反省地过渡到东亚共同体吗？我认为，只有形成东亚共同体才能全面否定"大东亚共荣圈"，同时对此从根本上进行反省。由此，更应该弄清楚东亚共同体和"大东亚共荣圈"有什么区别。过去被迫接受"大东亚共荣圈"的东南亚各国，现今首先倡导建立东亚共同体，这就是一个很大的不同之处。日本人过于谨慎，所以有想依靠这个事实的心理。但是这样的态度免不了会遭受批判，说这是他律性的。我想，最大的不同之处在于，东亚共同体是构筑在相互友好、相互信赖的人们基于自由意志的国际移动和国际交流而不断进展的地域化的基础之上的。这才是东亚共同体形成的意义。

（本文根据 2009 年 4 月 13 日平野健一郎先生在清华大学
讲演录音整理。翻译：李佩）

东亚共同体与亚洲主义

京都大学人文科学研究所　　山室信一

引言——东亚共同体和亚洲太平洋共同体

推翻了自由民主党的长期政权、执掌民主党政权的鸠山由纪夫首相于 2009 年 9 月 21 日（日本时间 22 日上午）在纽约市内与中国国家主席胡锦涛进行了会谈。根据日本媒体的报道，在从重视亚洲的立场而提出的东亚共同体构想中，鸠山首相提议"承认中日两国之间的差异的同时，应超越差异建立信赖关系，希望构筑这样的信赖关系"；然而对于东亚共同体构想，胡锦涛主席并没有直接发表评论，而是提出了"加强首脑层面的往来""改善国民感情""恰当解决中日间持不同意见的问题"等"五项建议"，对此鸠山首相也表示赞同。很明显，由此可以看出在东亚共同体这一问题上日中两国之间存在着热度上的差异。

即便在日本国内，东亚共体构想究竟要经过怎样的一个过程，最终要形成什么样的一种形态，这些内容都尚未明确。特别是因为在东亚共体中美国的位置尚未明确，所以也有人担心这是将东亚共同体作为掩盖反美的一个口号而提出来的。这种担心的一个根据是 2009 年 8 月 27 日美国的《纽约时报》刊登的鸠山首相的文章，文中鸠山首相表明"美国主导的市场原理主义时代落下了帷幕，世界正朝着多极化的方向发展"。由此有人猜测鸠山首相要采取反美路线。或许是为了避免他人对这些言论的反弹，鸠山首相在 2009 年 9 月 16 日于首相官邸举行的就任首相后的第一次记者招待会上，就其自身所提倡的东亚共同体构想表示"从中长期来看这是正确的，但是并非要把美国排除在外，之后还应该构建亚洲太平洋共同体，我并不认为排斥美国所有的事情就可以顺利得以进展"。至少，从上述鸠山的这个说明中可以看出，东亚共同体只不过是到达亚洲太平洋共同体之前的一个中间环节形态，或者还可以说这里可能还包含着将日美同盟吸收到亚洲太平洋共同体中的长期展望。也正因为如此，我们不可否认东亚共同体本身的性质是尚未明确的。"亚洲事务应该以亚洲各国的能力和智慧解决"，如果不是这样，有人就会反驳这还能叫东亚共同体吗，而对此我们将无法再进行辩驳。

不管怎样，在此有必要确认一点，即日本的东亚共同体论还没有超出"构想"或是"希望"的阶段，为实现东亚共同体的具体步骤等都还在摸索之中。以上这些都是事实。那么至今为止东亚共同体构想是如何演变而来的？当今日本围绕东亚共同体有哪些讨论，这些讨论又和所谓的关于亚洲主义的讨论有什么样的关联呢？

一 "东亚共同体构想"的推移

（一）韩国首倡

在回顾东北亚地区的东亚共同体构想的发展时首先必须明确一点，即这一构想是由于韩国的首倡而得以推进的。位于中国和日本这两股强势力量之间的韩国，在东亚共同体构想上不是依靠经济实力、军事力量等，而是通过理念、方法的提出而起到引领作用。不可否认，防止东亚共同体成为中日两国争霸的对象而导致此问题政治化是韩国的意图。此外，其他原因还有，冷战终结，韩国迫切需要重新认识和之前被隔离的近邻地区之间的联系，而几乎同时和日本、中国之间产生的国境线领土问题也需要在历史经纬的基础上认真对待。自 20 世纪 90 年代之后非常活跃的韩国"东亚论坛"，是在之前仅从一国历史的观点考察韩国而得出的历史图景中讨论作为被想象和创造出来的对象的东亚空间，这是在韩国第一次出现作为智力试验的东亚论。另外，为了制度性地支持东亚史研究，高句丽研究财团以及作为其后身的东北亚历史财团一直在持续开展活动，这些与韩国的东亚共同体论的展开也是相关的。

具体而言，韩国政府是如何将作为外交课题的东亚共同体讨论，作为一项国际性的讨论提出来的呢？请看表 1 所示。

表 1

1988 年 10 月	卢泰愚总统在联合国大会上发表了"东北亚和平协议体"构想
1994 年 5 月	金泳三总统提倡"东北亚多国间安全保障对话"（NEASED）
1998 年 12 月	第二次东盟 + 3 首脑会议上金大中总统提议设立"东亚未来图景小组"（EAVG），被采纳
2000 年 11 月	第四次东盟+3 首脑会上金大中总统提议设立"东亚研究小组"（EASG）并开始活动
2001 年 11 月	EAVG 在第五次东盟+3 首脑会议上提交最终报告书《走向东亚共同体的方向：一个和平、繁荣、进步的地区》
2003 年 2 月	卢武铉总统提出"和平与繁荣的东北亚时代"构想
2003 年 12 月	召开"东亚论坛"（EAF）的成立大会

从以上这一系列过程可以清楚地看出，在东北亚地区韩国是为了不至于被埋没于中日两国之间，想通过政策建议而取得主导权，所以才积极、持续地提出了这些议案。这样，在 2001 年 11 月的 EAVG 最终报告书《走向东亚共同体的方向》中，"东亚共同体"这一用语第一次被用于正式的文件之中。

当然，韩国要在东亚共同体讨论中取得主导权，其政治背景中还有如何应对朝鲜半岛的核问题这一点，这是我们不应忽略的。即在南北协商停滞不前之中，作为将朝鲜纳入地区合作框架、调整错综复杂的东北亚国际政治的一种策略，东亚共同体这一框架作为一种可能性是很重要的。举例来说，2003 年 2 月卢武铉总统发表了"和平与繁荣的东北亚时代"构想，而之前的同年 1 月因朝鲜再次退出 NPT，自 2000 年 6 月以来持续开展的南北和解进程陷入僵局。为打开这一局面，东亚共同体被认为是必要的。只是这时候问题具有紧迫性，可以说大家更多地将焦点对准了"东北亚共同体"，而不是东亚共同体。这样，在韩国的东亚共同体讨论中，既存在朝鲜半岛的非核化课题，也有从包括整个东亚地区在内的讨论到只局限于东北亚的讨论，这里存在相当大的空间上的伸缩性，这也是我们应该留意的。

当然，不管东亚共同体的空间范围如何，毫无疑问在推进东亚共同体讨论过程中如果不能充分反映韩国的意向，则共同体的形成和运行将是困难的。进一步而言，今后在实现东亚共同体的过程中，最困难的课题应该是如何顺利地将朝鲜也纳入共同体中。要解决这样一个难题，韩国如何参与必将成为一个议论的焦点。

这也意味着，如果日本或中国提出这种方针尚未明确的东亚共同体论，韩国将生疑心。实际上对提出了东亚共同体构想的日本鸠山政权，韩国媒体描述为"日本的新政权"是要从长期坚持的"脱亚入欧"的对外路线向"脱美入亚"的新道路转换。如果日本从美国的影响中走出来，提出独立的亚洲战略，那么也就有可能向再武装、军事大国化的方向发展。而韩国的现状依然是市场依赖中国、技术依赖日本。有观点表明，日本新政权的成立也意味着促使韩国要马上构筑中长期国家战略①，所以也有必要充分考虑韩国的现状。顺便再提一句，在回顾历史时我们可能应该回想一下韩国对孙中山 1924 年所做的关于"大亚洲主义"的演讲的反应。韩国对演讲中孙中山向日本呼吁应取王道主义这一点给予了评价，但同时强烈反驳这种王道主义不仅只把旧有的华夷秩序作为前提，而且孙中山在呼吁日中两国提携合作的同时却将朝鲜的独立完全置于视野之外。

（二）东盟首倡

在建构东亚共同体构想的过程中，被视为模范的当然就是 EU。然而，作为具体的地区共同机构的参照标准并且实际上起到引领作用的，就如表 2 所示是东盟而不是其他机构。当然，最初大家认为东盟只不过是一个弱小国家联合起来所组织的"闲聊俱乐部"。虽然东盟包含了不同政治体制的国家，但自 1967 年成立以来却脚踏实地地作为一个地区合作机构做出了实际成绩。现在谁也难以否认这一前提，即要实现东亚共同体，东盟将是一个坚实的基础。或者说，现阶段考虑东亚共同体时其核心是东盟，在此之上再加上东北亚共同体的形态是自然的。也就是可以表示为"东南亚共同体（＝东盟）＋东北亚共同体＝东亚共同体"。

只是这里如何处理美国的存在有可能成为一个非常重要的议论焦点。因为马哈蒂尔首相倡导的"东亚经济圈"（EAEB）构想经过东盟协商后，作为要成立"东亚经济协议体"（EAEC）的构想发表，但之后由于美国的强烈反对以及与美国同步调的日本的反对而遭受挫折。鸠山首相之所以强调在东亚共同体的协商上并不排斥美国，也是将这一过去的经验当作了教训。而日本开始讨论东亚共同体的契机也是因为东盟，我们不应该忘记这一点。

与其说东亚共同体构想是在相互依存关系不断发展的经济状况的基础

---

① 《朝鲜日报》（日本版）2009 年 9 月 2 日。

上由各地自发倡议而浮出水面的，倒不如说它带有很强的在地区内的霸权争斗色彩而被提出来的一面。这是我们不该忽视的。当然，很多人一直在强调地区内团结的必要性，如新加坡的李光耀和吴作栋、马来西亚的马哈蒂尔等。但是，当我们回顾"东亚共同体"这一用语在日本社会普及的过程就可以发现，2001 年 11 月中国同意在 2010 年之前与东盟签署 FTA 协议，就在此时作为对抗性的政策日本提出了"东亚共同体"。这是不容怀疑的事实。也就是说，日本在推行 2012 年之前与东盟签署经济合作协议（EPA）这一计划时，2002 年 1 月访问东南亚各国的小泉首相在题为"东亚中的日本和东盟"的演讲中表示，在东亚应建设一个"共同前进、共同进步的社区"，翌年 12 月于东京召开的日本东盟特别首脑会议上通过的《东京宣言》中将此表述为"东亚·社区"。而自 2004 年 9 月在联合国的演讲中使用"东亚共同体"这一词语之后，它成了日本政府的正式用语，在各种媒体上也渐渐成为固定用语。2004 年以来，东盟+3 会议上围绕"东亚峰会"的加盟国这一问题，中日两国之间反复展开了激烈的交涉。中国、马来西亚认为加盟国应仅限于"东盟+3"，而日本、新加坡以及印度尼西亚主张扩大成员国范围，从而使澳大利亚、新西兰、印度也参加了第一次东亚峰会。虽然在东亚峰会上参加国处理的是东亚的问题，但并没有就这些参加国本身就是东亚共同体的成员国这一问题达成协议，峰会上各国还达成一致认识，即东亚峰会的参加国与东亚共同体的主要成员国并非一致。

参加东亚峰会的审核标准是：是 TAC（东南亚友好合作条约）的加盟国；与东盟是完全对话国并具有实质性的合作关系。东亚峰会的主体在于东盟。并且由于规定了东亚峰会的议长国由东盟各国担任等，所以峰会参加国的认定以及运营的核心都在东盟。可以说这也反映了参加国要防止日中两国争夺主导权这一意愿。

无论走什么样的道路实现东亚共同体，"东盟总是在司机席上"，这一点将没有变化地一直持续下去。

表 2

1990 年 12 月	马来西亚马哈蒂尔首相的"东亚经济圈"（EAEB）构想→经过 ASEAN 的协商变为"东亚经济协议体"（EAEC）构想
1997 年	"东盟+3"（日、中、韩）启动

续表

1999 年 11 月	东盟+3 首脑会议上的"东亚合作联合声明"
2001 年 11 月	第五次东盟+3 首脑会议上关于"东亚自由贸易圈"(EAFTA)构想与东亚峰会构想的讨论
2001 年 11 月	中国与东盟同意签署经济合作协议
2002 年 1 月	小泉纯一郎首相在东盟+3 会议上提议包括澳大利亚、新西兰在内的"扩大的东亚社区"
2002 年 11 月	中国与东盟签署"全面经济合作框架协议"
2003 年 9 月	在北京设立"东亚智库网络"(NEAT)
2003 年 11 月	日本与东盟签署"全面经济合作伙伴框架协议"
2003 年 12 月	日本东盟特别首脑会议上通过了旨在构筑"尊重普遍规则和原则,外向型的充满创造力和活力的、相互理解的以及拥有理解亚洲的传统和价值的共同精神的东亚社区"的《东京宣言》
2004 年 11 月	东盟+3 首脑会议上 NEAT 提出"政策建议 paper",提议在"东亚安全保障""东亚经济共同体""东亚社会文化共同体"三个领域推进合作
2005 年 12 月	马来西亚作为议长国召开了东亚峰会(EAS)

(三) 实现东亚共同体过程中的障碍——历史认识

由于 2005 年 12 月在马来西亚吉隆坡召开的有东盟+3 首脑会议成员国以及澳大利亚、印度、新西兰参加的第一次东亚峰会,从 2005 年初开始这一年就被称为"东亚共同体元年"。人们期待此次峰会将使东亚共同体的形成得到很大进展。同时,这一年也是日韩建交 40 周年,被称为"日韩友情年 2005",因此两国策划了各种政府和自治体层面的交流事业和活动,期待借助"韩流"这一潮流之势进一步扩大东北亚地区的交流圈。但是 2 月份日本岛根县议会上通过"竹岛日"条例后,再加上对之前的小泉首相正式参拜靖国神社问题以及历史认识的批判,韩国民众的反日情绪喷薄而出,不断高涨。也正是同一时期,对于日本要成为联合国安全保障理事会常任理事国的动向,很多中国人认为这是已经成为军事大国的日本要以联合国为背景作为政治大国在东亚争夺霸权。中国民众要阻止这一事态的发生从而举行了反日游行。当然,在中国同样也存在对小泉首相正式参拜靖国神社以及历史认识问题的批判。在这种情况下,对东亚共同体的悲观性看法逐渐在日本社会扩散。而认为应该推进东亚共同体的人也表示,如果日本在历史认识问题上不能跨越和中国、韩国之间的鸿沟，不仅东亚共同体的形成是困难的，而且即便形成了东亚共同体那也只不过是一具形骸，人们不会产生真正的归属意识。也就是说，历史认识已经成为形成东亚共同体的障碍。只要历史认识的纠正是形成东亚共同体的前提，那么历史认识和东亚共同体的形成将被视为是一体的、不可分割的课题。

二　共同体的形成和亚洲主义的困境

（一）　作为对抗性意志的亚洲主义

那么，亚洲共同体作为一种地区主义，在谋求地区内统合的同时对其他地区持有对抗性意志，这也是不可否认的。这种意志在 EU 同时也可以看到，特别是在后冷战时代，作为和欲以一国支配主义建立以美国主导的国际秩序相对的另一种存在，能够成为美国的对抗轴的"地区形成"（region-building）被认为是不可或缺的。当然，我们也应该注意到东亚地区的发展也经历了几个阶段。首先就是被称为"四小龙"的那些国家和地区从 20 世纪 80 年代开始在经济上作为工业国起飞，经济方面的自立不断得以发展，进而出现了认为在东亚本来就存在经济自立基础的"亚洲的价值论""儒教资本主义论"等，认为不得不依赖于欧美的经济结构只不过是殖民地统治结构下的历史产物。这一文明史观的变化也说明了东亚发展的不同阶段。

且不论这一观点的正确与否，如果说亚洲共同体是一种地区主义，那么很自然它与亚洲主义的关联性以及差异就是一个问题。其实日本社会有从与亚洲主义的关联性这一角度来讨论亚洲共同体的倾向。当然，也有不少学者抛开与亚洲主义的关联，仅从经济上相互依存度的提高等这些事实来论述亚洲共同体的必然性。反之，也有人认为由于经济上的相互依存度依然很小，所以形成东亚共同体的可能性不大。如上基于同一事实却得出了完全相反的结论，这也反映了东亚共同体仅是单纯的经济合作机构还是旨在实现经济一体化的机构这一点在现阶段尚未明确，因而难以作出判断的事实。

另一方面，将亚洲主义作为论据的讨论中，仅说明对亚洲主义的认识，然后根据亚洲主义的参照标准对东亚共同体是否是件好事以及得当与否而进行的讨论比较多。关注这一点时就可以发现，在日本东亚共同体论很明显地分为赞成与反对两派。

当然，关于亚洲主义到底主张什么样的内容，学者们的观点也不尽相同，它也不是一个很明确的概念，最大限度的共同理解可以简要概括为"对于来自亚洲外部的压力，地区内多个民族以及国家联合起来对抗这种压力的立场"。只要是主张多个不同的民族和国家联合起来，那么它就不可能是民族主义，这里需要的是超越民族主义。然而，同时它又并非完全否定民族主义，确保民族主义是这里的一个前提。从这个层面而言，它带有既否定民族主义同时又是民族主义的扩张这样的两面性。

在此，亚洲的范围如何设定，也绝不是不言自明的。即便在当今的东亚共同体论中，之所以关于印度、新西兰、澳大利亚等国是否应该加入东亚共同体成为了一个争论焦点也是这个原因。在设定亚洲的范围时有两种情况，一是这个范围是外部给予的；二是根据某种标准由内部自行组成。而且，亚洲的共通性到底指什么，这是现阶段大家都还在探讨的一个课题。因此在日本，作为东亚共同体的一个根据，亚洲主义因是一个具有历史延续性的概念而受到瞩目吧。

（二）日本外交中亚洲主义的意义

第二次世界大战前的亚洲除了日本、中国、泰国之外并不存在独立国家，而且日本为了本国的生存必须把与欧美的协调作为外交的支柱，所以无论是二战前还是二战后日本都没有将亚洲主义作为一种外交目标正式提出来。另外，在二战后由于亚洲主义会让人联想到"东亚共荣圈"，所以日本在外交场合也从未提亚洲主义。尽管如此，位于亚洲的日本不能无视与亚洲的关系，因此战后日本外交的基本原则中虽然强调"联合国中心主义""与自由主义各国的协调""作为亚洲的一员的立场"，但基本上也就是实行"与自由主义各国的协调"而与美国结成同盟。"作为亚洲的一员的立场"说到底仅是在这一框架内的立场上的政策选择而已。换句话说，以日美同盟为基础，日本追求与亚洲各国联合中的中心地位。1969年日本经济企划厅长官宫泽喜一提出"亚洲太平洋机构论"、1977年福田赳夫首相在东南亚提倡"福田主义"、1979年大平正芳首相提出"环太平洋连带"构想等，说到底都还是日美同盟框架中的构想，而不可能是将美国排斥在外的与亚洲的连带构想。而有美国加入的亚洲太平洋共同体构想在1989年就以APEC的形式得以实现。从这一层面而言，虽然亚洲主义不曾作为一个外交目标被提出来，但是由于日本无法无视与亚洲的外交协调，所以可以这样认为，即二战后的日本外交中存在着"被隐藏起来的亚洲主义"。但是即使是在亚洲共同体作为一个外交课题被提出来的今天，日本的外交官中依然存在一种被默认的潜规则，即与欧美的外交由一流水平的人担任，而亚洲和非洲的外交则由二流水平的人担任。因此如果要将亚洲主义外交作为外交的支柱提出来，外交官中肯定会有反对意见。

（三） 基于亚洲主义的共同体推进论

关于亚洲主义，今天的日本社会也依然存在两种完全对立的观点。有人认为这是要推行侵略思想；另外一些人认为情况并非如此，认为亚洲主义是对抗欧美的侵略思想的。由此，在亚洲主义和亚洲共同体的关联性上也存在两种对立的意见。

在这些意见中，将亚洲主义和亚洲共同体结合起来考虑的人的论据是明治时代的美术指导者同时也是思想家的冈仓天心的"亚洲是一体"的口号。冈仓的这个口号并非主张作为一种实际状态的亚洲是一体，而是要呼吁欧美的荣耀是亚洲的屈辱，在屈辱这点上亚洲是一体。也就是说，亚洲在现实中并非是一体，只不过在"希望亚洲是一体"这一愿望上是一体。然而，从今天的实际情况来看，"亚洲是一体"正在逐渐变成现实，而亚洲共同体也不再仅仅是一个愿望，而正在逐步得以实现。这就是基于亚洲主义的共同体推进论的立场。

确实，1980 年亚洲地区内的贸易依存度为 34%，2003 年攀升为 53%。当今亚洲的经济结构已经发展到如不依靠地区内的贸易则无法成立的程度，亚洲地区内的贸易依存度已经超过北美自由贸易区和欧盟。另外，在亚洲地区不仅经济依存度上升，文化交流以及在中间层中价值的共有化也不断得以进展。然而，如果仅仅以此来论述亚洲共同体当然就没有必要在此加入亚洲主义。作为亚洲主义被提出来的背景，最主要的就是在亚洲存在美元以及农村的美式全球化等这一共同的威胁。为了对抗这种来自外部的压力，有必要用亚洲主义来联合各国。

当然，主张要推进东亚共同体的人并没有完全将这种亚洲主义摆到桌面上来，因为将亚洲主义作为论据并没有成为一种大家都了解的共通事项。就如 2006 年设立的国际亚洲共同体学会表示的那样，"相互有助于构筑东亚共同体的研究教育的发展，为实现东亚共同体而相互合作，以此为目标"。或许可以这样认为，"亚洲是一体"是作为一个为实现东亚共同体要相互合作的口号才被标榜出来的吧。

主导这种观点的进藤荣一教授认为，从石桥湛山、池田勇人到大平正芳、宫泽喜一等政治家的外交论即便不是要否定日美同盟，那也是要将美国相对化而意在亚洲的。进藤教授还认为，日本的亚洲主义从明治时代冈仓天心的讨论开始，经过竹内好等人的战后亚洲主义之后向 21 世纪的亚洲主义逐渐展开，东亚共同体正是乘着"第三次亚洲主义的浪潮"而逐步实现的①。

（四） 以反亚洲主义为根据的共同体否定论

日本社会也有强烈的否定东亚共同体的论调。特别是有些人认为，在不得不意识到不断成长的中国经济的压力这一局面下东亚共同体实际上会成为华人经济圈，东亚共同体只不过是以中国为主体的"亚洲主义"，因此提出了反对意见。也有人认为中国的性格中存在作为"帝国"的扩张意志，东亚共同体只不过会是中国的"帝国"的翻版。关于这一点，很多人认为中国的"帝国"已经在 19 世纪后半叶失去朝贡国家的过程中消亡了，但也有人认为相反在现代中国外交中它仍然作为一种基本性格保留了下来②。这种东亚共同体反对论认为，与其说是与亚洲各国的关系，倒不如说东亚共同体只是华夷秩序的再现，它只会以大中华圈构想的方式实现。显然，这里包含着对中国崛起的警惕感。

作为这种反亚洲主义的论调，著名的经济史学家渡边利夫教授的《新脱亚论》受到瞩目③。众所周知，所谓的"脱亚论"就是，福泽渝吉否定中国与朝鲜文明化的可能性，认为"亲恶友者不能免其恶名，吾之心则谢绝亚细亚之恶友"④，从而认为日本应该采取美国对中国和朝鲜这两个国家的态度。简要地说，"新脱亚论"是指日本不可能与不接受人权、民主主义等普遍价值观的非文明国采取同样的行动，而应该和拥有同样价值观的欧美各国统一步调，对亚洲应该采取和欧美同样的态度。这种以共有普遍价值

---

① 参见〔日〕进藤荣一、平川均编《设计东亚共同体》，日本经济评社，2006。

② 〔日〕冈部达味：《中国外交的古典性性格》，《外交论坛》100 号，1996 年 12 月。

③ 〔日〕渡边利夫：《新脱亚论》，文春新书，2008。

④ 《福泽渝吉："脱亚论"》，〔日〕《时事新报》1885 年 3 月 16 日。

观为外交前提的观点在日本成为一种思潮，在政界于 2007 年 5 月成立了由美国、日本、澳大利亚、印度等拥有同样价值观国家组成的"促进价值观外交议员之会"。

此外，还有举亚洲主义的例子来进一步强烈否定东亚共同体的论调。举其中的一个例子来说，以东亚协同体和"大东亚共荣圈"为外交口号的近卫文麿首相在 1918 年的论文《排斥英美本位的和平主义》中认为，这是要向英美强权下的和平挑战并要破坏它的亚洲主义，在规定其是马克思主义者的基础上，认为亚洲主义是和盎格鲁—撒克逊民族对决的思想。通常在日本，亚洲主义被认为是和反对共产主义的国家主义共存的，被定位为所谓的"右翼"思想。但是以上这种理解中将亚洲主义定位为"左翼"思想，从这一点可以说它是违背常识的立论。不管怎样，它批判"大东亚共荣圈"是为了开展对英美作战的一种教义，"大东亚共荣圈"的本质实际上是东亚各个民族通过共产主义而联合起来。这种观点认为"大东亚共荣圈"是错误的外交政策，这也是和通常所说的"右翼""左翼"概念相颠倒的一种理解。从这一层面考虑时问题好像会变得复杂。原外交官冈崎久彦一贯这样主张，日本稳定、繁荣的时代是结成日英同盟、日美同盟的时代，与盎格鲁—撒克逊相对立的亚洲主义无异于是政治上的自杀行为。现在这种主张披上了一层新的外衣而被重新论证了吧。根据中川八洋教授的观点，亚洲主义是"魔鬼思想"，"大东亚共荣圈"是要建立"共产亚洲共同体"的尝试。而现在尚在构思之中的东亚共同体也只不过是"共产共同体"，如果支持和参与将导致日本亡国，这就是反对东亚共同体的论据①。这样一种对亚洲主义的理解，可以说是换了一种表现形式的"中国威胁论"的翻版，它认为对于日本的繁荣而言和欧美的同盟是根本，日本如果和亚洲特别是中国联合将会很危险。它就是从这一立场来否定东亚共同体论的。

总之，在过去作为"日中连带论""中国威胁论"而被讨论的日中关系论，现在已经演变为针对东亚共同体这一具体的课题参照亚洲主义得出了赞成和反对两种意见，且这里大家只是各自提出各自的看法，并没有进行争论。以上就是日本社会的相关现状。

---

① 〔日〕中川八洋：『亡国の「東アジア共同体」中国のアジア覇権を許してよいのか』，北星堂書店，2007。

（五）"东亚共同体"怀疑论的根据

如上所述，关于东亚共同体论，大家参照亚洲主义提出了赞成和反对两种意见。然而，由于东亚共同体的具体形象难以描述，这些讨论并没有扩散开来。或者说，亚洲究竟是否能够成为一个共同体，对此很多人持怀疑态度。这也是实情。

那么，对东亚共同体的怀疑究竟是怎样的呢？第一个问题就是政治体制的多样性。这也是因为民主主义、人权等价值观方面的差异而产生的。当然，也有像东盟这样的例子，虽然包括了越南、缅甸等不同政治体制的国家也能顺利运行，但是在东北亚地区中国的存在和影响是巨大的，而在朝鲜半岛尚存在分裂的国家。所以，不可否认的是共同体的形成必将伴随着困难。

同样，第二个问题是经济发展阶段、产业结构的不同。这个问题关系到如何解除关税壁垒的问题。当东亚共同体成为经济共同体之时，应该是撤销关税的。鉴于日韩之间以及经济成效很让人期待的中日之间尚未缔结FTA的现实，可以推测东亚共同体的实现并非易事。当然，这里还存在各国政府无法无视国家之间农产品的价格差距以及对国内农业的保护等实际情况。特别是，在日本以能源衡量的粮食的自给率只有40%左右，人们对此深感不安。从国民和粮食安全保障的观点来看，日本存在对农业完全自由化的恐怖心理。日本于2007年8月和东盟之间达成了要在10年之内签署包括撤销进口货品93%的关税等内容的EPA协议，但是这里并不包括主要的农产品。这也是上述心理的一种体现吧。

第三个问题是存在对缺乏文化同质性的怀疑。当然，以什么作为文化的同质性的标准并不明确。欧盟是一个以基督教共同体的历史为根基的地区，有人认为这和亚洲这样同时存在着佛教、儒教、道教、伊斯兰教以及基督教等各种宗教的地区是不同的。而且，在东北亚有一个很大的障碍就是历史认识问题的鸿沟，不可否认它将妨碍共同体意识的形成。东亚共同体的问题并不仅仅是经济层面的问题，当我们将焦点对准归属意识的时候，就会发现历史认识问题是一个不可回避的课题。在欧洲推动了经济共同体之形成的让·莫奈曾反省说"要建立共同体，应该从文化而不是从经济着手"，我们有必要再次认识这句话中的含义。确实，在东亚，从"韩流""华流"的盛行以及"哈日族"的存在可以看出的那样，流行文化的同质化在不断得以发展。但是，在流行的背后，存在着接受"虽然相似但是不同"的东西的嗜好，从这一步发展到文化的同质性恐怕还尚需时日。

第四个问题是在军事威胁上的相互不信任，这在怀疑论中是最突出的一点。当然，如果说东亚共同体是有意义的，那就是它具有作为地区安全保障共同体的功能。这是大家没有异议的。也就是说，在这个层面上要建立作为地区安全保障共同体的东亚共同体，那么如何保持在军事上的平衡将是一个课题。尽管如此，在东北亚军事上的不平衡有加强的倾向，并且有局势紧张的危险。现在东南亚已经成为非核地带，但是在东北亚，对于朝鲜拥有核武器一事，在日本和韩国甚至已经有人认为作为一种抑制他国的力量应该拥有核武器。当然，采取了非核三原则的日本不可能拥有核武器，而在朝鲜半岛的非核化上，中、日、韩以及美国、俄罗斯已经达成协议。作为一种趋势，东北亚也会朝着非核化方向发展。这样，在东亚只有中国是唯一拥有核武器的国家。美国的奥巴马总统提出了"无核世界"构想，而联合国安全保障理事会也采纳了这一方针，作为安全保障理事国的中国也有落实这一方针的责任和义务。日本是唯一一个遭受过原子弹轰炸的国家，在日本有从东亚开始实现"无核世界"的舆论。如果这一点不能实现的话。那么国际舆论的批判和责难将集中到中国身上，这是我们不可忘记的。

以上列举的四个问题与对东亚共同体是否能够成为命运共同体的怀疑相关。但是，这并非要否定构建东亚共同体本身。这应该是这样一种思考，即以将来东亚共同体不可或缺为前提，分析成为其障碍的因素中什么会成为问题。另外，为去除这些障碍因素，现阶段应采取什么样的策略也成了一个课题。其中具有现实性的是"功能性合作"方针，日本政府现在将此作为基本立场。"功能性合作"方针是指对经济政治上的具体课题选择解决的最合适的方法，从有可能性的方面开始推进实质性的合作。然后，通过形成具体的合作关系，将实现东亚共同体作为最终目标。这表明至少在现阶段日本政府对于东亚共同体的关注重心在于推进经济层面的合作。

三　走向东亚共同体的道路——试行方案

（一）共同体的意识基础

毫无疑问，"功能性合作"方针是现阶段最容易被接受的道路。然而，为了切实推进这样的功能性合作，有必要努力消除相互交流之间的障碍以及国与国之间的差距问题。为此，通过以共同的价值观和原则为基础的身份认同的形成，从而产生"共同体意识"也是一个课题。

本来，共同体和单纯的合作机构的不同之处在于，居住于此地的人们拥有共同的价值和规范意识，在此基础之上形成"我们都是这个社区的成员"的归属意识是不可缺少的。但实际情况是在这种意识上各国之间存在相当大的差距。举例来说，根据针对有多少人具有"亚洲人"意识的调查结果①，缅甸（92.1%）、越南（83.6%）、老挝（79.81%）、韩国（71.6%）、泰国（67.9%）、日本（41.8%）、中国（4.1%）。从以上数据可以看出各国之间存在很大的差异。这一统计数据，与各国过去和欧洲的关系以及现在的国际地位等都有关系，但这一数据并不直接与对东亚共同体的关心和意愿相关。顺便再提一句，1999 年在欧盟 15 个国家实施的对欧洲的归属意识的调查结果显示平均值只有 56%。这表明即便从开始着手建立共同体到现在已经过去了半个世纪，但要形成共同意识也绝非易事。至少，为了形成对东亚共同体的归属意识，在相互理解的基础上构筑相互信任关系是一个必需的条件。另外，这种对共同体的归属意识问题也与加盟国的范围有关，如果像日本主张的那样澳大利亚、新西兰以及印度都加入共同体，那么必然会有人议论说这哪里是共同体，只不过是如 APEC 这样的合作机构罢了。

（二）全球化和地方主导

如果从世界的动向这一角度来考虑，东亚共同体论又可以看做是全球化中的地方化的一种动向。但是，作为根本问题又将回到东亚共同体到底是为了谁的共同体这一点上。如果站在东亚共同体不是仅靠政府关系来形成这一立场来看，那么是否也应该关注作为人们生活场所的地方的地方主义呢。这个问题当然也关系到是否能够产生对东亚共同体的归属意识这一问题。

稍做思量就可知道，地区共同体的形成有自上而下和自下而上两种方式。至今为止关于东亚共同体的讨论都是以政府主导的自上而下的方式为

---

① 〔日〕猪口孝等编《亚洲晴雨表》，明石书店，2005。

前提的，也由于这个原因，在日本人们对东亚共同体的关注程度并不高。和自上而下的方式相比，自下而上的方式确实有点绕道。虽然采取这种方式需要艰苦的、毫不含糊的努力，但是我个人一直在呼吁，只要我们想达到东亚共同体从结果上被大家认可为"我们的共同体"这一目标，那么自下而上的方式就应该作为一种可以摸索的方案。

况且，被认为有可能通往东亚共同体的地方主导运动在东北亚也已经有了一定的发展和积累。其中的一个具体例子就是东北亚地域自治体联合（NEAR），2008 年有 6 个国家（日本、中国、韩国、俄罗斯、蒙古、朝鲜）的 67 个自治体参加。并且这里有一点很值得注意，在这样的地域自治体联合的形态中，尚未建交的朝鲜和日本的交流成为可能。除此之外，在环黄海经济圈构想中有日本的北九州市、下关市、福冈市，韩国的仁川广域市、釜山广域市、蔚山广域市，中国的大连市、青岛市、天津市、烟台市等参加。这样一种动向，作为跨越国境的"跨越国境的治理"（cross-border governance）的尝试，作为一种在 21 世纪应该受到重视的政治方式——"市民治理"（civil governance），是我们无法忽略无视的。

这样，在今天的东北亚地区，由于全球化和地方化的同时推进，出现了全球地方化的现象，但是这并没有受到关注。另外，在日本经常有这样一种意见，即将东亚共同体的形成看成是从欧洲经济共同体到欧共体，再发展到欧盟的一种模式。但是我主张，如果要向欧盟学习，则不应该是向其本身学习，而是应该关注欧洲专区（Euroregion）方式。欧洲专区是指从 1958 年在德国、荷兰的国境上产生的边界合作区（Euregio）开始发展而来的、作为"跨越国境的多个地方以及地区当局组织起来的、拥有常设事务局以及技术、行政小组的联合体"，它除了保护传统产业、支援中小企业等经济援助以及邀请外国投资进入之外，还推进了为促进自然保护、共同面对自然灾害、教育和观光等文化方面的合作等软性安保领域的跨越国境合作（transfrontier cooperation）。

（三）源于地方主义的、自下而上的联动与联合

众所周知，欧洲的国境地带存在很复杂的民族问题。为了"在国境的最前线将倾轧变为桥梁"，通过民族和历史遗产的保护事业、交换教育等来促进民族之间的对话从而缓解对立和纷争的事业正在被推进。这样的民族之间的对话在波兰取得了成功。二战后，波兰东侧的大半被苏联占领，而

德国的部分领土被让给了波兰，这造成了国境线的移动错位，再加上对居民的强制性迁移造成了民族本身的迁移，因而民族纷争一直不断。现在，在波兰围绕着国境线有 14 个欧洲专区，在那里建立大学并根据波兰人40%、德国人 20% 的比率录取学生，开展作为欧洲人的意识教育。因为这项事业的开展，波兰人对德国人的反感大大减少。这是取得的一大成果。现在欧洲专区的数量已经超过 60 个，并且和不接壤的地方以及旧共产圈之间也建立了自治体联合，在波兰和匈牙利的宪法中也有关于自治体间的国际合作的规定。朝着欧盟这一国家间一体化的趋势和地方自治体之间形成合作关系是欧洲统合中的一车之两轮，欧洲之统合就是这样不断得以推进的。

当然，在日本外交权作为一种专权由中央政府掌握，地方自治体要跨越国境作为自治体联合活动，在制度上存在障碍。但是即便在这样的制度之下，如前所述的东北亚地域自治体联合以及环黄海经济圈构想依然在地方自治体自发性主导的基础上持续开展了活动。另外，这些地方自治体也正是处于日本、中国、韩国、朝鲜之间的对立的最前线之地区。也正因为如此，就如欧洲专区所显示的那样，它也可以成为将利益冲突点变为利益互惠点并将纷争防患于未然的预防外交（preventive diplomacy）的基地。从这个意义而言，地方自治体可以作为跨越地区的准/副外交（paradiplomacy）的行为主体发挥作用。只有通过这样一些活动，作为自身对其抱有共同归属感的社区的东亚共同体才有可能自下而上得以建立。

在过去，国境线是分隔"我们与他们"的界线。但是，就如从 EU 这个例子中可以看到的那样，国境线也可以成为促进交流的接合线，更进一步而言，它也有可能成为消除本地区从地方到国家之间对立的基地。因此，我们也可以将欧洲专区的活动看做是东亚共同体在生活场所方面的先行标准。

不管怎样，在讨论今后将不断得以进展的东亚共同体时，很重要的一点是这究竟是"为了什么目的，由谁组成的共同体"这一视角。因为共同体的形成既是为了实现相互交流中可以容许不同价值观之共存的努力，对于成员而言也是一个大家能够对此拥有共同的身份认同的共同体。而对每个个体的人而言，在从近邻到自治体、国家，甚至从亚洲到世界等多层次的空间内，调整时而重叠在一起、时而相对立的多种义务和要求的同时，从何处找到自身的身份认同也会成为一个问题。而东亚共同体论中摆在我们面前的课题也正是这一点。这是我们应该牢记的。

对某个特定的共同体持有的归属感、身份认同，首先是个人如何感觉和看待这个问题。在此之上更为重要的是，自己认为自身归属于某个共同体，而共同体的其他成员也承认你是这个共同体的构成人员。只有这样这个共同体才是稳定的。

（四） 通过"知识共和国"形成信赖关系

这样，源于地方主义的、来自基层的联动与联合，对于东亚共同体的归属意识的形成是根本所在。但是，并不是存在地区自治体这一现象，能够成为行为主体的最终还是每个个人。没有人与人之间的交流就不可能产生相互理解以及基于相互理解的相互信赖。就如在本文开头引用的那样，胡锦涛对于东亚共同体的形成避免做直接的评价，而是列举出"加强首脑层面的往来""改善国民感情""恰当解决中日间持不同意见的问题"等课题。这也表明了他认为应优先考虑信赖关系的形成这一立场。

作为跨越国境与异文化进行交流的主体，有政治家、经济界人士以及学者、留学生等。其中，可以不那么拘泥于直接的政治经济利害关系、能比较自由地思考及行动的是研究人员和留学生等。现在亚洲地区的研究交流和留学生的派遣等都很活跃。但是我们也无法否认这一点：当今被研究人员、留学生们视为研究、教育之先进地区的是欧美，特别是美国。而来自东北亚的留学生有更加集中于美国的倾向。这意味着在语言方面存在多语种的亚洲，共通语言将是英语。而且，即使形成了东亚共同体，依然存在英语成为公用语言的可能性。当然，现在要排斥英语是不可能的，但是没有可以替代的公用语言也是事实。但是，即便由英语形成东亚共同体的可能性很大，但倘若事实果真如此则必将有人提出疑问：这究竟还能称为东亚共同体吗？这样，使用英语和不使用英语的人们之间就可能产生隔阂甚至不信任。

为了避免这种事态的发生，例如建立"亚洲大学"这样一个亚洲人们能够聚集在一起的基地，在此大家共享亚洲研究的成果、将研究成果作为政策建议提出的同时更进一步地面向社会进行说明和宣传——如能具有这样的功能将是很理想的。这样，至少在一定期间内，大家有同住和相互交流的场所。这是培养信赖关系的最佳土壤。刚才所举的欧洲专区的例子中，由交换教育而得到的成果是最有力的证明。

当然，在哪里设立"亚洲大学"的问题有可能变成一个政治问题，而且此大学之设立也不是马上就可以实现的。在此可以作为参考的是，1987年创建的"欧共体促进大学生交流行动计划"（ERASMUS）。这个项目是对在欧盟的其他国家留学一年提供奖学金的制度，是一个促进欧盟内跨越国境的学生交流的项目。通过这个项目，最初的20年内实际上有超过200万名的学生因这一制度的恩惠而能够在他国进行学习钻研，从而开始对EU抱有归属感，并通过在此建立的人际关系网络给社会和文化以很大的影响。仿效这个先例，在亚洲也实现这样的"仁爱项目"的构想，就开始有可能使在历史认识问题上对立的双方之间建立信赖关系。也期待通过这个项目的实施，我们逐渐可以对"亚洲大学"应该是一个什么样的大学有比较清楚的认识。

结束语：在二极化（G2）时代中

（一）"2012 年问题"

最后，让我们先再次确认现在在东亚共同体的形成方面的问题所在。当今日本社会对未来的东北亚国际秩序，大家最为担忧的就是2012年以后中国因拥有航空母舰而带来的军事威胁问题。如果中国拥有航空母舰，那么至今为止仅停留于大陆的中国的军事力量将成为"海上帝国"，由此大家会认为在东亚乃至太平洋地区的力量平衡关系将发生非常大的变化。中国将因此掌握南海的制海权。这很可能会再次引发强调中国要将东海变为内海的"中国威胁论"。另外，俄罗斯也曾表示将在今后10年内增强海军力量，而日本社会也出现了要与这样的海上力量相对抗而要求扩大军事装备的声音。很明显，这一系列的动向都是与要建立作为安全保障共同体的东亚共同体这一目标相违背的，如果不增加军备方面的透明性以及自动阻止压迫民生的军备扩张的趋势，世界又将陷入因互不信任而导致的军备竞争的地狱。军事力量最多也只不过是一个平衡的问题，如果自动缩减军备的可能性很小，那么只有采取在多国间保持平衡、大家一起缩减军备的方式。另外，亚洲的安全保障体制基本上是通过以美国为中心的"中枢和辐条"的方式得以维持和强化的，无视美国的存在将无法谈及安全保障问题——这也是事实。通过美国和中国之间缔结不战条约等方式来构筑非战体制对于今后东亚共体的形成也是一个重要的因素。

（二）"不干涉内政原则"的对应

另外，要求建立东亚共同体的另一个重要契机是，应对烟雾危害以及酸性雨等跨越国境的环境问题、AIDS（后天性免疫功能不全症候群）以及SARS（严重急性呼吸综合征）等广范围内传播的传染病的需要。要应对这些问题，如果拘泥于不干涉内政之原则将是没有成效的。在欧盟，"主权的共有化"是一个前提。面对朝鲜、缅甸等的人权问题，如果从人道主义角度出发，不干涉内政之原则也并非完全是被优先考虑的。在这一点上我们可以说，即便是中国的内政问题，中国也应该不能无视外部是如何看待这个问题的。这也关系到究竟是选择"亚洲的""人种的"集团为核心来构筑东亚共同体还是根据民主主义、自由、人权这些共同的价值观来构筑东亚共同体这一问题。日本社会中对东亚共同体持怀疑态度的人是很重视这个问题的（如前所述）。周边各国均担心轻视人权的状况将毫无改变地被带入东亚共同体中。这种担心形成了一种不安。对于反对东亚共同体的人而言，没有共同的价值观是一个有力的论据，这也是确凿的事实。

如上所述，东亚共同体的形成在各个层面上都存在应该解决的课题。但是我们也没有必要因着急而无视这些课题，认为如果没有东亚共同体东亚就没有未来。在明确东亚共同体这一目标的同时，准确把握现状并实施与之相适应的对策才是重要的。即便将选择东亚共同体还是亚洲太平洋共同体作为遥远的将来的一个课题，在东亚共同体中如何将独立于欧美的志向和"开放的地区主义"整合起来以及东亚共同体的范围如何设定、各国所想象的作为亚洲这一集团的基轴究竟应该是什么等，都是在东亚共同体这一问题上应该解释清楚的。本文只不过指出了其中的一部分课题。

（本文根据 2009 年 9 月 29 日山室信一先生在清华大学

讲演录音整理。翻译：李佩）

日本的东亚共同体构想与美国

中国社会科学院日本研究所　刘世龙

一　日本的东亚共同体构想的起源与美国

日本与美国讨论建立地区共同体问题，始于 20 世纪 60 年代初。其时，关于共同体的名称，两国表述各异：日本的范围小，称"东南亚共同体"；美国的范围大，称"亚洲共同体"或"太平洋共同体"。1961 年 6 月池田勇人首相访美时，建议两国采取联合行动，增加对东南亚发展中国家的经援。肯尼迪总统对此未作承诺，但同意协商对东南亚的经援问题。[1] 池田首相的政策是否对美国产生影响尚不得而知。但我们知道，池田访美后的 1961 年 11 月，美国驻日大使赖肖尔已在与负责经济事务的副国务卿乔治·W. 鲍尔讨论建立以美国、日本、加拿大或许还有澳大利亚为中心的太平洋共同体的可能性。[2] 1962 年 2 月 5 日，池田首相会见访日的美国司法部长罗伯特·肯尼迪时表示："去年访美会见纽约州州长洛克菲勒时，就东南亚共同体进行了协商。当时，我讲了为时尚早的意见。最近访问亚洲各国的结果，认为成立共同体大致可行。我认为，关于共同体的起步运作，日美有很多合作领域。"[3] 及至 1962 年 11 月，欧洲经济共同体（1958～1967 年）的实践使池田首相在考虑东南亚共同体建设时更具战略眼光。他在同月访

---

①　〔美〕F. C. 兰登（F. C. Langdon）：《日本的外交政策》，福田茂夫译，密涅瓦书房，1976，第 95 页。

②　〔美〕埃德温·O. 赖肖尔（Edwin O. Reischauer）：《我在日本和美国之间的一生》，哈珀与罗出版社，1986，第 212 页。

③　《日本外务省美洲局北美课：A′-401，池田总理—罗伯特·肯尼迪司法部长会谈》，选自日本外务省外交史料馆《外交记录》，1962 年 3 月 5 日。

问欧洲时形成的想法是："从经济角度看，自由主义阵营正在分成北美、欧洲、日本和亚洲这三根立柱。这三根立柱必须相互竞争、相互合作。"① 池田勇人把世界一分为三的理念与冷战后日本对外战略思想的发展吻合。

20 世纪 80 年代末，"东亚经济圈"构想进入日本决策者的视野。从有代表性的设想看，当时日本倾向于建立一个由日本领导，不排斥美国参与的经济圈，它以"亚洲四小龙"、东盟国家为核心，以大洋洲为外围。② 以亚太经合组织于 1989 年 11 月起步为标志，日本开始采取双轨战略：在东亚地区和亚太地区同时推进多边经济合作。冷战结束后，日本日益面向东亚地区。不过，20 世纪 90 年代初的日本在地区经济合作问题上还迁就美国。一个突出的事例是，马来西亚总理马哈蒂尔于 1990 年 12 月提出"东亚经济集团"构想后，美国国务卿贝克致信宫泽喜一首相，要求日本不参加排他的亚洲集团。在美国的压力下，日本向马哈蒂尔总理表示，提出"东亚经济集团"为时尚早。概括地说，20 世纪 90 年代初日美在地区合作问题上的分歧有二。第一，在合作的地理范围上，日本比较现实，盘算着如何建立"东亚经济圈"，美国则鼓吹理想主义色彩浓厚的"亚太共同体"或"太平洋共同体"。1993 年 8 月 31 日，负责东亚和太平洋事务的美国助理国务卿洛德明言："我们对地区贸易集团不感兴趣。我们要阻止其建立。……在地区一级，我们把亚太经济共同体看作可能的地区经济合作的基石。"③ 第二，在合作领域上，日本谋求发展地区经济合作，美国则强调在经济、军事、政治上全面合作。譬如，1991 年 11 月 11 日，贝克国务卿在东京表示："我们若打算诞生一个强大的太平洋共同体，日美就需要在亚洲面对三个挑战：第一……建立一个支持开放的全球贸易体系的经济合作与增长框架；第二，保证一个有助于我们减少地区内的担心和猜疑的灵活、有力的安全结构；第三，支持走向民主化和保障人权的趋势。"④

1993 年出现欧洲联盟和 1994 年建成北美自由贸易区后，日本面向东亚

---

① 〔日〕伊藤昌哉：《池田勇人的生和死》，李季安、王振仁译，新华出版社，1986，第 140 页。

② 〔日〕经济企划厅促进国际地区合作研究会编《日本在地区主义抬头下的选择》，大藏省印刷局，1989，第 192～193 页。

③ 新华社华盛顿 1993 年 8 月 31 日电。

④ 〔美〕詹姆斯·A. 贝克三世：《美国与日本：太平洋共同体中的全球伙伴》，载 *Japan Review of International Affairs*，Vol, 6，Special Issue，1992。

的倾向明显增强。一个具有标志性的行动是：日本较少受美国牵制，从
1997 年起参加东盟十国加中日韩三国的领导人会议（10＋3）。同年爆发的
东南亚金融危机导致日本更加重视东亚，三年中向东亚各国提供资金达 670
亿美元。不仅如此，通产省在 1999 年明确提出"东亚经济圈"构想，标志
着日本开始构筑排斥美国的东亚经济合作机制。

日本的东亚共同体构想在 20 与 21 世纪之交初步形成。2000 年 1 月 18
日提交日本首相小渊惠三的"21 世纪日本的构想"恳谈会报告书提出：日
本应在继续维护日美同盟和日美欧三边合作的同时，进一步加强东亚合作
关系。为此应在中日韩三国中推进东北亚自由贸易圈、联合开发能源以及
货币协调体制等构想，以与东盟共同构成整个亚洲地区的共同体。[①] 这预示
出：21 世纪初的日本将多个层次上同时发展与亚洲和美国的经贸关系。值
得注意的是，此时日本高度重视东盟—中日韩领导人会晤（10＋3）机制。
譬如，森喜朗首相于同年 11 月 24 日在东盟—中日韩首脑会议上提出的"东
亚三原则"之一是：将来要把东盟与中日韩的 10＋3 框架从以经济为中心扩
展到也就政治和安全问题对话。[②]

二 日本的东亚共同体构想与小布什政府

进入 21 世纪后不久，日本正式提出排斥美国的东亚共同体构想。2002
年 1 月 14 日，小泉纯一郎首相在新加坡提出：在东亚地区建立一个"共同
行动，共同前进的共同体"[③]。此时小泉首相设想，要在日本与东盟关系的
基础上，扩大东亚地区合作。为此，应尽量利用东盟与中日韩的 10＋3 框
架。在他看来，东亚共同体的核心成员国应为 15 个，包括东盟十国、中日
韩三国和澳大利亚、新西兰两国在内。为推行该构想，小泉首相于同年 5 月
1 日在堪培拉提出包括澳、新在内的"东亚扩大共同体"构想，得到霍华德
总理的赞同。及至 2004 年 5 月，日本官方文件在讨论东亚共同体成员国范
围时，在提及上述 15 国外，增加了印度。日本把东亚共同体的范围界定为
排斥美国的 10＋6 框架的动机有二：一是争取主动，营造最有利于己的国际

① "21 世纪日本的构想"恳谈会报告书，第一章（http：//www. kantei. go. jp/）。

② 新华社东京 2000 年 11 月 25 日电。

③ http：//www. mofa. go. jp/mofaj/press/enzetsu/14/ekoi_ 0114. html.

环境，二是显示其主导东亚共同体建设的核心地位。日本推行东亚共同体构想，导致其在地区经济合作问题上与美国矛盾加剧。

2005 年，日美围绕东亚峰会问题发生冲突。2004 年 11 月 29 日召开的第八次东盟与中日韩（10+3）领导人会议就 2005 年召开首次东亚峰会达成一致。小泉首相对此表示乐观其成。及至 2005 年，日本在此问题上的立场是：希望美国以观察员身份参加首届东亚峰会。不过，美国对此态度消极，以不清楚东亚峰会的内容为由，表示无意与会。美国对日本推动召开没有它参加的东亚峰会心怀不满。峰会尚未召开，美国就对其表示"关切"。2005 年 11 月 30 日，美国驻日大使托马斯·希弗在东京表示：他担心此举是"一种把美国排斥在亚洲之外的努力"①。面对耿耿于怀的美国，日本奉行安抚政策。同年 12 月 14 日召开东亚峰会那天，日本贸易振兴机构理事长渡边修在华盛顿表示："东亚的一体化动向自然且不可逆转。美国应一边接受之，一边加强自己与该地区的接触。"② 数月后，美国的态度有所变化，表示对参加东亚峰会感兴趣。③

2006 年，日美矛盾进一步发展。地区经济合作的范围是焦点之一：日本坚持范围要小，谋求缔结东亚经济合作协定；美国主张范围要大，谋求缔结亚太自由贸易协定。2006 年 4 月 4 日，日本在推进东亚共同体构想上迈出重要的一步。其时，经济产业大臣二阶俊博透露，日本打算从 2008 年开始谈判以自由贸易为核心的东亚 16 国经济合作协定。同月 19 日，美国驻日大使希弗表示反对，称此举会"损害美国在该地区的利益"④。同年 9 月成立的安倍晋三政府不顾美国的反对，坚持推行该构想。美国并未作罢。11 月 18 日，布什总统在河内向安倍首相提出在亚太经合组织的框架内推进自由贸易协定构想。对此建议，安倍首相未全盘接受，只同意作为多层重叠的解决办法之一予以研究。⑤ 这意味着，日本将继续奉行双轨战略：在重点建设东亚共同体的同时，推动建立亚太自由贸易区。

总之，在地区经济合作问题上，日美冲突难以调和。具体地说，日本

---

① http：//tokyo. usembassy. gov/e/p/tp-20051130-70. html.

② http：//www. jetro. go. jp/jetro/profile/speech/pdf/20051214. pdf.

③ 〔日〕《日本时报》（网络版）2006 年 4 月 18 日。

④ 〔日〕《日本时报》（网络版）2006 年 4 月 20 日。

⑤ 〔日〕《京都新闻》（网络版）2006 年 11 月 18 日。

与小布什政府的分歧在于：前者重视东亚共同体，后者强调亚太经济合作。日美在此问题上的利害冲突，是两国摩擦的根源之一。日本从本国利益出发，不愿美国介入东亚共同体建设，但力图避免在此问题上与美国对立。日美在东亚经济合作问题上发生摩擦的根源之二，是日本谋求主导东亚共同体建设。日本表面上尊重东盟在东亚共同体建设中的领导作用，实则以此掩盖其对领导地位的追求。2005 年 12 月 7 日麻生太郎外相在东京发表题为《我的亚洲战略》的演讲即为一例。他在演讲中把日本定位为亚洲实践的先驱者，即一个在传授经验、汲取教训意义上的思想领袖。① 日本谋求主导东亚地区经济合作的另一个表现，是把其工作的重点放在提出和落实具体的合作项目上。在日本看来，共同体建设的进展并非东亚独有，而是当今世界的共同现象。东亚共同体建设的独特之处在于，不把重点放在机制建设上，而放在功能合作上，目的在于编织一张网，用来约束东亚各国。② 在日本看来，只有在功能建设的基础上推动制度建设，才能建成与欧洲、美洲并立的东亚共同体。

三 日本的东亚共同体构想与奥巴马政府

2009 年，两个趋势同时发展。第一，日美都更加重视在地区经济合作上奉行双轨战略。所不同的是：日本以东亚地区为核心，以亚太地区为外围；美国以亚太地区为核心，同时与东亚地区保持接触。第二，日美都更加面向亚洲。2009 年 9 月成立的鸠山由纪夫政府比自民党政府更重视亚洲。鸠山由纪夫展望，将来构筑东亚共同体，应把亚洲共同货币纳入视野。2009 年 1 月成立的奥巴马政府比小布什政府更重视对亚洲开展多边外交。一个突出的表现是，2009 年 7 月 22 日，希拉里·克林顿国务卿签署美国加入《东南亚友好合作条约》的文件，为美国参加东亚峰会开辟道路。此时，两个地区共同体构想在东亚峰会内部并存：一是日本建议的基于开放、透明、包容和功能性合作原则的东亚共同体构想，二是澳大利亚建议的以东盟为核心的亚太共同体构想。此时的美国虽然静观两个构想的发展，但立场还

---

① http：//www. mofa. go. jp/mofaj/press/enzetsu/17/easo_ 1207. html.
② 参见《日本政府制定的论点文件》，2004 年 6 月 25 日（http：//www. mofa. go. jp/）。

是明确的，即把亚太经合组织定位为地区经济合作的主要舞台。① 这表明，在地区经济合作的地理范围上，日小美大的分歧依旧。不过，进入 2009 年 10 月后，在地区经济合作问题上，一个新趋势发展起来，这就是美攻日守的格局逐步形成。

日本的民主党政府倾向于把美国排斥在东亚共同体的范围外。2009 年 10 月 7 日，冈田克也外相就东亚共同体构想的地理范围表态："在中日韩、东盟、印度、澳大利亚、新西兰的范围予以考虑。"② 美国很快作出反应，通过其驻日使馆对日本把它排除在东亚共同体外表示不快。在美国的压力下，日本的立场后退。同月，外务省亚洲大洋洲局局长斋木昭隆奉命赴美，在与负责东亚和太平洋事务的助理国务卿坎贝尔会谈时称：日本无意把美国排除在东亚共同体外。③ 应当指出，对政治—军事因素考虑过多，干扰着日本对东亚共同体范围的界定。笔者的依据有二：第一，东亚的概念很明确，这就是东北亚的中日韩三国、朝鲜、蒙古、俄罗斯的远东地区以及东南亚的东盟 10 国等。日本谋求把域外国家纳入东亚共同体构想，是出于对地区均势和价值观的双重考虑。第二，就目前而论，建设东亚共同体的原则之一，是先经济，后政治—军事。这就要求东亚各国在一定程度上以政经分离的方针来推动东亚共同体建设。但是，日本未能完全改变其重视美国有余、重视亚洲不足的倾向。这具体表现为：日本对美国在东亚共同体建设中的作用估计过高。譬如，2009 年 11 月 13 日鸠山首相在东京与奥巴马总统联合举行记者招待会时称："我倡导东亚共同体，正是因为有日美同盟在该地区作为基石存在。"④

奥巴马政府与小布什政府不同，它不再观望，而是以谋求参加东亚峰会为标志，转而在东亚地区发动攻势。2009 年 11 月 14 日，奥巴马总统在东京宣称："我们亦认为，多边组织的发展能增进该地区的安全与繁荣。我知道，近年来美国与许多此类组织没有接触，因此希望在此明确表示：那些日子一去不复返了。作为一个亚太国家，美国期待着参与事关本地区前途的讨论，并随着有关组织的建立和发展而充分地参与。""随着东亚峰会

---

① 〔日〕《朝日新闻》（网络版）2009 年 10 月 15 日。

② 〔日〕《日本经济新闻》（网络版）2009 年 10 月 8 日。

③ 〔日〕《京都新闻》（网络版）2009 年 10 月 15 日。

④ http://www.kantei.go.jp/.

在应对当代挑战的过程中发挥作用，美国期待着以更正式的方式与之接触。"① 应当看到，美国对东亚峰会的态度由消极走向积极，只是手法、策略上的变化。从战略上看，美国意在通过参与来影响乃至主导东亚地区经济合作的走向。进入 2010 年后，美国对东亚峰会的政策具体化。同年 1 月 12 日，克林顿国务卿在夏威夷表示："我们提议与亚洲伙伴和朋友就美国如何在东亚峰会上发挥作用、东亚峰会将在更广的机构格局中处于何种位置，以及如何安排该地区的主要会议从而能使各方最有效地利用时间开始协商。"② 鉴于东亚峰会发挥着推动东亚共同体建设的辅助作用（相对于 10+3 框架而言），奥巴马总统在 2011 年出席东亚峰会时，对东亚共同体建设发挥积极作用，是题中应有之义。当然，这只是问题的一个方面。从更大的范围看，美国推动在亚太经合组织的框架内建立亚太自由贸易区的立场不会改变。

四 结论

第一，西太平洋是日本发展地区经济合作的主要战略方向。在过去的近半个世纪中，日本的东亚经济合作构想经历了三个发展阶段：从 20 世纪 60 年代上半期的东南亚共同体构想到 90 年代的东亚经济圈构想，再到 21 世纪初的东亚共同体构想。随之而来的，是日本对美依赖程度的下降。

第二，正如《北大西洋公约》不曾妨碍建立欧洲经济共同体一样，跨太平洋的日美同盟也不应妨碍东亚共同体建设。为达此目标，在东亚共同体建设的初期，应奉行适度的政经分离政策。这意味着，东亚各国应致力于建设东亚经济共同体。

第三，东亚各国的当务之急是建立东亚自由贸易区。在此框架内，东盟自由贸易区和中日韩自由贸易区犹如车之两轮，缺一不可。东亚自由贸易区系相对于亚太自由贸易区而言。亚太自由贸易区走先北后南的道路举步维艰。亚太经合组织的发达国家无望完成 1994 年《茂物宣言》规定的在 2010 年实现贸易、投资自由化的目标即为明证。东亚自由贸易区则不同，它走先小后大的道路，有望成功。建成东亚自由贸易区将为建设东亚经济

---

① http://beijing. usembassy-china. org. cn/111409pv. html.
② http://www. state. gov/secretary/rm/2010/01/135090. html.

共同体和亚太自由贸易区奠定基础。可以说：欲建设东亚经济共同体和亚太自由贸易区，就要建设中日韩自由贸易区和东盟自由贸易区。

第四，在中日美关系中，致力于东亚共同体建设的中日两国与鼓吹亚太共同体乃至太平洋共同体的美国之间的矛盾是结构性的。在此问题上，中日对美国的二对一格局将长期存在。

第五，东亚共同体构想系相对于亚太共同体构想而言。今后长期内，中日两国应从先易后难的原则出发，优先建设东亚共同体。就近期而论，美国在东亚峰会的立场可能是：支持澳大利亚于 2008 年 6 月 4 日提出的亚太共同体构想。

（本文为作者 2011 年 3 月 11 日在清华大学日本研究中心
举办的东亚共同体国际学术讨论会的会议论文）

韩国东亚论述系谱与分断
体制克服的意义

韩国延世大学　白永瑞

一　韩国对东亚的（再）发现

近年来，不仅在韩国和日本，就是在过去被认为缺乏东亚视角的中国大陆，关于东亚的讨论也越来越活跃。用孙歌的话说，"我们迎来了前所未有的东亚论的丰收时代"①。尤其是在韩国，现在"东亚论"十分兴盛，已经有评论指出，"东亚论""作为能与韩国社会的主流话题，即关于民族和统一的讨论并驾齐驱的，知识界的新兴公共话题，已经取得了相当的话语权"。②

学者们开始将东亚地域作为一个单位来思考，在韩国学术界出现了关于"东亚论"的争论。稍微夸张一点来说，韩国知识社会好像重新发现了"东亚"。

可是从更深的层次来看，仍然可以从韩国思想史的脉络找到渊源。从远的来说，19世纪末朝鲜知识分子面对西方列强的侵略，在追求东亚三国连带的过程中，已经开始将包括韩国在内的东亚作为一个单位来思考。这种思维方式在日本帝国主义的殖民统治下只能转为地下伏流。新中国成立后，在"自由阵营"与"共产阵营"两极分化的冷战秩序下，这种思维方式依然不能迸发出来。只有到了20世纪90年代，才随着国内外局势的变化

---

① 孙歌：『なぜ'ポスト'东アジアなのか』，孙歌、白永瑞、陈光兴编『ポスト「東アジア」』，东京：作品社，2006，第119~120页。
② 〔韩〕张寅性：《韩国的东亚论与东亚的认同性》，《世界政治》第26辑2号，2005，第4页。

而"回归"正道。

首先，这里想着重强调的是，要结合人文科学与社会科学的思维方式。回顾东亚论的历史，20 世纪 90 年代初韩国最早重视东亚视角的主要是一些人文学者。他们大概是面对 1989 年以后国内外形势的变化，主要是韩国国内民主化的进展，以及世界冷战的结束，感到需要探索新的理念，事实上正是在摸索新理念的过程中（再）发现了"东亚"，他们想从这里寻找出创造新理念和新文明的可能性。当然，自 20 世纪 90 年代初以来，一部分社会科学研究者也为了说明东亚的新兴经济体（NICs），在援用"发展国家论"（developmental state）而提出儒教资本主义论之后，也形成了东亚论争的另一个分支。此后，亚洲经历了金融危机，1997 年又出现了"东盟加三"（ASEAN+3）体制，更多的社会科学研究者投入到关于这一问题的讨论中来，开始关注构筑国家间合作体制的问题，东亚论也更加深入，更加盛行起来。

可是，两边的论议大体上就像两条平行线，只是偶尔有交叉。人文学者主要关注文化和价值领域，即使偶尔谈到东亚共同体问题，也是将其想象为东亚市民自发推动的、具有人格联合性质的乌托邦，是从这个角度来探索其实践的途径的。个人人格上的自发联合性质的共同体（community）在近代以前也出现过，只是规模较小而已。虽然它们在近代都已解体，但是一些人在试图重新构筑共同体内的人际关系的过程中，也不断对其进行再解释。将共同体理念置于国家之上，从地域的层次来定义，这可以说就是广义的、人文学意义上的东亚共同体。相比之下，社会科学者则更关注狭义的、政策学意义上的东亚共同体。他们更倾向于集中分析在国家和资本的主导下，政治和经济领域相互依存度日益增强的地域现实（即地域化，regionalization），以及在此基础上地域合作体制的制度化（地域主义，regionalism）。我认为，将来关于东亚的讨论应该克服这种二分现象，采取综合的视角。只有这样，我们才能更有效地介入地域化和地域主义的具体现实，也只有这样才能更好地监督地域统合是否真正符合人的要求，是否在沿着建立真正意义上的东亚共同体的方向发展。①

---

① 以上来自对拙著《思想东亚：韩半岛视角的历史与实践》（台北：台湾社会研究杂志社，2009，第 39 ~ 41 页）的压缩。

二 韩国东亚论述的系谱与我的东亚论

如上所述，现在韩国的东亚论性质并不单一，各种见解之间存在一定差异性。我的东亚论也是在与这些立场讨论的过程中形成和发展的，在韩国和日本被冠以"作为变革论的东亚论""作为实践课题的东亚论"或"替代体制理论"等名称。[①]

正如这些名称所显示的那样，我的东亚论并不单纯是一种学术成果，而是浓缩了我在大学教书和编辑杂志的活动经验。对此我形容为"作为制度的学问"和"作为运动的学问"。[②] 我自 20 世纪 70 年代末开始参与《创作与批评》季刊（1966 年创刊）的编辑工作，一直做到现在主编的位置。近 30 年的编辑活动（所谓"作为运动的学问"）对我来说不仅是半生的学习场所，也是实践的舞台。伴随着《创作与批评》的成长，我一直在探索能够使韩国社会更民主、更人性、更具主体性的理论和实践方案，同时为阐明其对东亚邻国社会发展和共生具有怎样的意义而不断努力。所以，我尽可能地利用一切机会，不仅与韩国国内的，也与中国大陆、台湾地区及日本等地具有批判精神的学者互相讨论、共同活动。在这一过程中，我体会到超越国界的可能性，也结识了很多国际上具有批判精神的知识社群的朋友。[③]

我认为今天的活动也是提供了一次这样的宝贵机会。为了更好地突出这次机会的宝贵价值，我提炼一下韩国东亚论这一思想资源，也就是长期以来对我所提出的东亚论的几个特征中成为争论焦点的核心问题的集中讨论。争论的焦点就是我所说的复合国家论是否真的能与东亚地域共同体的形成，进而与近代克服很好地连接起来。

---

① 按：引用顺序，〔韩〕张寅性：《韩国的东亚论与东亚的认同性》，《世界政治》第 26 辑 2 号，2005，第 9 页；〔日〕馬場公彦：『ポスト冷戦期東アジア論の地坪』，『アソシエ』，No. 11，2003，51 ~ 52 頁；〔韩〕朴承祐：《东亚论述的现况与问题》，载东亚共同体研究会编《东亚共同体与韩国的未来》，（Imagine，2008），第 310 页。

② 以上来自拙著《思想东亚：韩半岛视角的历史与实践》，台北：台湾社会研究杂志社，2009，第 247 ~ 248 页。

③ 这过程中产生的成果即拙著《思想东亚：韩半岛视角的历史与实践》与孙歌和陈光兴编『ポスト「東アジア」』。

可是在详细讨论这一主题之前，我想说明一下我的东亚论所包含的问题意识。首先看一下东亚论如何与第三世界论结成关系。

20 世纪 70 ~ 80 年代韩国（以创批同事为主的）批判知识分子所持的第三世界的问题意识到 90 年代以后，随着冷战秩序的动摇而发展为东亚论。

当时我们所提倡的民众的民族主义是对西方中心主义的反思，是立足于民族和民众生活探索反抗理论与新的世界观的一种理念，含有对第三世界的关注和联合意识。因此在 20 世纪 90 年代已经发生了变化的情况下重构民众的民族主义之时，在克服民族主义（的闭锁性）的同时，为了能够从与我们相邻的地域和文明贯彻第三世界的问题意识，自然重视起了东亚。①

可是，我们所提出的第三世界论与其说是一个地域概念，不如说是一个观察全球现实的观点问题。因此，与那种或夸张第三世界的地域特性，或将特定地域从世界的其他部分中孤立出来，促使某个"第三世界"成为实体的、可称为"第三世界主义"（third-worldism）的态度有明显的区别。根据白乐晴的观点，从民众的立场来看，他们所说自己是第三世界的一员所强调的是他们所面临的问题正是全世界全人类的问题，其重要意义正在于此。即"不是强调世界被一分为三，其本意是将世界作为一个整体来看。之所以说是一个整体，不是站在第一世界或第二世界的强者和富者的立场来看的，而是从民众的立场来看的"②。以这种独创的第三世界认识为基础，我们想提出能够批判地审视世界史的视角，尤其是通过韩国的民族文学乃至第三世界文学的先进性来重新审视世界文学。20 世纪 70 年代韩国文坛进行的"民族文学"论争不仅将韩国文学与最高水平的第三世界文学联系起来寻找其作为宏观的世界文学的先进性，而且认识到需要以"第三世界"的视角对西洋文学的古典进行再解释。

与此同时，我的东亚论所贯穿的另一问题意识是将"近代适应与近代克服的双重课题"论（double project of adapting to and overcoming modernity，下面简称"双重课题"）与东亚论联系起来。

正如 20 世纪 90 年代初崔元植为了能够同时超越"盲目地近代追求和浪漫的近代否定"这两种倾向而提倡东亚的视角所表现的那样③，这种对近代

---

① 〔韩〕崔元植：《民主文学论的反省与展望》，《民族文学的理论》，创批，1982，第 364 页。
② 〔韩〕白乐晴：《第三世界与民众文学》，《探索人间解放的理论》，诗人社，1979，第 178 页。
③ 〔韩〕崔元植：《脱冷战时代与东亚视角的摸索》，《创作与批评》1993 年春季号。

进行正本清源的问题意识从一开始就是东亚论的核心。

在一面同时批判过度的后现代论述和流行的新版近代主义，一面寻找具有现实意义的近代克服前景的过程中提出的"近代的双重课题"论，① 即将近代适应于近代克服作为合二为一的课题同时加以推进的观点非常抽象。所以为了有助于理解这一观点，得明确说明的是，将近代视为资本主义的世界体制，寻找能超越它的替代方案才是其核心内容。所以，必须确立超越一国单位的分析范畴。我在本文中将东亚作为分析单位。作为世界体制全面变革的中间项之一，探讨东亚是否出现了能够促使国民国家体制向有意义的方向转变的可能性，这是我研究的重点。

最近不仅在韩国，全世界的批判知识分子间对国民国家或民族主义的批判（也许有点夸张的说）已经非常常见了，可是国家是近代世界运作的核心制度，我们的应对也应摆脱单纯的反国家主义，向创造更为适合的国家构造发展。因此，提出了在朝鲜半岛的分断体制克服运动进行过程中建立南北结合的松散状态的"复合国家"（compound state）论。这也是实现"近代的双重课题"的关键，因为为了认真追求"近代克服"，这可以成为"适应近代"的一个绝好例子。

三 东亚论与分断体制论的结合

一般来说，讨论东亚共同体的人将其分为政治安保共同体、经济共同体及社会文化共同体，探讨各自实现的可能性，并不认为这三个领域会同步推进。其中经济共同体实现的可能性比较大，也倾向于认为这是建立东亚共同体最为现实和理想的途径，期待各国间经济相互依存度的扩大能缓和国家间的矛盾，促进合作秩序的建立。与此相比，对政治安保共同体形成的可能性则比较悲观，主要理由是各国规模大小的不对称性。因此，占主导地位的观点认为应该从实现可能性比较大的领域开始，逐步推进，最终就能建立地域共同体。韩国论者（特别是社会科学者）也大多持这种观

---

① 这一构想可参见〔韩〕白乐晴在《韩半岛的殖民性问题与近代韩国的二重课题》（《创作与批评》1999 年秋季号）与 Paik Nak-chung, "Coloniality in Korea and A South Korean Project for Overcoming Modernity", *Interventions*, Vol. 2, No. 1。参见〔韩〕李南周编《二重课题论：近代适应与近代克服的二重课题》，《创作与批评》2009 年。

点，只是对于政治安保共同体，一般对日本或中国的霸权主义倾向存有警惕心理，对美国的单边主义世界战略也持批判态度，或主张在通过地域合作体节制地域霸权上韩国承担调停者的作用。这也许是韩国的一些特点。

不管怎么说，这些视角都是对东亚共同体的功能主义和制度性的把握，并非没有说服力。① 可是上面我已经强调过，要将制度的视角和非制度的视角，换句话说，将狭义的共同体论和广义的共同体论结合起来。从这种观点来看，仅仅强调在构成东亚的国民国家之外所进行的国家间统合过程是不够的，只有与以促进国内成员个人的民主参与向极大化方向发展的内部改革过程相互推动，东亚共同体才能真正建立。这也正是东亚人的日常生活中能够感受到的东亚共同体，即能够真正像追求它的人们所期待的那样提高他们的生活水平的共同体。

当然，虽然这需要东亚各主体来承担，但是我强调朝鲜半岛的作用极为关键。这与其说是因为朝鲜半岛是我的实践现场的关系，不如说是因为处于分断状态下的朝鲜半岛是世界层次的霸权支配体制的核心现场。烘托出这一点的就是在韩国提出的分断体制论。根据这一理论，克服朝鲜半岛分断体制的过程既是大幅度提高朝鲜半岛居民生活水平的中期课题，同时也是同时思考全球规模的长期课题（即世界体制的变革，超越近代）和韩国的改革这一短期课题，并付诸始终一贯的实践之中的努力过程。我们东亚论在这里与近代的"双重课题"论相遇，并借此能坚持既是地域主义又是世界史层次的普遍追求。

那么，分断体制论到底是怎样的理论，以至能够成为同时说明多层时间和空间课题的理论框架呢？

根据分断体制论，② 韩国与朝鲜在互相敌对的同时也结下了相互依存的关系。可是这种关系具有自我再生产能力，因此可以被视为一种体制（system）。随着分断体制的长期延续，一方面其所导致的痛苦折磨着民众，另一方面韩朝也各自取得了自己的成就。可是随着在使这种成就得以实现

---

① 此外，为了适应社会文化领域超越国境的人员、物资和知识交流不断增加的现实，对知识共同体、历史认识共同体、文化共同体的讨论和实践也在进行之中，试图在这一过程中建立共有的价值和认同（identity）。

② 对分断体制的中文介绍有《台湾社会研究季刊》第74期（2009年6月）的分断体制专刊，日本语介绍参见〔韩〕白乐晴『朝鮮半島の平和と統一：分断體制の解體期にあたって』（东京：岩波书店，2008）。

的分断体制中受惠的既得利益势力在南北形成，两边的既得利益阶层在一定程度上结下共通的利害关系，所以反而希望共同维持这种体制的存在。如果不从总体上系统地认识这种现实，也就无从克服这种体制，这就是分断体制论提出的重要问题意识。因为分断体制对韩朝各自统治阶层有利，要想克服这种分断体制，如果没有韩朝各自内部的改变和变革是不可能的，即将民主化和统一内在连贯起来，换句话说分断体制克服的目标不是韩朝某一方所追求的单纯的吸收统一，而是通过能够解决分断体制的矛盾的实用的、有创意的实践而实现的，充分保证人的尊严的社会。可是，到底建立怎样的国家形态，并没有事先设定，因为分断体制论所追求的分断体制克服的目标本身就是建立真正的人的社会。

那么，基于分断体制论的朝鲜半岛分断体制克服的中期课题也就要在韩国国内进行的双重批判和论争过程中形成。认识到了这一点也就能更好地理解这种观点。其一是对保守势力的批判。他们认为对处于"崩溃危机"的朝鲜实行吸收统一是唯一现实的方案，重要的是如何解决所需的"费用"。其二是对激进左派势力的批判。他们也同保守势力一样认为只有韩国的"吸收统一"具有现实意义，只是认为这种统一是韩国资本家势力与世界多国籍的资本家势力所主导的统一，因此在反对这种统一的同时，追求韩国的事先变革。从分断体制论的视角来看，批判前者，即单纯某一方的吸收统一会导致朝鲜半岛和东亚局势出现严重混乱，是非现实的展望的同时，也批判后者，即"脱分断"论追求静态的南北和平，从而有使南北分断固着化的危险，没有分断的解除，也不可能有韩国单方面的变革。

比这更重要的差别是分断体制论关注长期的世界体制的变革。分断体制之所以能够成为一种体制的另一种原因，从它作为一个受制于世界体制支配下的一种下层体制（sub-system）这一身份上可以明显看得出来。因此其克服过程必然会对现在起作用的世界资本主义体制产生很大冲击。朝鲜半岛是世界层次的霸权支配体制的重要现场，如果在分断体制克服过程中能够引起美国霸权主义的分裂，从而确立超越美国标准的空间，（即使其本身并不能脱离资本主义的世界体制）也会成为促进世界体制长期性变革的媒介。

这种长期展望需要与世界史层次上长期的近代的"双重课题"相连接，带来文明论层次的前景，在其具体化的过程中当然要充分利用东亚的文明资源。迄今为止讨论过的主题是小国主义。小国主义远可以追溯到老子的

"小国寡民"思想，近可以追溯到日俄战争时日本国内批判大国主义（即大日本主义），认为对外膨胀对日本不利的小日本主义（即小国主义），小国主义的思想潮流也在日本现代史上一直存在。① 当然，并不是要在现在情况下原封不动地实现小国主义，而是为了节制束缚我们的大国主义，将其作为寻找近代克服可能性的思想资源而加以重视。据此可以在包括重构现存国民国家，创造更加开放、更加亲和民众的国家机构在内的分断体制克服过程中，在全球生态转换进程中取得重大进展。由此建立"不是分担贫穷的共贫社会，而是在都富裕的同时保持简约、节制的社会，在社会层次上积累能够满足人们各种需求的物质财富，民主地分配财富的社会"②。

统一只能是这样渐进的、分阶段的统一过程（也可以说是作为过程的统一），也正因为是"渐进"的过程，所以一般市民参与的可能性才比较高。双方当局者与其他第三方的当事者（企业、政党、社会团体、宗教组织及市民个人）在经济合作和社会文化交流上最大限度地发挥诚意和创意性，积极参与，最终就能实现市民能动参与极大化的"朝鲜半岛式统一"和"市民参与型统一"。虽然现在韩朝市民参与情况不对称，但一旦让朝鲜参与"与南北的渐进统合过程联系着的总体性改革"的话，在统一过程中韩朝民众的主导力量可因此而得以增大。

四　复合国家论与"联动的东亚"

如上所述，朝鲜半岛被放在了与分断体制论有关的东亚论的思维和实践的中心位置。与其说是因为韩国是我生活的地方而特别关注，不如说是因为处于分断状态的朝鲜半岛是世界层次的霸权支配体制的重要据点。这里的分断体制克服运动也是对世界层次的压迫体制的抵抗，从而希望其能成为促使资本主义世界体制变革的媒介。今年（2010 年）是朝鲜战争结束60 周年。想象一下美国主导的世界体制对于今天这种状况到底发挥了多大的决定作用，朝鲜战争后分裂的状态，对世界体制的维持，以及美国的强硬势力即军产复合体（military-industrial complex）的自我更生能力扮演多么

---

① 参见〔日〕田中彰《小国主义》，东京：岩波书店，1999。
② 〔韩〕白乐晴：《近代韩国的二重课题与绿色论述》，〔韩〕李南周编《二重课题论：近代适应与近代克服的二重课题》，第 195 页。

重要的角色，那么就很容易理解作为问题的朝鲜半岛（Korea as a problematic）所具有的世界史地位。

这种主张有时被认为是韩国/朝鲜半岛中心主义，在韩国国内和国外都容易引起误会。① 可是朝鲜半岛形成的复合国家，即"低阶段的联邦制或国家联合"也只为"东亚固有的地域联合形成提供一个必要条件"（强调部分是引用者所加），② 这是不用再强调指出的事实。因为这样不仅解决了促进东亚共同体时常"系在脖子上"的朝鲜（及朝鲜半岛）问题，③ 也会带来东亚和平的良性循环。可以用下面这段引文简要说明这点。

> 即使韩朝选择既松散又开放的复合国家形态，将带来东亚联合的实现或诱导中国与日本的联邦国家化的可能性是极其少，但至少可以促发西藏、新疆及冲绳进化为享有更充分的自治权的地区的解决办法，也有助于中国本土和台湾在形式上采纳香港式"一国两制"的同时，在内容上找出与南北联合接近的解决策略。④

如上所述，复合国家既是国家间的结合形式，也是国民国家自我转换的一种形式。不单纯是统一，分断体制克服也是为了适应日常生活中民众的实质利益。通过扩大他们的参与度，形成具有创意性的国家构造，只有在这一过程中形成的统一才有助于东亚的和平与世界体制的变革。没有有关国家和市民社会的合作是不可能实现的，东亚已进入"作为过程的统一"。

与在韩国的人民解放的实践过程中提出的分断体制论有关的东亚论已经成为东亚的一个参照体系。例如，台湾地区的陈光兴就准确地认识到，分断体制论不是追求任何形式的统一，而是追求能够带来新的前景的统一。

---

① 例如，孙雪岩：《试析韩国学者白永瑞的"东亚论述"》，载《山东师范大学学报（人文社会科学版）》2009 年第 54 卷第 2 期。

② 〔韩〕白乐晴：《"东亚共同体"构想と韩半岛》，《世界》2010 年 5 月号。

③ 提倡东亚共同体的日本知识分子中存在忽视朝鲜问题的倾向。例如，在日本有影响的知识分子代表寺岛实郎也没有充分考虑分断体制，没有认识到他的构想完全没有实现的可能，让人觉得多少有点遗憾。寺岛实郎与笔者的谈话《认识世界的力量，东亚共同体的道路》，《创作与批评》2010 年夏季号日本语版在 http://jp.changbi.com 上可以看到。

④ 〔韩〕白乐晴：《"东亚共同体"构想と韩半岛》，《世界》2010 年 5 月号。

根据他的理解，"克服分断体制必然意味着要超越过去有关自由、民主、市场、社会主义等的想象，在分断社会间的差异不断地相互作用的过程中，创造新的形式和理论"。① 现在我们在解决各自的生活现场中所面临的问题的实践道路上相互联合起来，在认识到这点的同时相互将自己的经验作为参照体系，成为越来越重要的事情。我认为今天这次讨论会也是促使大家认识到这种重要性的宝贵机会。

最后，想再次强调指出的是，我们需要进一步深入思考"联动的东亚"，探索出人的解放的道路。（2010 年）5 月 28 日，美日两国政府共同宣布普天间美军基地将在冲绳县境内迁移，抗议民众 4000 余人集会游行的那天我到了冲绳。这时日本前首相鸠山由纪夫在反复重申原来的诺言的同时，强调需要维持美军基地的"抑制力"。这种抑制力的抑制对象是朝鲜和中国。朝鲜半岛在黄海上发生"天安舰事件"之后，普天间基地问题上处于困境的日本前首相鸠山立即提出朝鲜威胁论，指出为了抑制朝鲜不得不在冲绳县内迁移。当时我心里想，我们韩国人以 2000 年韩朝首脑会晤的"6·15 宣言"为基础，推进南北和解的话，对缓解现在冲绳人所经受的痛苦也许多少会有点帮助。没有比这个更能活生生地展现东亚相互联动的例子吧。

（本文根据 2010 年 9 月 25 日白永瑞教授在清华大学

讲演录音整理）

---

① 陈光兴：《白乐晴的"超克分断体制"论》，《台湾社会研究季刊》2009 年 6 月，第 30 页。

论中国"东亚共同体"构想的
理念及主要特点

复旦大学国际问题研究院　石源华

一

　　"东亚共同体"构想的提出经历了一个历史的过程。1999 年 11 月，菲律宾总统埃斯特拉达在东盟首脑会议的开幕致词中最早将建立"东亚共同市场、东亚单一货币和东亚共同体"列为东亚合作的长期目标。[①] 2001 年 10 月，东亚展望小组[②]提出"走向东亚共同体"的研究报告。2002 年 10 月，东亚研究小组[③]向当年的东亚领导人会议提交最终研究报告，再次提出"东亚共同体"，强调它"符合各国的利益和愿望"，并为领导人会议所通过，成为东亚各国的共识。2009 年，日本新首相鸠山由纪夫高调提出"东亚共同体"的概念，成为日本民主党政府在国际上造势的重要旗帜。同年 10 月，中国总理温家宝在东盟峰会上明确表示："本地区各国要遵循开放包容、循序渐进的原则，凝聚共识，深化合作，朝着建立东亚共同体的长远目标不断迈进。"[④] 以鲜明的语言表明了中国对于东亚共同体的态度。

---

① 《东盟今天发誓要加速贸易自由化进程》，《参考消息》1999 年 11 月 30 日。
② 东亚展望小组是"10+3"框架下开展咨询的主要非官方组织。根据 1998 年韩国金大中总统在第二次东亚领导人会议上的提议于次年正式成立，其成员由东亚各国著名人士组成，为未来的东亚合作设计蓝图。
③ 东亚研究小组是"10+3"框架下的官方组织，成员包括东盟秘书长、东亚各国高官以及来自中日韩的高官，其任务是"探讨深化、拓展东盟与中日韩之间现存合作的实际办法与途径，准备各领域更紧密的合作的具体措施，或必要时的行动方案"。
④ 《中国提出东亚共同体路线图》，《东方早报》2009 年 10 月 26 日。

中国关于东亚共同体构想的产生有着重要的经济、政治、历史和文化的背景和需求。

随着战后东亚经济的快速发展，先是日本和"亚洲四小龙"的经济起飞，创造了举世瞩目的"东亚奇迹"，继而又实现了中国经济的快速崛起，成为推动世界经济发展的新火车头。中国和日本成为世界第二、第三大经济体，韩国也在世界经济中占有重要的地位。中日韩三国的人口超过 15 亿，三国国内生产总值占全球总量的 17%，加上正在不断发展的东盟 10 国，东亚地区成为世界上最为耀眼的新兴地区，甚至有人称未来的世纪是"东亚的世纪"。东亚各国关系的相互依存度大大提高，体现在经济交流互助、相同或类似的发展目标、传统和非传统安全维护、环境保护和低碳等各个方面，为中国"东亚共同体"构想的提出奠定了经济基础。

20 世纪 80 年代开始，曾经在东亚地区存在的"冷战"背景下意识形态和政治制度壁垒分明、截然对立的东亚政治格局发生了巨大的变化。随着东亚经济的发展和进步，日本开始"重归亚洲"的历史进程，强调日本是一个亚洲国家，加强了与近邻国家的合作与交流；韩国、新加坡、马来西亚、泰国、印度尼西亚等国家相继进行政治改革，实现了向民主化社会的转型；越南、老挝、柬埔寨、蒙古、缅甸等国进行了社会制度和经济建设的转型，进入了新的发展时期；缅甸、朝鲜也已经发生或正在发生若干重要的变化；中国自身进行改革开放，建设中国特色社会主义国家，形成了努力与世界融合、接轨的世界负责任大国的发展道路，为中国"东亚共同体"构想的提出奠定了政治基础。

"冷战"结束后，地区主义向更深层次、更广范围、更高水平扩展，出现了不同领域、不同层次、不同地区、不同经济发展水平国家之间的区域合作形式。新地区主义取代旧地区主义，在全球兴盛起来，成为国际关系的新因素和世界发展的新潮流。① 经济全球化和区域一体化的蓬勃发展，特别是欧洲共同体和北美一体化进程走在世界的前列，成为催动中国"东亚

---

① 郭定平主编的《东亚共同体建设的理论与实践》分析了新地区主义的五个特征：（1）新地区主义是在经济全球化背景下兴起与发展的；（2）新地区主义的行为体与组织形式趋于多样化；（3）新地区主义不仅数量增加、范围扩大，而且内涵大大扩展，不再局限于经济和安全目标；（4）新地区主义奉行开放原则；（5）新地区主义超越国际政治经济南北关系的界限，出现发达国家与发展中国家共建地区主义的新态势（复旦大学出版社，2008，第 12～15 页）。

共同体"构想提出的萌生动因、参照榜样和国际背景。

20 世纪 90 年代中期以来，东亚区域合作经历了一个长期的酝酿与发展的过程。早在 1990 年 12 月，马来西亚总理马哈蒂尔就提出"东亚经济集团"的构想，因美国和日本的反对，名称几经变动，终未取得成功。1997 年发生的亚洲金融危机，在造成灾难性后果的同时，也激发了东亚各国推进区域合作的强烈愿望。东亚展望小组和东亚研究小组的建立，为"东亚共同体"概念的拟订与提出，作出了重要的贡献。随即，东亚区域合作进入了实质性推进的阶段，"10+1"、"10+3"、中日韩会议、东亚峰会、亚欧会议、六方会谈、上海合作组织等各种形式的区域合作蓬勃发展，在经济、政治、安全、金融、环境、能源、气象等许多领域取得了卓有成效的进展。同时，中国海南的"博鳌论坛"、韩国济州岛的"和平论坛"等非官方的区域合作机构也相当活跃。仅中日韩三国间就已经在金融、贸易、环保、能源、安全、旅游等众多领域，建有 51 个磋商机制，其中 17 个是副部级的。2010 年 5 月 29 日，中日韩领导人济州岛会议通过的《2010 年合作展望》包括了 41 项内容，涉及的合作领域和课题非常广泛。① 通过各种形式建设东亚共同体，不仅成为东亚许多国家的共识，而且正转化为各国政府和社会各界的实际行动，奠定了中国"东亚共同体"构想的现实基础。

中国积极参与了推动东亚地区合作的进程，在机制化建设中作出了积极而重要的贡献，但对于东亚共同体整体方案的构建却有所滞后，2004 年 4 月，时任外交部副部长的王毅曾撰文指出："建立东亚共同体可以作为东亚合作远景目标的设想之一，同时也应看到，东亚共同体迄今仍只是个概念，对于其定义、应该包括什么内容、涵盖哪些领域、以何种方式前进，尚没有广泛和明确表述，各方考虑也不尽相同。"② 然而，中国对于东亚共同体的态度已是越来越明确、积极。中国既将"东亚共同体"的建设视为一个长远的目标，同时也将各个领域不断推进东亚各种形式的合作与交流视为实现"东亚共同体"的现实目标。

---

① 刘鸣：《中日韩领导峰会机制化合作趋势和前景》，提交上海国际友好联络会和韩国济州和平研究院联合主办的"东北亚和平与安全形势中韩学术研讨会"论文，2010 年 8 月 29 日。

② 王毅：《全球化进程中的亚洲区域合作》，《人民日报》2004 年 4 月 30 日。

二

中国是一个东亚大国，位居亚洲的中心，长期繁荣昌盛，综合国力超群，科学技术远居各国之上，在历史上曾经是"朝贡体系"的中心国家，形成过以"汉文化圈"为主要特征的独特的具有世界影响的体系。"这个体系以华夷观念来区别中心部位与半边缘、边缘部位在文化礼教上的差别，通过前者对后者的册封或者对前者的朝贡为纽带，编组成中原王权君临其上，周边国家或民族为其藩屏的区域国际社会"①。这对于中国和东亚社会来说，都是一笔重要的历史遗产，中国关于"东亚共同体"的构想必须总结历史经验教训，并跳出传统体系与观念的制约和影响，形成新的发展思路。

中国不仅是当今世界上最大的发展中国家，也是对世界政治、经济、文化产生巨大影响力的国家。在中国经济高速发展之后，特别是成为世界第二大经济体后，"中国威胁论""中国崩溃论""中国责任论"等论调定会四起，这些怪论既有出自某些发达国家对华不安好心的算计和害怕心理，也有出自周边发展中国家的担忧和恐惧情绪，中国在区域合作问题上的一举一动，都将为东亚各国和世界所注目。中国的"东亚共同体"构想不仅要总结历史，更要面向未来，形成独特的思想理念，才能立于不败之地，并为"东亚共同体"的建设发挥重要作用。

创建和谐世界的理念是中国关于"东亚共同体"构想的基本指导思想。2005 年 4 月 22 日，胡锦涛主席在雅加达亚非峰会最早提出亚非国家之间应该共同构建和谐世界的重要理念。② 9 月 15 日，胡锦涛主席又在联合国成立60 周年首脑会议上发表题为《努力建设持久和平、共同繁荣的和谐世界》的讲话，从全球的视角提出创建和谐世界的宏伟目标，鲜明地提出，只有世界所有的国家紧密团结起来，共同把握机遇，应对挑战，才能为人类社

---

① 宋成有：《东北亚传统国际体系的变迁——传统中国与周边国家及民族的互动关系述论》，台北"中央研究院"，2002，第 2~4 页。

② 胡锦涛：《与时俱进，继往开来，构筑亚非新型战略伙伴关系》，《人民日报》2005 年 4 月23 日。

会的发展创造光明的未来,才能真正建设一个持久和平、共同繁荣的和谐世界。① 自此,建设和谐世界的理念成为中国外交的根本指导思想。中国对于"东亚共同体"构想的提出与中国和平发展事业是同步进行的。中国的和平发展道路摒弃了伴随战争和竞争的大国崛起旧轨,倡导创建和谐世界的新理念。创建和谐世界不仅成为中国外交的总理念,而且也成为中国建设"东亚共同体"的指导思想。中国的东亚共同体构想主张发扬"和而不同"的伟大思想,"和谐而又不千篇一律,不同而又不彼此冲突,和谐以共生共长,不同以相辅相成"。中国领导人强调,"历史告诉我们:只有尊重他人,才能得到他人尊重;只有帮助别国,才能得到别国的帮助;只有维护和促进共同发展,才能实现自身繁荣。虽然中国的综合国力有了较大增长,国际地位不断提高,但中国仍是一个发展中国家,始终是亚洲大家庭中平等的一员"。"中国将以最大的诚心、决心和信心,与东亚各国一道,为实现共同发展、持续发展、和谐发展做出不懈努力"②。毛泽东、邓小平在不同的历史时期都反复教导国人,中国永不称霸,不当头,中国在未来的东亚共同体建设过程中将发挥重要作用,但不应争当主导者,中国应以"和谐"的理念处理在东亚共同体建设过程中可能发生的各种争执和分歧,以双赢互利为努力的目标。

在经济全球化和国际关系民主化的大背景之下,中国"东亚共同体"构想的理念以新地缘政治经济理论为主要内容。中国的新地缘政治理论依据创建和谐世界的中国外交总理念,不同于传统意义上以扩张领土和势力范围为主要特征的竞争性地缘政治理论,体现和平与安全、发展与合作、和合与和谐三大特点,强调和平的地缘政治、合作的地缘经济、和合的地缘文化与和谐的地理环境,其目标是实现"互相依存"和"互利共赢"的新局面。中国"东亚共同体"构想的理念将全面体现中国的新地缘政治理论。

三

由于东亚社会复杂的历史背景和不同国家存在不同的社会制度,处在

---

① 胡锦涛:《努力建设持久和平、共同繁荣的和谐世界》,《人民日报》2005 年 9 月 16 日。
② 《中国提出东亚共同体路线图》,《东方早报》2009 年 10 月 26 日。

经济发展的不同阶段，又存在着历史上遗留下来的领土和领海诸争端，同时，在该地区还存在朝鲜半岛的分裂状态和台湾问题，给东亚共同体建设带来种种困难和曲折，中国"东亚共同体"构想必须适应这个环境，创造有自身特点的新的路径和特点：

（一）运行路径——先易后难、循序渐进、多轨并行、开放包容

由于东亚共同体建设在客观上存在着诸多困难和障碍，中国的"东亚共同体"构想主张不能照搬欧洲和北美的做法，实行那种相对高度统一的、组织机构严密的模式。中国构想主张东亚共同体建设应该适应东亚社会的历史基础和基本特点，采用先易后难、循序渐进、多轨并行、开放包容的路径，逐步推进东亚共同体建设。

2009 年 10 月，温家宝总理在东盟峰会上提出中国建设东亚共同体的路线图："以 10+1 机制为基础，10+3 机制为主渠道，东亚峰会为重要战略论坛，优势互补，相互促进，朝着建立东亚共同体的长远目标不断迈进。"① 其运行基本路径大致可以概括为："大中华模式"（中国大陆+香港、澳门、台湾地区）——"10+1"模式——"10+3"模式（包含中日韩会议）——"10+3+3"模式（加上印度、澳大利亚、新西兰）——另一个"10+3+3"模式（包含俄罗斯、朝鲜、蒙古）——正确处理与美国的关系（即"10+3+3+1"模式或"10+8"模式，加上俄罗斯）——亚太共同体模式等。

在一个相当长的历史时期内，东亚共同体建设将是一个长远的目标，上述运作模式将是出现成熟一个，运作一个。其发展路径也不会像欧盟和北美共同体那样，只是一种模式逐步发展、壮大、完善，而是数种模式同时推进，互相补充，不断摸索，不断前进。总的特点则是多管齐下，交替使用：第一管道、第二管道同时并行；双边模式与多边模式同时并行；安全、军事、政治、经济、文化、环保等多领域东亚区域合作同时并行；包括美国在内的 APEC 或"10+8"模式和不包括美国的东亚会议、亚欧会议、"10+3"会议同时并行等。中国构想的东亚共同体将是一个高度开放包容、灵活宽松、组织松散的区域合作机构。

---

① 《中国提出东亚共同体路线图》，《东方早报》2009 年 10 月 26 日。

（二）横向联合特征——内容涉及政治、安全、经济、文化各个领域

中国的"东亚共同体"构想与欧洲和北美共同体所体现的纵向整合特点不同。欧洲和北美共同体建设较多体现纵向整合的特点，以一个或数个大国为核心，自上而下，实行各方面的合作，欧盟甚至已经表现出欧洲联合国家的雏形（共同的议会、政府、共同的对外政策和主张等）；而东亚共同体则将更多体现横向联合的特点。

中国主张东亚共同体的建设应该包括政治、安全、经济、文化、环保、气候等多个领域、多种模式，成熟一个推进一个。如应对经济全球化和区域化浪潮的东亚自由贸易区建设，应对金融危机的东亚货币金融合作、应对朝核问题和东亚安全合作的六方会谈以及气候合作、能源合作等。如果在各个领域都能建立起合作机制，整合起来就能表现出与欧洲、北美共同体不同特点的"东亚共同体"。东亚金融危机与美国次贷危机引起的国际金融危机曾经和将可能给"东亚共同体"建设带来前所未有的机会，必能首先推动东亚国家在金融方面的联合与合作。

（三）关键因素——中国多边主义合作体系与美国双边同盟合作体系的"兼容共存"

美国在东亚的存在是"东亚共同体"建设不能忽视的重要问题，也是绕不过去的关键因素。美国的强烈反对和干预，曾使马来西亚前总理马哈蒂尔倡议的"东亚经济集团"等不包括美国的东亚合作主张胎死腹中。美国并非东亚国家，它在东亚推行的双边同盟体系，包括美日、美韩、美菲、美泰、美新同盟等，从本质上说带有"冷战"的色彩。这些双边同盟都从美国的国家利益和全球战略出发，明确或模糊地以第三者为对象，与东亚共同体所要求的和谐共存环境及各个国家一体平等的要求是不相容的。因此，有很多国家和相关的人士主张应该将美国排斥在东亚共同体之外。目前，东亚合作的一些机制，如"10+3"、东亚峰会、亚欧会议等都未包括美国。

然而，美国依靠美日同盟和美韩同盟，在东北亚一直占有包括驻军在内的重要的政治、经济、安全的战略地位。2009年，美国加入了《东南亚友好条约》，明确表达了"重返"东南亚的战略意向；美国在东亚各地都有

其军事基地，美国的航空母舰在西太平洋到处游弋，美国不会轻易退出这个地区；由于美国的超级大国地位，东亚几乎所有的国家在经济贸易上都对美国有着密不可分的依赖关系；美国的全球战略决定它不会愿意轻易退出东亚，也不愿在对外贸易上面对一个联合的东亚而自身被排除在外；这是东亚与美国关系的基本现实。需要强调的是，美国以中国为潜在的战略对手，中国经济的高速发展和综合国力的提升，已经引起美国对于中国是否会挑战美国在东亚的利益、是否会将美国排除出东亚的担忧。因此，中国对于美国参与东亚合作的态度，尤为美国所高度关注，并将中国视为美国与东亚合作关系的主要防备对手。

对于中国来说，美国是世界的超级大国，在东亚占有重要的战略利益，与中国经济发展有着至关重要的紧密关系，中美贸易在中国对外贸易中占有生死攸关的地位，中国的外汇储备绝大部分购买了美国的国债，中美之间已经形成你中有我、我中有你的亲密关系。中国虽然不可能成为美国的盟国，但是美国也不能不视中国为重要合作国家。因此，要从根本上改变现状，让美国退出东亚，既是不可能的、不现实的，也是不利于中国经济发展和东亚政治安定的。中国的"东亚共同体"构想应兼容美国在东亚的双边同盟体系，不挑战美国在东亚的既得利益，与美国在东亚和平共存，避免对抗。中美之间的和平相处、互利共赢及其可能达到的合作水平和深度，将对东亚共同体的发展形态和实际进度，甚至生存可能，产生至关重要的影响，这也是中国在 21 世纪的第二个十年甚至更长的时间内能否取得和平建设的安定国际环境的重要因素。中国应该与东亚各国一起，找到与美国合作的妥当方法，如欢迎美国加入东亚峰会等，实现中国与美国在东亚共同体问题上的"双赢"局面。

（四）主导角色定位——推动东盟主导东亚共同体建设

与欧洲与北美共同体由大国主导或数大国共同主导的特点不同，中国的"东亚共同体"构想，积极推动东盟发挥主导作用，以中日韩三国为核心，以"10+3"机制为主渠道，以东亚峰会为重要战略论坛。中国将在东亚共同体建设中发挥越来越重要的影响和作用，但是中国明确表示不去争取或主动承担"东亚共同体"的主导角色。有五个因素是中国必须考虑的：

（1）东盟在东亚一体化建设中实际上已经发挥了重要作用，目前东亚区域合作的机构和既有路径大都是以东盟为建筑平台，或是由东盟牵头组织的。从积极方面说,东盟愿意并有基础使东盟成为东亚共同体进一步建设的主导者;从消极方面说,东盟各国也普遍存在担心中、日等大国主导的东亚共同体会使东盟沦为大国的"工具"。改变目前由东盟主导的格局将会使东亚共同体建设遭遇更多的问题和困难。虽然世界舆论普遍存在着"小马能否拉大车"的疑问,目前世界的地区共同体建设也没有成功的类似先例,但在东亚共同体发展目标有待进一步明确、对于大国的战略疑忌一时难以消除的情况下,推动东盟发挥主导作用,不失为"曲线发展"东亚共同体的一种现实的、有益的尝试。

（2）中国不当头,不发挥主导作用,将有益于避免与美国在中国周边地区发生冲突。由东盟主导东亚共同体的建设,并在中美间协调,将有利于中美双方更好地实现彼此在东亚的经济利益与交流合作。

（3）中国声明不争东亚共同体主导权,也将避免与日本争夺东亚主导权。20世纪70年代,以日本为代表的"雁行模式"曾经主导亚洲的经济发展。90年代以来,由于日本经济衰落,中国经济腾飞,东亚经济结构发生巨大的变化,日本已难以继续发挥主导东亚共同体的历史作用,但日本仍然是世界经济大国,在东亚共同体的建设过程中,将发挥重要的作用,目前难以接受中国主导东亚共同体。中日两国的关系虽已有很大改善,但仍然存在种种问题,既难以互相认可双方中任何一方单独主导东亚共同体建设,又难以共同主导东亚共同体的建设。由东盟主导东亚共同体建设,会有利于中日两国协调彼此关系,共同推动东亚共同体的建设。

（4）中国不发挥东亚共同体的主导作用,也比较适应目前中国综合国力的真实水平。中国是一个发展中国家,尽管已是世界第二大经济体,而且发展势头良好,但国民的 GDP 平均拥有量排名在世界百位之后,国内存在大量问题,各地发展极不平衡,目前能够给东亚共同体提供的公共产品不是很多,难孚众望,而且中国的国民也还没有为东亚共同体建设提供大量公共产品所需要的思想准备。中国不发挥主导作用,并不意味着中国无所作为,中国将尽其所能,为推进东亚共同体的发展作出适合自身实力的贡献。

（5）中国构想的努力目标——东亚特色的东亚共同体。中国的"东亚共同体"构想主张继承和发扬传统的以儒家思想为主要特征的东亚价值观念,但绝不主张重返东亚封贡体系的旧范式。在建设东亚共同体的过程中,周边国家的一些人士对于中国强盛之后会否恢复中国在古代历史上曾经有过的辉煌和中心国家地位、重建东亚封贡体系是有疑忌的。中国的"东亚共同体"构想将总结历史上东亚各国和平相处的重要历史经验，总结东亚各国在现代化的过程中运用以儒家思想为主要特征的东亚价值观念的重要历史经验，为今日建设东亚共同体所用，但中国不会主张恢复东亚封贡体系那种已经明显过时了的旧范式，中国将与各国一起寻找和总结新的东亚价值观念，共同推动东亚共同体的建设。

中国倡导学习和吸收欧洲和北美共同体的宝贵经验，但决不会接受以西方价值观念为东亚共同体建设的前提。也有些国家和人士主张应如同欧盟和北美共同体一样，将以西方价值观为主要特征的所谓"华盛顿模式"作为基础与前提，来建设东亚共同体。这也不为中国所赞同和接受。中国承认各国文明的多样化和国际关系的民主化，但认为西方价值观并不具有普世性，各种文化包括中国特色的社会主义文化、日本特色的资本主义文化、韩国特色的转型民主化文化等以及历史上的儒家文化、伊斯兰文化、基督教文化、佛教文化等是适合各国发展需要形成的人类文明的精华，都有其生存、发展的理由和权利。各种文明应该和平共处，共同建设东亚的美好家园。鉴于东亚多文化、多制度的特殊情况，强调此点具有特别重要的意义。东亚各国在学习欧洲和北美共同体宝贵经验的同时，必须创造能够让各种文明共存兼容的建设东亚共同体的新模式和新经验。

中国提倡和推行新地缘政治经济理论和新地区主义，但绝不会挑战美国在东亚的存在和现存的国际体系。中国实行改革开放以来，外交的主要变化之一，是中国已从一个体制外的国家转变为一个体制内的国家，从一个既成国际体系的挑战者转变为一个维护者和改革者，中国以创建和谐世界为外交总理念和总使命，将成为负责任的世界大国作为自身追求目标。中国的东亚共同体构想将批评与反对各种全球霸权主义和地区霸权主义言行，将纠正和革新各种不符合东亚各国团结共存的错误观念，但中国无意挑战美国在东亚的存在，也不挑战既成的国际体系。中国将与东亚各国一起，通过共同的努力，开创以东亚共同体为目标的东亚和平建设的新局面。

中国的"东亚共同体"构想将是努力塑造一个既符合世界发展大势的，又符合东亚共同利益的，同时也符合中国利益的"东亚共同体"。

（本文为 2010 年 11 月 8 日至 9 日在复旦大学召开的
东亚区域合作与中日韩关系国际学术研讨会的会议论文）

从满洲到东亚共同体

——西田几多郎的再现

台湾大学　石之瑜

非常感谢各位同仁、诸位同学出席，因为今天时间难得，我就直接进入主题，跟大家讨论一下最近思考的问题。我不是日本专家，我也不是日本人，所以今天有一点忐忑不安。但是这个问题我思考了许久，而且觉得与当前的两岸关系和中日关系发展都有一些相关，但是我们思考的都是比较粗浅的问题，具体怎么样根据要求联系到最近大家所讨论的东亚共同体的问题，还要请各位协助我。

我们今天讨论从西田几多郎的哲学来思考当代的问题，起源主要是在于考虑到当前全球化的时代，许多地方都在找寻自己的特色。为了要表现自己的特色，一定要地球上其他的人有一种自己的跨越界限、全球化的感觉。

当代的人在全球化的过程里始终找寻自己的特色，在一定的程度里他们是相信有特色的，才会找寻自己的特色。可是早期尤其是经过殖民统治，说是要找寻特色并不是理所当然，并不是人人都对自己有惰性，认为自己可以代表某一种强势文明而不一样，尤其是与有帝国主义代表强势的欧美文明，所不一样的一种特色。所以我把它标举出来，这个不但需要相当的自尊和自信，另外还要对自己的文化和欧美文化之间的差异有深刻的体会，才可能做到。以至于早期的受到欧美文化压力，导致对自己文化和历史本身产生质疑的这些地区、这些社区的人们，在反思和回想过程当中，有没有发现今天全球化时代，只要能说出一点不一样就值得大说特说，觉得一点差异都变成人类多文化的象征，好像没有这样一种现实在里面，以至于说我不敢对于自己一些雕虫小技给夸大，夸张成文化的特色。

早期这些，尤其是在帝国主义和殖民主义扩张之后受到压力，这主要是亚洲社群。亚洲社群怎么样来面对欧美国家，面对欧美的强势文明，怎么样能够在强势的文明之下建立起自己的自尊。无独有偶，在不同的地方出现了类似的一种自况，就是把自己当成是文明的桥梁。文明桥梁当然就是处在不同的文明之间，文明桥梁顾名思义是一个弱势者的自我宣告。我们很少看到一个强势文明会把自己当成文明桥梁。比如说美国充其量称自己是民族大熔炉，熔炉之后就变成所谓公民民族主义，不会把自己当成是桥梁。

回顾我们中国自己的历史，好像也很少看到有中国的思想家把中国看成是一个文明桥梁。什么样的人会把自己看成文明桥梁呢？相当多数的是经历过殖民统治或者是外来帝国主义侵犯。所谓文明桥梁指的是：我自己不可能是一个特定文明的代表，如果我是儒家文明的代表，就大声说出我是代表儒家文明的。但我可能不觉得自己是真正地代表儒家文明的，或者是说我也不愿意成为儒家文明的代表，可能觉得儒家文明跟欧美强势文明相比是非常落后的。怎么样提升我自己的位置？我如果往欧美文明靠拢的话，在我自己的文明解释之下是不是有一种被视为背叛，成为一种背离母国文明的发展？就夹在了强势文明和母文明之间。

以文明桥梁自况在相当程度上可以帮助我们摆脱这种困扰，文明桥梁既不是欧美的文明，我也不是东洋的文明或者是儒家的文明，我都不是。但是我在两者之间，我比欧美更了解儒家，我也比儒家更了解欧美。在做文明桥梁的时候可以协助你们双方相互体会，相互欣赏。这样一来我的地位不就从本来是一个处于次等边缘低附的、被宰制的地位立刻提升到一个好像掌握了一个文明钥匙，好像是一个关键地位，可以帮助不同文明之间进行沟通，进行体会。所以文明桥梁往往是殖民地的人在面对强势文明，没有办法证明自己和强势文明一样的纯洁高尚，面对自己母国文明没有办法像母国人民一样，觉得自己好像是一个有优秀深厚传统文化的当代人，没有办法。两边看都好像是一种文化的杂种、混血。

文明桥梁可以把我这种处于文明混血边缘被宰制的一种地位在概念上转换成一种平等的地位，我比欧洲文明更了解儒家，我也比儒家更了解欧洲文明。我们看看亚洲许多地方，当然中国大陆除外，中国大陆并不流行把自己看成文明桥梁的思路。但是我们看亚洲许多地区，从日本到台湾地区，再往南走一直到印度，许许多多的思想家在 19 世纪愿意把自己看成是文明桥梁。单纯说是文明桥梁这部分不是真正能够帮助我们了解这个状况，因为不同地区、不同的思想历史背景所建立的文明桥梁是不同的。

以印度为例，泰戈尔是大家耳熟能详的，是亚洲第一个诺贝尔奖得主。在中国、日本也备受重视。但是在泰戈尔自己得到了诺贝尔奖，一夜之间成为印度重要的知识资产之后反而产生很多反省，就开始思考自己或者印度应该居于什么样位置。他把印度看成是文明桥梁，在相当程度上是认为亚洲古老的文明，尤其是儒家文明，中国、日本还有印度的文明，一旦联合起来，来拯救西方受到物质文明的影响所产生的堕落，但是他非常反对民族主义，因为民族主义面对西方文明是一种排斥、抗拒。而泰戈尔本人定位是突破西方的认可，因而在自己或者是在亚洲受到重视。他对于民族主义有相当大的反省、检讨，认为这不是文明之间交汇所值得仰赖的一种思维历程，既反对西方文明也反对民族主义。他就提倡各种个人心灵的超越和解放，他把自己的个人看成是一个文明之间的桥梁，通过个人的努力的影响，能够融汇中西、东西双方然后超越。泰戈尔觉得在亚洲文明里面印度是最能够表现文明桥梁的，因为它是受到西方文化影响最深的，比其他地方更了解欧洲文明。所以说印度做文明桥梁是最恰当的，泰戈尔也抱着这样的信念到日本、到中国去演讲，但是很不幸，无论是在日本还是在中国演讲都受到当时年轻的人反对，认为印度来的这个人就是代表一种殖民地的文化，不要跟西方抗拒，抛弃民族主义，恢复古老的文明。日本人和中国人不是这样想，我们要建立自己的国家，要让自己的国家富强。

日本的军国主义者是反对泰戈尔的，但是并非当时日本社会中的知识分子都反对。泰戈尔访问日本是在20世纪20年代前后，他去了两次，应该也就是我们所谓的"大正民主"时期吧。在泰戈尔之前，日本也有思想家注意到这个问题，最重要的一个就是冈仓天心。冈仓天心后来跟泰戈尔成为很好的朋友。但是我们当时发现他们在思想上是有一些差异的，但是没有看到他们针对思想上的差异进行讨论。我想可能是在一定程度的知识结盟之后，不便对与对方一些有差异的地方提出质疑；大家都希望亚洲文明能够受到重视，无论是冈仓天心，还是泰戈尔也好。

同样当时在日本的思潮里面，可以跟泰戈尔做对比的文明桥梁概念，就是把日本看成东洋和西洋之间的桥梁。这种想法其实从明治维新以来便隐隐地在日本社会里发酵。明治维新希望向西方大量地学习，向西方学习的同时，又复兴儒学的思想或者对儒学的研究。这是因为受到了美国炮舰打开门户的影响。知识界、思想界在追寻日本自己本身所代表的意义：日本到底是什么？这样的困惑当中也相当程度地回到了汉学这个传统。因此日本在大量欧化的同时，又有汉学的东西在其中。

当然社会上同时存在东方和西方两种学问，两种思想传统交汇的时候，就很容易地让这个社会思考自己到底是谁，在中西之间自己到底是什么。所以在日本社会当中孕育出文明桥梁的思维毫不令人诧异。但是日本作为文明桥梁和印度作为文明桥梁，两者的思想是不是完全一样？泰戈尔呼吁要保留亚洲基本传统的时候，他希望每一个人作为一个个体，一方面能够去吸收西方的文化，另一方面沉浸在自己既有的亚洲文化价值当中。他希望透过影响个人的一种努力，一种思维上的超越，以成为文明桥梁。所以，泰戈尔的文明桥梁观念，首先在于它是个人化的；不是社会化，不是集体，不是社会，也不是一个地方。比如说中国的台湾是一个地方，台湾就是东洋文明、西洋文明、中华文明交汇的地方，这是台湾地区很流行的论述，毕竟台湾地区也曾是一个殖民地，当然要从各种各样文明交汇的机遇当中去建立自己，超越主要文明的地位。

泰戈尔讲的文明桥梁至少有两点特色，第一个特色，它是个人化的，每个人要经过努力，要经过每个人自己思想上的超越学习，试图把各种文明融汇在一起。他企求的是一种突破超越之后，让自己甚至高于原来的两个不同文明的文明。

另外一个特色是超越。就是说文明桥梁的地位，它不是自然而然地存在，并不是说你接受了欧洲文明，你到了欧洲念书，你到了印度就是文明桥梁了，并不是。你必须要努力，你必须要静想，你必须要沉思，你必须要试图进入到古老的亚洲文明情境当中，必须要融会贯通西方的殖民历程，你才能达到这种超越。你要通过思想上的努力，而这是每个人自己要努力的，别人不能够帮助你。如果我们以泰戈尔这种文明桥梁的风格作为一个比较基础，回头来看日本关于日本作为文明桥梁的设想，发现就在这两点是针锋相对的，虽然他们都把自己看成是文明桥梁，但第一个针锋相对的地方，就在于日本作为东洋和西洋文明桥梁，它不是透过个人；它是集体，是日本的整体。大和民族或者日本整体作为东方跟西方之间的一个桥梁，这个社群本身作为一个桥梁，不是一个个人化的，而是一种集体。当然个人还是要努力，通过个人的努力使日本集体社群，在这个世界上取得一个令人尊敬的地位，其间具有一种融通性与一种普遍性。在中国研究领域以白鸟库吉为首，当然我们就会看到许许多多努力，试图在论述上证明日本其实是一个介于东西之间，却又超越东西之间，具有比西方更高、更强的普遍性的一个文明。

第二个不同，就是泰戈尔的文明桥梁是需要通过努力以达成的，但是对日本思想界来说日本作为一种文明不需要通过努力，日本已经是一个文明桥梁。日本要么是天生的，要么就是历史文化已经准备好了，不需要日本这个社会通过一种什么样的自我改造，它已经是文明桥梁了，这个有很多可以证明的。

有人一天到晚专注于西方东西，有人专注于东方东西，这两个都存在。其中，就是西田几多郎关于无的哲学，无的场所，这其中我认为最具有全体性和整体性的思维，上下都包容。我想西田几多郎的哲学很难读的，后来在太平洋战争爆发之后，声名狼藉。有一个"超克"的座谈会，一些京都学派一直影响到后世，让人感觉到京都学派是支持日本的侵略战争，那我觉得这也未必如此。起码西田几多郎本人对战争好像并没有讲过什么，那么战后也继续受到重视，他的学派里的田边元，在战争之后讲得最多的是，日本要忏悔。并不是说京都学派就是支持战争的，我觉得好像并没有这样的倾向，我觉得去体会西田几多郎哲学的时候也似乎不会有这样一种对战争的投入或支持。好比在我去体会西方哲学时，当中似乎不会有这样一种直接的对战争的投入或者是支持。那这是不是一种欺骗呢？他虽然并没有站出来支持侵略战争，但是不是他的哲学仍然助长了或者说提供了侵略战争的正当性的借口？因为他后来提出的世界史的立场等，都受到军国主义者的引用和应用。那么他讲的无的场所，如果和泰戈尔作比较的话，差别在于日本已经是一个文明桥梁，已经是一个文明场所，日本民族不需要做出特别的努力。他是这样去做这个设想的。

我们回到刚才讲的白鸟库吉自己的思维，把东洋和西洋分开，东洋代表就是中国了，西洋当然就是欧洲。白鸟库吉本人受到欧洲历史的影响，到欧洲学了语言，读过欧洲许多哲学家最难的哲学。照后现代思想家的说法，当时这些人回答了一个问题，根本问题是共通的，就是黑格尔提出的东方专制主义。这些人说日本不是黑格尔讲的东方专制的代表，试图要摆脱这种东方专制主义，所以他们要把东方专制主义的形象读到中国去，要把中国变成东方专制主义代表，东洋就是中国专制主义代表，西洋是欧化的代表。

日本其实是距离居中的，日本可以同时向欧洲学习，也可以保留或者是继承中国的文化。当时最有名的几名学者之一内藤湖南，几乎就是以中国文化的继承人自居，把中国看成是衰老的或者已经过气的文化，这种文化复兴要注入新的活力，这个活力的来源当然就是日本。我们看到日本内藤湖南在中国大量采购图书，我有一种感觉，他好像要把象征儒家的代表搬到自己的房间里，他才是真正儒家的传人。

但是西方有很多学者看到内藤湖南，会认为他把中国看成是落后的文明，而且其心态像东方主义者一样。我想这可能在一定程度上误读了内藤湖南。目前内藤湖南所象征的是日本社会上一批保留儒家文化，包括汉学经典的人士，包括白鸟库吉在内，这些人都精通汉学，汉学的背景非常深厚。

同时又有大量的报告，主要是像白鸟库吉对西方学术大量地学习，提出一种史观，这个史观让日本人居于东西方之间。白鸟库吉之所以作为代表人物，并不是他的思想有什么样的突破、创新之处，因为我觉得白鸟库吉的论述早在明治维新之前，就已经有国学派。日本很多学者谈论、触及这个问题，白鸟库吉只不过在时代的关键，运用欧洲的语言把过去已经有的一些关于中国的看法加以整理。白鸟第一个将儒家文明和基督教文明抬到共同地位，就是把中国的儒家的地位提升，与基督教平等。所以白鸟库吉跑去满洲、蒙古做考古等各种各样的研究，收集很多证据，证明说满蒙就是儒家文明和基督教文明共同发源地。在纪元前，敬天的概念，同时向西方、东方走，西方形成基督教文明，东方就形成儒家文明。儒家文明之后，又进入中国、日本、朝鲜这些不同的地方。

第二则是将日本跟中国的地位抬到与欧洲平等的地位。他推翻中国尧舜禹这样一个历史，透过考古学的方法证明尧舜禹这些历史都是儒家捏造出来的，是儒家为宣传自身的学说所捏造出来的。假如尧舜禹都是捏造出来的话，那日本和中国就为平等。因为，如果尧舜禹都存在且都是中国人，那孔子继承尧舜禹，孔子就是中国人，孔子所建立的儒家就是中国文明，日本儒家就变成中国儒家文明一部分。假如尧舜禹都是儒家捏造的，就表示孔子不是中国人而是东洋人，孔子如果是东洋人，日本知识界把孔子的知识继承过去，就跟中国知识界继承孔子儒学一样，两边就是平等的，等于共同地继承东洋的儒学，因此孔子必须是东洋人。

无独有偶的是，现在台湾地区非常流行讲东洋儒学、东亚儒学，这背后也有这样一种意涵，就是怎么样通过一种历史回溯与重新建构，把儒家变成是东洋共同的文明。儒家变成东亚共同文明，就没有在中国之下的问题，因为那时候没有中国的概念，那时候就是东洋，这等于做观念上辩证。

白鸟库吉非常认真地进行这样的探讨，假如说儒家跟基督教是平等的，那东洋和西洋就是平等的。且因为孔子是东洋人，所以中国和日本是平等的，日本当然跟基督教文明也就是平等的。但是日本跟中国不同，白鸟库吉亲口讲，他是集大成的人，他形成一整套学问影响到日本对中国、对东洋的看法。但是我刚才讲这些学术并不是白鸟库吉自己发明出来的，而是白鸟通过对满蒙进行考古之研究，证明基督教文明和儒家文明有共同发源地，这是白鸟库吉的贡献。

根据白鸟库吉的说法，中国与日本是不同的。白鸟库吉是一个天皇主义者，跟他的学生津田左右吉主张的主义正好相反。津田主义是打破天皇的神话，将天皇放到人间；白鸟库吉是天皇主义者，是将天皇视为神，万世一系的天皇主义。因为日本全体人都是神国的子孙，所以日本是神国。对日本来说，日本向欧洲学习，和日本向东洋学习，都完全不会影响到日本是世界上唯一的神国，所以日本向谁学习都没有问题，是可以不断进步的国家，可以向世界所有先进文明和优秀文明来学习。相反中国的儒家，后来形成朝代制度，任何的外族入侵，最后只要接受朝代制度，中国就可以接受它的统治。中国变成异姓而治，因为中国虽然接受异族统治，却没有改变统治形式，所以中国就变成所谓文化保守主义。白鸟库吉在分析的时候，将其学术化、科学化，他说中国之所以变成文化保守主义，而日本之所以能越来越进步的主要原因，在于这两个是完全不同的儒家，日本是以神国的基础在学习儒学，而中国则是被儒家给占据。一旦被儒家占据之后，异姓统治就可以被接受。异姓统治可以被接受，中国就永远要被禁锢，中国就变成文化保守主义，中国不可能跟西方学习。而西方有欧洲文化文明的背景，它完全不了解东洋国家。

日本是唯一同时在世界上能够了解东洋文明和西方文明的地方，日本当然就是一个不可与争的世界文明桥梁，因此奠定所谓自我生成的普遍性。日本具有普遍性，这种普遍性与欧洲的普遍性相比，欧洲讲的普遍性是一种虚假的东西，日本的普遍性才是真正的普遍性。

到后来西田几多郎的哲学，在我看来是把白鸟库吉的东洋研究，更进一步深化到了一种本体论的层次。为什么你又可以是东洋又可以是西洋，怎么可能呢？有人说到我跟东洋学习的时候我是东洋，我跟西洋学习的时候是西洋，所以我可以又是东洋又是西洋。西田几多郎在构想时，认为这是不可能的一件事情，如果当我们是东洋人的时候，我们如何可能变成西洋，这中间过程怎么变的？东洋怎么可能变成西洋？假如说我已经欧化了，就像福泽谕吉那样，我怎么可能同时又可以成为东洋？这个过程就是，一个人怎么可能在两个对立的状态，像不可调和的矛盾之间，可以往返，就有这个困惑，要解决这个困惑。

西田几多郎提出一个非常直觉、非常合乎逻辑的答案，这个一般人提不出来的，这是要想很久才能想得到的答案。他的答案其实很简单，他说如果我在东洋文明的框架里面或者情景里，我要变成西洋文明，一定要有一个人告诉我现在不是东洋，而是西洋。而同样我现在是欧洲人，我现在有一批人搞"脱亚入欧"，同时又是接受儒学，我在转换这个情景的时候一定要有一个不在西洋的情景，不在欧洲的情景里面的那个人告诉我说，我现在不在欧洲的情景里。那个告诉我说，我不在儒家汉学的情景里，也不在欧洲西洋情景里面的那个人，绝对不可能是存在东洋或者西洋情景里。我如果存在西洋情景里面的话，我根本还不知道有一个外于西洋，我如果存在东洋里面，也不可能有外于东洋的我。所以那个我一定既不是西洋，也不是东洋，那个我在哪里呢？那个我不可能在任何既定的文化情景里。如果在任何一个既定文化情景里面，那个我，不可能知道有外面情景文化的。所以一定有一个我，它是不存在于文化情景当中的，不存在于任何地方，我就存在于那个无的里面，一定有一个我是存在于无的场所，是这个存在无的场所的我，管理我什么时候可以进入西洋，什么时候退出西洋，什么时候进入东洋，什么时候退出东洋，一定有这样一个我存在这个地方。

这里面，我读到很浓的神国意涵，就是白鸟库吉讲的神国，因为我是神国，所以我可以学东洋，也可以学西洋，我根本不必担心我是谁，我没有我是谁的困扰。但实际情景恰恰相反，实际情景恰恰是日本的知识界不知道这个是谁，所以不断地要找一个答案知道自己是谁，他把这个答案放到所有情景外面。后来研究西田几多郎的学者发现，西田哲学在 20 世纪 90 年代后的欧美又开始风行起来。这些研究发现一个非常有趣的事情，就是西田哲学是正反合的哲学。这有点像泰戈尔追求超越的话，他又从东方又从西方来学习，透过影响要超越它，要把它结合起来在自己身上，变成一种更高的存在，这有一种正反合的论述。

西田几多郎面对东洋和西洋的矛盾，他拒绝进行正反之间的合，或者说不是正反的问题。东洋就是东洋，西洋就是西洋，东洋和西洋之间不需要透过一种对立的整合。这个整合必须存在于无的场所才能整合，整合在这个无的场所。如果我们跟一个受到基督教影响的人讲无的场所，说人最根本的灵魂是在无的场所，我相信他们是很难接受的。我记得有一次在德国艾森斯跟一个老学者交流，他提出一个讨论欧洲性的问题，他不断讲欧洲性是多么开放，多么多元，什么都可以包容。我就跟他讲到无的哲学，他突然大发雷霆，这个无的意思就好像挑战本身人灵魂的存在。事实上这个无的哲学，在德国也引起影响，海德格与西田几多郎相互有很大的影响。海德格讲美学的主体性，在讲超越自我和他者之间的融合，一种背后共通的历史，这个有一点受到西田几多郎的影响。

海德格也阅读过老子，因为这种哲学里面也有道家的哲学，而西田几多郎是非常明显具体地受到禅的影响。无的场所就追求神国的意味，如果我们对白鸟库吉讲天皇主义之下，这个神建立真正的普遍性，就是既东洋又西洋真正的东西。如果你去从西田几多郎无的哲学去了解，就能够有很深的体会。这个神是存在于无的场所，是没有任何人能看见的。所以他说无的场所是一个见证，这是不可以被看见的，被看见的一定是动者，行动的人才可以被看见，什么人是行动的？一定是在场所里面人才是动者。见者是在哪儿呢？见者一定要在场所外面，见者一定不可以在场所里面。讲了半天就是无的场所，就是神了。

我读到这些东西，我觉得这些体会很有趣。后来我有一个机会指导一些论文，就看了当代日本关于"满洲国"的电影，常盘贵子主演的比如说《赤月》，或者是《流转的王妃》这样一些电影。其实对日本军国主义提出很多的批判，尤其是从女性主义的角度来批判。我们从电影名称就可以看得出来，它叫《赤月》，因为原来"满洲"是红太阳，它变成《赤月》。它通过女性主义角度来批判，它批判法西斯主义，批判军国主义，但是它保留了"满洲国"王道乐土的理想，这是非常有趣的。

换而言之，"满洲国"的想象至今还保留在日本社会里面，对这个乐土还有很多人遐想。后来常盘贵子又演了另一部电影，我们都看过《男人的大和》，我非常推荐这个片子，这个片子太精神了，这个片子表面上讲大和舰上这些军人，跟美军最后一战，在被打垮之前这些男人回到日本的家乡，去看自己的亲人。他们都是看和自己相连带的女性，有的是看女朋友，有的是看妈妈，有的是看太太，有的是看情妇，看各种各样不同的女人。

这个"男人的大和"，到底是大和舰还是日本的母亲，各种不同的女性，是什么样的大和精神可以化身成不同角色的女性呢？这不就是天照大神吗。而且这三部片子都是常盘贵子演的，我跟人家开玩笑我说常盘贵子就是当代的天照大神，有这种感觉。

在《赤月》这些电影里面保留"满洲国"的东西，回去读白鸟库吉讲的满蒙，我开始有一种假象，这个假象我没有证据，完全是我的遐想。"满洲国"是不是就是西田几多郎无的场所在世界上再现，"王道乐土"，是多民族的共生场所，是文明的起源，这不就是无的场所吗？他从"满洲国"进到，往中国发展，然后去征服世界，满蒙就是日本的生命线。当然生命线受日莲教的影响很深，石原莞尔提出来，我也有同仁在作石原莞尔的研究，发现石原莞尔并不是大家所想象的物质主义，完全只是把"满洲国"看成政治、经济的基础。日莲教这些宗教思维也是认为无的场所。我就开始遐想，这个"满洲国"是不是就是日本的，或者说西田几多郎集团讲的无的场所。这有一个特色，无的场所，它自己本身不能被论述的，因为它是"王道乐土"，它需要向世界扩展，它是民主跟文明的共同基础。而无独有偶，又是白鸟库吉所考证出来的基督教跟儒家文明的发源，共同的发源地，敬天思想的基础。发现神道教以外，我们有一些有趣的故事。有一个叫大本教的宗教，它的领导人受到军国主义的骚扰，认为他要挑战日本帝国的国家神道教，并且抓他。他偷渡逃跑到满洲去，又从满洲跑到蒙古，在里面进行探险。这个消息传回日本，他回到日本之后所有军国主义对他的指控统统消失。也就是说在1920年代，满蒙是这么样令人充满了遐想，无法用语言表达的一种象征。我喜欢用语言来表达的"起源"，也就是无的场所。这样一种遐想，后来在"满洲国"的基础上，日本提出世界史的立场，之后就有太平洋战争，跟美国作战要推翻美国所代表的狭隘的西方文明，要超克近代，就是超越克服西方所象征的近代，要进入到这种能够东西共同贯通的更高的境界。

这里产生一个问题，如果东西都能够贯通，东必须是东，西必须是西，你得有贯通之所在，一个场所得存在。我们先讲无的场所，然后相对无的场所就是有的场所，有的场所必须要有，如果没有有的话，西田几多郎讲得很明确，你就没有无的场所，因为无是相对于有的。相对于有是相对无，相对于无是绝对无，他这个无的场所就是绝对的无。有的场所是什么呢？

当然以中国为主要内容的东洋文明，中国不是东洋，你这个东西就产生很大的问题。日本要成为东洋文明一个普遍性的文明，它必须要能够帮助东洋近代化。日本是唯一可以帮助东洋近代化的国家，假如西方不接受日本作为西方国家，日本要作为普遍性国家唯一办法就是把东方给现代化、近代化，让这个世界可以看到日本才是真正的普遍性的一个国家。这个背后就是"大东亚共荣圈"，侵略战争基础具体的产生背景。

但是产生的不止是"大东亚共荣圈"这种思考，同时也产生对大东亚共同区反省的其他的手段（的思考）。尤其在大陆知识界受到重视的一个人，就是日本近代已故文学家竹内好。他就是在太平洋战争的过程中，发表大东亚战争舆论的决议，就是支持大东亚战争。战后他进行了深刻的反省，当然很多同仁可能都比较熟悉，他就借助鲁迅批判日本的文化，说日本是优等生的文化，本来这个西田几多郎或者白鸟库吉讲的是最棒的文化、最普遍的文化，竹内好说根本就是优等生的文化，一天到晚只想做优等生，最后西洋不认为你是西洋，中国人不认为你是中国，儒家不认为你是儒家，亚洲人不认为你是亚洲，你日本就什么都不是，对日本产生提出激烈的批评。他借用阅读鲁迅的方式来把中国这种反省的能力，面对西洋入侵产生一种挣扎、抗拒的意志，逐渐地从鲁迅文本当中，回头检讨日本根本什么都不是。但是竹内好受到西田几多郎非常大的影响，他的反省后来提出亚洲作为一种方法，因为他认为鲁迅所象征的面对帝国主义入侵最重要的精神，就是自我否定。自我否定的含义是说，你不会被任何特定的一种像西方帝国主义所占据，你永远在不断挣扎的状态当中，永远做自我否定。什么样的人可以做自我否定？一定是有真正主体性才会做自我否定，竹内好非常羡慕鲁迅有这种挣扎，好像改革不成，但是改革不成正好象征着你是在挣扎，挣扎正好说明你有主体性。竹内好很嫉妒鲁迅所表现的自我否定的精神，而日本没有。竹内好在这样一种精神下，提出亚洲作为的一种方法。因为在战后亚洲，日本声名狼藉，讲到东亚不敢讲，因为"大东亚共荣圈"的关系，变成了帝国主义侵略的一个东西。孙歌称它为"火中取栗"，在政治最不正确的地方发言，我觉得这个对我有很大的震撼。我常常喜欢做"火中取栗"的事情，我觉得是受他这种精神的影响。

竹内好就讲亚洲，讲什么样的亚洲呢？亚洲既不是东洋也不是西洋。亚洲就是他所向往的一种鲁迅所象征的自我否定的精神所在，亚洲是什么呢？亚洲当然不是欧洲，日本既然是亚洲，绝对不能把自己变成欧洲。亚洲也不是你日本的，你不能够把日本代表亚洲作为理由，然后去改变亚洲其他国家。亚洲既不是日本，也不是西方，当然亦非中国的。经过不断的自我否定的精神，亚洲就可以形成。亚洲会变成什么呢？亚洲会变成真正普遍精神之所在，什么东西都可以加进来。但是没有一样东西可以主导、可以垄断，因为我们在不断自我否定的精神当中，接触学习但是又否定了我们所学习的东西。亚洲在这样一种精神之下形成真正的普遍性，这个我觉得背后有西田几多郎的精神，能够不断地抗拒进入一个特定的场所，抗拒进入一个有的场所，然后你不断把自己暴露在无的场所，这种无的精神能够保存。

诸位想一想这一点，如果有机会你们可以阅读沟口雄三讲的《作为方法的中国》。他讲以中国为方法，世界为目的。他批评竹内好，认为竹内好太喜欢中国，把太多美好的东西都读进中国。他觉得竹内好并没有真正做到竹内好自己所主张的。沟口雄三就说，怎么样才能够真正进入无的精神，我们作为日本人要想办法在研究中国的时候，心里面完全没有想到日本，你完全不从日本的立场出发去研究中国，你才是真正地研究中国。

也就是说透过研究中国，在研究中国过程中学习日本怎么样不做自己，就是日本自己退出自己的历史。你能够进到中国，又能够退出中国进入日本，又能够进入欧亚研究欧洲的东西，你在不断退出的过程当中，日本可能最后唯一一个场所就是世界，这世界不是中国，不是日本，什么都不是。这里面背后就有一种无的场所，无的层次在里面。

当然沟口雄三是很有意识地在说竹内好。沟口雄三比较重视两个学者，一个是竹内好，一个是津田左右吉。津田左右吉就是白鸟库吉的学生。津田左右吉讲要以一种相对方式来看待中国，不承认东洋的存在。不承认东洋的存在就是不承认日本受到中国的影响，不承认日本是一个西方国家，也不承认日本是东方国家。

这个对沟口雄三产生一种提示，他觉得把津田左右吉和竹内好加在一起，变成沟口雄三讲的以中国为方法，世界为目标，就可以知道他的意图是什么。这不是哲学，这等于把他之后的这些思想家也都给串起来，我觉得这是很厉害的，尤其这些人都是讲亚洲的，包括竹内好，包括沟口雄三都讲亚洲，都讲东亚。到后来的子安宣邦，他也讲东亚。他研究东亚，讲把江户作为一种方法，也就是要在近代之外去看近代，能够在近代之前、之外找到一种视野去看近代。也就是要往回追溯，虽然是一个后现代，你从里面也读到一种早期国学派的精神。

这些人讲东亚，从亚洲讲这些东西。最后要讲一个东西，就是要让我们知道怎么样不要被表面上是日本自己的，可能更重要的是对中国垄断。怎么样能够坦然地在《知识论》《本体论》的层次退出中国来思考问题。这个变成是当代日本思想界思考亚洲的时候处理的问题。这也说明为什么之后无论哪位关于亚洲的思想家，当他们思想被政治人物或者媒体引用的时候，讲东亚也好，讲亚洲也好，好像在现实生活当中最主要的目的就是要去消减，把中国消减掉。怎么样消减中国就是你要能够退出中国，不但你要能够退出中国，你还要帮助中国人退出中国，大家都能够退出中国，大家都进入亚洲，现在天下所有问题都解决了。这就是我在读西田几多郎的时候的一种感想。

西田几多郎所提出来的文明桥梁的概念，第一是不需要努力自然而然就存在的，因为它是神国，神国已经自然而然存在于无的场所。而且它是种集体，以日本大和民族为行动者、为能动者的一种桥梁，它是一个相对无的场所，大和民族在一个相对无的场所。大和民族要能够退到绝对无的场所，它必须要列席或者进出不同的场地，要能够进出西洋、进出欧洲，要能够进出中国、进出汉学。要能进进出出，进去能够出来，能够在进去的过程当中忘记日本自己，进到欧洲的过程当中忘记日本自己。但是这个绝对无的场所就会看到管理与退出欧洲，退出东洋然后再相互进入。日本就是全部贯通的，一旦贯通之后亚洲作为大和民族展现，一种普遍性的展现或者是一种无的场所，这就变成是真正具有普遍性的。今天亚洲是由中国来主导，中国不需要日本，中国也不需要亚洲，它可以直接面对世界，这就构成对无的场所，以及对整个东亚概念的一个威胁。假如没有东亚概念来把中国消减，日本在这个世界上就不可能是一个东西贯通的大和。所以日本作为大和民族，要在世界上献身，要成为一个有意义的民族，有贡献的民族，东洋必须存在。东洋必须存在，中国就不能够自己摆脱东洋或东亚跑去跟世界沟通，跟美国人去自己谈起来，中美战略就合作了，不行。你这样做东洋就没有了，东洋没有了日本就没有了。

我是在这一层意义上了解日本政治人物今天所提出东亚共同体，当然它直接面对的要解决的就是现实问题。就是东亚国家怎么样面对中国，日本怎么处理中美之间战略合作，重新界定日本的地位问题。但是它深层背后我认为所夹杂的是自明治维新以来，到今天为止，日本试图解决自己的身份问题所想出来的答案：就是亚洲的"王道乐土"，无的场所。但是始终在实践上做不到的一种流产的"满洲国"，"满洲国"本来应该是蛮好的，如果中国能够成功多好呢，最先进的资料、最先进的资源统统投到满洲去，它能成功多好，要不是你们这些法西斯，这些军国主义乱搞，中国当时就能成为这样。到今天还有这种憧憬在里面。这就是我最近三四年读日本思想史的发展，看到当前一些政策讨论，因为海峡两岸、中日历史问题悬而不决的问题所刺激出来、所设想的。应该说是很调皮地设想一些无中生有的，设想一些思想过程跟大家分享。这里面很多不成熟，不一定正确或者说一定不正确，因为都没有证据。"满洲国"到底是不是无的场所，我想这是没有证据的，这是我在逻辑上把它联系，然后在情感上试图建立关系来得出的一种思想。在这样一种思想上我们去了解为什么"东亚共同体"、东亚这样东西不断挑起日本知识界跟政治领导人的神经的悸动。听到东亚，听到亚洲就是一种不可抗拒的致命的诱惑，就要去奔向亚洲，奔向东洋，因而必须要束缚中国。这里面甚至包括一种非常矛盾的现状，像日本很多右翼，最后真正反抗的对象是美国。因为美国把日本打败，美国丢了原子弹。他们不承认日本真正战败，日本天皇也没有说战败，只是终战。

但是怎么样把这个过程翻转，怎么样从美国取回正义，而不是让美国这一战打败，当然要靠亚洲，没有中国亚洲也不能成功。你要规范中国你就要靠美国，靠在美国身上，这是非常矛盾的一种心态。尤其是老右翼，又要反美，反美要靠亚洲，靠亚洲就要靠中国，要靠中国就要利用美国，最后目的是要对付美国，对付西方。这种心理是西田几多郎无的场所所传达的一种信息。就是日本有一种无法表达的自我，最后要靠插花、靠茶道等很多深层次的东西让自己消失来体会自我。那个真正深层的自我是无法表达，不可表达，就是无的场所的见者，不是动者。你一动，一看到你自己就不是见者了，你已经是在无的场所了。

（本文根据 2010 年 1 月 14 日石之瑜教授在清华大学

讲演录音整理）

会议专辑　晚清
中国社会变革与日本

日韩合并在华反响及其对清末宪政改革进程的影响[*]

中国社会科学院近代史研究所　李细珠

在近代东亚历史上，中、日、韩（朝）三国的关系颇为微妙。其中，日韩合并更是改变传统东亚国际秩序与政治格局的重大事件。在这个过程中，中国并不能置身事外。那么，中国究竟如何反应及其对中国历史进程有何影响，便是值得深入研究的历史课题。学界以往相关研究不多。值得关注的论文有两篇：一是台湾学者张存武先生关于中国对于日本亡韩反应的专题论文；二是大陆学者邹振环先生有关梁启超的朝鲜亡国史研究的论文。[①] 另外，在一些关于近代中国人的韩国认识与清韩外交关系史研究的论著中，也有所涉及。[②] 以往的研究，多关注中国人对于韩亡的同情、哀婉以及对日本殖民侵略行径的谴责，而较少注意国人自身的反省及其对中国内政改革的影响等问题。本文拟在既有相关研究成果的基础上，从一般民间舆论，革命派、立宪派人士的反应，清政府官员的应对策略，以及朝野互动关系等多个层面，对此进一步深入系统地研究，以期从东亚国际关系变动这一更加广阔的视野，力图在近代中国历史序列上

---

　*　本文为 2008～2009 年韩国高等教育财团国际学术交流项目研究成果之一，曾得到韩国国立首尔大学东洋历史系金衡钟教授、丘凡真教授多方帮助，特此感谢。

　①　张存武：《中国对于日本亡韩的反应》，《清代中韩关系论文集》，台北：台湾商务印书馆，1987，第 382～407 页；邹振环：《清末亡国史"编译热"与梁启超的朝鲜亡国史研究》，复旦大学韩国研究中心编《韩国研究论丛》第 2 辑，上海人民出版社，1996，第 325～355 页。

　②　王元周：《认识他者与反观自我：近代中国人的韩国认识》，《近代史研究》2007 年第 2 期，第 61～79 页；蔡建：《晚清与大韩帝国的外交关系》，上海辞书出版社，2008，第 205～208 页。

书写日韩合并这样的国际性事件，为观察晚清政治史尤其是宪政改革史提供新的视角。

一　报刊媒体反映的一般民间舆论

对于日韩合并，中国朝野究竟如何反应？其时，革命党人戴季陶有严厉的批评，有谓："朝野上下，一若毫不相关者，报章既不登载其内容，舆论亦不研究其利害，吾诚不知其何识见之陋而眼光之小也。"① 戴氏痛切言之，意在警醒国人。中国朝野果真反应这般冷漠吗？其实情并非如此。这里拟先从《大公报》《申报》《时报》《香港华字日报》《东方杂志》等报刊，考察一般民间舆论的反应。

浏览清末报刊的强烈印象，恰与戴季陶批评的情形截然相反。其时，不但各种报刊大量登载有关日韩合并的消息，而且民间舆论对于其与中国前途命运的利害关系也多有探究。

日本图谋侵略与吞并朝鲜半岛，有一个较长时期的历史过程。其起点，至少可以追溯到中日甲午战争。其时，《马关条约》解除了清朝与朝鲜的宗藩关系，标榜"独立自主"的大韩帝国成立（1897 年），日本侵略势力不断向朝鲜半岛渗透。日俄战争以后，日本变朝鲜为其保护国，其吞并朝鲜的步伐进入实质性阶段。对此历史进程中的每一个关节点，中国报刊舆论均予以密切关注，并作出了及时的反应。正是在不断地报道日韩合并历史诸多面相的过程中，报刊媒体所反映的一般民间舆论可谓纷繁复杂。具体而言，除了同情韩国灭亡与谴责日本殖民侵略的情感因素以外，大致尚有三个方面的理性思考。

其一，对韩国灭亡原因的分析。

在清末，正是社会达尔文主义盛行的时代，强权即公理，弱肉强食，优胜劣败，乃社会进化之极则。近代中国人本来深受其害，对此有切肤之痛，但在分析近邻韩国灭亡的原因时同样也离不开这具体的语境。在他们看来，大韩帝国存在仅十余年（1897～1910 年）便致灭亡，这固然是日本帝国主义殖民侵略的结果，但更有韩国自身内在的原因。《大公报》发

---

① 戴季陶：《日韩合邦与中国之关系》，唐文权、桑兵编《戴季陶集》，华中师范大学出版社，1990，第 30 页。

表《哀韩篇》，在感慨"日本以同文同种欲扶植之使独立者，口血未干，言犹在耳，胡为而竟至于此耶"的同时，竟然又认为："亡韩国者韩国也，非日本也。在公理上韩国为应亡，在天演上韩国为尤应亡。"这是一种典型的社会达尔文主义论调。然而，作者真正深感痛心的是韩国内部的腐败与不可救药，有谓："闻韩国之危险亦屡经不一经矣，乃经一次危险，则为一次之痛哭流涕，下诏罪己，成为例事。曾未几时，朝野晏然，歌舞升平，境过情迁，转瞬已成极乐世界。卖官鬻爵，朘国剥民，古赋新诗，竞夸风雅，汉宫唐苑，竭力经营，门户激成冰炭，萧墙时伏干戈，依赖之心为惟一之经济，排外媚外，毫无成算，军事不修，外交不讲。窃叹韩国之君臣上下，处何等时势，居何等地位，顾漠然不动其心，一至于此。"①

在时论看来，韩国灭亡的根本原因是其不能自立自存。一方面，是外交上长期奉行所谓事大主义，企图依赖强邻，而不能真正地独立自主。这或许是韩国在地缘政治上的尴尬，但终于逃不脱灭亡的命运。正如《香港华字日报》所谓："高丽亡国，惟不自立之故。数十年来，皆以倚赖强邦为政策。初则倚赖中国，继则倚赖俄罗斯，终则倚赖日本。卒之，凡彼之所谓倚赖者，皆倾宗覆社之渐也。……高丽所以致亡之故，即亡于不能自立，而待他人之庇我扶我。"② 另一方面，是内政上不能自强。在此弱肉强食的时代，不能发奋图存，必然走向覆亡之路。"高丽之亡，虽由其政治不修，盈廷昏聩，酣嬉优游，落沸釜而不知，居焚堂而大睡，不知亡国之祸，其机伏之于数十年之前，而其祸遂见之于数十年之后。然此数十年之中，邻国之谋我利权，攘我土地，未尝无形势之发露，未尝无迹象之可寻，苟能未雨绸缪，惧危懔灭，当此强邻觊觎之际，愤发为雄，急图补救，或可稍延国脉。乃于甲午以后贪独立之荣名，而一切国政仍听其腐败而不整顿，识者早知其不亡于日，即亡于俄也。今也果亡于日"③。所以，韩国虽然被日本所灭，但在某种意义上可以说，其实际上无异于自取灭亡。

其二，对日本殖民侵略手法与阴谋的揭露。

---

① 《哀韩篇》，《大公报》1907年8月19日，第3版。
② 《哀高丽》，《香港华字日报》宣统元年十月四日。转引自赵中孚、张存武、胡春惠主编《近代中韩关系史资料汇编》第1册，台北："国史馆"，1987，第490页。按：本文转引该书资料，标点或有改动处，以下不一一注明。
③ 《论高丽亡于日本》，《香港华字日报》光绪三十一年十二月九日。转引自《近代中韩关系史资料汇编》第1册，第401~402页。

日本侵略朝鲜的手法很是隐秘、阴毒。虽然经过两次惨烈的战争——中日甲午战争与日俄战争，但表面上看来，这两次战争的对象分别是中国与俄国，而并不是朝鲜。而且，日本还打着保护朝鲜独立与维持东亚和平的旗号，甚为蛊惑人心。对此，中国报刊舆论多有揭露。日俄战争以后，日本变朝鲜为其保护国。时论即一针见血地指出朝鲜从此亡国了，有谓："甲午之役，日本因高丽与中国开衅，马关议和非认高丽为完全自主之国耶！何图日俄之役和议告成，高丽归日人保护，派伊藤总监握其政柄，撤各国驻使，外交悉委诸日本。查日俄宣战诏有云：扶植韩国独立。独立者，完全自主之谓也。何图日本竟食前言，不顾公理，阳以维持东亚平和为名，阴行其攘夺利权之术，而高丽从此亡国矣！"① 果然不出几年，日本吞并韩国之真相便大白于天下。其所谓"保全""维护"云云，不过是欺世盗名的幌子而已。时论有云："当其初时，日本之宣布于各国曰：保存韩国之领土也！维持韩国之独立也！巩固韩韩〔国〕皇室之尊严也！今则所谓保存韩国领土者，而其领土已并入日本矣。所谓维持韩国独立者，今已将其一切独立之主权让与日本矣。所谓巩固韩国皇室者，今已降为准皇族矣。……盖保全与巩固云者，乃并吞攘夺之别名者也。"② 这便一语戳穿了日本殖民侵略手法既虚伪又阴险的把戏。

不唯如此，中国报刊媒体还进一步揭露，日本殖民侵略的目标不仅是韩国，更重要的是中国，并称霸东亚。有日本政界要人伊藤博文与大隈重信赤裸裸的表白为证。据《大公报》披露："大隈重信有言曰：伊藤为朝鲜统监，吾当为清国统监。伊藤博文有言曰：对韩问题今已解决，此后对于清国，一宜预备军务，二宜预备财政，三宜预备外交人才，有此三者，何难执牛耳于东亚！"③ 日韩合并时，《时报》记者便敏锐地指出其并吞韩国—进逼满洲—瓜分中国的阴谋。有谓："抑记者犹有虑焉，自甲午一役之后，日韩连合之名词，乃发现于世界中；自日俄一役之后，满韩连合之名词，又发现于世界中。今者日韩关系既经解决矣，所未解决者满韩关系而已。

---

① 《论高丽亡于日本》，《香港华字日报》光绪三十一年十二月九日。转引自《近代中韩关系史资料汇编》第1册，第401页。

② 《韩鉴》，《香港华字日报》宣统二年八月十四日。转引自《近代中韩关系史资料汇编》第1册，第527页。

③ 《韩学生上洵贝勒书》，《大公报》1910年11月13日，第2张第4版。

吾不知政府诸公，其对于此日韩合邦草约，将视之为隔岸观火乎？抑视之为同舟遇风乎？夫以满与韩较，韩之结果在并吞，满之结果任其所欲，亦不过出于割让，似满不如韩之惨。然而今日为均势时代，彼既攫得一脔，此亦思分我一杯羹，浸假而列强效尤，则大局不堪设想矣。然则此一草约也，谓为进逼满洲过渡之桥梁也可，即谓为瓜分中国开场之楔子也亦无不可。"① 其实，在日韩合并的同时，日本还与俄国签订协约，已把侵略触角进一步伸向中国东北地区。《申报》转载《纽约时报》评论韩国近来之变局称："俄日协约，实为分割及并合满洲之入手办法。"② 可见，日本并韩之后的侵华阴谋有如司马昭之心，路人皆知。

其三，也是最重要的一点，是对中国前途命运及其出路的思考与探究。

一般民间舆论关注日韩合并，无论是探究韩国灭亡的原因，还是揭露日本殖民侵略的阴谋，归根结底，均着眼于对中国自身前途与命运的忧思。至于如何解决中国的民族危机与出路问题，报刊媒体所反映的民间舆论大致提供了两方面的思考。

一方面，是以韩为鉴。近代以来，中国所面临的民族危机，与韩国相比，有过之而无不及。然而，韩国却迅速走向覆亡，这对中国人的刺激是刻骨铭心的。日俄战争后，韩国沦为日本的保护国。中国留日学生潘子寅归国途经朝鲜海域，闻讯愤极，蹈海而死。《大公报》将潘君与反对日本"取缔规则"的革命烈士陈天华相提并论，认为："潘君之死为痛韩之将亡而死也，为痛韩之将亡，恐世界上有为亡韩之续者而死也。"面对举国麻木不仁的现象，潘君之死，意在警醒国人。"潘君之思想，犹冀官之一悟，俗之一改也，故不惜以一人之身，而激发全国之聩聩焉。"③ 在一般舆论看来，韩国的命运就是中国的缩影。如《香港华字日报》所云："此有强权无公理之世界中，国不兴则亡，断无中立之理。亡韩之现象即亡中之小影，彼日使林董氏尝以此意警告中国人矣。于此而不引以为鉴，夫岂尚有心肝者哉？"④ 在此民族危亡的关键时刻，中国如果不能以韩为鉴，就可能重蹈韩亡之覆辙。

---

① 《读日韩合邦草约有感》，《时报》宣统二年七月二十五日。转引自《近代中韩关系史资料汇编》第 5 册，第 141 页。

② 《西报译要·美报论满洲之前途》，《申报》1910 年 9 月 2 日，第 1 张后幅第 2 版。

③ 《论陈潘两烈士之死节》，《大公报》1906 年 1 月 16 日，第 2 版。

④ 《论袁世凯请政府引韩为戒》，《香港华字日报》光绪三十三年七月二日。转引自《近代中韩关系史资料汇编》第 1 册，第 434 页。

另一方面，是立宪自强。在近代中国民族危机日益严重的形势下，救亡图存始终是仁人志士最迫切的愿望。如何救亡图存，则不同的政治势力有不同的政治主张。除了具有鲜明政治倾向的革命派报刊以外，就其他报刊媒体所反映的一般民间舆论来看，大多主张温和的改良，基本上同当时的新政与立宪的潮流相一致。日俄战争的结局，立宪战胜专制，给中国提供了一个立宪的正面标本。相反，韩国的灭亡，却是一个反面的例证。《香港华字日报》认为：朝鲜、安南为中国同洲、同种、同文之国，两国一时皆亡，正因不立宪之故。"天下无立宪可亡之国，以国能立宪则君民共主，其君可囚而其民不能尽囚也，其君可废其民不能尽废也。若专制君主，则以其国为一人之私物，但取其君而亡之则国亦与之俱亡矣。如安南，如朝鲜，非近日亚洲亡国之绝好榜样乎？"① 然而，当时中国不正在大搞新政、立宪吗？对于清政府的新政，报刊舆论啧有微言。《大公报》以韩亡为鉴，认为韩皇也曾召见群臣，谕以变法维新，但宣誓之后，仍是因循如故，而并不励精图治，不过自欺欺人而已。所以，"伪新政"不能救亡。② 中国不新政不行，假新政也不行；不立宪不行，假立宪更不行。《香港华字日报》认为，处 20 世纪之专制君主必须变政，"于此民权发达时代，天下虽有极专制之君主，不为国计，亦当自为位计，而竟思以'变政'二字，为对付亡国之败阵铳矣。然不变固亡国，不善变亦亡位"。当时列强帝国之所以强大，"惟先立宪之故"。列国皇位之所以稳固，"惟真立宪之故"。故变政即立宪，善变政即真立宪。至于"不变"与"不善变"的结局，则可以东亚之韩国与西欧之葡萄牙两国为鉴。"不鉴韩皇，不知亡国之惨祸；不鉴葡王，不知失位之痛心。然鉴韩皇而不知自鉴，行将作韩皇之再续；鉴葡王而不知自鉴，必将步葡王之后尘。"因韩皇不知变政，韩国被日本吞并；因葡王变政不善，葡萄牙发生民主革命，葡王失去君位。韩、葡两国，"询现世君主之宝鉴也"。③ 显然，在清政府推行预备立宪的形势下，一般民间舆论多希望其实行真正的立宪。

---

① 《亚洲同时两大怵目事》，《香港华字日报》光绪三十三年六月二十九日。转引自《近代中韩关系史资料汇编》第 1 册，第 432 页。
② 《哀亡韩》，《大公报》1910 年 8 月 27 日，第 3 版。
③ 《不变政欤试看韩皇变政欤试看葡王》，《香港华字日报》宣统二年九月十三日。转引自《近代中韩关系史资料汇编》第 1 册，第 531 页。

二 革命派、立宪派人士的观察与反应

与清政府相对而言，革命派与立宪派是清末政治舞台上两股重要政治势力。在当时内忧外患的历史背景下，清政府、立宪派与革命派各自设计了不同的政治方案，开展了既互有歧异又相互关联的政治运动：新政、立宪与革命，三股势力互争雄长。可以说，正是这三股势力的较量与消长决定了中国政治的新走向。

革命派与立宪派人士如何看待日韩合并，以及日韩合并对其政治策略有何影响，这是需要进一步探讨的问题。下面拟分而论之。

关于革命派人士的观察与反应。张存武先生以《民吁日报》为基本资料，着重论述了革命党人对伊藤博文被刺的反应：痛斥日本对韩国的贪残暴虐以及伊藤博文监韩时的淫威，赞美安重根的爱国英雄之气，哀叹中国人面临亡国危机而不觉悟。[①] 这些论述，主要还是关注其爱憎悲喜的情感因素，而尚未涉及其理性诉求。

其实，进而论之，《民吁日报》之所以关注伊藤博文被刺事件，其目的在于揭露日本的侵华阴谋，并警醒中国政府与国民。伊藤被刺后，《民吁日报》认为，日本必将吞并朝鲜，下一步的目标就是中国。"又将与俄协商，瓜分我满洲，得满洲之后，吾知日本之野心，犹未有艾也，势必又将伸手于蒙古，中间再有各国之利益均沾，而我庞大之帝国，势将分为十数之朝鲜"。为此，《民吁日报》特别提醒："我今日哀朝鲜，又窃恐后日他人之哀我也。我政府何以为计，我国民何以自处，勿使以哀朝鲜者之转而自哀，则幸甚矣！"[②]

与《民吁日报》一样，革命派人士关注日本灭韩的目的，也主要在于中国自身的危亡问题，并进而筹措挽救危亡的策略。

戴季陶于日韩合并前夕，在《中外日报》上发表一系列评论，分析了日本灭韩的必然性及其对中国前途的影响。他认为，一方面，日本并韩乃势所必然。自丰臣秀吉以来三百多年间，日本一直奉行"灭韩政策"。中日

---

① 参见张存武《中国对于日本亡韩的反应》，《清代中韩关系论文集》，第 391～396 页。

② 《哀韩国》，《民吁日报》1909 年 11 月 9 日。转引自《近代中韩关系史资料汇编》第 5 册，第 43～45 页。

甲午战争、日俄战争，日本"洒数十百万之热血，耗亿万之国费"，其目的当然就是要并吞韩国。在进行武力侵略的同时，日本还大施其国际外交的策略，宣称保全韩国独立，维持韩国领土完整，直到日韩合邦论出，阴谋终于败露。这些不过是其阴险、狡诈的侵略手法而已。"前日之保护韩国，变而为今日之合邦；今日合邦之论，则灭国而更灭其种之第一步手段也"。另一方面，韩亡直接关系到中国的安危。日韩合邦"为满洲生死存亡之一大问题"。韩亡直接关涉中国东北地区的存亡，更关系到整个中国的存亡。"韩亡则满洲亡，满洲亡则内地之日本势力益盛，大好神州恐将变为岛夷之殖民地矣"。所以，中国将是韩亡之后直接受害最大的国家。尽管如此，但最可悲的是国人的麻木而不觉悟。"合邦成局之日，即满洲毙命之日，亦即吾国全部大敌接近之日也。奈之何全国之人毫不注意，一若他人之事，与我毫无关涉者，何麻木不仁之一至于斯也？"显然，戴季陶所论亦最终归宿于中国自身问题。有谓："观日本对韩近事，不禁为韩国国民哭，又不禁为吾国前途忧。"①

日韩合并后，另一份重要的革命派报纸《民立报》系统总结了韩亡的教训，以警醒国人。该报认为，韩国走向灭亡的每一个环节，均为日本阴谋策划，而韩人懵然不觉，甚至自落其圈套，终于不免亡国的结局。中国本与朝鲜有宗藩关系，中日甲午战争时期，日本煽动朝鲜独立，朝鲜举国欢欣，"惊为外交史上之一新纪元"，以为"朝鲜真正之独立，将有望矣"。随后，大韩帝国建立，但日本"无日不阴图于韩人之背，思扼其吭而盐其脑，而韩人实不悟也"。日俄战争后，日本变韩国为"保护国"，"自此而韩人始悟其国家为既亡，曩之独立为梦幻，数十年怀柔诱掖，皆大盗之阴谋、灭国之诈术，然亦成不谏之遂事矣"。然而，在日本统监政治之下，韩人又有渐渐安于被"保护"之势。尽管日本"无日不在并吞三韩预备之中，而韩人且以为被保护国何地蔑有，国权虽丧而社稷正朔当不改王朝之旧，方当以王国小朝廷之名号，遗国运末期之暮景"。韩人对于日韩合并之传说，多不以为意，或疑信参半，甚至纷纷斥之为浮谣、诬妄。直至日韩合并条约宣布，"始知前日外间合并之传闻，非讹言，非蜚语"，而韩国真亡矣。其时，列强亦表面上倡言保全中国领土完整，而实际上正进行无形的瓜分，

---

① 戴季陶：《短评》《日韩合邦与中国之关系》《并韩》，唐文权、桑兵编《戴季陶集》，第29、29～31、33 页。

必须警惕这种变相的侵略政策。《民立报》之所以要全面揭露日本灭韩的阴险手法，就是希望中国要把韩国沦为殖民地的惨痛教训引以为鉴。"前事匪遥，殷鉴不远。余安得勿当暑而栗，不寒而战耶?"①

当然，革命领袖人物孙中山与黄兴的反应最值得关注。日本吞并韩国，直接威胁到中国的存亡。孙中山 1910 年 10 月 16 日致函檀香山同盟会员，认为此乃革命最好时机。"乃者时机日逼：外而高丽既灭，满洲亦分，中国命运悬于一线；内而有钉门牌、收梁税，民心大变，时有反抗。吾等新军之运动，已普及于云南、广西、三江、两湖，机局已算成熟。……弟提倡革命以来，至今日为第一好机。"② 黄兴也有同感，他于 1911 年 1 月 11 日致书暹罗同志称："日并高丽，而与强俄协约，满洲、蒙古势已不保。英窥其隙，今已进兵卫藏，置防缅边，西鄙之亡，又可日计。德之于山东，法之于云南，铁路所过，蹂躏无完土。美于中国土地无所侵占，不能恣虐，特倡保护领土之美名，包揽其公债。而满洲政府方醉生梦死，昏不知觉，于日、俄、英、德、法则默认之，于美则欢迎之。对于国民，诡名立宪，以为欺饰，其实则剥夺国民种种权利，以行其中央集权之实。是中国目前状态，不亡于有形土地之瓜分，即亡于无形财政之监督。呜呼！是可忍也，孰不可忍也！今秋，中山先生特召集内地各部代表南来，相与确定计画，急起实行，破釜沉舟，拼此一举。"③ 其时，黄兴正拟到香港谋筹广州黄花岗起义。

关于立宪派人士的观察与反应。以往学界主要关注梁启超，因为他留下《朝鲜亡国史略》《朝鲜灭亡之原因》《日本并吞朝鲜记》等有关日本吞并韩国史方面系统的资料。对此，前述张存武、邹振环两位先生的相关论文剖析较详，不再赘述。这里只着重进一步分析一个问题，即作为立宪派领袖人物的梁启超研究韩国灭亡史与其现实政治诉求之间的关系究竟如何？

在清末，梁启超研究韩国灭亡史，不是为了成为这方面的史学专家，

---

① 大召：《斥为瓜分阴谋辩护者之误国》（三续），《民立报》1911 年 5 月 15 日。

② 孙中山：《致檀香山同盟会员函》，载广东省社会科学院历史研究室、中国社会科学院近代史研究所中华民国史研究室、中山大学历史系孙中山研究室合编《孙中山全集》第 1 卷，中华书局，1981，第 486 页。

③ 黄兴：《致暹罗同志书》，载湖南省社会科学院编《黄兴集》，中华书局，1981，第 27 页。

而是以史论政，为中国的政治变革寻求动力。他关注近邻韩国的命运，目的就是希望清政府以韩为鉴。"殷鉴何当远，周行亦匪赊；哀哀告我后，覆辙视前车。"① 在具体分析韩国灭亡的原因时，梁启超着重指出关键在于韩国是专制国，而不是立宪国。"朝鲜灭亡最大之原因，实惟宫廷。今世立宪国，君主无政治上之责任，不能为恶，故其贤不肖，与一国之政治无甚关系。惟专制国则异是，国家命运全系于宫廷，往往以君主一人一家之事，而牵一发以动全身，致全国亿兆悉蒙痛毒。征诸我国史乘，其覆辙若一丘之貉，而朝鲜则其最近殷鉴之显著者也。"虽然韩国也曾标榜改革，如练新军、立宪法、改官制等，正如清政府的新政与预备立宪一样，但是，在梁启超看来，这些似乎只是说说而已，具体操作敷衍塞责，并没有实际的效果。其一连串"我国如何"的质问，也说明清政府的新政、立宪不过如此。他对韩国改革的总体评价是："励精图乱，发愤自戕而已。"② 显然，梁启超痛斥韩国的假改革，其命意所在正是为了批评清政府的假新政、假立宪。作为清末立宪运动的重要领袖，梁启超所期待的是清政府能够以韩亡为鉴，而将预备立宪推向正轨。

另一立宪运动的重要领袖康有为，也曾在日本于韩国建立"顾问政治"之后，写有哀朝鲜诗，有谓："八道山川磨逻青，旧封箕子不神灵。夏商血属惟存汝，晋楚干戈可有名。保护有人宁遣使，太平无事可裁兵。汉阳姬氏如今尽，抚鼎摩沙目不瞑。"③ 在谴责日本阴谋灭韩的同时，既有对韩国灭亡的哀婉，也有对清朝命运的忧虑，哀韩亦有自哀之意。正如《大韩每日申报》所谓："康南海之诗意，一以吊韩人，一以吊清国。"韩国与清朝有唇齿相依之势，"韩国之不保，岂非清人之深耻？清国之不振，亦非韩人之大惧耶？"④ 确实，这"清国之不振"与"韩国之不保"的现实及其间的微妙关系，正是康有为心中无法抹去的痛楚。后来，康有为还上书监国摄政王载

---

① 梁启超：《朝鲜哀词五律二十四首》，《饮冰室合集》文集之四十五（下），中华书局，1989，第50页。按：此处"我后"之"后"，是指清朝隆裕太后。

② 梁启超：《朝鲜灭亡之原因》，《饮冰室合集》专集之二十，第1~6页。

③ 康有为此诗写于光绪三十年除夕，即1905年2月3日。参见康同璧：《南海康先生年谱续编》，载楼宇烈整理《康南海自编年谱（外二种）》，中华书局，1992，第124页。

④ 《读康南海吊韩人诗》，《大韩每日申报》1907年2月20日，第1版。按：此引《吊韩人诗》字眼略有不同，有谓："八道山川吓逦青，旧封箕子不神灵。殷商血属犹存汝，晋楚干戈可有名。保护有人宁遣使，泰平无事可裁兵。汉阳姬氏于今尽，周鼎摩䊹目不瞋。"

沣，认为日本急行宪政，"故三十年之间骤致霸强"，"缅甸、安南、高丽地与欧国等，以不早变，遂以致亡"。他希望摄政王以此为鉴，速行立宪。①

其他立宪派人士也有相同的理念。他们虽然没有专门研究日本灭亡韩国史，但他们在主张实行立宪与呼吁速开国会时，也多以韩为鉴，或以救亡图存为标的，着重关注日本侵华而导致的民族危机。杨度认为，中国在列强环伺进逼之下，处在生死存亡的危险时刻，"能自立则存，不能自立则亡"。如何自立？关键就在于建设立宪政体。"惟将专制政体改为立宪政体，斯对于内对于外，而皆为自立求存之良法也。"中国如能自立，则不致再有覆亡之忧。否则，中国将难免灭亡的命运。"中国虽欲为无形之亡国，如印度、如埃及、如朝鲜者而不可得，惟能如四分五裂之波兰耳"②。张謇在呼请速开国会时，特别强调了日本侵占朝鲜并进而渗透中国东北地区的背景。有谓："日人之图统监中国，则于其大隈重信饯别伊藤博文统监朝鲜时昌言之，亦见日报。彼时我国人民稍有爱国思想者，即相与扼腕愤叹，而闻我政府及政界要人，则以为是特空言而已，未必果有是事。今年则日人占筑安奉铁路发见后，又有占及吉长之说。"在他看来，为了挽救民族危机，必须速开国会。"救急之法，惟有请明降谕旨，声明国势艰危，朝廷亟欲与人民共图政事，同享治安，定以宣统三年召集国会。"③ 随后，全国性的国会请愿运动便如火如荼地开展起来。日韩合并后，张謇在筹议挽救东三省危机时，颇有感慨地说："惜我国会未成，全国人民无一总机关。"④ 显然，立宪派意在加速立宪运动。

三　清朝政府官员的筹议与对策

对于日韩合并，中国政界如何反应？张存武先生在分析清朝政府官员（主要是驻日韩使领与东三省官员）的言论后，得出所谓"中国由于自身难

---

① 康有为：《上摄政王书》，《康有为与保皇会》，上海市文物保管委员会编，上海人民出版社，1982，第298页。

② 杨度：《金铁主义说》，载刘晴波主编《杨度集》，湖南人民出版社，1986，第303、304页。

③ 张謇：《请速开国会建设责任内阁以图补救意见书》，《张季子九录·政闻录》卷3，张孝若编，中华书局，1931，第25、26页。

④ 张謇：《为东三省事复韩子石函》，《张季子九录·政闻录》卷3，第36页。

保，对日本灭韩未作任何军事外交积极反应"的论断。① 这个说法值得商榷。事实上，当时清朝政府官员反应强烈，筹议了一系列应对策略。据恽毓鼎日记，他在日韩合并次日即得知消息，有云："日韩两国于昨日定约，联邦合并，归日本管理。东方古国从此亡矣（韩皇岁给俸一百五十万元）。麦秀黍离之感，长蛇封豕之忧，不禁交集于心，为高丽痛，为吾国危，与锡三相向叹息，几至泪下。"又云："余自闻日韩并邦之信，忧闷悲愤，不可言状，未识当国诸公亦动心否乎？"随后，他便奏请清廷注重军事外交以为救危保邦之策，其大意有谓："日本灭韩，东三省已无可设防，京师亦难安枕。此正我君臣上下卧薪尝胆、全力保邦之时，而非创制显庸、文饰承平之时也。……若再贪慕美名，厉行不已，恐功未见而国已亡矣。宜将新政浮费痛加裁汰，专注意于练兵、外交，为救危之策。"② 这是一个普通京官的感受与反应。

至于恽氏所谓"当国诸公"，亦并非无动于心。摄政王得知日本合并韩国消息，当即召集军机大臣那桐、毓朗"密议对待之策"。③ 他还屡次告诫枢臣"以后办理外交益须谨慎，内政尤宜极力整理"，尤其是"民心不可使之涣散"。④ 据《大公报》披露：军机大臣与各部参预政务王大臣连日迭开会议，为日韩合邦与日俄协约两问题妥筹保护权利办法，拟先向某某两国订立某约，以资抵制。东三省总督锡良此时进京，亦大半为筹此政。⑤ 据说隆裕太后也曾特召摄政王垂询日韩合并及韩国灭亡后之情形，颇为感慨，有言："三韩真亡矣！我国自顾不遑，断难干预。惟我各处边陲，外人窥伺，日益紧逼，务与各廷臣妥速筹防，勿令稍有损失，是为至要。"⑥ 可见，尽管当时的中国确实自身难保，他们自然无力干预国际事务，但要想方设法自保则是毋庸置疑的。至于清政府官员究竟筹议了什么对策，这是需要进一步探讨的问题。

日韩合并对清政府官员的刺激异常强烈，其反应也同样强烈。政府官

① 参见张存武《中国对于日本亡韩的反应》，《清代中韩关系论文集》，第390页。
② 史晓风整理《恽毓鼎澄斋日记》第2册，浙江古籍出版社，2004，第497、498、504页。
③ 《清廷密议对日韩合邦之策》，《香港华字日报》宣统二年七月二十七日。转引自《近代中韩关系史资料汇编》第1册，第514页。
④ 《专电·电二》，《申报》1910年9月10日，第3版。
⑤ 《清政府商议对外策略》，《大公报》1910年9月2日，第4版。
⑥ 《皇太后召询韩亡之情形》，《大公报》1910年9月21日，第4版。

员因有具体的职责，其所关注的问题均与现实的具体事务有关。或者说，他们均从自己的职责出发，立足中国的现实政务，提出自己的应对策略。他们的观察与反应复杂多样，这里拟从外交、军事与内政三方面略作探讨。

其一，外交方面的反应：对日本侵华阴谋的揭露与救亡举措，以及处理华侨、边界与韩侨问题。

日韩签订合并条约后，当清朝驻韩总领事马廷亮电呈外务部日韩合并条约及宣言书时，外务部回电指示："该约宣布，各国如何应付，我亦一律办理。"① 这是清政府基本的外交原则。有人认为：清政府"竟不能对日本背弃中日《马关条约》提一抗议"。② 在强权即公理、弱肉强食的时代，中国凭什么提出抗议呢？时人认为："夫以数千年臣服中国之朝鲜，乃日本不许朝鲜臣服中国，强令独立，不十余年，竟敢攘为己有。中国此时理应诘问日本之并朝鲜与乙未年争朝鲜为独立国之意大相刺谬，日本将何辞以解？又当诘问俄国及各国昔认日本争朝鲜为独立国者，今何又认日本之并朝鲜，将俄与各国其又何辞以解？乃中国不能诘问者，以陆军不能战，又未兴海军，未造飞行艇机，军力太弱，实不能与争也。"③ 因军事实力不济，清政府确实处于心有余而力不足的尴尬境地。

其实，日本侵吞韩国蓄谋已久，"合并"只不过是完成一个形式上的手续。日本驻华公使伊集院彦吉在向清外务部送达合并条约与宣言书时，就曾明确表示："此事早已决定，因他故尚未发表，且数年来韩国国政早归日本，合并条约不过表面事耳。"④ 对于日韩合并的事实，西方列强也是默认的。马廷亮报告称："日韩合邦发表以后，各国均未闻有异言。"⑤ 王慕陶以远东通信社的名义向外务部官员详细报告了各国舆论反应，有谓："日本并

---

① 《外部致马廷亮日使面交合并条约各国如何应付我亦照办希详覆电》（宣统二年七月二十五日），王彦威辑、王亮编《清季外交史料全书》第36册，学苑出版社，1999，第14964页。

② 蔡建：《晚清与大韩帝国的外交关系》，第208页。

③ 《翰林院编修王会厘为日并朝鲜时局愈危请精练陆军兼兴海军并制飞行艇机事呈文》（宣统二年九月初九日），中国第一历史档案馆：录副奏折，档号03-7498-025，缩微号557-1167。据国家清史编委会网上工程：中华文史网（http://www.qinghistory.cn）按：王会厘呈文为翰林院掌院学士陆润庠等代奏，时间在宣统二年九月初九日。参见《翰林院掌院学士陆润庠等奏为编修王会厘代呈折件事》，中国第一历史档案馆：录副奏折，档号03-7444-064，缩微号553-0831。中华文史网"录副奏折库检索集"误为宣统三年，今改正。

④ 《宣统二年七月二十四日收日本伊集院使会晤问答》，载"中央研究院"近代史研究所编《清季中日韩关系史料》第10册，台北"中央研究院"近代史研究所，1972，第7108页。

⑤ 《宣统二年八月初九日收驻韩总领事马廷亮函》，《清季中日韩关系史料》第10册，第7121页。

吞高丽之新闻达于欧洲，欧报均谓此为意想中耳，已预料之事，在理则为固然，在势亦所必至，毫无新奇足令人惊异者也。"① 清政府能如何反应呢？据《申报》译述《字林西报》载北京电云："据政界中人称述谓：当韩国独立之时，早已料及该国日后必为日本附庸，归入日本版图。中国既未反对于前，故今日实行兼并，虽为抱痛，亦不便起而抗议。"② 确实，清政府亦觉得日本并韩乃势所必然而无可奈何之事，唯有哀叹而已。因此，在对待日韩合并的事实上，清政府不得不采取与西方列强相同的默认态度。

尽管如此，清政府实在无法亦无力顾及韩国，只是问题的一个方面。另一方面，从地缘政治上看，清朝在东亚地区的角色与战略利益，毕竟与西方列强完全不同。因而，清政府官员在日本吞并韩国的过程中，并非毫无反应。他们对日本侵华阴谋的揭露与救亡举措，以及有关华侨、韩侨与边界问题的处理，均是从中国自身的角度所作出的积极应对。

关于日本侵华阴谋的认识。当日本并韩不可避免而为既成事实后，清政府官员深感民族危机迫在眉睫，尤其东三省总督锡良反应强烈。锡良曾多次探报日方相关情报，呼吁清政府寻求对策。根据锡良的报告，值得注意的有三点：一是日本将实行赤裸裸的侵华政策。"日韩合并以后，彼国政府对于东省野心勃勃，已有经营第二朝鲜之想"③。锡良向外务部报告了一份日本政府颁布外交属官秘密对清政策，其中规定：多遣侦探、多费金钱，务悉北京外交界对日政策，多方设法阻止有外交能力之官员任职，多方罗致、以利引诱官商人士为侦探向导，不择手段暗握清朝财政用人之权，用金钱诱惑、煽动蒙古各部离叛清朝，暗中添派南满铁路沿线驻军至三师团之数，设法破坏欧人与清朝议办实业或借款，阻止欧人插手东三省林、矿、交通，全力经营东三省之豆、盐两大宗出产。④ 这便将日本的侵华阴谋暴露无遗。二是日本将实行统一殖民政策。日本政府决定将现有之拓殖局升为拓殖省，后藤新平为殖民大臣，"以便统一满、韩、台湾、桦太（库页岛——引者注）之殖民事业"，并在东三省扩张农业、工业与植林事宜，以

---

① 《宣统二年十一月初九日收远东通信社致丞参函》，《清季中日韩关系史料》第 10 册，第 7161 页。
② 《西报译要·中国对于日韩合邦之观念》，《申报》1910 年 8 月 30 日，第 1 张后幅第 2 版。
③ 《宣统二年八月十四日收东三省总督函》，《清季中日韩关系史料》第 10 册，第 7127 页。
④ 《宣统二年八月二十日收东三省总督函》，《清季中日韩关系史料》第 10 册，第 7129 ~ 7130 页。

"吸取东三省之财力,补助高丽之经营"。日本还拟在朝鲜建造"离宫",名为日皇巡幸,甚至有"迁都高丽"之说,其阴谋诡计,路人皆知。日本政府于朝鲜总督府专用武官,其用意在于所谓"武装的平和"。"其目的何在?即在我东三省!"① 三是日本将实行"急进主义"侵华政策。日本在朝鲜建造京元湖南铁路,拟缩短年限,并力经营;又在镇海湾建设海军兵舍及水雷团;且在安奉铁路沿线加增警察。种种迹象表明,日本将实行"急进主义"。"盖五六年后高丽经营即可告成,彼时将以全力注我东三省"。同时俄国又有侵占蒙古之势,"前虎后狼,协谋吞噬,祸患之来,不知所届"。② 锡良一再呼吁急图防备与抵制之策。他主张内则以移民实边、兴办实业为要图,外则抢在日本之先迅速联美联德,以图补救。有谓:"为今之计,似惟有急从移民实边、兴办实业著手,以期抵制外力;一面请用敏捷手段联美联德,以维国势,迟则日人先我为之,悔无及矣。"③

为了挽救东三省的危机,时人主张利用列强均势,实行门户开放主义的外交政策。日俄协约成立后,翰林院侍讲文斌便激愤地指出,这是日俄与列强瓜分东三省与整个中国的阴谋。有谓:"故日俄协约者,非惟明示我满洲之主权已无,实宣布我全国之主权自今皆可消灭也。"他以美国主张满洲铁路中立化与门户开放主义,而建议采取联美政策,密订中美协约,利用列强均势,以瓦解日俄联盟。"美国素守门罗主义,似无领土侵略之虞,而以经济之通为协约之要旨,如经营蒙古及内地之修路、开矿,皆借其资。苟因应得宜,则利用邻国以救危亡,亦今日之不得已而无策之策也。如再能实行开放门户主义,将东三省多开商埠,多联与国,藉列强之力以破日俄之狡谋。再藉美国之缔约,以厚我势力,中美既属联盟,他国亦不能援最惠条款而争利益均沾,则目前之祸可免,日后乃有余力以图强。"④ 日韩合并后,试署湖北交涉使熊希龄奏称:"朝鲜既并,满洲益危,非大变政策,无以救亡图存。"他认为,东三省自甲午战争以后,之所以亡而复存,

① 《宣统二年八月二十八日收东三省总督函》,《清季中日韩关系史料》第10册,第7136~7139页。
② 《宣统二年九月初六日收东三省总督函》,《清季中日韩关系史料》第10册,第7141~7146页。
③ 《宣统二年八月十四日收东三省总督函》,《清季中日韩关系史料》第10册,第7127页。
④ 《翰林院侍讲文斌奏为时局日危外患日亟密陈大计事》(宣统二年七月十二日),中国第一历史档案馆藏朱批奏折,档号04-01-01-1118-037,缩微号04-01-01-172-0241。

危而又安，无非各国牵制之力。而日俄战争后，列强改变远东侵略政策，日本渐取强势扩张主义，日俄协约，吞并朝鲜，东三省又处危迫形势。欲谋抵制之法，必须重新利用列强均势，使各国陷于共同利害关系之中，"以转移各国之视线，而使东三省化为万国工商竞争之区，永久中立之地"。其策有四：一是裁撤东三省已设各洋关，改为无税口岸；二是改正东三省通商条约，许各国商人杂居内地；三是东三省矿产森林，均许各国公司招股承办；四是加借外债，大办移民开垦。他希望通过将东三省向列强完全开放，以打破日俄分占局面，挫败日本独吞的阴谋，最终达到保全东三省领土与主权完整的目的。① 清廷谕令东三省总督锡良审议。锡良认为：第一条可以实行；第二条宜从慎行；第三条已在试行；第四条利在速行。完全肯定了熊希龄的建策，有谓："细察四端之宗旨，皆以实行开放为主义，所见远大，与顾此失彼、畏首畏尾者，不可同日而语。"②

关于在韩华侨问题。日韩合并后，马廷亮以总领事身份承担起保护华侨之责。一方面，他要求华侨商民自我约束，遵纪守法。"密谕华商总会各邦（帮）董事，敦劝华民固结团体，安分谋生，勿覥法而营私，勿逞忿而斗狠，先各立于不败之地，外人自不得而欺，纵或事有为难，饬由总会秉公排解，免起争端。"③ 另一方面，他积极与朝鲜总督府沟通交涉有关事宜。据朝鲜总督府新规定，外国人在朝鲜，非特受地方长官许可，不得在向有租界地以外居住、营业及从事苦力等事，违者罚款。其时，朝鲜各道内地，向有华侨从事贸易与种植等工作，历年既久，且多置有田地房产。日督所定新章，"于华侨殊有妨害，商情颇滋惶惑"。马廷亮亲到总督府商议请弛苛禁，得到有关官员通融，准许既往者照常安业，后来者按新章办理。马廷亮还与日本警务总长达成协议，要求日捕从优处理华侨案件。通过马廷亮的工作，据说华商市廛尚称安静，邦交亦尚辑睦。④

---

① 熊希龄：《为朝鲜既并满洲益危敬陈管见折》，载周秋光编《熊希龄集》上册，湖南出版社，1996，第398～402页。

② 锡良：《遵旨密陈东三省大局应行分别筹办情形折》，载中国科学院历史研究所第三所编《锡良遗稿·奏稿》第2册，中华书局，1959，第1240～1242页。

③ 《宣统二年八月初九日收驻韩总领事马廷亮函》，《清季中日韩关系史料》第10册，第7121页。

④ 《宣统二年八月二十五日收驻韩总领事马廷亮函》，《清季中日韩关系史料》第10册，第7133页。

关于中韩边界问题。当日本伊集院公使向清外务部送达日韩合并条约与宣言书时，外务部官员特意询问处理中韩边界问题。双方承认中国与日本于 1909 年签订的《图们江中韩界务条款》继续有效。随后，外务部致函东三省总督锡良、吉林巡抚陈昭常，要求遵照办理，并特别提醒注意边界相关问题。"惟日韩并合，前与韩界，今即与日界，情形不同，办法自异，沿边各地方遇有交涉事件及边界往来人民，应格外妥慎办理，免生枝节"①。但是，锡良很快发现《图们江中韩界务条款》无法解决在华韩侨问题，陈昭常也有同感。陈昭常认为："去岁所订延吉条款，日人藉口皆以中韩旧约根据，今韩已合并于日，他约悉皆消灭，此约根据已去，不应独存。盖此约中所称韩民今已无有，自应一并视为无效，方是正当办法。岂有于国则已肆吞并之谋，于民则犹留未亡之号？此而不争，更无时矣。"因此，陈昭常建议废除该约。他还主张与日本重勘中朝边界，"至中韩界务，自延吉问题解决后，尚未经两国会同勘丈，设立标识，并恳转告日使派员会勘，以清界限"。②

关于在华韩侨问题。在清末，韩人到中国东北边境越界垦殖成风。奉天有韩侨 3 万余，吉林延边更高达 18 万之多。③ 由于日韩合并，更有大量韩人涌入中国。本来，根据中日所订《图们江中韩界务条款》规定，延吉地区韩侨服从中国法律，归中国地方官管辖裁判，日本领事或其所派官员可到堂听审。但是，日韩合并后，韩人变成日人，显然上述条约无法处理在华韩侨问题。东三省总督锡良认为："从前韩为我属，特准杂居。甲午以后韩已服属于日，然韩国名义犹存，新旧侨民咸听我州县管辖。今韩为日并，若听其内地杂居，以法律不同之故，日人出而干涉，则巡警裁判等事，处处伸张势力，损害主权，恐此数万韩侨将为并吞满洲之导线。"在他看来，处理在华韩侨其实有两个办法：要么把韩侨看作日本人，则不能在中国内地杂居，只能在通商口岸居住，可享受领事裁判权；要么使韩侨归入中国籍，成为中国人，完全归中国法律管辖。另外有一个变通的办法，就

---

① 《宣统二年七月二十六日发东督吉抚函》，《清季中日韩关系史料》第 10 册，第 7112 页。

② 《宣统二年八月二十一日吉抚陈昭常致外部日韩合并请与日使妥商韩民越垦问题函》，《清季外交史料全书》第 36 册，第 15036~15037 页。

③ 《宣统二年八月二十九日收东三省总督函》、《宣统二年九月初七日收司员吴经铨条陈》，《清季中日韩关系史料》第 10 册，第 7139、7147 页。

是依据习惯与日本订立专门条约，明确规定：已领地给照居住年久之韩侨悉令归入中国籍；其余已来韩侨准其杂居，但悉归中国地方官管理，日人不得干涉；后来者非有护照不准入境。这样或可防患于未然，否则将难以与日人妥善交涉。① 吉林巡抚陈昭常也认为不能按照《图们江中韩界务条款》处理韩侨问题。他识破日人之所以承认《图们江中韩界务条款》继续有效，其实是一个阴谋诡计。因而他请外务部向日本公使声明废除此约，以免纠葛；如果日使不允，也应就韩侨越垦问题提出条件，与日使协商，"求一限制妥善之策"。② 随后，锡良又多次向外务部建议要尽快妥善处理韩侨问题。他还派奉天交涉司韩国钧详细调查奉省韩侨现状，发现奉省韩侨3万余人，分布11府县，根本不可能按照《图们江中韩界务条款》规定的延吉成例办理。③ 后来，新任东三省总督赵尔巽再次重申锡良的主张，并呼吁外务部与日使另订专章，"所有从前已来之韩侨，我纵不加驱逐，日亦不应干预，仍照旧归我国地方官管辖办理；嗣后续来韩民，一律请领护照，无照不准入境"。④ 这些东三省督抚之所以迫切希望解决在华韩侨问题，主要是从中日关系的角度出发，担心韩侨可能成为日本借以侵华的工具。正如锡良所说："窥彼政策，盖欲以朝鲜人民逐入我国，扩张其势力，又以日本人民迁入朝鲜，巩固其边陲，设谋至狡且毒，我国取缔韩侨问题宜早解决。"⑤

其二，军事方面的反应：整军经武，加强边防戒备。

近代以来，中国之所以外交上经常受制于人，主要是因为军事实力太弱，尤其在甲午战争以后，国人更有痛切感受。在这个弱肉强食的时代，军事实力是立国的根本。清政府在推行新政时，编练新军与复兴海军，便成为其救亡图存的重要举措。日韩合并直接刺痛了清政府脆弱的神经，促动其进一步考虑加紧扩充军备的步伐。就在日本宣布吞并韩国之后不几天，军谘大臣载涛奏陈练兵筹饷与筹划国防事宜。他从考察各国军政的经验出发，认为列强政策大都以扩张军备为第一要义，不惜竭全国之力经营军队，

---

① 《宣统二年八月初五日收东三省总督函》，《清季中日韩关系史料》第10册，第7119页。
② 《宣统二年八月二十一日收吉抚函》，《清季中日韩关系史料》第10册，第7131～7132页。
③ 《宣统二年十一月十五日收东三省总督函》，《清季中日韩关系史料》第10册，第7169页。
④ 《宣统三年闰六月二十五日收东三省总督信》，《清季中日韩关系史料》第10册，第7203页。
⑤ 《宣统二年十月初十日收东三省总督函》，《清季中日韩关系史料》第10册，第7154页。

多以国家财政收入的一半或三分之一为军费。中国要图强御侮，也必须尽力扩充军备。针对各省因财政困难而有核减军费之说，他颇不以为然，因而特别强调嗣后所有军费决不能裁减或挪作他用，必须保证军事建设。他认为："中国积弱不振，由来已久，近更受制强邻，祸机日迫，尤非扩张军备，难以谋独立而救危亡。故一切费用皆可力求节省，惟练兵一项，无论如何拮据，总当力任其难。即万一为财力所限，无可增加，亦断不能减去已定之饷需，以限制将来之兵额。此为国家根本重计，固非所持消极主义以苟安于目前者也。"①

筹办海军大臣载洵与萨镇冰在历考欧美海军强国后，提出了一个中国海军振兴的初步计划。他们上奏说："现当日韩合并，我国时事日亟，加以海疆延亘七千余里，外国战舰常川游弋，非设数支舰队，即不足以保海权而资策应。"但是，因目前财力匮乏，数支舰队同时并举相当困难。于是，他们建议缩小规模，先建海军第一舰队。其计划是：以去年所拟编建之巡洋舰队略为变通，增购战斗舰二艘，钢甲巡洋舰二艘，鱼雷猎船八艘，加上原有各巡洋舰，合成第一舰队。统计约需银三千五百万两。同时，他们还建议把筹办海军处改为专门行政机关海军部，并早日厘订其官制，以与即将实行的宪政体制相适应。② 据《申报》披露，当时载洵以筹办海军"为国家整军经武之要图"，对中国海军建设作了整体规划。他曾派员详细调查沿海各属居民一般风俗习惯，拟划分四大海军征兵区域：以北洋鲁直等省为第一区，南洋江浙等省为第二区，闽洋福建等省为第三区，粤洋广东等省为第四区。③ 其实，这是甲午战争之后中国北、南、闽、粤四洋海军全面复兴的蓝图。

翰林院编修王会厘则提出了一个振兴陆、海、空三军的初步构想。王会厘这个构想直接由于日韩合并的民族危机而引发，其恳请代奏的缘由即明确表示："为日并朝鲜，唇亡齿寒，时局愈危，请精练陆军，兼兴海军，

---

① 《管理军谘处事务载涛奏为练兵筹饷筹划国防敬陈管见事》（宣统二年七月三十日），一档：朱批奏折，档号04-01-01-1108-016，缩微号04-01-01-170-1061。
② 《筹办海军大臣载洵筹办海军大臣海军提督萨镇冰奏为拟设海军第一舰队并拟厘订海军部官制各情事》（宣统二年十月二十五日），中国第一历史档案馆藏朱批奏折，档号04-01-01-1113-046，缩微号04-01-01-171-1064。
③ 《海军处划定征兵区域》，《申报》1910年9月3日，第1张第4版。按：原文将海军大臣误作"涛贝勒"，今更正。

并制飞行艇机，以救危亡，力图自强。"他清楚地知道日本侵略东三省的野心，"日俄两国今年协约，日本即并朝鲜，日国君臣又欲迁都朝鲜，为侵掠东三省之计"。关于精练陆军，他主张以直属于陆军部的近畿六镇陆军为一师团，其余各省陆军按区域分山陕甘新、鄂皖豫宁、闽浙两广、滇黔湘蜀各为一师团，"平日各省陆军所有枪法、阵法、战法逐一训练，各师团于秋冬时调集一处会操，必期有整齐划一之观"。他还主张仿行德法俄日各国的征兵制，"中国人数之多甲于环球，如仿行各国征兵之制，则地广人众，能战者多，外国人自不敢轻侮中国矣"。关于兴复海军，他主张必先开设海军学堂，除山东已设一所外，沿海如福建、广东、上海、南洋、北洋各处必各设一所，以造就海军人才。因旅顺、威海卫、胶州湾各海港业已租借各国，中国应于辽东之鸭绿江、山东之烟台、江苏之崇明、浙江之象山定海镇以及三门湾、广东之琼州各海口，建立船坞。"每坞只购铁甲船一二只，并佐以利水战者之铁衡船、利肆击者之转轮船、利环攻者之蚊子船、利撞击敌舰者之碰船各号，凑成一军，再辅以水雷艇、巡洋舰多只，用以筹设防备，游弋海面，方能联络各国各省行军之需。"关于制造飞行艇机，欧美各强国已经发明氢气球与飞行艇机，并可用于战争。王会厘已敏锐地感觉到制空权对于国土防御乃至国家地位的重要意义。"各国空中形胜，必本国有飞行器，方能保守。否则，此国被彼国侵占，则不能保守。中国宜急制艇机，以保守中国空中形胜。否则，一被别国侵占，将下次海牙平和会开议，必援上次开会谓中国无海军欲列为三等国之例，此次又失空中形胜，复列为三等国矣。又何辞以解？"他还特别推举两个造机人才，即福建学生刘佐臣、李宝焌。他们曾在美、德等国研究飞行器，颇有心得，并在日本试造成功，已被驻日使臣咨送回国，正可利用其为中国制造飞行艇机。当时，日本已派人赴德国购买飞艇，俄国拟于明年造飞行机三十只，而法国亦有来华试验飞行艇之说。中国正宜急图抵制，速筹制造艇机。"即予择地开厂赶速造机艇二种，为储中国军备。如造此飞行艇机，以包括海陆军，不独可救危亡，并可力图自强，实为莫大之幸"①。

当然，最值得注意的还是东三省总督锡良有关加强边防的对策。军谘

---

① 《翰林院编修王会厘为日并朝鲜时局愈危请精练陆军兼兴海军并制飞行艇机事呈文》（宣统二年九月初九日），中国第一历史档案馆藏录副奏折，档号 03-7498-025，缩微号 557-1167。

大臣载涛"以整顿军政宜先由东三省入手",拟派员前往切实整顿。① 其时,锡良亦正苦心筹划。作为镇守边防的重臣,锡良对日韩合并以后日俄的侵华野心,有最清醒的认识。他说:"日俄之视我东三省为殖民地,环球皆知。近自协约告成,继以日韩合邦,吞噬之心日炽。……其所以未进实行侵略主义者,因近甫并韩,困于财力,故未能大作野心。稍缓须臾,朝鲜全境布置粗完,势必席卷而西,踞吉奉以窥顺直。"他坚信,加强武备才是救亡图存的根本途径。"若武备不修,欲藉笔舌之争以固吾国,不出三稔,恐关以东将为朝鲜之续耳"。锡良所筹划之策有四:一是编练新军。为抵御日俄的侵略,他主张必须倾全国之力以谋东三省,即以保固全国。一方面将近畿陆军勤加训练,另一方面添练数镇以为后援。二是设厂制械。中国枪炮弹药多购自外洋,平时无法真枪实弹训练,战时又不能及时接济,甚至受制于各国禁止购运,有兵等于无兵。沪鄂各厂能造枪而不适于用,德州有厂能制弹而不应所需,川粤道远而不能救急。"自非于北省特设大工厂,兼聘各国名匠,极力讲求,赶速制造,不足以顾东陲"②。三是借款购械。东省所存枪弹仅备一日之战,电商德州制造厂定造枪弹五百万颗,而要三年方能交齐,设厂制械亦是缓不济急。"为救急计,速宜借债数千万,购枪三十万枝,每枪随带子弹一千颗,立刻定购,接续运来,俾应急需"。至于所需巨款,拟创办京外官吏所得税,约计每年可得银二三百万两,如借债银二千五百万两,不及二十年,本利可清。取之于官,事权易举,上不亏国,下不病民。③ 他还探悉德国有 1889 年式七密里九口径新枪五十万杆,存储待售,便建议陆军部从速全数定购,分期付款,无须添借外债,仍抽收内外官吏所得税陆续归还即可。四是普练民兵。东省迭遭外侮,民气奋发。从前各属举办堡防,抽丁编练。后经奏明改办预备巡警,由官督率训练,将有二三十万人规模。如果以所购定前项枪械武装,足备干城。④

其三,内政方面的反应:加速新政与立宪。

---

① 《京师近事》,《申报》1910 年 9 月 3 日,第 1 张第 6 版。
② 《东三省总督锡良奏为密陈东省阽危亟宜练兵制械及时准备事》(宣统二年九月十八日),中国第一历史档案馆藏录副奏折,档号 03-7479-006,缩微号 556-0019。
③ 《东三省总督锡良奏为密陈东省阽危亟宜借债购买枪枝弹药事》(宣统二年九月十八日),中国第一历史档案馆藏录副奏折,档号 03-7479-007,缩微号 556-0023。
④ 《东三省总督锡良奏为密陈军械重要请饬购备事》(宣统二年九月二十五日),中国第一历史档案馆藏录副奏折,档号 03-7483-071,缩微号 556-0850。

日本宣布合并韩国之际，贝勒载洵正在日本考察海军。根据亲身见闻，载洵密电军机处与外务部，在略述韩国被日本灭亡的惨状之后，揭露了日本侵华的阴谋，并对清廷提出了改革庶政的建议。有云："现查日人有大不利于我之举动，危急存亡，间不容发。我国庶政若再不加改革，亟为预备，窃恐覆辙之虞，祸在眉睫，不胜恐惧迫切之至。"① 随后，载洵再次致电枢府，力陈日俄将侵我满蒙，西方列强将瓜分中国，恳请清廷力挽危局。有谓："日俄协约甫成，日韩合并之事随即发现，恐该两国之所图，断不能抵此而止，则我满洲、蒙古之危局，日促一日。万一稍有变迁，而欧洲列强自必援利益均沾之例，益逞狡思，则东南、西南各省，亦恐因之摇动。务请朝廷迅即妥筹变通办法，力为振作，以保大局。"②

其时，东三省总督锡良与湖广总督瑞澂正进京陛见。据朝鲜《汉城新闻》披露，锡良此次进京，是应监国摄政王急召，筹议关于日俄协约与日韩合并的对策，以及东三省军政事宜。③ 在被监国摄政王召见时，锡良首先力陈东三省现状及日俄两国对待中国之情形；次言东省需款孔急，及目前急需举办之事，如移民实边暨锦洮铁路等事，为万不容缓之举；末又陈述现在办理为难情形。监国温谕："素知卿能任劳怨。三省为祖宗发祥旧地，朝廷决无惎置之理，此次可与枢部各臣熟筹进行之策。此外各项要政，如有所见，尽可随时面陈。际此时事多艰，总须内外一心，方可共支危局。"瑞澂亦力陈湖北情形，有谓："鄂中财政异常窘迫，罗雀掘鼠，办事极难。如再因循，不图补救，则将来新政必致一件不能举办。似非切实整顿吏治以收民心，兴办实业以裕富源，则鄂事必益不可问。"监国颇以为然，勉励有加。④ 显然，作为封疆大吏，锡良与瑞澂正在为各自辖区应对危机与新政建设苦筹对策。

清政府官员在筹议加快新政的同时，更呼吁加速立宪，尤其是速开国会。在立宪派发动国会请愿运动的同时，一些地方督抚与驻外使臣也纷纷奏请速开国会。"疆臣中则有湖广总督陈夔龙、两江总督端方、河南巡抚林

---

① 《考察海军大臣载洵致枢垣外部日并韩国将有不利于我举动亟应改革庶政电》（宣统二年七月二十三日），《清季外交史料全书》第 36 册，第 14948 页。

② 《洵贝勒电陈时局之悲痛》，《申报》1910 年 9 月 10 日，第 1 张第 3、4 版。

③ 《锡总督의上京》，《汉城新闻》明治四十三年（1910 年）九月一日，第 1 版。

④ 《东鄂两督奏对汇志》，《申报》1910 年 9 月 5 日，第 1 张第 4 版。

绍年、四川总督赵尔巽，皆以请开国会为言。使臣中则孙宝琦、胡维（惟）德、李家驹三人，又皆以中外观听所系，请速定年限，免外人笑。立言婉切各不同，同以国会为急。"①

值得注意的还有东三省督抚对于立宪的态度。暂署黑龙江巡抚程德全迫于边疆危机而力主实行宪政。他在奏陈预备立宪办法时称："自日俄协约、日法协约屡见报章，彼皆弃仇寻好，协以相谋，侵逼之来，岂必在远。我若不于此时大辟新规，实行宪政，开国会以大伸民气，先躬行以激动人心，不惟有他族吞噬之忧，抑将有自相鱼肉之祸。"② 吉林巡抚陈昭常"因目击时局之艰危日甚一日，非著手于政治之根本无以图宪政之实行"，因而奏请从速组织责任内阁。③ 东三省总督锡良也认为，目前朝野上下各种举措，均应以救亡图存为宗旨。但是，从京师到各省，十年新政，有名无实，并无改观，必须有所变通，实行立宪，方可挽回危局。有谓："欲实行立宪，无贵贱上下，胥当受治于法律，先革其自私自利之心，若败坏纪纲，蔑弃公理，政治日弛，人心日漓，虽九年立宪，终为波斯、土耳其、越南、朝鲜之续，庸有幸乎！此宪法不可不实行也。"④

日韩合并后，据《大公报》披露，驻京某国公使与清朝某外交家谈及日本并韩之事，有云："此事在表面上观之，似于中国有损，然中国朝野上下果能因此益加奋厉，顿增其锐进之心，谁谓于立宪前途毫无裨益？"⑤ 中国朝野上下究竟能否及如何"奋厉"，且在下节分解。

四　朝野互动与宪政改革进程

近代以来，随着西力东侵，中国、韩国、日本这些古老的东亚国家也被逐渐纳入西方殖民体系。在这势不可挡的殖民化潮流中，国际关系日益紧密，世界逐渐成为一个整体，任何国家都难以独善其身而置于这个世界之外。这

① 孟森：《宪政篇》，《东方杂志》第5年第8期，光绪三十四年八月二十五日。
② 《暂署黑龙江巡抚程德全奏陈预备立宪之方及施行宪政之序办法八条折》，故宫博物院明清档案部编《清末筹备立宪档案史料》上册，中华书局，1979，第258～259页。
③ 《陈昭常奏设责任内阁折》，中国第二历史档案馆编《中华民国史档案资料汇编》第1辑，江苏古籍出版社，1991，第122～124页。
④ 锡良：《时局危急密陈管见折》，《锡良遗稿·奏稿》第2册，第1126页。
⑤ 《某公使之日韩合并谈》，《大公报》1910年9月9日，第4版。

是一个弱肉强食的世界，殖民与被殖民只能二选其一。日本通过明治维新而与西方列强为伍，中、韩两国则沦为列强侵略的境地。这似乎是难以避免的宿命，姑不置论。值得注意的是，在这个因殖民化而日趋于有机的世界里，一些国际性事件便可能对各相关国家的内部事务发生影响，而一些国家的内部事务又可能成为国际性事件，也即说，一个国家内政的变革可能难免有因应外交危机的缘故。在晚清，如果说甲午战争激起了戊戌变法，那么庚子事变则无疑是清末新政的导因。日俄战争使清末立宪运动高涨，并催生出清廷预备立宪，已为学界之共识；而日韩合并与清末宪政改革进程的关系则有待于进一步研究。这里主要探讨日韩合并对第三次国会请愿的相关影响。

清末立宪之要"预备"，最为冠冕堂皇的理由是因为在当时的中国实行立宪的条件尚不成熟，必须要有一个准备与过渡的时期。清廷确立9年预备立宪的期限，立宪派并不满意。1910年上半年，立宪派掀起了两次全国规模的国会请愿运动，要求在一年之内召集国会，但清廷不为所动，仍然坚持9年期限不变。就在第三次国会请愿运动酝酿之际，日本正式宣布合并韩国。不仅韩国的灭亡为清王朝敲响了警钟，而且日本进一步侵华的阴谋也因此而暴露无遗，迫使清政府不得不正视立宪派与地方督抚联合发动的第三次国会请愿，以急谋应对之策。

尽管第三次国会请愿运动的兴起，可能有内外多方面的因素，但日韩合并所昭示的迫在眉睫的民族危机的影响不可忽视。日韩合并对于第三次国会请愿运动究竟有何影响，可以从如下两个方面来分析：

一方面，日本吞并韩国，中国为挽救民族危亡，必须速开国会，已成为社会各阶层与政府官员的共识。《申报》发表时评称："自朝鲜灭亡后，我国人民罔不悚然警惕，而益冀国会之速开。今闻政府诸公亦有缩短国会期限之说，其亦鉴于朝鲜而蹶然动其救亡之意乎？果若是，则召集国会之期，其将不远矣。"① 这是报刊所反映的一般民间舆论。立宪派也有同感。他们认为，非速开国会无以救国亡，"朝廷迟一日立宪，中国早一日丧亡"。"不开国会，集全国人民之聪明才力以速解决国家大计，日目危机，不为中国历代末年之割据，则埃及、波兰、印度、高丽之续耳"②。海外华侨顾念

---

① 《时评·其一》，《申报》1910年9月3日，第1张第6版。
② 《谘议局联合会陈请资政院提议请速开国会提议案》，《申报》1910年9月9日、10日，第2张后幅第2版。

家国，也迫切希望速开国会以图自存。有旅美华侨公电各报馆，警告政府与国民。有云："韩亡，华侨哀悼三天。中国殷鉴，不速开国会，难自存。"① 地方督抚亦请速开国会以救亡，如湖广总督瑞澂在京被监国摄政王召见时奏称："现在日俄协约成立，日韩合并已行，实于吾国有密切之关系。吾国内而政府，外而督抚，犹互相推诿敷衍，不知切实整顿。务请吾王于用人行政，急从根本上解决，以救时艰。"至于应如何"从根本上解决"，他认为："宪政固宜急办，然当先择其切要者行之，不可但抄写外国宪法成文，徒滋扰乱，不求实际。且中国现在所以不亡者，只有民心不失可恃，欲固结民心，当速开国会。"监国深韪其言。② 又据《申报》披露："近自涛邸回国，怵于外势之迫，谓非速开国会，无以图存。而朗贝勒亦极力主张缩短国会，诸大老中如庆邸、徐中堂、泽公现亦均表同意，肃邸、良弼尤常与涛、朗细商此事。监国亦为涛贝勒所感动，已深知速开国会之利益，将饬令宪政馆拟陈如何缩短国会之法，即由朝廷颁布施行。"③ 可见，清廷高层迫于外势危机的压力，也在考虑速开国会以救亡图存的问题。

另一方面，立宪派与地方督抚在向清政府请愿时，多以日本灭韩为鉴，试图耸动天听。第三次国会请愿与前两次最大的不同有二：一是日俄协约尤其是日韩合并成为新的背景，加重了民族危机，增添了速开国会的压力；二是地方督抚参与进来，与立宪派相呼应，增加了请愿的声势与力量。无论是立宪派还是地方督抚，他们一再重申日韩合并及其引起的中国民族危机，加重了清政府加快宪政改革的砝码。国会请愿代表团上资政院书认为，自第二次请愿以后，时局骤变，中国面临列强瓜分的危机。"日俄缔结新约，英法夙有成言，诸强释嫌，协以谋我。日本遂并吞朝鲜，扼我吭而拊我背；俄汲汲增兵，窥我蒙古；英复以劲旅捣藏边；法铁路直达滇桂；德美旁观，亦思染指。瓜分之祸，昔犹空言，今将实见。"中国非实行宪政不足以救危亡，而自预备立宪以来，有宪政之名，无宪政之实，正是因为没有国会。韩国的灭亡可为中国借鉴，"昔朝鲜当光绪二十一年，其主亦尝誓庙告天，宣言预备立宪，设责任内阁，其所颁大诰十二条，略与我宪法大

---

① 《公电》（纽约），《申报》1910 年 8 月 31 日，第 1 张第 3 版。
② 《瑞督尚知为探本之论》，《申报》1910 年 9 月 6 日，第 1 张第 4 版。
③ 《然则国会果有速开之望矣》，《申报》1910 年 9 月 2 日，第 1 张第 3、4 版。

纲相类，徒以无国会之故，监督机关不立，凡百新政，皆有名无实，利不及弊，坐视鱼烂，以底于亡。诗曰：殷鉴不远，在夏后之世。若朝鲜者，可以鉴矣。"① 资政院议员也以日韩合并致民族危亡为由，要求从速议决国会请愿案。议员易宗夔说："中国当此危机存亡之秋，除开国会无救亡之法。自日韩合并以后，东亚之风云日恶，政府袞袞诸公尚在醉生梦死之中，现拟按照议事细则，请改定议事日表，开议此项重大问题，一切枝枝节节之问题可从缓议。"② 资政院奏请提前设立上下议院奏稿引述侨寓日本横滨等处代表汤觉顿等说帖称："日本因开国会，财政始能发达，内乱始能消灭，外交始能平等。朝鲜以不开国会，监督机关不立，百事皆有名无实，庶政废弛，民生凋悴，以至于亡。今我国欲统一财政，销弭内乱，维持外交，鉴于日本之所以兴，朝鲜之所以亡，皆非有国会不可。"③ 各省谘议局纷纷向地方督抚请愿，也多以日韩合并与民族危机为由头。福建谘议局拟呈请督部堂代奏请愿书认为："两次各省请愿，降谕以后，又新见日俄之约，韩国之亡，此皆于我国有制死之几。"④ 江西谘议局请愿书称："乃者日俄协约告成，时事瞬变，日本实行并吞朝鲜，举数千年之土地、千数万之人民，囊括而席卷之，拊背扼吭，陪京人民惊惶无措。海外群雄又各抱均势主义，抵隙蹈瑕，巨祸何堪设想！当此唇亡齿寒之时，已无曲突徙薪之暇，即欲从容坐论以待九年而不可得。"⑤ 奉天谘议局更以东三省危亡形势，认为国会不可须臾即缓。自第二次请愿后，"乃甫逾一月而日俄协约之事成，又逾一月而日韩合并之祸急，风云惨变，朝野震惊，一若幸我国会之未成立，乘此上下不交之际，急图乘时进取之谋。两月之间，事变如此其剧，而谓能从容图治，竟九年完全筹备之事，恐狡焉思启者不我待矣"⑥。各省督抚由东三省总督锡良领衔奏请立即组织内阁，明年开设国会，有云："比者日俄协约成后，一举亡韩，列强均势政策皆将一变方针，时局危险，

---

① 《国会请愿代表孙洪伊等上资政院书》，《国风报》第1年第26号，宣统二年九月二十一日。

② 《资政院第一次常年会议场速记录》第8号，宣统二年九月十七日。

③ 《资政院总裁溥伦副总裁沈家本奏请提前设立上下议院事》（宣统二年九月二十六日），中国第一历史档案馆藏朱批奏折，档号04-01-01-1095-068，缩微号04-01-01-167-2315。

④ 《福建谘议局第二次会议速记录》第5号，第2页，宣统二年九月初十日。

⑤ 《江西巡抚冯汝骙奏为江西谘议局议员呈请速开国会事》（宣统二年九月二十六日），中国第一历史档案馆藏朱批奏折，档号04-01-01-1107-010，缩微号04-01-01-170-0574。

⑥ 《奉天全省谘议局呈请代奏即开国会奏稿》，《盛京时报》宣统二年九月二十日，第2版。

远过于德宗在位之日，缓无可缓，待无可待。此即阁会克期成立，上下合力，犹恐后时，奈何以区区数年期限争持不决乎？"①

正是在这样的背景下，清廷采取了与对待前两次请愿不同的态度，对第三次请愿关于速开国会的请求有所松动。1910 年 11 月 4 日（宣统二年十月初三日），清廷颁布上谕，宣布开设国会的期限缩短三年，于宣统五年实行开设议院，预即组织内阁，并特别说明作出这种改变的原因："乃揆度时势瞬息不同，危迫情形日甚一日，朝廷宵旰焦思，亟图挽救，惟有促成宪政，俾日起而有功，不待臣庶请求，亦已计及于此。"② 虽然没有点明日韩合并的影响，但清廷的决策显然考虑到了形势的急切变化。在此意义上可以说，日韩合并所造成的更加严重的民族危机，进一步推动了清政府加快宪政改革的步伐。

值得指出的一点是，尽管清廷在日韩合并所致民族危机严重的形势下，因应各种宪政势力的压力，把原定九年的预备立宪期限缩短了三年，确实加速了宪政改革的进程，但这种加速是有相当限度的，而且并不一定就能把预备立宪推向正轨。诚如第二次出洋考察宪政大臣于式枚所称："行之而善，则为日本之维新；行之不善，则为法国之革命。"③ 果然，此言不幸成为预备立宪结局的谶语。1911 年 5 月，清廷推出"皇族内阁"，预备立宪走进死胡同，同时也把清王朝推向绝路，清廷很快便被革命推翻。可见，面对日韩合并的国际形势，尽管中国朝野反应强烈，并在一定程度上加速了宪政改革的进程，但并没有取得挽救清王朝命运的实在效用。

（本文为 2011 年 9 月 16 日在清华大学召开的近代中国
社会变革与日本国际学术研讨会的会议论文）

---

① 《各省督抚合词请设内阁国会奏稿》，《国风报》第 1 年第 26 号，宣统二年九月二十一日。
② 中国第一历史档案馆编《光绪宣统两朝上谕档》第 36 册，广西师范大学出版社，1996，第 376 ~ 377 页。
③ 《考察宪政大臣于式枚奏立宪必先正名不须求之外国折》，《清末筹备立宪档案史料》上册，第 337 页。

"同文同种"下的陷阱

——试论梁启超的《和文汉读法》

日本成城大学　陈力卫

一　《和文汉读法》的意义何在?

我们有时常自叹弗如,作为 20 世纪 80 年代来日留学的一代,不管在翻译介绍日本的学术著作上,还是推动两国文化交流上,较之 20 世纪初期的那一辈留学生,都相差甚远。站在图书馆里的书架前,更让人汗颜的是我们这一辈的局限性和专业的偏颇性昭然若揭。谭汝谦先生有文为证:在中日翻译史中,甲午以前 300 余年的萌芽期(1660~1895 年)仅有 12 种中译日书,且 9 种为日人所译。而第一过渡期(1896~1911 年)的 15 年间,中译日书便骤增至 958 种①。这一变化当然是以甲午战争为转折点的时代所需,而在行之有效的方法论上,梁启超的《和文汉读法》不能不说是开创先河之举。其中提到的"实字必在上,虚字必在下,颠倒读之"则"数日小成,数月大成"之说正是对急欲阅读翻译日文的留学生的一剂兴奋剂。它吸引着人们纷纷解囊购买,以至几度再版,成了 20 世纪初中国人最熟悉的日语速成入门书。比如实藤惠秀就说:"中国人明治时代翻译日文时多利用《和文汉读法》一书。"② 在此引导下,有人可以拿支红笔勾勾画画将词序颠倒就成译文,以至于年译百本竟成可能。"直到 1934 年周作人写作以此书名为题的随笔时,还对这本出版于三十多年前的语言读物念念不忘",

---

① 《中日之间译书事业的过去、现在与未来》,载实藤惠秀监修,谭汝谦主编,小川博编辑《中国译日本书综合目录》,香港中文大学出版社,1980。

② 〔日〕实藤惠秀:《中国人日本留学史》,东京:黑潮出版社,1970,第 338 页。

称"其影响极大,一方面鼓励人学日文,一方面也要使人误会,把日本语看得太容易"①。从其中的记述也可窥见当时该书人气之一斑。事实上周作人自身赴日留学时携带的书籍中就有这本书②。

作为梁启超研究的一环,夏晓虹早就关注此书的意义,她发表的《和文汉读法》(1999年)一文为研究该书提供了种种端绪。受其研究成果的引导,近年来关于《和文汉读法》的研究急速增加。尤其是在日本,京都大学文学研究科图书馆的藏本得到确证之后,东洋史、中国思想史以及日语教育史领域内有不少研究者从不同角度展开了该书的研究,主要方向可归纳为以下三种。

第一种是从文化史角度的定位。在中日文化"同文同种"的幻想之下,作为一种与始自奈良时代流传至今的汉文训读法正好相反的解读方法,通过两国文化的密切关系和文体的相似性,来考虑"和文汉读法"的成立可能性。之所以会出现这种解读法是因为明治时代的日语文体特别是学术书籍偏向汉文训读调子③。这种着眼于文体类似性的研究角度,从最近的研究上也可以看出。比如有研究者认为,"该书是反映汉文训读特征的绝好素材,分析之自然可以勾画出汉文训读的基本特征"④。这种文体上的反转的可能性必然导致了翻译上的速成性,因此《和文汉读法》不仅为我们了解中国人如何吸收、翻译日语提供了第一手的材料,也使我们有必要重新来探讨一下当时为启发民众所翻译的一系列作品,诸如《佳人之奇遇》等政治小说的翻译方法和《和文汉读法》的功过。

第二种是在思想史方面,将日本作为梁启超的思想形成甚至中国近代"思想资源"来重新审视的动向愈加显著。自从京都大学的共同研究论文集《梁启超:西洋近代思想的吸收和明治日本》⑤刊行以来,梁启超研究中的

---

① 夏晓虹:《和文汉读法》,《清末小说から》53号,1999年4月1日。
② 据周作人1902年二月初八日日记云:"大哥自浙江来,喜极。带来书甚多,目列予第左。(中略)《日本新政考》二本带去,《和文汉读法》一本预自带去。"
③ 〔日〕吉澤誠一郎:《漢文訓読と和文汉读》,《日本語学》2004年4月。
④ 〔日〕古田島洋介:《梁啓超〈和文汉读法〉をめぐって》("21世纪东北亚日本研究"国际学术研讨会),北京日本学研究センター,2007年10月21日。拙稿在北京大学发表后又读到其长文《梁启超〈和文汉读法〉(卢本)简注》(明星大学研究纪要「日本文化学部·言语文化学科」第十六号2008),全面介绍和评价了卢本的内容及意义。
⑤ 《梁启超:西洋近代思想的吸收和明治日本》,みすず书房,1999;〔日〕狭间直树编《梁启超·明治日本·西方》,第2版,社会科学文献出版社,2012。

这一趋向似成定式，而不少研究者在论及梁和明治日本关系时则屡屡要提到《和文汉读法》。比如，上述论文集中，村尾进就说，"梁启超亡命后，凭借《和文汉读法》阅读大量日本书籍，接受欧洲式的'学理'（万木森森——《时务报》时期的梁启超及其周边），所以，黄克武（1998 年）对梁启超在概念移入以及翻译时的问题意识"①，或者潘光哲（2006 年）提出的近代知识仓库中的源自日本的资源等②都是这一思路下的尝试和验证。换言之，在中国近代史上的重要思想家、启蒙家梁启超的思想形成上，日本究竟发挥了什么样的作用，这一点有必要厘清。正如关诗佩（2006 年）所指出的："梁氏是纯'吸收'还是'转化'，还得有待更深入的研究，譬如当时的'欧文の直訳語脈（欧文直译语法）'，与他的'和文汉读法'有否相关？他脍炙人口的口号'故曰小说为文学之最上乘也'，是不是就是明治文坛上的'小說は、最も上品なるもの'的中译？而矢野龙溪提出的'汉文、和文、欧文直译及俗语俚语'四体兼用的新文体对梁氏的影响又有多少？诸如此类的种种课题，都应由娴熟日本语及汉语古今嬗变的研究者进一步研究。"③ 那么，考虑到《和文汉读法》对当时翻译的影响，我们同时也有必要对其"简便"处理日语所带来的思想文化吸收过程中产生的负面作用作一些思索。

第三种是在日语教育史方面，《和文汉读法》被认为是注意到中日两国语言同一性或者语言体系异同的先驱，也被视为"日语学习速成法"教材的鼻祖。比如石云艳《梁启超与日本》（天津人民出版社，2005）一书中特设"梁启超与《和文汉读法》"一章，并分为三节来展开论述："学习日语的意义与《和文汉读法》的由来""《和文汉读法》的内容""对《和文汉读法》的评价"。不过具体内容多为对夏晓虹之说的铺叙，比如对重要的第38 节"和汉异义字"仅指出"此表为单词表，列举了约3000 单词"（第67页）。这其实是连单词的词条和译词都不加区分所得出的数字（如后文所

---

① 黄克武：《梁启超与康德》，《中央研究院近代史研究所集刊》第 30 期，1998 年 12 月，第 101~145 页。

② 潘光哲：《追索晚清阅读史的一些想法："知识仓库"、"思想资源"与"概念变迁"》，《新史学》第 16 卷第 3 期，2005 年 9 月。

③ 关诗佩：《多角度"共同研究梁启超"——从"日本在中国接受西方近代思想中的作用——以梁启超为例"说起》，《二十一世纪》网络版 2006 年 11 月号，第 56 期，2006 年 11 月 30 日。

述，实际收录单词数为 1705)①。

在这种先行研究情况下，本文试图从语言史的角度上重新考察《和文汉读法》。迄今为止，人们多议论的是该书的前半部分，即属于语法层面部分的较多，而对于占全书 2/3 分量的语词部分"和汉异义字"则注目不多。这也是对当时的中国人而言最容易犯"望文生义"毛病的部分。这些译词是如何被挑选出来的，对译是如何决定的等问题，都没有从日语学角度上加以分析，以致造成各种臆想和误解的发生。

本文前半部分通过对至今不曾为研究者所关注的 1900 年励志会版的考察，厘清该书改版的变异部分基本上集中在第 38 节的"和汉异义字"上面。并试图通过分析复原初期版本的原始状态，以阐明版本的演变情况。在后半部分，本文将重点考察"和汉异义字表"的增补方法，讨论其与日本近代国语辞典《言海》（1889 年）的关系，来阐明某些词汇释义的由来。在此基础上，来观察在"同文同种"的意识下，中国人是怎么理解"和汉异义"，乃至怎么来认识日语新词的。通过这些具体的考察分析，了解到日本明治时期使用的一些译自西方的新词，是如何随着"和文汉读"法的运用大量流入汉语当中的。这当然也关系到汉语吸收外来词的问题，但更重要的是想指出如果按照《和文汉读法》的释义来理解这些新词将会导致怎样的误解。毫无疑问，这一点是关涉到在明治时期的中日学术交流过程中思想是否被准确传播的大问题。

二 《和文汉读法》的版本变迁

（一）关于《和文汉读法》

1898 年因戊戌变法被迫流亡日本的梁启超为了尽快从日语书刊不断吸收最新的学术知识，与同学罗孝高想出了一套不用花长时间就能读懂日语学术书籍的"速成法"，这就是所谓的"和文汉读法"。他利用此方法将大

---

① 该书其他地方（第 70 页）对此有同样的表述："该书的主体部分第三十八节，是照《康熙字典》'分门别类'编录的，收集'和汉异义字'3000 左右，就此一项，其工作量就很大。当然借助现成单词已经排列好的日文辞典，也许可以做到。但其初稿完成于 1899 年，估计当时不会有这种现成的日语辞典可供其参考。"

量的新概念、新思想积极而迅速地介绍到自己编辑的中文杂志《清议报》《新民丛刊》《新小说》上。

据丁文江、赵丰田编的《梁启超年谱长编》介绍，梁启超初到东京时，"当时大隈左右如犬养毅、高田早苗、柏原文太郎时有来往，并力为讲解日本文法"①。该年谱的 1899 年开头还引用了罗孝高的《任公轶事》中的一段，提到梁与会日语的罗普（梁启超万木草堂时代的同学罗孝高）一起编辑《和文汉读法》一事：

> 时任公欲读日本书，而患不谙假名，以孝高本深通中国文法者，而今又已能日文，当可融会两者求得捷径，因相研索，订有若干通例，使初习日文径以中国文法颠倒读之，十可通其八九，因著有《和文汉读法》行世。虽未美备，然学者得此，亦可粗读日本书，其收效颇大。②

另外，《清议报》第十册（1899 年阴历二月）中梁启超亲自撰写的《论学日本文之益》当中也说："余辑有和文汉读法一书，学者读之，直不费俄顷之脑力，而所得已无量矣。"③

夏晓虹追索《和文汉读法》的来历时，主要把 1901 年在上海出版的"辛丑八月无锡丁氏畴隐庐重印本"和京大藏本梦花卢氏增刊本进行对比，弄清楚了该书是按照梁启超《和文汉读法》（1900 年）→忧亚子增广《再版和文汉读法》→丁福保重印《（增订第三版）和文汉读法》（1901 年）→京大藏梦花卢氏增刊本《和文汉读法》的轨迹被不断改版重印的。关于初版的情况只是根据《清议报》第 64 册（1900 年阴历十月初一）刊登的《和文汉读法》广告推断而已，尚未发现实物。

目前最容易看到的京大藏梦花卢氏增刊本《和文汉读法》一共有 105 页，分为 42 节，无前言目录。出版年份和出版地点不详。全书基本

---

① 丁文江、赵丰田编《梁启超年谱长编》第 1 册，上海人民出版社，1983，第 169 页。

② 丁文江、赵丰田编《梁启超年谱长编》第 1 册，第 175 页。

③ "余之所言者、学日本文以读日本书也。日本文汉学居十之七八，其专用假名、不用汉字者，惟脉络词与语助词等耳。其文法常以实字在句首，虚字在句末。通其例而颠倒读之，将其脉络词语助词之通行者标而出之，习视之而熟记之，则已可读书而无窒阂矣。余辑有和文汉读法一书，学者读之，直不费俄顷之脑力，而所得已无量矣。"

上由两部分组成。第一部分从第 1 节到第 37 节共 20 页，介绍了日语语法。第 1 节首先说明日语应该怎么读，其原文为"凡学日本文之法，其最浅而最要之第一着，当知其文法与中国相颠倒，实字必在上，虚字必在下"。从第 2 节到第 15 节则依据当时的日语语法书逐个介绍分析了名词、动词、副词、助动词等。第 16 节以后关于动词的活用，则认为"我辈于其变化之法，皆可置之不理。但熟认之知其为此字足矣"，竟大刀阔斧地将活用词尾裁减掉了。[①] 也就是说，梁启超认为日语动词的活用用法不妨忽略，只要理解了词语的词干以及句子的整体结构便足够了。

第二部分由第 38 节第 6 表"和汉异义字"对照表、第 39 节第 7 表"和汉同训异义"词句及其使用注意点（第 40 节）、第 41 节"和文汉字假名混合语"、第 42 节的日本国字部分等组成，约占 89 页。其体裁与 1901 年由上海广方言馆出版、印有"辛丑八月无锡丁氏畴隐庐重印本"字样的北京图书馆藏本《和文汉读法》相同。据夏晓虹的研究，京大藏梦花卢氏本在出版年月上较丁氏本要迟。

目前，围绕《和文汉读法》的讨论几乎都是根据京大藏梦花卢氏本展开的，于是便产生了各种误读和误解。比如有人认为，如此规模的日语学习教材，对于渡日不久的梁启超来说，靠他自己的力量恐怕难以完成，于是出现了著者非梁的说法。[②] 也有人认为，书中收录了如此之多的词汇，而且都按照《康熙字典》的部首顺序排列，根本不可能是"一夜作成"的。也有论者从内容的误译以及某些日语的不当解释较多的情况来看，断定梁的日语水平不高，等等。这所有的问题其实都集中在第 38 节的"和汉异义字"上，因此，本文也准备主要就这部分展开讨论。

---

① 这一点在其语词释义中已有所反映，例如日语"不速ニ"在词典《言海》里解释为"無骨ニ。才能足ラズ"，意为"没本事"。而在《和文汉读法》里却只取其汉字无视词尾变化，被译为"才能足"，意思正好相反。

② 卢守助：《梁启超の日本観：新漢語と新文体を中心に》，《現代社会文化研究》35 巻，新潟大学大学院，2006。

（二）1900 年 7 月的励志会本

日本无穷会①收藏的《和文汉读法　付译书汇编叙例》是一册共计 55 页的单行本，编者沈翔云②，由东京秀英舍于明治三十三年（1900 年）出版。德国海德堡大学汉学系图书馆（Library Institute of Chinese Studies, University of Heidelberg）保存有其复制本。那么从年代来看，这是现存最早的本子，而且让人怀疑它有可能是初版版本。通过对它的分析，至少能够澄清至今为止的几个问题。

首先介绍该本的刊印体例如下。22.2cm×14.8cm 的直排活版印刷，封面上除了标题"和文汉读法"之外，还用小字标有"付译书汇编叙例"。此外还有疑是当初的收藏者的署名 Nyi Kyiuh Suin，以及两处图书编号 11693（纵 1693）。

第一页正如下文所示是一篇"励志会叙"，还盖有"无穷会神习文库"

① 大正四年春，平沼骐一郎男爵投入私财购进日本神道、国学领域的大家井上赖圀博士死后遗留的全部藏书 3 万 5 千余册，加上迄今所有的藏书一并捐出，成立无穷会。井上赖圀生于 1839 年，青年时代学习汉学、日本古医道。后为设立皇典讲究所而尽力，担任《古事类苑》编纂顾问，并主持私塾神习舍，为培养担负国家未来的青年倾尽心血。

② 沈翔云（1888～1913 年），字虹斋，浙江乌程人。早年肄业于武昌自强学堂。1899 年官费赴日留学，与孙中山、梁启超等交往。庚子参加自立军起义，事败仅以身免。回日本后，做长文驳斥张之洞的劝诫留学生书，主张革命，发起励志会，创办《国民报》，谋组国民会，提倡民族主义。复南游新加坡，谒侨商邱菽园，劝其抛弃保皇，皈依革命。（张磊主编《孙中山词典》"沈翔云"条，广东人民出版社，1994，第 423～424 页）1911 年 11 月上海都督府成立，出任参谋。南北和议告成后回乡。"二次革命"失败后迁居上海。1913 年在袁世凯令上海护军使杨善德大兴党狱时被杀害。冯自由有"沈翔云事略"一文。（《革命逸史》初集，第 123 页）

1900 年冬孙中山与起义失败的自立军骨干人物在东京合影。左起：尤列、唐才质、孙中山、秦力山、沈翔云。

以及该文库的中心人物井上赖圀的藏书印。叙文曰："沈君既印《和文汉读法》，以为内地读东文者助意良厚也。第沈君所印数百本，不足应来者之求。同人因谋更印多本广其流传。以原印第六表所列和汉异义字尚多漏略，搜辑增补者二百馀条，始于和文中常见之异义字十得八九，亦读者之一便也。庚子六月励志会叙。"仅从此励志会叙文来看，可知本书已并非初版，而是在第6表上新增了二百多词条的增补版。

再来看编者沈翔云的序文。

> 读日本书之益人知之矣。戊戌之秋，吾郡创设学堂之议已寝，乃集同志私立东文学社①，不三月而解散。然而社中人士欲学东文之愿未尝衰也。翔云乃往湖北学武备，今夏四月东渡来游，而留学之士已纠合同志开会译书。（中略）《和文汉读法》一册，字不过三千言，而指示读和文之法，简要明晰，苟通东文字母者，一读是册，未有不能读东籍者。第辗转传钞，不著作者姓氏，书中有印粤语者，意其粤人与翔云亦志读东籍而未通东文之人也。既得是册，因念吾郡同志之憾，更推念他郡他省同志之憾，急付排印，以代手写，将以贻我内地之同志焉。译书汇编叙例及简明章程附后。凡我同志或不弃与。
>
> 光绪二十六年五月乌程沈翔云

从该序文中也可以知道：一是沈翔云说的初版《和文汉读法》"字不过三千言"，那么这对于文章练达的梁启超来说在"一夜之内写完"完全是可能的。二是沈翔云仅为编辑兼发行人，正如他自己所说，"辗转传钞，不著作者姓氏，书中有印粤语者②，意其粤人与翔云亦志读东籍而未通东文之人也"，这其中正暗示着真正的作者是广东出身的梁启超③，即不敢掠人之美的一种含蓄

---

① 1900年2月28日唐才常在上海组织东文学社，秘密成立正气会（参照"正气会与自立会"，《中华民国开国前革命史》上篇第9章）。〔日〕岛田虔次编译《梁启超年谱长编》第二卷，东京：岩波书店，2004，第398页。该书注167将此处视为"東文訳社の誤り"，依沈序文，当为"东文学社"。

② 例如第6表里的"程ㄅ〔地位也〕犹粤语咁樣之意，实亦毫无意义也"之"犹粤语咁樣之意"。

③ 据罗孝高《任公轶事》，梁启超亡命日本时，"辄改取一日本姓名，以避内地耳目。任公因读吉田松阴之书，慕其为人，因自署吉田晋，其与内地知交通函多用此"。丁文江、赵丰田编《梁启超年谱长编》第2册，上海人民出版社，1983，第177页。

说法。也就是说，据此，我们基本上可以推断《和文汉读法》确为梁启超所作。

序文之后，另起一页进入正文至第 51 页，"和文汉读法"的标题之下便是第一节。内容大致上和后出的增补本相同，唯一不同的是第 38 节。在最初的三行说明之后，按京大藏梦花卢氏本，接下来应该是"兹和汉异义字照康熙字典例分门别类以便学者易于检查"，该书中却不存在，后面紧随的是第 6 表。

因此，其后面附有的语汇一览不像京大藏梦花卢氏本那样"照康熙字典例分门别类"，而是无序地按一页 12 个语汇（一个语汇占一行）的格式排列，共列出 294 个。这个数字与京大藏梦花卢氏本的 1705 个相比，不及后者的六分之一。

正文之后第 52 页还有日本人坂崎紫澜①撰写的跋文："今沈君东航来学，活印《和文汉读法》一书，以便同人。使余校雠之，亦从粗入精之阶梯矣。夫汉文和读与和文汉读，其法虽异，古今一揆。余于是方深感东西同文之谊焉。日本南海紫澜渔长跋。"其后接着第 53 ~ 55 页是"译书汇编叙例"②以及"简明章程"，最后是译书汇编发行所的地址和"同人公启"的落款，如下：

一　各处来函请径寄日本东京本乡区东片町一百四十五番地译书汇编发行所不误。

光绪二十六年五月　　　　同人公启

最后封底上记载的是：

明治三十三年七月廿四日印刷
明治三十三年七月廿七日发行

---

① 坂崎紫澜（1853 年 11 月 18 日 ~ 1913 年 2 月 17 日），小说家、新闻记者。本名斌。出生于藩主侍医家庭，作为《译书汇编》的编辑兼发行者一直支持着沈翔云的出版事业。其住处与沈翔云处仅一街之隔。

② 该"译书汇编叙例"意味着译书汇编社的活动开始，沈翔云序文中"今夏四月东渡来游，而留学之士已纠合同志开会译书"正指其事。现在有关译书汇编社的研究多将 1900 年末译书汇编的发行视为其活动开始，至少从沈翔云的《和文汉读法》的印行始，就应看作公开活动的开始。另外其《译书汇编叙例》的宗旨说明部分似乎与矢野龙溪的《译书读法》相关。参照拙稿《矢野龍渓の〈訳書読法〉と梁啓超の〈讀西学書法〉》，《東籍月旦》，2005 年 10 月 28 日弘前大学研讨会讲稿。

编辑兼印行者　　沈翔云

印刷所　　　株式会社　秀英舍

发行所　　　励志会译书处①

由此明确可知发行地点是日本东京，尔后译书汇编发行所又换过几处地址。

对以上标记的日期不妨再作一次整理。沈翔云的序文中提到"今夏四月东渡来游"，而序文附注日期为光绪二十六年（1900年）五月，那么可知沈翔云是在其赴日后不到一个月的时间内就刊行了这本《和文汉读法》的。此后，他曾一度返回国内参加独立军起义，再次来到日本是在八月以后了。② 同时，如果相信该书的日期标注是事实，说"今夏四月东渡"则可证明有关其履历中记载的1899年留学日本是与事实不符的③。而仅仅一个月之后的阴历六月，励志会同仁就对初版进行了增补重版，并于明治三十三年（1900年）7月24日付印④。夏晓虹（1999年）引用的《清议报》第64册（阴历1900年十月初一）上的一则广告《和文汉读法告白》：

---

① 由此可知励志会的早期活动着重于翻译新书，其宗旨亦可见于"译书汇编叙例"。现在一般对其解释为：光绪二十六年（1900年）春，由部分留日的中国学生组成的第一个爱国团体励志会在日成立。会员四十余人，由戢冀翚、沈翔云等任干事；主要骨干有曹汝霖、章宗祥、吴禄贞、傅慈祥、秦力山、杨廷栋等。该会初建时，"尚无革命与不革命之分"。曾订立会章五条，"不外以联络感情，策励志节为宗旨，对国家别无政见"。该会成员初期倾向维新，但又与孙中山革命党有所接触。自立会谋划起义时，许多会员回国参与自立军活动，傅慈祥等会员死于起义。起义失败后，戢冀翚、沈翔云等返回日本，开始远康、梁，而近孙中山，并创立《译书汇编》和《国民报》等刊物，革命色彩逐渐浓厚。到光绪二十七年（1901年）初，励志会进入最兴盛期。是年六月，清廷推行新政，有"酌用东西洋各国留学毕业生"之议，励志会遂发生分化，激进派戢冀翚、沈翔云、秦力山等走向革命，而章宗祥、曹汝霖等投靠清廷，励志会旋解体。

② 庚子自立军失败后，逃回日本的沈翔云等人成立励志会，连续开会演说，皆欲继承唐才常的遗志。事为张之洞侦知，致电驻日公使李盛铎和留学生监督钱念劬，要求查办。（注：《致东京钱念劬》《致东京李钦差》，1900年10月1日，《戊戌变法》第2册，第625～626页。关于励志会，参见桑兵《清末新知识界的社团与活动》，第148～155页）。11月14日，李盛铎复电称："励志会始自去秋，专为研究学问及译书而设，月聚一次，演说皆系学问，未及国事。惟本年六月有由鄂来东学生沈翔云赴该会演说，语多悖谬，刊入《清议报》。"（关晓红：《陶模与清末新政》，《历史研究》2003年第6期。）

③ 参照本书第228页注②。

④ 明治三十三年七月二十四日（阳历）当为阴历六月三十日。

　　此书指示读日本文之法，简要明白，学者不费数日之功，便可读
日本文之书籍。寓东人士深知其益，故特印行公世。兹由本馆代售，
每册定实价银两毫，不折不扣。外埠邮费照加。上海寄售：抛球场扫
叶山房书坊。

　　这里所说的"指示读日本文之法，简要明白，学者不费数日之功，便
可读日本文之书籍"，与沈翔云序文中的"指示读和文之法，简要明晰，苟
通东文字母者，一读是册，未有不能读东籍者"如出一辙，而且该广告此
后也一直刊登在《清议报》上（第65、66、67册以及阴历1901年十月初
一发行的第98册），在"本馆发售及代售各书报价目"也能看到有"和文
汉读法　全一册　二毫"字样①。而《清议报》到第100册（阴历1901年
十一月十一日）时，上面出现了如夏晓虹（1999年）所言：

　　　有趣的是，在《清议报》第100册的《译书汇编》广告上，竟然
同时出现了《和文汉读法》的两个版本，列于第一种的应该是梁作的
初版本，与"忧亚子"的增广本相比，亦为"全一册"，不过"定价大
洋二角"。更为奇妙的，当属此《和文汉读法》的著作者署"本社同仁
编辑"。看来，译书汇编社成员中不乏梁启超任东京高等大同学校校长
时的学生（前引《和》书乃"学生诸君竟以灾梨枣"），故《清议报》
与之关系非同一般。

　　不过，这里我们知道，该《译书汇编》广告中出现的由"本社同仁编
辑"的《和文汉读法》正如上文所记，恐怕不是梁启超执笔的初版本（此
活字版不存在），也不是指沈翔云编印的最初的活字版，而是指我们上面描
述的励志会增补本了。而且，估计在该广告刊登之前至少也已经出版了忧
亚子增广的《再版和文汉读法》②。

　　这么看来，正如梁启超自己在《清议报》第10册（1899年阴历二月）

---

① 　笔者试图查清励志会增补本《和文汉读法》的价钱以证实两者的关系，但实际查看无穷会
　　原版，竟无一处标价，只好存疑。
② 　至于"忧亚子"为何人，众说纷纭，尚无法确定。参照夏晓虹（1999年）、寇振锋（2006
　　年）。

上发表的《论学日本文之益》里面所说,己亥(1899 年)春梁的手稿已成,并开始供不少人抄阅了。到次年,当梁正在海外时,该书的活字本便由沈翔云编印问世了。我们可以将其版本变迁归纳如下:①梁启超手抄本(1899 年阴历二月)②沈翔云编印《和文汉读法》(1900 年阴历五月)→③励志会增补《和文汉读法》(1900 年阴历六月)→④忧亚子增广《再版和文汉读法》(1901 年阴历七月以前)→⑤丁福保重印《(增订第三版)和文汉读法》(1901 年阴历八月)→⑥京大藏梦花卢氏增刊本《和文汉读法》(1901 年阴历十一月~1902 年)。忧亚子的"增广"可能是受了励志会"增补"的启发,而且从增补幅度之大来看,恐怕需要将近一年的时间吧。

在不长的时间内又是增补又是改版,这当然是顺应了时势的需求。而且在日本进行增补印刷之后,又在上海重印发行,使该书的传播实际上具有了影响全国的性质。

(三)《和文汉读法》的早期形态

目前能够看到的最早版本是 1900 年 7 月 27 日在日本发行的励志会增补本《和文汉读法》。最早的版本,即沈翔云的编印本至今尚未发现。那么,我们今天是否还能够追索到梁启超手稿的《和文汉读法》的最初形态(抑或沈翔云的初版编印本)呢?这里,有几种办法能让我们推测出初版《和文汉读法》的基本状况。

1. 南京图书馆藏写本《和文汉读法》

李小兰登在网上的硕士论文《清末日语教材之研究》[①] 里面介绍了南京图书馆所藏的《和文汉读法》手抄本情况:

> 梁启超、罗孝高合著。原书已不得而查而未见,南京图书馆有名为《和文汉读法》的抄本,疑即此书。该书出版年代不明,存 27 页,全书分 41 节,以中文说明为主,说明日语的品词:名词、动词、助动词、副词、形容词、助词及句子的排列等,很少实例。附八表(缺二表),分别列动词词尾、代词及部分副词。

---

① http://www.ch.zju.edu.cn/rwxy/rbs/shuoshilunwenjilxl.htm.

　　据此看来，该本为手写本，由 27 页 41 节构成，附表八种内缺失两种。结合其写本的形式和 41 节的内容考虑，我们本希冀该本或许有可能比较接近梁启超的早期手写本。但经过友人协助得到该本的 4 页摄影，并对其内容进行调查之后，得出了以下相反的结论。

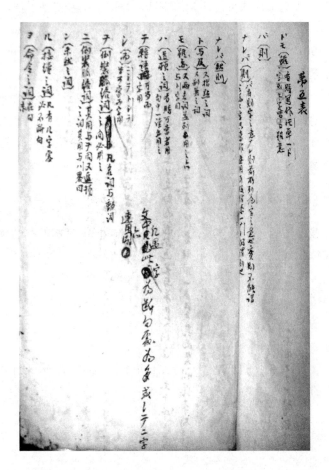

　　李小兰抄录的写本第 14 节以及笔者收集到的第 18 节至第 21 节的摄影内容与前面介绍的励志会增补《和文汉读法》完全相同，而且表 1 至表 5 的内容也相同。写本上注明着"逸去第三十八节"，所以最重要的第 38 节第 6 表缺失，接下来的第 39 节第 7 表也缺失。也就是说，励志会增补本的第 40 节被上调当做第 39 节，其结果变成全书共有 41 节了。只是，最后的第 41 节第 8 表与励志会增补版的第 42 节第 8 表内容完全相同，最后都以"榊　神木之名"一词为结尾。

由此可以推断的是，该手写本转抄的并非是取自最早期的《和文汉读法》，而很有可能是励志会的增本版。省略了第 38 节第 6 表和第 39 节第 7 表的理由可能是因为两表光排列了许多词语，让抄写者感到烦琐有余而重要性不足吧。而认为该本迟于励志会增补本成立的理由如下：首先，如照片所示，第 5 表的"テ""シ"的说明下面稍置间隔之后又附加了如下说明："文中凡遇此字为断句处为多、或シテ二字连用亦同。"这句说明文字在迄今发现的其他本子里面都不复存在，为该写本所独有。如果该写本在前，那么这句说明必然会反映到后出的其他版本上。另外一点是，励志会增补版《和文汉读法》的第 1 表内有一处印刷错误，即将"ダケ〔而已、仅〕此字有时写作丈ケ"中的"丈ケ"误印成"文ケ"，而该写本也同样将"丈ケ"误抄为"文ケ"。总之，该写本在抄写人、抄写年份不明，加之作为版本判断根据的第 38 节第 6 表缺失的情况下，很难证明其是励志会增补本之前的写本。这一判断也可以从下文中得到印证。

2. 从同时代的材料《和文释例》取证

《和文汉读法》既然在当时那么有名，传播又广，同时代的人又是怎么来介绍它的呢？为解开这个疑问，我们在查阅当时的相关资料时发现了一本名为《和文释例》（都立中央图书馆，实藤文库藏）的日语教材。

该书的扉页上用毛笔书写有"和文释例　二箴堂老人题"字样，其后为邢之襄撰写于光绪二十七年十二月（1901 年阴历十二月）的序文，作者的自序也作于同年，署为光绪辛丑冬十二月。次年的壬寅（1902 年）秋七月重定刊行。再看其封底，上书：

光绪二十八年九月十五日印刷　　　定价大洋二圆

同　　　　年十月十五日发行　　　寄售照章九折

著者兼发行者　　　　　　　吴启孙①

发行所　华北译书局　　　文明译书局

印刷者　东京市牛込区市谷加贺町一町目十二番地　户上义章

---

①　吴启孙（1877～1950 年）讳阆生，字辟疆。号北江，世人尊称北江先生。"桐城派"末代代表人物，近现代著名国学大师、古文学家、著作家、诗人、教育家。清末赴日教育考察的高官吴汝纶之子，当时留学东京。有《万国通史》《支那国际法论》《世界地理学》等译著。

印刷所　同地　株式会社　秀英舍[①]

该书从日本出版的作文书信指导书中取材，将日本转成汉文，正是一册实践运用《和文汉读法》的辅助教材。序文之后列有“假名五十音图”，包括浊音、半浊音、拨音在内，并一一配上了中国汉字的发音。接下来便是“和文汉读法所解假名虚字”，另起一行后加注了小字说明：

解释和文之书，中国故所未有。惟近岁日本留学生刻和文汉读法一编，虽甚简略，然颇为明晰。兹将其解假名虚字录右，以备参考。

紧跟在后面的是《和文汉读法》的第1表到第8表的内容（除第7表）。与励志会增补的《和文汉读法》相比较，第1表只缺少以下两词：

“ベカラ〔可〕　ベキ　ベク　ベケン　ベシ”
“ダケ〔而已、仅〕此字有时写作文ケ”

第2表、第3表、第4表、第5表都相同，第7表的删除，或许是因为都是汉字表记的词汇，如“所處、有在、已止、至到、因従”等，从而不被认为是属“假名虚字”的吧？相反，第41节中，汉字、假名相杂的“例ヘハ、拘ハラズ、言マデナク”等都抄录出来，除了励志会增补《和文汉读法》最后的两项“去レトモ　解释第六表”和“左レバ　解释第六表去字行下”之外，其余全部收录了。第8表也仅仅抄出前半部分的“抔、扨、偖、軈、筈、开、迠”等字，而未收后半部分的“拵、揃、扱、込、辻、榊”等字。

从上述情况来看，未收的部分均可见于励志会增补版，作为一种可能性来考虑，该书理当是参照了早于励志会增补版的文本。

再来看最为重要的第6表，相对于励志会增补版《和文汉读法》的294词的收录数，《和文释例》中仅列举了35个词。将它们全部列出如下（中文译词部分省略）：

---

① 与励志会增补《和文汉读法》为同一印刷所。丁福保《广和文汉读法》亦由该社出版，其近代出版史上与留学生的关系值得细考。

去リ、左レ、乍ラ、併シ、乍併、丈ケ、許リ、兼子、最モ、折、折柄、折節、譯、居、程ド、方夕、位、詰リ、筋、噂、流石、矢張、兎角、最早、左迄、折角、通、譯無、成文、勝手、油断、其代リ、思ハズ、都合、餘程

这当中，只有"噂"字在励志会增补本中被移到第 8 表的国字中，其他从头到"詰リ"为止的 18 个词语都与励志会增补本的排列顺序相同。不过，"譯"和"居"之间又增加了"儘、通リ"二词。此外，到"折角"一词为止的顺序也基本相同，间或有新词增补。"通"以后则反过来励志会增补本开始按照新增汉字的部首重新排列了位置。

看词义解释，也会发现《和文释例》比较简略，励志会增补本〔　〕内比较详细。例如：

詰リ　结局也毕竟也　　〔结局也毕竟也诘责也〕

思ハズ　不图也　　　　〔不图不虞之意〕

还有意思相异之处，如《和文释例》中的"都合　合式也"在励志会增补本中则改译为〔妥当也〕，且这一释义为后续各本沿袭。

总之，《和文释例》虽然没有第 1 节到第 42 节的说明文字，但仅从所引用的表 1、表 6、表 8 的异同来考虑，最初的《和文汉读法》内容应该是更加简略的，其分量正如沈翔云所言"字不过三千言"，因此对梁启超来说，在一夜之间是完全可以写成的。

前文也已提到，以后的增补主要集中在第 38 节第 6 表，因此除去励志会增补的"二百余条"，沈翔云编印的初版"和汉异义字"恐怕只有几十个词。那么从现存于励志会增补本第 6 表的 294 词当中除去《和文释例》列举的 35 词（294−35＝259），便可知实际追加增补的共有 259 词。后出诸版也是在此基础上不断增加新词，但是由于尚未发现忧亚子增广的《再版和文汉读法》，具体增补情况未详，不过总数增补到 1705 词恐怕正是从该版开始。丁福保重印《（增订第三版）和文汉读法》和京大藏梦花卢氏增刊本《和文汉读法》当属于同一体裁，同样收录 1705 个"和汉异义字"。换言之，"和汉异义字"的增补速度非常之快令人诧异，初版还只收有 35 词，一个月后的励志会增补版就达到了 294 词，再经忧亚子增广《再版和文汉

《读法》扩充到 1705 词，直到今天能够看到的丁氏本和京大本，都是同为 1705 词。

如此迅速的增补究竟是怎么做到的呢？有人说当时不会有现成的日语辞典可供其参考，这一说法是否可靠？这正是下一节我们想论证的课题。

三 "和汉异义字"的增补——日本词典 《言海》的妙用

（一）当时的语言环境

前面提到的《和文释例》序文中，邢之襄写道："所谓和文者不过数十字为脉络斡旋之词、其大体与汉文固无异也。惟吾国之学者无书以导其源故，欲问而无从耳。"诚然，梁启超等人流亡日本的 1898 年前后，不要说日中辞典，就是日语辞典，除了自中世以来一直使用的节用集之类的汉字汉语词典外，也只能举出一些江户时代的国语辞典，如《雅言集览》《和训栞》《俚言集览》等。但是，这些辞书的流传并不广，作为近代日语辞书，具有重要意义的主要有以下这些[①]：

> 1889　《〈和漢雅俗〉いろは辞典》（高桥五郎）
>
> 　　　　《言海》（大槻文彦）第一分册刊〈～1891〉
>
> 1892　《日本大辞书》（山田美妙）〈～1893〉
>
> 1894　《日本大辞林》（物集高见）
>
> 1896　《日本大辞典》（大和田建树）
>
> 1897　《日本新辞林》（林甕臣·棚桥一郎）
>
> 　　　　《日本小辞典》（大和田建树）
>
> 1898　《ことばの泉》（落合直文）

这其中，《言海》最为著名，并多次再版。1898 年前后缩印成的一

---

① 参照《日本辞書辞典》（沖森卓也·倉島節尚ら編，おうふう，1996）的辞书年表。

册本已经到了第 41 版。价格也由最初的 6 日元降到 3 日元，大大促进了普及。①

当时也有中国人对日本的辞书情况作介绍的。《（增订第三版）和文汉读法》（1901 年）的作者丁福保在《东文杂记》（1902 年）一文中列举了以下这些当时的日语学习参考书目②：

落合直文大文典（一元六角，表及动字佳）
落合直文中等文典（五角，论东文文法书、源流甚详备）
落合直文广文典（四角，说助动词、助词甚详）
三土忠造中等国文典（六角，已有译本，名《日本文典》，译释共有三编）
言之泉字典（六元，有汉字和解者可查）
言海字典（三元，解说多用汉字，易看）

作为辞书特别列举出来的是《言之泉字典》（《ことばの泉》落合直文）和《言海字典》（《言海》大槻文彦）。这两册都是按照五十音顺序排列检索的辞书，从价格上讲《言海》要便宜一半，而且还有缩印版，非常实用。加之，《言海》"解说多用汉字，易看"，仅这一点就十分便于中国留学生的使用。

关于《言海》，拙著（2001 年）第四章特设"近代国语辞典中的字音词的处理方式——和制汉语的区别意识"一节，对其基本特征作了如下说明③。

具有近代国语辞典之称的《言海》把汉字词分为"和的通用字""和汉通用字""汉的通用字"，在此基础上把汉语字音词分成新旧、雅俗等几个层次来处理。《言海》的凡例第三十八中及"种种符号"中明确地将汉字词语分别用三种不同的记号来表示：

---

① 《言海》研究专家境田稔信氏所教。
② 李小兰：《清末日语教材之研究》，《丁福保与日语教科书》，《日本思想文化研究》第 7 期，2006 年 6 月。
③ 陈力卫著《和製漢語の形成とその展開》，第四章第四節，汲古書院，2001。

```
|    |…和的通用字、辻　杜若
    ══════…汉的通用字、十字街、燕子花。（置于注中）
|    |…和汉通用字、日　月　山　川。
```

所谓正统的自古以来的汉语词用"和汉通用字"来表示，近世以来的汉文表现则用"汉的通用字"，而已经完全融入日语的日常汉语词，如"料理、立身"（意思已经日本化），还有从训读发展成音读的词，如"支障、仕様、心配"，再有明治以来的新造汉语词，如"流体、零点、絶対"等，都用"和的通用字"来表示。这些做法显然是因为意识到了汉语词义的日本式变化，并且也考虑到和制汉语和近代新汉语词的存在，可以说它有意要确立一种近代日本的"独自的汉语"意识。同时代出现的山田美妙编《日本大辞书》则更加旗帜鲜明地打出"汉语"和"字音语"的区别，把纯正汉语用"汉语"来表示，明治时代产生的新汉语，如"社会、宗教、神経、世紀、広告、自治、商標"等则用"字音语"加以区分表示。

对《言海》ラ行的调查结果表明，"汉的通用字"跟其他字音语有如下关系：

ラ行收录语词数	字音语		和训语·假名表记语	合　计
	和汉通用字	和的通用字		
	498	283	101	882
汉的通用字	11（2.2%）	59（20.8%）	4	74

从表中的字音语的数目中可以看出，"和汉通用字"与"和的通用字"基本上呈五对三的比例。而"汉的通用字"相对于"和汉通用字"占2.2%，相对于"和的通用字"占20.8%。也就是说，对于"和的通用字"而言，"汉的通用字"是其意义的另一种表达，亦可视为对"和的通用字"的一种汉语词的对译。例如，"乐"与"容易"、"料理"与"调理、割烹"、"用意"与"准备"等，打双重底线的"汉的通用字"多为类义词，从时代差异来看更接近纯正的"中文（汉语）"表达。所以我们可以说"和的通用字"里所标注的"汉的通用字"实际上已具备了某种中日对译辞典的特性。

正是由于这种将日语固有的词配上近似中文的"汉的通用字"的做法，《言海》实际上起到了一种"日中辞典的作用"，对于明治后期来到日本的中国人来说，这简直可以看做是专门为自己编撰的辞书①。《和文汉读法》中的"和汉异义字"的增补正是妙用《言海》这一特征的产物。

（二）"和汉异义字"的分类及词数

《和文汉读法》中的"和汉异义字"按其来源可以分为四种：纯粹的日本固有的"和语词"、按汉语读音读出的"汉语词"、来自欧美的"外来词"和上述三种各自相混的"混种词"。下表是其词数和种类划分后的分布。"/"前面的数字表示无穷会藏励志会增补本（1900 年 7 月）的情况，"/"后面的数字则表示京大藏梦花卢氏增刊本的情况。

总词数	和语词	汉语词	外来词	混种词
294/1705	214/1200	62/379	0/7	18/119
百分比（％）	73.12%/70.38%	20.75%/22.23%	0%/0.004%	6.12%/6.98%

此表反映的一个特征是总词数由励志会增补本的 294 个急增到梦花卢氏本的 1705 个。两种版本中都是日本和语词占多数（七成以上），汉语词只占二成。励志会增补本中外来词为零，而京大藏梦花卢氏本中则有"加特力教、俱楽部、天麩羅、流麻質斯、瓦斯、独逸、硝子墻"等 7 个外来词②。另外，混种词除了本来就有的"見本、気一、-場"之类的"音·训混读"词之外，京大本又新增了"炭酸瓦斯、酸素瓦斯、料理屋、精進物、立ち会い裁判"等新的复合词。下面我们先来对几个典型的和语词例加以分析，然后再着重分析一下汉语词。

1. 和语词

"和汉异义字"中，由"手（テ）-"组成的复合词多为和语词，无穷会藏励志会增补本收录了以下 25 个词。其中〔〕内作为中文释义的词中，带有双重底线的（10 个）译词都属于《言海》中所说的"汉的通用字"。

---

① 犹如把井上哲次郎编的《订增英华字典》（1883 年）误以为是日本人为国人所编的英华词典一样。

② 为方便起见，这里把"加特力教、硝子墻"这类混种词亦视为外来词。但这七个词中唯有"加特力教"出现于中文近代书籍里，并非日本的写法。如："西国崇奉天教、教有新旧、旧教加特力教、新教波罗特。"（蒋敦复的《英志自序》，《啸古堂文集·卷七》，1868）

手厚	〔鄭重也〕	手當	〔給資也、又遭遇也〕
手痛	〔激烈也〕	手入	〔修補也〕
手落	〔遺失也〕	手重	〔鄭重也〕
手後	〔失期也〕	手柄	〔功名也〕
手形	〔票也〕	手紙	〔信箋也〕
手込	〔強制也〕	手項	〔適當也〕
手先	〔手尖〕	手先ノモノ	〔部下〕
手術	〔手段 方法〕①	手品	〔原名手使魔也、吞劍客〕
手傳	〔帮助也〕	手詰	〔嚴訓也〕
手習	〔習字也〕	手廻シ	〔豫備也〕
手酷	〔苛刻〕	手本	〔式樣 龜鑑 模範〕
手分	〔分担也〕	手数料	〔酬金也〕
手仕事	〔手工也〕		

比如，以"手本"一词为例，翻看《言海》该词条下有以下义项：

（一）手習ノ標準トスル文字ヲ書ケル帖。字帖
（二）做ヒテ作ルベキ基トナルモノ。樣式
（三）做ヒテ行フベキ事。タメシ。先例。龜鑑 模範

第一个义项中对译的"汉的通用字""字帖"没被采用，第二个义项中的"樣式"则按照中文习惯倒置为"式樣"。第三个义项中的最后二例"汉的通用字"照搬为译词。由此可见，无穷会藏励志会增补本中已经开始从《言海》的"汉的通用字"中选择译词，这表明该辞书是当时的留学生进行中日对译时的重要参考书。更进一步讲，梁启超自己的草稿或者沈翔云初版的内容也许参照《言海》的地方不多，而一个月之内完成增补的励志会同仁中肯定有人熟稔日语，巧妙地利用了《言海》的这一特征。这种做法当然被后人继承，从京大藏梦花卢氏增刊本中一下子能增收 50 个"手（テ）-"的复合词，就可知道此法的便利之处。如：

---

① 京大藏梦花卢氏增刊本将"手段テジツ"译为"方段、方法"。

手延　失期；手切　絶交；手酌　獨酌；手短　簡略；手迴リ　座右　親兵；手並　伎倆；手平　掌；手者　部下；手桶　提桶；手蔓　夤縁；手軽　簡易　軽便；手軽シ簡易；手控ヘ　手冊手帳；手向フ抗敵；手内；掌　伎倆；手間賃工銭

以上16种带双重底线的词也是直接套用《言海》里的“汉的通用字”作为译词的。

当然，在日语词的释义中，如果没有附加“汉的通用字”时，只好从其释义中挑出汉字部分来权作解释。例如：夏晓虹（1999年）举过的“淋渗”一词的释义，丁本上印有“鳥　初　生　毛”，容易让人误解为具有四个义项，而参看《言海》，则发现其释义原来是把日语“鳥ノ羽ノ初生ノモノ”中的片假名部分除去了而已，并且最后的“モノ”中的“モ”还被误认作了“毛”字。再比如“見切”一词的释义出现在“閲畢”之后，紧跟着是“見捨減價出賣”，这也是从《言海》的释义中随手挑了几个汉字（下列打底线者）组成的义项说明。即：

（一）見テ終ハル。（二）再ビ見マジト定ム。ミカギル。見捨ツ。（三）商家ノ語ニ、價ヲ甚シク減ジテ賣ル。

这样的对译，只不过是把画下线部分的汉字挑出来连起来而已。

实在没有一点线索可循的话，只好直接照抄日语原文意思，如：

手張ル　仕事分ニ過グ

手持不沙汰　無聊。空手ニテ間ノワロキコト

因此，我们可以看出《和文汉读法》中的“和汉异义字”的对译有以下三种类型：

①《言海》中“汉的通用字”的援用

②从《言海》释义中挑选适当的汉字

③完全照抄《言海》的日文解释

还有一些光标明词性不加释义的词。例如：副词有“折節、晴ニ、取敢不（とりあえず）、取取ニ、取不直（とりもなおさず）”之类，名词有

"小間物、書留、立賣、横手"等。这些可看作是无穷会藏励志会本以后的增补痕迹。也就是说，在励志会增补本上，比如"折節"原本跟在"折り"的说明后面，所以不见其释义，而仅注明"同上"。其后的增补本是按照部首重新排列词序的，在两者之间插入了其他语词，导致出这种只注词性不见释义的结果。还有一些是先举出词条后以待今后改定的，结果后人来不及加改以致义项缺失的也有不少。如"自墮落"一词，丁本不见释义，卢本则补加了中文释义"懒惰"，《言海》"汉的通用字"解释为"<u>放縱</u>"却没被采用。同样，丁本没有作释义的"言合"一词，在卢本的补注中释为"議論"，也没采用《言海》中"汉的通用字""<u>争論</u>"。

参看夏晓虹（1999 年）对无锡丁氏畴隐庐重印本和梦花卢氏增刊本的校对，也能根据《言海》来回复其本来的面目。比如"寐腐ル"一词，卢本解释为"程ニ過ギテヨク寝ヌ"，丁本则误抄为"程于過シチクシク寝ヌ"。这是对《言海》原文"程ヲ過シテ久シク寝ヌ"的误记，把"于"改为ヲ""チ"改为"テ""ク"改为"久"后，便能再现最初之形了。不过，卢氏的订正显然参照了其他辞书的解释。再如对"明"的解释，丁本注释中举了"燈、燭、證據過了、送、隙間暇空"五个义项，卢本则删去了后面两个义项。实际上确认一下《言海》的情况，可以发现：

あかり 明　（一）光ヨリ發シテ物ヲ明ニ見スル象。「日ノ一」「燈ノ
　　　　　　　　一」（二）證據。アカシ「一ガ立ツ」
あき 明　　（一）明キタル處。ヒマ。スキマ。隙　（二）明キタル時。
　　　　　　イトマ。ヒマ。「工事ノ一」間暇　（三）空ナルコト。人ノ
　　　　　　住マヌコト。「一屋」「一店」空

这五个义项分别是取自《言海》所收录的两个同一汉字的词义（前者加阴影词和后者双重下线词），将其混淆在一起了。

丁本还把"間宿"解释成"站"，把"間無シ"解释成"無分别、不隔"，两者分别依照了《言海》的"<u>站</u>"和"隔ナシ。分别ナシ"的释义，而卢本则将它们订正成"小町村"和"無間隙"，由此看来，卢本在进行增补订正时基本上没有参照《言海》。而且，通过上述比较也可知道，卢本是依靠自己的知识加以改译的，可以断定其编写者具有一定的日语水平。

2. 汉语词

　　本来动辄强调"同文"的《和文汉读法》，按道理不应该把"汉语词"放在"和汉异义字"中处理的。但实际上，"汉语词"里也有相当部分与中文相异的，从以下的一览表（将京大藏梦花卢氏增刊本的 379 个"汉语词"按五十音顺排列）可以看出，它的确也收录了各种各样的异化了的"汉语词"。语词后的数字表示该词在梦花卢氏本中作为词条被收录的次数。加阴影的词出自无穷会藏励志会增补本，共 62 个，仅占一览表的 1/6。其余都是后来屡次增补的结果。

ア．哀願（顧）　挨拶　愛着　悪霊　阿片　案内　案外　安排
イ．違警罪　異存　意地　一番　一向　一緒　一杯　一昨日
一週間　音呼　ウ．有為　有為転変　有漏　運上　運動
エ．縁家　袁玄道　縁談　縁辺　燕尾　燕尾服　縁由　遠慮
オ．押柄・横柄　臆病

カ．概念　回漕　家財　学位　学年　火車　花車　火定　合点
勘気　看護婦　観察点　灌所　願書　勘定　寒暑計　元祖
簡単　勘当　観念　看版　勘弁2　肝要　キ．機嫌2　汽
船　氣転　寄付金　客観的　糺明　糺問　給料　饗応　仰天
仰山　競漕　共和政体　奇麗　近在　金札　金融論　金融逼
迫　ク．空想　具体的　工夫　軍用金　ケ．稽古　経済　下
宿　血縁　結構　月謝　月旦　外道　玄関　健全学　見物
コ．後架　号外　後見人　降参　香典　饅頭　甲板　互角・
互格2・牛角　国際法　後家　御座　故障　御承知　個人
個人権　懇意　懇親　昆布

サ．在勤　最後　在在　在所　采配　在留　左官　沙汰　昨今
左様　残金　散散　残念　シ．思案　時儀・辞儀　持参金
自水　時節　地代　支障　仕度・支度　自堕落　実家　執達
吏　実地家　失墜　悉曇　執拗　支配　持病　辞柄2　仕法
若干　砂礫　周章　充分　主観的　授業料　出世　出席　出
役　受領書　仕様　上衆　障子　精進　精進料理　上手　上
段　承知　消費　商標　丈夫　消防夫　食気　所持人　初心
所詮　所帯　所有権　所労　人格　真鍮　心中　心配　辛抱

ス.随分　相撲　セ.晴雨計　請（願）権　世辞　世態学

贅沢　成文　石炭　折角　摂関　節季　積極　石鹸　絶対的

雪隠　刹那　刹利2　摂籙　是非　世話　世話料　詮議

ソ.草案　雑巾　雑言　相続　相談　雙方　僧侶　組織　測

候所　粗末　存　存外　損料

タ.大工職　大根　大序　大切　台帳　大分　大膨張　大名　大

籙　沢山　達者　団体　段通　旦那　談判　断末魔　チ.知

覚　仲裁　抽象　抽象的　注文・註文　丁度　調度　ツ.通

貨　都合　テ.丁寧　泥聳　天守　天長節　ト.当意即妙

（佳）　道具　当座帳　動産　当方　道楽　当惑　兎角　得

意　徳利　時計　頓才　頓知

ナ.軟貨　難所　納戸　難破・難場　ニ.二階　年配・年輩

ハ.配慮　馬鹿　白墨　破産2　発明　反動的　ヒ.飛脚　否決

比対的　披露　尾籠　フ.風来　不運　不遠慮　不機嫌　不

器用　不器量　副署　不景気　無骨　不経済　不細工　無沙

汰　無作法　不精　不勝　不成文　數設　不断　扶持　不調

法　不都合　払底　不動産　不人気　不慮　風呂　分見　分

銅　ヘ.平臥　閉口　変化　弁護　弁護士　返事　変造

ホ.方案　法外　方針　放任主意　放埒　本位

マ.満足　ミ.未済試験　妙案　冥加　明後日　ム.無機体　無

造作　無足　無代　無念　無筆　無用　無料教　メ.名所

減金　減相　減多　減法　免状　面倒　モ.門番

ヤ.役者　役介　ユ.惟物論者　有機体　遊金油断　ヨ.羊羹

妖怪学　用脚　用事　要用　予算

ラ.落城　羅紗　欄外　卵塔・蘭塔　蘭若　リ.理学　利学　理

屈　利潤　理想　律儀　立憲政体　立派　利分　流儀　料理

旅券　ル.留守　レ.歴歴　蓮根　連中　ロ.労働者

　　首先我们看加阴影的无穷会藏励志会增补本的 62 个语词，可知它是同样是利用《言海》"汉的通用字"来加以释义的。比如：

一緒　〔合一也〕　　氣転　〔機智也〕　不都合　〔不便

不妥〕

仲裁 〔居間調停也〕 存 〔思維也〕 存外 オモヒノホ
カニ⇒意外

最后的"存外"一词被解释成"意外"，这并不是直接采用了与该词对
应的"汉的通用字"，而是按照其日文释义"オモヒノホカニ"再次按图索
骥对译的结果。励志会增补本所收的近代汉语译词只有两个：

抽象 〔哲學譯語想其理由之義〕
積極 〔哲學譯語陽極也〕

此外所收的传统汉语词比较多。相对于此，京大藏梦花卢氏增刊本则
增补了大量的新词，如：

運動 燕尾服 概念 学位 学年 看護婦 観察点 寒暑計
観念 汽船 客観的 共和政体 金融論 金融逼迫 空想 具体的
軍用金 経済 健全学 号外 後見人 国際法 個人 個人権 主
観的 商標 消防夫 所有権 人格 請（願）権 世態学 積極
絶対的 測候所 団体 知覚 抽象 抽象的 発明 反動的 否決
比対的 不景気 不経済 不成文 不動産 弁護士 方案 方針
放任主意 本位 無機体 惟物論者 有機体 妖怪学 理学 利
学 利潤 理想 立憲政体 旅券 労働者

不过，如果是传统的日语和语词，基本上可以参照《言海》收录的词
条及其解释（包括"汉的通用字"）予以对译，可是以上这些新词在《言
海》中收录的很少（加框的类似 理学 一类可见于《言海》）①，使得中文释
义失去了赖以参照的依据，于是只好凭空想象。因此，梦花卢氏本中便多

① 《言海》所收的汉语词少。总词数 39103 中，汉语词为 13546，约占 35%。且新词的收录
较少。

了一些比较奇怪的解释①。例如：

主観的＝内理应如是（25 页）　　国際法＝交涉法（38 页）

客観的＝外形应如是（42 页）　　圑體＝凡衆聚之称（33 页）

不经济＝不能打算（23 页）　　　不成文＝法律未著为令者（23 页）

空想＝豫想後来（41 页）　　　　理想＝就现在想（73 页）

概念＝大概想念（64 页）　　　　観念＝観而想念（90 页）

这些日语新词让 20 世纪初的中国留学生感到非常棘手，因为在当时，他们似乎还不能完全充分理解这些概念。所以只好望文生义地将"概念"解释成"大概想念"，将"観念"视为"観而想念"了。不过，像下面这样，也有一些早期的西洋概念已基本完成了对译：

共和政體＝民主；立憲政體＝君民共议国政；人格＝民有自由权谓之人格，若奴隶无人格者也；世態學＝社会学即群学；妖怪學＝质学之讲妖怪从脑出者；健全學＝卫身学；惟物論者＝质学中重形骸轻魂灵者；個人＝匹夫；個人権＝各人自立权；具体的＝实象；學年＝学问之年，学一年称一年学；學位＝学问成工之地位

关于"人格"一词，曾任东大教授且同时又是《哲学字汇》（1881 年）编者的井上哲次郎在其自传中提到，教授伦理学的同事中岛力造问他 Personality 该译作什么，井上回答应译作"人格"，于是就流传开来了。的确，在此之前西周曾把该词译作"自身ノ情"。英华字典内只有"Personality 人品"的对译，《哲学字汇》也同样译作"人品"。明治二十年代的日本国语辞典《言海》和《日本大辞书》上均未见"人格"，到明治三十八年（1905 年）刊行的《普通术语辞汇》才出现"Personality 人格"，这么看来，这个概念也是迟迟才登录到辞书上的。只是，具体的例子早在 1895 年的《太阳》杂志上已经使用过多次，由中国人留学生编撰的新词集《新尔雅》（1903 年）中也收录了此词。而《和文汉读法》的对译和解释可

---

① 引自卢守助《梁啓超の日本観：新漢語と新文体を中心に》（《现代社会文化研究》35 卷，新潟大学大学院，2006）中介绍的例子，并稍加修改。

以看作是中文里"人格"概念的最早理解和吸收。

"社会学"一词本来就是日语新译词，早在梁启超《论学日本文之益》（《清议报》第十册，1899 年阴历二月）中就有"群学（日本谓之社会学）"的对译注解，而两年后该词居然已作为中文译词来对译"世态学（《哲学字汇》凡例中将之作为专业术语的分类之一）"了。反过来"群学"则成了配角，这种对译法的逆转同时也意味着中文原创译词"群学"的退潮。

另外，在考察概念史的演变过程中，"共和政体＝民主"的对译无疑是个重要的例子。穗积陈重的《法窗夜话》"五九、共和政治"里说，箕作阮甫先生的养子省吾氏根据荷兰的地理书编写《坤舆图识》［本编弘化二年（1845 年）至弘化四年（1847 年），补编弘化四年（1847 年）］时，碰到了荷兰语 Republiek，求证词典后知道这是指非君主制的政体。至于如何把它转译过来，他左思右想仍不得其解，之后咨询了当时的宿儒大槻磐溪。磐溪先生说，国无君主乃是有变，支那也不乏其例。比如周代，王行政无道招致民怨沸腾，王遂出逃外国。王虽不在，由周、召二宰相协力辅佐，主政十四年。因此，无国王之政体宜可称作共和政治。

与日本的"共和"对译相比，在中国，罗存德的《英华字典》（1868 年）将 Republic 译作"众政之邦、众政之国、公共之政、众儒、众儒者之称"，后来卢公明的《英华萃林韵府》（1872 年）又译作"民主之国"了①。

如此看来，像这样的日中对译，即新词一旦进入对方的国家之后，便会与已有的词形成一种类义概念，随后逐渐又出现了意义上的分化，呈现一种"中日类义词的互补"②的图式。近代知识分子如黄遵宪、康有为等人

---

① 〔日〕岛田虔次编译《梁启超年谱长编》第二卷（岩波书店，2004），第 395 页注 141 中提到梁在光绪二十六年四月一日给南海夫子大人书简中有过"法国现在是民主，但决不自由"的说法，指出这里的"民主"是相对君主的民主，即总统之义，与"民主主义"的民主尚有几分距离。而近代中国，这种"民主"的理解较为流行。可参考蒋敦复《英志自序》（《啸古堂文集·卷七》，1868）"立国之道大要有三，一君为政，西语曰恩伯腊（中国帝王之称——割注），古来中国及今之俄罗斯、法兰西、墺地利等国是也。一民为政，西语曰伯勒格斯，今之美理加（俗名花旗国在亚墨利加州——割注）及耶马尼瑞士等国是也。一君民共为政，西语曰京，欧洲诸国间有之"。该文集卷五"华盛顿"里有"伯勒格斯（君民共政之称——割注）"。有关"大统领"一词可参照孙建军《新汉语"大统领"の成立》，《或问》第 10 号，2005 年 11 月。

② 拙稿《中日同形词之间的词义互补问题》（《孙宗光先生喜寿纪念论文集"日本语言与文化"》，北京大学出版社，2003）曾就日中相互引进以构成类义概念的"裁判·审判""普通·一般"等做过分析，其过程均经过两者的类义阶段而走向词义的各自分担。

的文章中所见的"民主"以及"立憲政體＝君民共议国政"等说法，其意思是否接近了今天我们说的"Democracy"，仍需要作详细的调查。但《现代汉语词典》里始终把"民主国"释为"共和国"倒有点复古的意义（与《和文汉读法》时代同），如期冀人们按现代义 Democracy 解，则完全是一种有意识的误导了。

四 《和文汉读法》的影响及其后

随着《和文汉读法》的流行，社会上出现了学习日语的热潮，所谓的"速成教育"也成为一种现象。比如，教育家蔡元培在上海南洋公学就曾推行过这种方法，中日两国的出版界也源源不断地推出各类教科书以及和文奇字解之类的小册子。

1902 年，林文潜根据自己的留学经验，编成《奇学速成法》一册出版。可以看作一本日语学习的基本入门教材。作者本人也在序文里说："速成之法者何？盖遇文中之汉字，仍以中国音读之，而专求其行间之假名，识其意义，辨其作用也。"①

此外，日本东京都立中央图书馆的实藤文库还收藏有一册《广和文汉读法（普通东文速成法）》（畴隐主人著，光绪二十八年（1902 年）刊），著者正是印行了"无锡丁氏畴隐庐重印本《（增订第三版）和文汉读法》"的丁福保，因此光看书名，以为是《和文汉读法》的又一增补版，再看内容才发现并非如此。它只不过是承袭了《和文汉读法》的体裁，是以文法解说为主的语法书，其中没有"和汉异义字"部分，看来光是书名模仿了《和文汉读法》，实际内容已相差甚远。不过，让人感到某种玄妙关联的是，其序文直接引用了梁启超刊登在《清议报》第十册上的《论学日本文之益》。其目的恐怕也是强调"和文汉读法"的好处吧。

随着这种"和文汉读法"式日语学习方法的推广，"和汉异义字"部分也越来越被作为日语的典型大加渲染。本文第二部分已经提到，《清议报》第 100 册（1901 年阴历十一月十一日）的广告上出现了两个不同版

---

① 引自关晓红《陶模与清末新政》，《历史研究》2003 年第 6 期。

本的《和文汉读法》（励志会增补本和忧亚子增广本），不仅如此，在同一页面上还有一则"本社同人编辑《和文奇字解》全一册，定价大洋五角"的广告。一般而言，应该是书的刊行在前，广告刊登在后的，而这本《字解》的初版却是在 1902 年 2 月 10 日。这么看来，广告比书要早刊登不少时日了。该书由陶珉编辑、译书汇编社发行，分 12 集收录了日语中的汉字表记语词，并附有中文释译。可以说是"和汉异义字"的集大成之作①。它标志着"和汉异义字"从日语语法书中的独立。但实际上，《和文奇字解》在词条选定和释义上都与《和文汉读法》中的"和汉异义字"不尽相同，有些新概念，如"人格、共和、社会"等已广泛流传，不算"奇字"了。

以后，像这类《和文奇字解》被各种资料、辞典所引用和继承下来。明治三十八年（1905 年）的《汉译日本辞典》（东亚语学研究会编）可以说是全面利用了《言海》的汉字释义和译词而编成的一本日中辞典，它对以后的日中辞典产生了不可估量的影响。彭文祖的《盲人瞎马之新名词》（1914 年）中，一方面指出了光看汉字"望文生义"的危险性，同时又在"若クハ、又ハ"等项中多次提到，"请试看《汉译日本辞典》"。

不光是近代中国的新词集、日中辞典之类，其他各种汉语辞书中也将"和汉异义字"作为日语外来词加以收载。比如，1915 年出版的近代中国的国语辞典《辞源》② 以及商务印书馆出版的《王云五大辞典》（1930 年）③ 中都有收录。所谓来自日语的借用词，其实是更加注重它的外形，比较更貌似日语罢了。比如，《王云五大辞典》收录的 128 个日语外来词中的具体构成是：

汉语词 71：調印、登録、下女、配達、配当金、番地、酸素、便当、弁当、後見人、出張所、代料、窒素、臭剥、臭素、濠州、戸主、寒暖計、晴雨計、写真、案内、心配、浪人、法定、果実、遠足、澤山、

---

① 沈国威：《〈和文奇字解〉類の资料について》（2008 北京大学国际研讨会"西学东渐与东亚近代新词新概念"予稿集，2008 年 3 月 22 日）就这类材料的概观作了介绍，以示当时的中国人的日语认识之一斑。

② 沈国威：《〈辞源〉与现代汉语新词》，《或问》第 12 号，2006 年 12 月。

③ 拙稿《〈王云五大辞典〉（1930 年）における日本語借用語の扱い方》，2006 北京大学日本学研究国际研讨会，2006 年 10 月 21 至 22 日。

運転手、道具、大佐、大尉、大審院、大層、大分、大工、支配、独語、故障、奏任、素描、持続、贅沢品、日支、日常、置換、胃潰瘍、馬鹿、段階、居留地、開港場、印紙、興行、尺鉄、桑港、企業、判事、判任、料理、文部省、外務省、内務省、蔵相、執達吏、弁護士、醜業婦、会社、合名会社、合資会社、米国、火+欣衝、圓土+躊

和语词24：入夫、取締、取締役、取消、取次、打消、富籤、組合、場合、相手、相方、申立、申込、割合、割引、為替、言葉、手形、手纸、仲立、漬物、問屋、勝手、小供

音、训混读词20：見本、切符、荷物、株式会社、株式合資会社、株金、株券、假出獄、手数料、控所、口絵、並製、並等、卸売商、大蔵省、仲買人、缶詰、高利貸、奥付、労働組合

外来词11：護謨、沃度、沃度丁幾、沃度-、沃度加里、沃剥、封度、燐寸、独逸、胃加答児、単舎利別

由此可知，除却外来词外，有相当部分（加阴影的词）是与《和文汉读法》中的"和汉异义字"相重合的。

直到今日，从日中汉字文化的差异角度来看，人们对"和汉异义字"依然有着很大的兴趣。现在仍有不少外语学习书着眼于日常生活及实用日语中的日汉意思相异的汉字词语，为的是让读者在旅游或短期逗留中能及时做出正确的解读。台湾地区出版的《用力猜汉字——网络资讯编》[①] 正可以说是"和汉异义字"的现代版了。

五 欲速则不达——代结语

从明治时代开始，"汉字文化圈"中逐渐盛行"同文同种"的说法。人们似乎认识到"汉字"是超越语言差异的一种文化传播工具。明治时期之前的日本文化人一般都精通汉文，所以在"汉字文化圈"中，光凭文字语言便能达成交流。尤其是日本自古以来行之有效的汉文训读法是一种用日语来解读汉语文言文的方法。它延续至今，使得人们对汉文并不生疏，实

---

① 覃玉华：《用力猜汉字——网络资讯编》，台北：台北擎松出版社，2004。

际上当时能作汉诗汉文的日本人也不在少数。明治时期的日语主流文体本身受汉文训读体的影响很深,才使得中国人将和文汉读成为可能。为沈翔云《和文汉读法》作跋的坂崎斌所说的"夫汉文和读与和文汉读、其法虽异,古今一揆。余于是方深感东西同文之谊焉"便是代表了当时日本知识分子的基本认识。但随着日本汉文教育的衰退以及日语本身的文体走向言文一致,假名和汉字表记的比例在文章内发生了极大的变化,于是,正如周作人所指出的①,和文汉读变得越来越行不通了。同样,对于这种文体变化,鲁迅也说:"远的例子,如日本,他们的文章里,欧化的语法是极平常的了,和梁启超做《和文汉读法》时代,大不相同。"② 这些都是讲到日本语的文体变化对中国人来说,已经不适于和文汉读了。

在上面通过考察《和文汉读法》这本小册子的增补和流传,我们能够在一定程度上了解到,梁启超等近代中国知识分子究竟有着什么样的在日体验,尤其他们当时是怎样在"同文同种"的意识下看待中日之间的语言差异的。至此,我们不难想象他们基本上依赖着中日间的"同文"特征,并依靠自身的汉文能力试图凭此去最大限度地理解日语的姿态。不管什么内容,他们总想着要尽快地从日语中吸收新知识到汉语中来,其结果难免产生一些消化不良的、一知半解的接受认识,这也是那个时代必然的产物。甚至连名闻中外的鲁迅先生在翻译夏目漱石的"クレイグ先生"时也难免犯"望文生义"的错误③。这在当时不妨说它几乎已成为一种普遍现象了。相比之下,通过对当时这些对译资料的追踪,更需要我们今天认真考虑的是,"共和、民主"这些在摸索近代国体走向的过程中出现的概念,究竟在多大程度上被得以正确引导到思想史中来。从这一意味上来讲,还有必要站在更开阔的视野内来再次讨论日本近代国语辞典《言海》在中日语言之

---

① "本来和文中有好些不同的文体,其中有汉文调一种,好像是将八大家古文直译为日文的样子,在明治初期作者不少,如《佳人之奇遇》的作者柴东海散史,《国民之友》的编者德富苏峰,都写这类的文章,那样的钩而读之的确可以懂了,所以《和文汉读法》不能说是全错。不过这不能应用于别种的文体,而那种汉文调的和文近来却是渐将绝迹了。现在的日本文大约法律方面最易读,社会与自然科学次之,文艺最难,虽然不至于有专用假名的文章,却总说的是市井细民闾巷妇女的事情,所以也非从口语入手便难以了解。"周作人:《和文汉读法》,《苦竹杂记》,上海良友图书印刷公司,1936。

② 鲁迅:《二心集》,上海合众书店,1932。

③ 拙稿《日中両国語における漢字の意味的相違について》,《日本語教育学の視点》,東京堂出版,2004。

间所起的桥梁作用。比如照《言海》的对译，使得本不成文的释义成了一种白纸黑字的凭依，并为我们"人为地"制造出了一些"莫名其妙"的"新词"，这些词在当时的语境中是否得到认同，或其错误的解释是否被其后的词典所继承，以致这种照搬援用会引起什么样的问题等，都需要我们从语言学上再作重新的审视。这些且留作今后的课题罢。

（本文为 2011 年 9 月 16 日在清华大学召开的近代

中国社会变革与日本国际学术研讨会的会议论文）

在中国发现武士道[*]

——梁启超的尝试

青山学院大学 陈继东

"武士道"不仅是日语的原有词汇，也表征日本的古已有之的精神，如同樱花一般，被称为日本土地上的固有花朵。① 这一词汇是何时进入中国文献的，虽不能确知，然而，用"武士道"这一外来词汇，试图叙述中国的一种历史、一种精神，则无疑始于梁启超。1904 年，梁启超在其《中国之武士道》② 书中一面明确承认"武士道"是日本"通行之名词"，一面指出尚武乃是"中国民族"之第一天性，为中国自古而有。为本书撰写序言的梁的友人蒋智由和杨度也分别称"武士道"虽为日本名词，而实为中国之"家宝"或"吾民族固有之天性"。

梁启超等人对"武士道"的理解固然与其变革中国的主张有关，而正在爆发的日俄战争则是不容忽视的背景。梁书撰成之际，恰是战争的形势已成定局的时期，日本上下沉浸在即将胜利的狂热之中，而用来赞美日本军人勇武精神的正是"武士道"。《太阳》杂志无疑是高扬这一精神的重要阵地，战争的进展、将士的英姿不仅用彩色照片这一在当时最为先进的媒体形式成篇累牍地进行连载报道，而其获胜的精神的、道德的根据也被广泛地议论。"武士道"便是其中重要的分析理据。和梁启超等人的见解相对照，在日本不仅将武士道视为日本固有之精神和道德，而且其源远流长，

---

* 本文曾发表在《台湾东亚文明研究学刊》第 7 卷第 2 期（2010 年 12 月），此次重刊之际，对正文略有增删。

① 〔日〕新渡户稻造：《武士道》，张俊彦译，商务印书馆，1993，第 13 页。

② 梁启超：《中国之武士道》，上海广智书局，1904 年 10 月（清光绪三十年）。

一直可追溯到"神国创立"的神武时代，是大和魂的象征。知识界代表人物之一的井上哲次郎是重塑武士道的关键人物。1904 年 11 月 1 日的《太阳》上连载了井上的《时局杂感》最后一篇，该文就遭俄舰袭击的日本海军将士集体自杀之事件，以之为武士道精神的体现而加以赞美，批评其他反对自杀的意见。1905 年，由井上哲次郎主编的《武士道丛书》① 也应运而生。这不仅是身为东京大学哲学教授的井上个人酝酿数年的计划，也反映了日本知识界为探求胜利之精神源泉，塑造日本国民道德的新动向。

这一动向无疑也影响到了亡命于东瀛的清国志士。他们不仅为黄种人即将战胜白种人而欢呼，而且也去深思其胜利的原因，寻找如何才能扭转本国的衰弱、抗击列强分割之精神源泉。梁启超在读到井上的《时局杂感》后，于《新民丛报》同月稍后发表的《子墨子学说》一文中，就公开表示支持井上的看法。② 在《中国之武士道》中，我们不难发现井上哲次郎等人关于武士道的议论，影响了他们对这个问题的思考。

毫无疑问，武士道是民族认同、国家再造的武器。不意在中日之间，围绕"武士道"的话语权悄然展开了一场争夺之战。就梁等人而言，外来概念的"武士道"，何以能转化为中国之固有，而且其渊源要比原产之地的日本还要久远，便是一个横亘在眼前的理论课题。要跨越这个障碍，必须对"武士道"概念进行越境转换，即既能有效地按照原有的概念从中国历史中发现其渊源和传承，又要使这个历史的起源和传承突破原有观念的束缚和限制，被塑造成一个独立的传统。

本文拟考察梁启超《中国之武士道》形成的轨迹，探讨井上哲次郎等人再造的武士道对其的影响，并试图找出两者理解的异同，讨论被视为日本特有的武士道在梁启超的认识中是如何转化为中国所固有的问题。

一　"其名雅驯"的武士道

梁启超对于日本名词有着远超时人的敏锐感觉，许多日语词汇进入中

---

① 〔日〕井上哲次郎、有马祐政：《武士道丛书》，东京：博文馆，1905。
② 〔日〕末冈宏：《梁启超と日本の中国哲学研究》（狭间直树：《共同研究　梁启超——西洋近代思想受容と明治日本》，みすず书房，1999，第 179 页）提供了梁启超的武士道认识与井上哲次郎的关系的线索，可资参考。

文（汉语）都与他有关。较著名的一例子就是当他反对日语用"革命"来对译 revolution 时，反而促进了"革命"在中文中的普及。① 在《中国之武士道》中，他说出了采用"武士道"这一概念的理由。"武士道者，日本名词。日人所自称大和魂，即此物也。以其名雅驯，且含义甚渊浩，故用之"②。武士道等同于大和魂，无疑表明了"武士道"这一概念的特殊性。但是，作为无须翻译的汉字词汇，在梁启超看来，"武士道"除了其含义深广之外，符合汉语的"雅驯"这一十分主观的感受是采用这一词汇的又一理由。至于何为"雅驯"，梁启超对此并没有做出进一步的说明。不过，从他对日语词汇的引介应用，可以揣测其中意涵。前述"革命"一词的容受，便是一个典型的例子。当他意识到 revolution 乃是指社会变革，并是传统意义上的以暴力而实现王朝更替之"易姓革命"时，便指出"日本人译之曰革命，革命二字非确译也"，而主张"吾欲字之曰变革"。后来，他对"革命"的内涵又做了广义和狭义之分③，最终接受了"革命"这一词汇。这里虽未涉及"雅驯"的问题，但可以看出新的语义或概念能否被接受，首先要在中国的历史语境中受到检验。再如来自日语的"人格"一词④，梁启超完全按照汉语的脉络作了新的解说。在《论立法权》（1902 年）一文中，他提出了"国家者人格也"这一论述，其后对"人格"作了如下注释："有人之资格谓之人格。"⑤ "人格"本为 personality 的对译，而在梁启超那里则意味着具有成为人的基本素质和条件。显然，新的语汇只有在其构词与语意与汉语表述相适宜时，才能得以通行。据此，所谓"雅驯"，古典的依据以及合乎汉语的构词与语意要求，或许是其必要的因素。武士与道皆为古典固有名词，"武士之道"其义也与汉语十分相宜。

值得注意的是，"雅驯"似乎也是当时人审视新词的共同标准。负责制

---

① 梁启超于 1902 年撰《释革》（《饮冰室合集 文集之九》，中华书局影印，1989，第 40~44 页）一文，欲以"变革"对译 revolution，取代日译的"革命"。陈建华《"革命"的现代性——中国革命话语考论》（上海古籍出版社，2000，第 13 页）中称梁启超是在近代中国普及"革命"一词的"第一人"。

② 《中国之武士道》，广智书局，光绪三十年十一月（《饮冰室专集》，中华书局影印，1989，第 2 页）。

③ 见前揭《释革》，《中国历史上革命之研究》（《饮冰室合集 文集之十五》，中华书局影印，1989，第 40~41 页），以及前揭陈建华，第 13 页。

④ 陈力卫：《和製漢語の形成とその展開》，汲古书院，2001，第 276 页。

⑤ 《饮冰室合集 文集之九》，中华书局影印，1989，第 102 页。

定新式教育体制的张之洞在同年（1904 年）1 月 13 日提出的《学务纲要》中，为避免袭用外国无谓名词，保存国文，端正士风，对引进日本各种名词的做法发出警告。他指出，日本名词古雅确当者固多，然与中国不相宜者亦复不少，如"团体""国魂""膨胀""舞台""代表等"字，皆"固欠雅驯"，以此要求拒绝采用。他还强调"夫叙事述理，中国自有通用名词，何必拾人牙慧"。尽管存在这样的文化保守主义立场，日本名词还是如洪水般地涌进中文。"武士道"正是在这样的告诫声中，以符合汉字雅驯之名，越出日本语境特有的藩篱，堂而皇之地进入了中文。所以，梁启超认为就中国的精神教育而言，"武士道"不失为一个有效的补充。"吾故今搜集我祖宗经历之事实，贻笑最名誉之模范于我子孙者，叙述始末，而加以评论，取日本输入通行之名词，名之曰中国之武士道，以辅精神教育之一缺点尔。"①

尽管如此，"武士道"毕竟是一个外来的词汇，用之于中国，仍然有一种是否妥当的不安。为本书作序的杨度，对武士道是否适用于中国的疑问做出了明确的回答，肯定了梁启超的做法，可以看作是对梁启超"含义甚渊浩"这一语焉不详之说法的补注。

> 新会梁氏选《中国之武士道》一书既成，且自为之叙，以示杨度。杨度曰：子之命是书为《中国之武士道》也，岂非欲别于日本之武士道乎？其欲别于日本之武士道也，岂非以武士道之名，虽日本所有而中国所无？然以云武士，则惟日本以为藩士之专称，以云武士道，则实不仅为武士独守之道，凡日本之人，盖无不宗斯道者。此其道与西洋各国所谓人道 Humanity 者，本无以异。西人以此问题竞争战斗而死者，史不可胜述，惟其名不如武士道之名有轻死尚侠之意焉。中国古昔虽无此名而有其实，则假彼通用之名词，以表扬吾民族固有之天性，固无不可也。②

其中说到"武士"是日本藩士之专称，武士道是日本人无不尊崇之道，说明了"武士道"这一概念所具有的日本特殊性和历史性。同时，又说到

---

① 《饮冰室合集　专集之二十四》"自序"，中华书局影印，1989，第 23 页。
② 《饮冰室合集　专集之二十四》"杨序"，中华书局影印，1989，第 5 页。

其与西方的"人道"本无相异，然特有轻死尚侠之意，则表明了武士道所具有的普遍性含义。也正因析出了武士道的"轻死尚侠"这一普遍性质，杨度认为中国古昔虽无此名而确有其实，所以借用这个日本名词，彰显吾民族固有天性，没有丝毫的障碍，充分肯定了梁启超借用日本名词叙述中国历史的正当性。

所谓"有其实"，杨度认为武士道的内涵乃是儒教和佛教的融合，而这两者都来自中国，因此，武士道也可说为中国固有。但是，杨度承认，儒教和佛教在教义上本是相反，儒教是重人生义务而罕言生前死后之现世主义；而生死则是佛教直接面对的问题，灭去无明以解决生死，是佛教的基本教义。在日本，"其义相反"的儒佛，却成为"其用相足"的武士道内涵。

> 而日本学之，则反能得二者之长，而相辅相助，以了人生之义务。故其人于成仁取义之大节，类能了达生死，捐躯致命以赴之。[1] 择术既异，收效自殊，此皆其武士道成立之元素，而日本所以致霸于东洋者也。[2]

在这个意义上，日本的武士道是"实儒实佛"，"非儒非佛"。换言之，杨度一面主张武士道的内涵是来自中国的儒佛，一面又承认儒佛在日本得到了取长补短的创造性转化。

依据上述认识，杨度勾画出了中国武士道由兴到衰的历史。在战国以前，学术繁荣，未定一尊，学道之士，有献身社会的才智和气概，虽杀身冒死而置之不顾，"故中国之武士道，于彼时甚为发达"。可是自汉代独尊儒术之后，儒教变为表面上欺人之词，"而其实则所行者非儒教而杨朱之教"。杨朱之教也是现世主义，但是一种偷生畏死、自暴自弃、放纵情欲之现世主义，与孔子的重人生义务的现世主义"大相反对"。杨度的结论是，千百年来，"阳奉孔子，阴师杨朱"的谬论的流行，导致了中国武士道的衰弱和消失。同时，他还指出了另一个原因，即孔子的现世主义的实行，必

---

① 《饮冰室合集　专集之二十四》，中华书局影印，1989，第6页。
② 《饮冰室合集　专集之二十四》，中华书局影印，1989，第7页。这里，杨度又指出日本在学术的选择上不同于中国，如于孔孟之后，独宗阳明学，成为武士道的又一个重要因素。

须借助佛教。这在日本得到了实现，而为中国所缺。①

在杨度看来，日本的武士道不仅源于中国的固有思想，而且保存和实行了中国思想的原有的精神。他通过日本武士道，不仅发现了中国固有思想的原貌，也发现了中国的武士道。

二 作为批判武器的武士道

1904 年 11 月 21 日，梁启超在自己主编的《新民丛报》上，发表连载中的《子墨子学说》，在论述墨子学说的大纲在于轻生死，忍痛苦，且利天下的同时，对正在日本发生的一场争论提出了自己的见解，并以"附言"的形式插入文中。其内容如下。

> 数月前，日本之运兵船常陆丸为俄船所袭击，命之降，自将校以逮士卒，皆自湛，无一肯生降者，西人大骇之。盖西人以自杀为志行薄弱之征也。日本有浮田和民者，亦一著名之学者也。乃推演其说，谓军士与敌相对，死于战场，勇也；力尽而空自杀，不可谓勇。且言日本将养成此将校大不易，且留其身为他日用。此论一出，举国唾骂之。而井上哲次郎所驳斥，最为有力。井上谓浮田留身有用之说，其所留者此数百武士之躯壳，而所丧者千年来遗传武士道之精神，故诸将校之死，正为日本增武士之数，非为日本灭武士之数云云。

以中国东北为战场的日俄战争，无疑是所有在日中国人关注的事情，梁启超也不例外。然而，梁启超关心的在于这场战争原居于劣势的小国日本，何以能渐次取得优势，掌握胜局的奥秘。武士道便是他寻找到的一个答案。强调墨子的学说要点在于"轻生死，忍痛苦"，也是他对中国变革现实有感而发的总结，暗示了承担中国变革的主体所应具备的品行，可以说并非纯粹的学术研究的结论。井上哲次郎的"武士道之精神"无疑进一步刺激了他对精神问题的思考。

文中提到的浮田和民（1860～1946 年）是当时小有名气的政治学者，任教于早稻田大学。在 1904 年 10 月某个演讲中，认为遭俄国军舰袭击的日

---

① 《饮冰室合集　专集之二十四》"杨序"，中华书局影印，1989，第 7～9 页。

舰金州丸、常陆丸的数百名将士，不该集体自杀，应该当俘虏，当作是留学俄国的一次机会，以备将来之用。这引起了一位叫佐藤正的陆军少将的反驳。井上哲次郎也在同年 11 月 1 日发行的《太阳》杂志上连载的《时局杂感》一文中，以"浮田佐藤二氏之争论"为题，严厉地驳斥了浮田的观点。据井上的介绍，浮田的讲演有两个论点，一是非名誉战死论，二是非举国一致论。

首先，对非名誉战死论，井上从三点进行了驳斥。第一，义务和名誉的关系。浮田认为本务（义务）是为国家，乃职责之事，而名誉则是一己之私，为本务当战死，而因名誉则不必一死，当可保生，待日后再尽本务。井上则认为本务和名誉是不可分的因果关系，为义务而死，其结果会得到名誉，就军人而言，为名誉而战死正是义务的履行。第二，浮田借用西方人的观点，视自杀为胆小卑怯、野蛮之行为。井上则指出，生命或轻于鸿毛，或重于泰山，当死之时，则视生命轻如鸿毛，不当死之时，则视生命重于泰山。就金州丸、常陆丸将士的自杀行为而言，"一时失去了众多的赳赳武夫"固然是悲惨的、令人惋惜的事情，但这一行为恰恰体现了重廉耻的精神，保全了军人的体面，是为国捐躯的壮烈行为。重廉耻的精神和如此强大的国民，其维持力也随之而强大，是其他国家所不可征服的，这是我国（日本）经过了二千五百余年，比较纯洁的民族性得以维持至今的理由所在。就我（井上）所见，如金州丸、常陆丸的场合，军人完成壮烈的最后时刻，虽因失去了这些军人而其痛难忍，但是，这些军人的精神会刺激尚存者的精神，又会产生和这些军人一样的人，永远循环不已。① 因此，这绝非可以用卑怯、胆小和野蛮所能说明的。这种"军人的精神"，井上哲次郎称之为"武士道"。第三，针对浮田的"当了俘虏，权当一次留学俄国，可学成而归，以自杀为耻"论点时，井上作了更为严厉的驳斥：

> 浮田氏如此怂恿当俘虏，讲论丝毫不觉耻辱之事，这哪里是武士道之精神。武士道的形体，固然随着时势和境遇而不得不改变，可是，像这样如此怂恿当俘虏，则会破坏武士道之精神，令胆小武者（士兵）逐渐涌现。②

---

① 《太阳》杂志第 10 卷第 14 号，明治三十七年（1904 年）十一月一日，第 75 页。
② 《太阳》杂志第 10 卷第 14 号，明治三十七年（1904 年）十一月一日，第 75 ~ 76 页。

井上认为浮田的言论是怂恿当俘虏，毫无耻辱感的论调，不仅完全违背了武士道精神，还会危害武士道精神，导致胆小怕死的军人的涌现。他还指出即使在西方，日本人的"剖腹"行为也得到了称赞。因此今后武士道的精神问题将是"国民教育之重大宗旨"。

其次，浮田主张对于日俄战争，不必举国意见一致，应当允许不同的看法，以增加和谈的余地。井上认为浮田这样的言论有害于举国一致性，例如日清战争大胜的原因，正在于举国一致，国民有统一的态度。

最后，他质问浮田作为一名学者，其学问的目的何在。

> 吾人平素了解浮田氏的笃学，然而像这次关于国家重大问题，轻率地没分晓地发表见解，误导众多世人，对其自身毫无可取之处。平生学问，何所而为，乃浮田辈当深为自觉反省之处。[①]

这段看似语重心长的话，实际上表明了井上哲次郎自身所持的立场，即自觉地把维护国民国家的同一性和纯粹性视为学问的目的。就是说学问的出发点是现存的国家，而武士道则成为井上批判所有乖离这个目标的言说的有力武器。

这篇文章得到了梁启超的关注。尤其是有关义务与名誉、举国一致性、武士道精神的论述，引起了梁启超的共鸣。梁启超所说的"其所留者此数百武士之躯壳，而所丧者千年来遗传武士道之精神，故诸将校之死，正为日本增武士之数，非为日本灭武士之数"，其实并非井上的原话，而是梁启超自身的概括。这时梁启超正在同时选写《子墨子学说》和《中国之武士道》，正好涉及了这些问题，井上哲次郎的论说无疑是可以参照引用的最好资料。在上述《子墨子学说》的附言中，梁启超针对这场发生在日本的争论，发表了自己的评论。

> 案《吕氏春秋》上德篇所载徐弱之言，犹浮田氏也；孟胜之言犹井上氏也。孟胜曰死之所以行墨者之义而继其业也。此一针见血之言

---

① 《太阳》杂志第10卷第14号，明治三十七年（1904年）十一月一日，第78页。其后，浮田又作反论，井上再驳。其文均收在秋山梧庵编《现代大家武士道丛论》一书中，博文馆，明治三十八年（1905年）十二月。

也。不然孟胜子及其弟子之死阳城君，岂不洵无益哉。甲午之役丁汝昌以海军降，谓海军将校养成不易，中国将来必有复兴海军之一日，毋宁保全之为他日用，日本人亟称之焉。不知所活者，将校之躯壳，而所戕者海军之精神也。无精神之躯壳活之奚补。夫汝昌之死，固自知罪不可逭，乃寻短见耳，非真有徇义务之心。若云有之也，则何以独为君子，而使所属将校，皆为小人耶。呜呼，其未闻孟胜子之教而已，世有志士，其或遇可死之机会，而迟疑于死生之孰利于天下者，则三复孟胜之言可也。

《吕氏春秋》上德篇中的这两位墨家人物后来都作为重要的"中国武士"出现在《中国之武士道》。孟胜乃墨家领袖，为楚国阳城君守国，至死守承诺，而弟子徐弱则劝他说，"死而有益于阳城君，死之可也。无益也，而绝墨者于世，不可"。孟胜则答之曰，"不然。（略）死之，所以行墨者之义而继其业者也"，就是说为然诺而死，正是实行墨家的大义，继承其事业的行为。徐弱闻之曰，"若夫子之言，弱请先死以除路"，于是自杀于孟胜之前。梁启超在其书中对二人都给予了较高的评价：关于孟胜、徐弱，重然诺，重义务，轻生死。呜呼，圣人之徒哉！圣人之徒哉！

然而，让人颇感讽刺的是被比作徐弱的浮田并没有因遭到了被比作孟胜的井上的彻底否定而有所悔改。这里，值得注意的倒是梁启超对甲午海战的败将丁汝昌自杀的非难。在梁启超看来，和孟胜相对照，丁汝昌一人之自杀名为保全海军的人才和将来，实为伤害了海军的精神，让海军的将校皆成为失去精神的小人。所以，他断定丁汝昌之殉死，不是为了义务，而是为了博得声名、逃避责任的自寻短见。从名誉和义务的角度，论述历史事件中的军人自杀的是与非，这完全是井上哲次郎所叙述的"武士道之精神"的翻版，在这里，武士道成了梁启超重新审视中国历史的批判武器。

三 "明治式武士道"与井上哲次郎、有马祐政师徒

梁启超所接受的"武士道之精神"实际上是明治时代的产物，对此，梁启超毫无自觉。关于这一点，井上哲次郎的学生有马祐政则以"明治式武士道"一语，道破了机关。

有马祐政（1873～1931 年）后来也是日本思想界的一员健将。他曾在井上的指导下撰写了武士道的论文，为此收集了许多资料，在导师的提议下，两人一同进行编纂，历时一年半，终于在 1905 年日俄战争胜利之际，刊出了《武士道丛书》。他在《太阳》杂志 13 号上（1904 年 10 月 1 日发行），也发表了一篇"关于武士道"的文章，该文的一部分内容后来又以"明治式武士道"之名刊出，这两篇文章与井上的诸篇论文一同收在了 1905 年 12 月出版的《现代大家武士道丛论》一书中。对本文而言，这两篇文章的重要性不仅在于将武士道等同于大和魂（可能得到了梁启超的注意），而且还提出了"明治时代之武士道形态"这一说法，建议以"明治时代"为标准，来重新叙述"武士道"的历史和内涵。这无疑提示了"武士道"话语的历史性和再造性。换言之，他和他的老师井上所叙述的武士道是以明治的"国民国家"为前提，出于"国民教育"的实行和"国民道德"的形成这一目的，而从历史材料中重新塑造出来的形态，所以他后来自觉地称之为"明治式武士道"。①

首先，关于武士道与大和魂的关系，有马在叙述了武士道的历史之后，作了以下的论述。

> 古来尚有称作大和魂的，这主要是指灿然之尊皇爱国之精神，凛然之仁义忠臣之气魄。若对之（大和魂）作考察的话，远在平城朝时代就被提倡，近在德川时代，主要由国学者所呼号。以我看来，（大和魂）毕竟是神代以来大和民族所禀受爱惜的纯美之天性，即作为国民道德之中心，武士道之骨髓。虽然在封建时代，尤其江户时代（大和魂与武士道）有不完全一致之处，但是，现今（两者）正在融合稀释，决非相别之物，而是相倚相待，正成为日本国民之自我。即以尊皇爱国为根本，包含了忠孝、勇武、刚直、果敢、质实、宽仁、清爽、沉着等所有美德，几乎达到了无懈可击之境，日本伦理之精髓于此浑然而成。②

这段话是这篇文章的结论。大和魂是武士道的骨髓，其根本内容就是

---

① 〔日〕菅野觉明著《武士道の逆襲》（讲谈社，2004）中有所涉及，但甚为简略。
② 《太阳》杂志第 10 卷第 13 号，明治三十七年（1904 年）十月一日，第 93～94 页。

尊皇爱国的精神，在明治时代，两者已在这一点上趋于同一，化为一体。梁启超"日人所自称大和魂"的依据虽别有来源，但也可能多少与此有关。井上在下月号发表的（即梁所引用的）文章中，并没有对武士道进行详述，其原因之一可能是因为学生有马的文章已经有了较为详细的论述了。

其次，有马在对武士道的历史进行整理的基础上，提出了"明治时代之武士道形态"的主张。这个主张的用意在于建立一个以"忠君爱国"为核心的，符合"明治时代"要求的新的"武士道形态"，并依此重新审视历史，为武士道梳理出一个自古以来连续继承的武士道传统。为此，他批判了以武士道是封建时代的遗物为借口，否定武士道的言论。

> 有人说，武士道不过是封建时代的遗物。的确如此，实际上武士道几乎是与封建制同命运的。武家武士不仅局限于一个阶层所特有的特殊的伦理思想，具有极为偏颇的弊害，而且其竭尽忠诚的对象，又囿于领主或仕君，在此之上的大主或国君毫不顾及，更有甚者不知有国家最为至上的、天下最为至尊的天皇，忘掉了皇室的存在，非礼之观念，失礼之行为甚多。其结果，很容易产生全然没有自己、没有社会的观念，有不少缺陷，让人看上去不能不有以为是封建时代的遗物这样的感想。然而，若静思熟虑地思考的话，这种批评，过于拘泥于武士道之名，若探究其渊源，观察其最近的发展，就会了解武士道原来就是我八大洲（日本）人种、扶桑民族所固有的道德思想。①

武士道否定论的核心无疑是把武士道看做是日本封建制这一特定的历史阶段出现的武士阶层的特有的伦理思想，随着武士阶层的消失，这种伦理思想也失去了存在的依据，自然要退出历史的舞台。这对把武士道看做是日本自古而有，而且是当下军事胜利的精神胜因的有马来说，是不得不回应的问题。

有马对武士道的历史的叙述可概括如下。尊皇爱国自古就是武士道的内涵，这一固有的道德思想，在上古时代得到了忠实的实践，是古代国民的普遍道德。而武家阶级产生之后，实行了武门政治，只崇敬其一门一族

---

① 《太阳》杂志第10卷第13号，明治三十七年（1904年）十月一日，第92页。

的宗家长者，以往的国民一般的普遍性道德变成了特殊的道德形态。尽管如此，其德行和风尚没有丝毫变化，只是其忠诚的对象有失偏颇，其实行的范围变得狭窄。所以封建时代的武士道尽管有应当舍弃的东西，但不可全然抛弃。那种因其有弊害而要全体忌避的看法，无异于要完全放弃日本伦理的精髓。进入了明治时代，就上而言，天皇亲自统率军机，督励兵事，就下而言，人民皆有兵役义务，士族、皇族、华族、平民皆同为武士或军人，文武归于一途，皇室与国家民族重新得到了统合。在作了上述回应之后，有马对自己的立场作了明确的说明。

　　如此看来，封建时代的武士道还其本源，则为普遍的国民道德。而且上古几乎是无意识的，现在，明确地是有意识的，即具有了应命名为明治时代之武士道形态。（略）总之，武士道现在作为国民全体的伦理思想，正臻于颇为精妙之域，建树伟大之功绩。①

有马试图立于"明治时代"这一历史的终点，将以往的历史看做是朝此而来、为此而来的展开，并以这个历史的终点作为新的起点来规范历史，取舍历史。他所说的"固有性"无非是"明治时代"这一"现实性"的产物。

有马祐政的武士道史观，并非是他独创的理论，而是来源于他的老师井上哲次郎。将武士道塑造成一个日本特有的、与万世一系的历史共命运的道德形态，无疑是时代的要求。井上哲次郎敏锐地捕捉到了这一时代的课题。

在 1901 年 4 月出版的《巽轩论文二集》书中，井上就讨论了武士道的问题。这是一部早年的论文集，内容有五，第一，论利己主义和功利主义，第二，论独立自尊主义之道德，第三，论武士道并及福泽谕吉之"硬撑说"，第四，论认识与实在的关系，第五，小品五篇。其最初三篇是关于道德问题的论述。井上认为，明治维新以来所输入的利己主义和功利主义绝非是能够使人们的道德要求得以满足的道德主义。功利主义虽为国家经济的主张所欢迎，可是作为约束个人的道德主义并非有效。独立自尊主义虽

---

① 《太阳》杂志第 10 卷第 13 号，明治三十七年（1904 年）十月一日，第 92～93 页。

然适于养成自主独立之精神，却否定恭顺一致的必要性，有失之偏颇之嫌。武士道虽为往昔的道德，没有必要复活，但其精神却是日本民族之精神决不可舍弃的，要建设日本将来的道德主义必须以之为基础。

其中第三章"论武士道并及福泽谕吉之'硬撑说'"，详细地考察了武士道的历史，并试图用日本固有的武士道来对抗福泽谕吉所主张的"独立自尊"这一舶来道德。以下简略介绍他的叙述。

首先，他讨论了武士道的历史渊源及其展开的问题。据他的考察，武士道本从日本民族尚武的禀性中胚胎而来的，其起源极其悠远，几乎是和日本民族一同形成的。不过，其特别发达于镰仓时代，而完成于德川时代。这 660 年间，支配武士行为的即是武士道。

其次，与西方思想进行比较，对何为武士道作了扼要的说明。井上认为武士道作为一种道义，与日本文明有绝大之关系。武士道类似于西方的斯多葛（Stoicism）哲学（即主张克己、禁欲、重义务、甘受命运），而不如斯多葛哲学富于理论，但是，武士道之果断、决然而行的精神，远远高于斯多葛哲学。此外，武士道与欧洲中世的骑士精神（Knighthood）虽相类似，但不像骑士主要救护美女那样，流于崇拜女性。武士道是付诸实行的一种精神训练（mental discipline），是以日本固有之"尚武禀性"为基础，其后掺杂了儒教和禅，此三者经过"融合调和"，使之得以发达起来，可以说是日本的一种特异之产物。[①] 这一比较很容易看出是受到了新渡户稻造《武士道》的影响。但是，井上的独特之处在于通过区分武士道的形骸（形式）和内容，指出在形式上武士道存在着许多历史的特征，有与时不合之处，但在内容上却是一贯的、不断充实的，以此肯定武士道的固有价值。

他承认用今日的眼光来看，武士道颇为粗鲁，类似野蛮之族，如其复仇、切腹，皆让文明人颦蹙。但这些都是武士道的外表（形骸），若舍弃这些外表而单取其精神的话，就会发现其优美的内涵。尽管现在已经告别了封建时代，似乎已没有必要去复活武士道，然而，武士道非一人倡导之物，乃是日本民族的产物，而且是日本民族之中坚力量的武士约束自己的实行主义。随着时代之变迁，其实行的方法不得不变，而其根底里的主义和精

---

① 〔日〕井上哲次郎：《巽轩论文二集》，富山房，明治三十四年（1901 年），第 85 ~ 86 页。

神却无须变更。

> 武士道是日本气质的显现。正像个人的气质不易变更那样，民族的气质也是不易变更的。本来若是不利的气质，就应当致力去改变它。而像武士道，则是民族发达所必要的。在先前的日清战争中，在之后的（八国）联军中，我士兵所显示的令人眩目的武勇，不应说成单是使用器械的结果。若是器械的结果的话，功劳应在器械身上，不在士兵身上。把我士兵之武勇当作器械的结果，则是对我士兵的侮辱。我认为虽然武士道似乎与一千八百六十九年历史的封建制度的废除而要一同坏灭，但是，那只是外表（形骸）的坏灭，其精神仍然在士兵的脑海里存继着。（略）武士道并非只是士兵所必要的，凡作为志士的都必须具有的。社会乃是善恶正邪的战场，志士的任务一方面是助善兴正，扶翼人道，一方面斥恶击邪，扑灭异端。所以志士的一生是不间断的战斗，志士在精神上则是武士，所以于平素中不得不要去体会武士道。①

在井上的叙述中，封建时代的"武士"变成了要成为国家有功之臣的"志士"，所以他认为形式虽然变了，而其精神支柱武士道则不会消失，不会变更。这一叙述的方式，正是有马祐政所不讳言的"明治式"的叙述，其所梳理的武士道也只是"明治式武士道"。此外，至 1901 年阶段，用武士道来说明日清战争、八国联军的胜利原因这样的认识并不多见，可以说是井上自己的一种追认。

井上关心的另一个问题乃是本国固有的道德如何与外来的伦理思想结合的问题。他认为在国民道德建立之际，只是输入外来的伦理学，而不与本国固有的精神土壤结合是不会成功的。西方的道德主义有种种，如功利主义、利己主义、快乐主义、克己主义、直觉主义、进化主义、完己主义。而要对之进行选择，以适合日本国民道德的建设，这样则必然要与以往的道德思想即儒教、佛教，特别是武士道发生碰撞。他的结论是要使国民道德进步的话，则必然要以一种深邃的理论性道德，来与武士道进行接续，

---

① 〔日〕井上哲次郎：《巽轩论文二集》，富山房，明治三十四年（1901 年），第 86~87 页。

再将之打成一片。日本国民将来的道德应该是将东西方道德的"延接抱合"。① 为此，他批判了福泽谕吉对传统道德进行否定的看法。福泽对于享有盛誉的幕府末期将领胜海舟，曾说过"不经一战便交出了江户城，此非武士之精神"，表示不屑一顾。福泽谕吉认为其不战而降，乃是徒慕过去荣华之虚荣，旧时道德之作祟，应该引以为耻，必须抛弃。井上哲次郎则认为这是对尊皇的觉悟和体现，恰是武士道的精神，是应该加以褒扬的，而福泽要全然抛弃以往的道德，鼓吹西洋道德，视儒教和佛教为敌，而欲破坏之，却对外来的道德主义毫不加批评，不比较东西洋道德之长短，恰恰是值得非难的主张。胜海舟失在形式上有悖于武士道，而福泽则失在精神上有悖于武士道。而精神上失去了日本民族赖以自立的道德土壤，福泽所主张的独立自尊也不过是一种舶来之物，一张空中画饼。②

然而，井上哲次郎的"尚武论"却影响了梁启超。

四 "新民"的条件——尚武

梁启超对于武士道的关注，可以追溯到 1899 年的《中国魂安在乎》一文。

> 日本人之恒言有所谓日本魂者，有所谓武士道者。又曰日本魂者何，武士道是也。日本之所以能立国维新，果以是也。吾因之以求我所谓中国魂者，皇皇然大所之于四百余州而杳不可得。吁嗟乎，伤哉。天下岂有无魂之国哉。吾为此惧。③

这里，作为"日本魂"的武士道被看做日本之所以能立国维新的原因，并认为恰是整个中国所缺乏的。尽管如此，梁启超还是试图在中国社会中去寻找这一精神，结果在两乡之间的械斗所表现出来的"冲锋陷阵"之勇上，找到了"吾中国所谓武士道之种子"。但毕竟与体现"爱国心与自爱心"和"尚武"精神的日本武士道难以比拟。为此，他呼吁铸造中国魂。

---

① 〔日〕井上哲次郎：《巽轩论文二集》，富山房，明治三十四年（1901），第 91 页。
② 〔日〕井上哲次郎：《巽轩论文二集》，富山房，明治三十四年（1901），第 91～97 页。
③ 《清议报》第 33 册的"饮冰室自由书"专栏，1899，第 2 页。

正如黄克武所指出的那样，梁启超从独立自主的精神和为国捐躯的爱国心这两个方面来铸造所谓的"中国魂"。①

仿照"日本魂"和"武士道"去重铸中国魂，这一主张很容易让我们想起福泽谕吉的类似说法。福泽谕吉在《文明论之概略》和《劝学篇》中指出"独立心"和"报国心"是使日本走向文明，实现独立的精神条件。独立心既是指人民的"独立之气力"，即认识到自己的权利和义务，又是指国家之"独立"，用福泽的话来说就是"一身独立，一国独立"。② 而"报国心"正是通过"独立心"的自觉，而激发起的爱国之心。然而，诚如蓝弘岳所指出的那样，福泽在甲午战争之后，便开始"用武士道一语来概括称呼一种与中国朝鲜不同之独特的日本武士之习惯、精神"③。在 1898 年 1 月 14 日撰写的《中国分割终究不可避免》一文中，福泽明确地提出日本的文明进步靠的是古来的一个特有的资质，即"大和魂"或"武士道"，特别强调这也是中国人无法企及的，把武士道等同于日本魂。

> 毕竟，日本武士道是从这种精神中发挥出来的，在封建制度下得到了提炼。一言以评之，不外是侠客气象。这正是日本特有的日本魂，一偏于满腔自利之中国人是无法见得到的。一旦具有了这个信念，这种任何灾难都不会推卸的精神则与西洋文明之主义意气相投，即便从根底上要去打倒三百年来的旧组织，也毫不顾惜，从而促成了王制维新的革新。④

据此，梁启超的日本魂即武士道的说法，显然与福泽谕吉有关。尽管

---

① 黄克武：《魂归何处——梁启超与儒教中国及其现代命运的再思考》（《思想家与近代中国思想》，社会科学文献出版社，2005，第 101～104 页），其第三节"铸造国魂：晚清时期梁启超的国民思想"中，详细考察了梁启超对"尚武"精神的思索轨迹，指出其国民的观念，虽然受到过西方的公民观念和日本的武士道、大和魂之类的国家主义的观念影响，但非二者的单纯引进，也注意到了从中国自身发掘爱国精神。足资参考。

② 〔日〕福澤谕吉：《劝学篇》，黄玉燕译，联合文学出版社，2003，第 55 页。

③ 蓝弘岳《文明·独立·武士道——福泽谕吉之武士道论试析》（"东亚视野中的日本武士道与文化"国际学术研讨会论文，2009 年 3 月，未刊）一文也详细地介绍了福泽有关"独立心"和"报国心"的看法。

④ 〔日〕福澤谕吉：《支那分割到底免る可らず》，《福澤谕吉全集》第 16 卷，岩波书店，1961，第 214 页。

福泽有关武士道的解说后来遭到了井上哲次郎的批判，但是，对亡命不久的梁启超来说，无疑是思考中国衰弱原因的重要契机。1902 年开始写作的《新民说》便是一个更为具体的尝试。

《新民说》意欲说明中国正处在一个实现"民族主义"的时代，欧美和日本业已完成了国民国家的建设，进入了"民族帝国主义"阶段；而中国尚停留于国民国家形成之前的"部民"阶段，要摆脱帝国主义侵略的危机，必须通过"新其民"，树立近代国家。① 为此，他详细考察了新民形成的条件，在权利、义务、自尊、毅力等形成新民的要件之中，他又添加了"尚武"。自 1903 年 3 月，梁启超以"尚武论"为题，作为《新民说》的一节，连续两次刊载在《新民丛报》上。

在观察世界强国立国的缘由时，梁启超发现了一个共通的事实就是崇尚武力，"尚武者国民之元气，国家所恃以成立，而文明所赖以维持者也"。欧洲是如此，近邻日本也是如此。

> 我东邻之日本，其人数仅当我十分之一耳。然其人剽疾轻死，日取其所谓武士道大和魂者，发挥而光大之故。当其征兵之始，尚有哭泣逃亡曲求避免者，今则入队之旗，祈其战死，从军之什，祝勿生还。好武雄风，举国一致。且庚子一役，其军队之勇武，战斗之强力，冠绝联军，使白人俯首倾倒。近且区区于体育之事，务使国民皆具军人之本领，皆蓄军人之精神。日本区区三岛兴立，仅三十年耳，顾乃能一战胜我，取威定霸，屹然雄立于东洋之上也，曰惟尚武之故。②

梁启超发现日本之所以能在短短的三十年内，打败中国，称霸东洋，依靠的是其尚武精神，即根植于其国民中的"武士道大和魂"得以发扬光大的结果。而和日本相比，中国则是一个"不武"之民族，以文弱闻于天下，柔懦之病深入膏肓。中国的历史虽然开化最早，"然二千年来，出而与他族相遇无不挫折败北，受其窘屈，此实中国历史之一大污点，而我国民

① 〔日〕狭间直树：《"新民說"略論》，《梁啓超——西洋近代思想受容と明治日本》，みすず書房，1999，第86页。
② 《新民丛报》第28号，1903年3月27日，第3页。

百世弥天之大辱也"。① 尽管中国也有过洋务习武，但徒具形式，没有精神。
而要扭转这个局面，必须提倡"尚武"之教育，具体而言，要从心力（专
心凝志）、胆力（自信）、体力（体育）诸方面磨炼中国人的精神。这是他
主张尚武，重视"武士道"的理由所在。

然而，梁启超的发现，很容易让人想起前面介绍过的井上哲次郎的叙
述。井上在上述 1901 年的书中，就表明了类似的观点。如"武士道本从日
本民族尚武的禀性中胚胎而来的"，"武士道是付诸实行的一种精神训练，
是以日本固有之尚武禀性为基础的"，等等。特别是在谈到甲午之战的胜利
时，还说到"在先前的日清战争中，在之后的（八国）联军中，我士兵所
显示的令人眩目的武勇，不应说成单是使用器械的结果"，"我士兵武勇之
高涨，乃是因其具有武士道之精神"。② 显然，视角和结论，二人之间有着
惊人的类似，以至于不得不说梁启超的"尚武论"受到了井上的影响。

尽管如此，更为值得注意的是，在"尚武论"中，梁启超并没有把武
士道看作也是中国固有之物，没有像后来的《中国之武士道》那样，去寻
找中国的尚武精神，挖掘中国的武士道。而是把分析的重心放在了解剖中
国何以缺乏尚武精神的原因上了，其用意正像他对"新民"所作的界定那
样，"采补其所本无而新之"，即清楚地认识到中国所缺乏的精神，采集他
国所有而补足自己所欠，显露出要引入使中国败北的武士道之意向。在这
里，"大和魂"的武士道成为梁启超反省本国历史的一个叙述工具。他对中
国不武文弱的历史和现状深为忧虑，为克服这一危机状态，他诊断出了四
个原因。一由于国势之一统，即长期的和平安定，造成了人重文轻武，导
致了民气柔弱的状态。二由于儒教之流失。中国的宗教学说，皆偏于世界
主义，其所持论皆谋人类全体之幸福，而不好战。尽管孔子并不教人懦缓，
也曾以刚强剽劲耸发民气，其后代贱儒为便于保身，阴取老子雌柔无动之
旨，篡夺了孔学之正统。三由于霸者之摧荡，霸者以武力得天下，恐因他
人武力失天下，故抑制武力，崇尚柔术，统治民众。四由于习俗之濡染，
如鄙谚有"好铁不打针，好人不当兵"之类，所以中国的所谓军人，往往
是恶少无赖之代名词，不受人尊敬。然而，这样的诊断到底有多大的公正
性和可靠性，是十分可疑的。因为相反的事实同样存在。或许是意识到了

① 《新民丛报》第 28 号，1903 年 3 月 27 日，第 4 页。
② 〔日〕井上哲次郎：《巽轩论文二集》，富山房，明治三十四年（1901），第 87~89 页。

这一点，在《中国之武士道》中，他便着力去寻找符合其尚武即武士道精神的中国武士。

五 "中国武士道"的想象

从以上的考察可以看出，梁启超从 1899 年的《中国魂安在乎》就开始关注武士道，将武士道理解为尚武精神。1903 年的《论尚武》，开始探寻中国之所以缺乏武士道的原因，对其内容进行了独自的思考。但这时候对武士道的理解，还只限在将武士道视为大和魂，即日本特有的观念，尚未将之扩大到中国，从中国历史上去挖掘。在 1904 年的《子墨子学说》附言中，用《吕氏春秋》的事例来与武士道比附，使武士道开始与中国历史发生了联系。在这些论文中，梁启超都充分肯定武士道的历史作用，同时又把武士道看做是中国所缺乏的、需要引进的精神，但对武士道的内涵都没有进行正面的论述。1904 年 10 月①的《中国之武士道》则不仅塑造了一个中国武士道的历史，而且明确规定了中国武士道的内涵，是上述思考的总结。

《中国之武士道》的"自序"，既是该书的纲要，也是了解梁启超对武士道的理解的最为便捷的途径。本序开篇就道出了撰写此书的动机："泰西日本人常言，中国之历史，不武之历史也，中国之民族，不武之民族也。呜呼，我耻其言，我愤其言，我未能卒服。"②

梁启超对西方和日本人说中国乃不武之历史不武之民族，表示耻愤不服。为此，他要呈示一个尚武的中国历史，以反驳外人的嗤讥。这个历史，开始于"神祖"黄帝。黄帝降自昆仑，"四征八讨，削平异族，以武德贻我子孙"，其后，依据优胜劣汰之原理，我族称霸大陆三千余年。在建立了这样一个神话式的叙述之后，他得出了一个结论，武是中国民族的最初之天性，不武则为第二之天性。春秋战国时代，在"非右武无以自存"的剧烈的竞争之中，我民族以武而闻于天下。春秋战国时代所形成的霸国，都是这数百年间我民族的代表。为求图存，这些祖先们不得不取军国主义，以

---

① 《中国之武士道》"凡例"的末后所记时间为"甲申十月"，疑此为阴历，非为阳历 10 月。
② 《中国之武士道》"自序"，《饮冰室合集 专集之二十四》，中华书局影印，1989，第 17 页。

尚武为精神。其后，他讨论了齐、晋、秦、吴、越、楚、燕皆以尚武称霸的历史，指出在这样的与外族竞争之中，尚武观念为全社会、全民族所共有，成为全民生涯中最高事业。在这里，我们可以看到，《论尚武》和"附言"中所显露出的徒羡他人尚武而自惭形秽的自卑一扫而尽。

那么，这一历史悠久的尚武观念，到底具有什么样的内容呢？梁启超具体列出了十八条，以说明春秋战国时代的武士信仰。一以国家名誉为重；二在国际交涉中，誓死捍卫国家利益；三为国家利益而杀身；四名誉受损时，不轻寻短见，不怀报复之心，而图为国而死，以恢复名誉；五对于尊长虽忠实服从，但其举动若有损于国家大计或国家名誉时，则殉身相抗也在所不辞；六有罪则不逃避惩罚；七忠于职守，能牺牲一切所爱而以身殉职；八以死报恩；九为救助朋友危难，能牺牲自己的生命和一切利益；十他人危难，虽无关自身，但出于大义和大局考虑，应挺身而出，事成也不居功自傲；十一与人共事，能为守密而死；十二死不累及他人；十三以死成全他人出名；十四战败而宁死而不为俘；十五与所尊亲者死而俱死；十六在两难而不能两全的处境下，择义而为之，事后以死澄清白；十七初志以死而成一事，其后无论其成功与否，皆以死示初衷；十八严于律己，务使一举一动为后世法则。

这十八项武德，正是中国武士的条件，中国武士道的内涵。他便依照这些德目去搜寻历史上的武士，并依照时代的顺序，找出了七十三名有姓名的历代武士。从中可知，中国武士道所重的则是国家，十八项中为国而死的至少有五项以上。和"忠孝、勇武、刚直、果敢、质实、宽仁、清爽、沉着"的"明治式武士道"① 相比，忠孝的内容十分薄弱，仅有第五、第十四项可勉强与之发生关系，而第五项则要求国家利益高于对尊长的忠诚，第十项强调的是尊亲，而非无条件的忠孝。其第十三项宁死不做俘虏，可以说是对井上哲次郎有关宁自杀勿为俘虏见解的采纳。其余大多是要求为信誉和义务而死的德目。显然，这十八项德目与其说是历代武士所自觉到的"武士信仰"，毋宁说是梁启超为其身处的时代所开出的武士的道德纲目，是他所期待出现的能改变危弱的中国命运的当代武士的条件和品格。

---

① 井上哲次郎本人在后来用"忠孝　节义　勇武　廉耻"这一更为简洁的说法来表述武士道的内容。井上哲次郎《武士道总论》，《武士道全书》（佐伯有义编）第一卷，时代社，1943，第 27 页。而这实际上因袭了山冈铁舟《武士道》的说法。

这一点，也不难从梁启超对上述的武士信仰所作的总结中发现。"要而论之，则国家重于生命，朋友重于生命，职守重于生命，然若重于生命，恩仇重于生命，名誉重于生命，道义重于生命，是即我先民脑识中最高尚纯粹之理想，而当时社会上普通之习性也"①。

这一从现代投射到历史，又从历史反馈到现代，并要求于现代的"武士信仰"，梁启超认为毫不逊色于日本，并为这一发现欢呼。"以视被日本人所自侈许武士道者，何遽不逮耶，何遽不逮耶"②。

这样，梁启超通过对春秋战国为止的武德历史的考察，认为存在一个完全可以与日本的武士道相匹敌的中国之武士道。这种叙述很容易让我们联想起井上哲次郎和有马祐政为日本武士道所安置的神代的历史渊源，其所运用的方法是一致的。就是说固有性才是最有力的诉说。然而，所不同的是，当回答这样的理想和习性，在后来的历史中是得到了延续和发扬，还是衰弱以至中断，两者的差异便历然可见。和日本为兴盛的前者相比，中国则是令人沮丧的后者。通过历史的考察，梁启超看到的是，中国先民的武德，在后来的两千年中，是一个不断衰弱和消失的历史。

> 要而论之，则中国之武士道，与霸国政治相终始。春秋时代，霸国初起，始形成武士道之一种风气。战国时代，霸国极盛，武士道亦极盛。汉楚之交，时日虽短，犹然争霸也，故亦盛。汉初，天下统于一矣，而犹有封建，则霸国之余霞成绮也，而武士道虽存，亦几于强弩之末，不穿鲁缟，逮孝景定吴楚七国之乱，封建绝迹，而此后亦无复以武侠闻于世者矣。③

他把中国武士道盛衰的原因，主要归之于封建和一统的社会体制。封建时代的群雄争霸，则武士道兴，而一统天下的专制时代，则武士道衰。这继承了《新民说》的"尚武论"的论点，但对"尚武论"中所举出的儒

---

① 《中国之武士道》"自序"，第20页。梁启超：《中国之武士道》，上海广智书局，1904年10月（清光绪三十年），第20页。

② 《中国之武士道》"自序"，第20页。梁启超：《中国之武士道》，上海广智书局，1904年10月（清光绪三十年），第20页。

③ 《中国之武士道》"自序"，第20页。梁启超：《中国之武士道》，上海广智书局，1904年10月（清光绪三十年），第21页。

教之流失和柔弱习俗的两个原因在该书中没有论及。因此，《中国之武士道》的分析着重于社会体制问题，而不是从学说上寻找原因。这一分析很重要，因为如果是专制体制的原因的话，其结论必然是若要复兴武士道，则要改变专制体制。这正是梁启超的重要的政治主张，武士道则从一个方面反映了他的思考轨迹。

梁启超试图通过塑造出一个固有的"尚武精神"和"武德"，将之投射为中国民族的最初天性，甚至强调历史证明了没有一个民族能超过中国的尚武精神，"举今存诸族，度未有能出吾右者，此历史所明以吾侪"，以此来唤起中国人对本来具有的武性的自觉，以此鼓舞民族精神。这也是近代中国民族主义形成的一个理论模式，确切地说是在向日本的民族主义模仿，并与之竞争中，所形成的一种叙述和想象。

在井上哲次郎等人的"明治式武士道"的叙述中，武士道不仅渊源于日本历史的开端，而且在其后得到了儒佛的补充，在形式和内容上都有了更为自觉的表现和规定。

与此相对照，梁启超的中国武士道虽然有了一个更为古远的"神祖"黄帝时代的开端，但是只延续到东汉末期，其后的儒佛发达时代，竟然与之无关，这不得不说是一个缺憾。这并非是历史本身的欠缺，而是梁启超的"中国武士道"这一概念自身的缺陷。之所以这么说，是因为与"忠君爱国"为一体的"明治式武士道"相比，中国之武士道不是一个"忠君"的历史，而是被塑造成一个爱国的历史。一统天下的专制集权，使得一强而万夫弱，因而失去了国家观念，也就失去了爱国的动力。君主与国家的分离，使得中国武士道在叙述上受到了很大限制，历史上为君主殉死、为宗教献身的事例，就很难进入中国武士道的叙述。

为《中国之武士道》撰写序言的杨度，察觉到了梁启超忽视儒佛的做法，试图发挥佛教来辅救梁启超叙述的缺欠。和梁启超一样，杨度也把为国而死视为武士道最为可贵之处。"夫武士道之所以可贵者，贵其能轻死尚侠，以谋国家社会之福利也"[①]。

然而，杨度认为在生死问题上，儒佛有着相反的看法，孔子重人伦，强调"身心性命家国天下之关系"，佛教则以生死皆由于心，强调心灭则生

---

① 梁启超：《中国之武士道》"杨序"，上海广智书局，1904 年 10 月（清光绪三十年），第 9 页。

死皆灭。日本武士道则取两者之长，使人懂得人生义务，了达生死，能为成仁取义而捐躯致命。在杨度看来这是日本武士道与中国武士道最为相异之处。他特别举出了楠木正成、新田义贞、西乡隆盛、福泽谕吉、吉田松阴以及山冈铁舟等人的事例来说明日本武士道的特色。从他所举出的人物，也可以看出杨度有关武士道的知识来源。

其中，山冈铁舟（1836～1888 年）最为重要，因为，铁舟在 1887 年的讲义录《武士道》是所谓"明治式武士道"的更为直接的理论来源。井上哲次郎、有马祐政所叙述的武士道的内容、历史都可以在铁舟的《武士道》一书中找到原型。如铁舟将武士道表述为"忠孝、节义、勇武、廉耻"，并将之简约为"尊皇爱国"。此外，武士道的历史开始于神代，后得到儒佛的辅助，发达于镰仓时代，完成于德川江户时代这样的史观都是出自铁舟的《武士道》。在幕府末期转向明治之际，山冈铁舟作为幕府的将领，受命与拥戴天皇的敌将西乡隆盛交涉，为实现"江户无血开城"，维护其主德川将军的地位，发挥了重要作用。其后，又被提拔为明治天皇的护卫长，为皇室奉职十年。因而在近代日本历史上，铁舟博得了很高的声名。他不仅是"忠君爱国"之武士，也是禅僧剑客，他在 44 岁时，以禅悟剑，开创了无刀流的剑术，别树一派。

杨度在其序言中，就概述了铁舟《武士道》中一段话。"故山冈铁舟之论武士道曰：武士道之要素有四，一报父母之恩，二报众生之恩，三报国家之恩，四报三宝之恩。三宝者，佛法僧也。而行此武士道无他义焉，一言以蔽之，至诚无我"①。

佛教的四恩说，居然能与武士道相联系，成为武士道的基本要素，对杨度来说，一定是十分新奇的。佛教的这种变化，使得他得出一个看法，就是日本的武士道实儒实佛，非儒非佛，而是取两者的长处，参合融化，而别成一道。这是中国所没有的现象。其中，楠木正成（1294～1336 年）便是一个具体例子。杨度讲述了楠木问禅的故事，很可能是引自铁舟的《武士道》。"故楠木正成之将赴难于凑川也，诣明极楚俊禅师而问以死生交谢之际，禅师答曰：截断两头，当中一剑，而正成遂死"。

楠木是在明治时代被重新发现的"尊皇爱国"的武士，对这段公案般

① 梁启超：《中国之武士道》"杨序"，上海广智书局，1904 年 10 月（清光绪三十年），第 6 页。

的问答，在铁舟的《武士道》中，有具体的解读。山冈铁舟称赞楠木正成为日本民族古今稀有的忠臣，是英才、豪杰和大慈悲兼具于一身的武士，体现了"武士道之精华"。楠木身为镰仓幕府末期的武将，为维护当时的天皇新政，于凑川河畔迎战叛离天朝的武将足利尊氏的大军。决战前夕，参访楠寺，问于明极楚俊禅师，"生死交谢之时如何"。禅师答道，"两头都截断，一剑依天寒"。又问，"毕竟作么生？"禅师振威一喝，楠木深鞠一礼，遍身流冷汗。禅师言，"公彻也"，楠木有悟，翌日便捐躯疆场。铁舟以为楠木透彻生死，乃以身殉君国，是忠勇义烈的楷模，强调的是禅悟的境界与忠君爱国的论理融合为一。① 杨度无疑被这样的解释所吸引，为这样的故事所感动。而他译述的"截断两头，当中一剑"，和原文所散发的悲凉感相比，则直截而壮烈。所以，在这篇颇有分量的序言的最后，表达了以佛助儒的想法。"夫予之欲以佛教助儒教，日本鉴中国也，与梁氏述武士道之意必相合也"②。

这实际上显示了要有别于梁启超，另辟蹊径，重新思考中国武士道的问题的姿态。在数十年后，杨度热心于禅，以至自称"虎禅师"，其缘由恐怕要追溯到此处。杨度暗藏批评的认识提出了一个疑问，即梁启超的《中国之武士道》为什么不涉及佛教。这是一个值得思考的课题。同样，与梁启超一同从事变法而遭杀身的"戊戌六君子"，能否从其"中国武士道"得到说明也是一个疑问。

结　论

"武士道"之所以传入中国，首先得益于这一词汇的汉语特征，它不是

---

① 〔日〕勝部真長編《武士道——文武両道の思想　山岡鉄舟口述　勝海舟評論》，角川書店，1971，第 141 页。而据铃木大拙的解释，楠木所问意为人在生死关头，应如何应对；禅师所答意为斩断汝家二元论，只将此一剑向天静立。换言之，这绝对的一剑本与生死无关，而二元对立的世界却由此而生，生死一切又均系于此一剑。这正是无所不在的佛的本身，把握住此理，即使身处歧路，也便知如何去做。铃木所表达的是宗教的直观，这种直观与平常的智力不同，不分割自我，堵塞自家的通路，不瞻前顾后，使人一往直前，强调的是生死关头的无我的决断和行动。（〔日〕鎌田茂雄編《禅と武道》，ペリカン社，1997，第 134 页。）

② 梁启超：《中国之武士道》"杨序"，上海广智书局，1904 年 10 月（清光绪三十年），第 15 页。

通常的翻译词，而是日本式的汉字组合。正像梁启超所肯定的那样，它不仅含义深广，而且符合汉语的"雅驯"这一主观感受，很少产生词语上的抵触，容易为汉语接受。但是，这不是武士道为中国接受的最大理由，其根据还在于它本身具有的历史的、文化上的深厚含义。梁启超是促使这一词汇进入中国的最大的推进者。在 1899 年的《中国魂安在乎》，他开始使用了"武士道"，把它视为日本立国维新的精神依据，也是中国有待铸造的魂魄。1903 年的《新民说》的"尚武论"中，他把武士道放到了很重要的位置，即作为将要诞生的"新民"的一个重要的条件而出现的。改变中国的贫弱，抵抗列强的分割，建立一个独立于世界的近代国家，崇尚武力成了摆在中国面前的当务之急。日本从小国一跃成为东洋霸主，其重要的原因便是祈死勇武的武士道大和魂。正是在这样的认识下，梁启超毫无顾忌地使用"武士道"，不仅从国防上要求增强武力，还从心力、胆力、体力这三个方面赋予了"尚武"的精神内容。这是梁启超对中国武士道内涵的最初的解释。但是，这样的"尚武"精神，他并没有从中国的内部去寻找，而是试图从外部来引进。到了 1904 年，围绕日俄战争中日本海军的宁死不当俘虏的是非争论，为梁启超提供了一个活生生的例子，使得他进一步认识到武士道的作用，更加坚信了武士道在中国的必要性。这个时候，正像在他《子墨子学说》中强调墨家学说"轻生死，忍痛苦"这一特征所显示的那样，开始思索从中国自身的历史上来寻找武士道。必须指出的是，在上述阶段，武士道是作为反省自己历史的批判装置出现的，梁启超为中国的历史和现实没有或缺乏武士道而羞愤。让这一耻愤心情得以一扫的则是《中国之武士道》。在这本书中，武士道不再是一个外来的内容，而是中国固有的精神，固有的习尚，甚至被说成为中国人之最初天性。从此，一个比大和魂武士道的历史更为悠远的中国之武士道出现在中国读者的面前。

梁启超的武士道认识始终与福泽谕吉和井上哲次郎有关。福泽在 1898 年以及井上从 1901 年到 1904 年的武士道论说，都是梁启超叙述的理论来源。福泽将武士道·大和魂与中国对比，指出其为中国所无，而为日本固有的精神。在井上的论说中，武士道不仅是日本固有的、日本特异的精神，而且这一精神（道德、伦理）自日本民族诞生时就出现了，从未中断，越发充实。换言之，武士道不是某个历史阶段的某个特殊阶层的道德伦理，而是贯穿整个日本历史的精神，为全民所共有。它固然是生死的态度，但核心的内容则是"尊皇爱国"，而且源自中国的儒教佛教是构成日本武士道的重要装置，这便是"明治式武士道"的特征所在。

显然，中国之武士道的历史叙述，完全是这种诉诸固有性的思考方式。梁启超虽然利用了"明治式武士道"的逻辑，成功地塑造了自"神祖"黄帝以来盛行三千余年的中国武士道的上古历史，但是，其后至今的两千年则是中国武士道的削弱和断绝的历史，这无疑是一个令人沮丧的观察。这种倒退的精神史观，与其说是一个客观的历史事实，毋宁说是对现状的一种说明，是要通过回复本具的固有性来打破现状，并且把打破现状的精神源泉根植在自身的历史之中。不仅如此，中国之武士道与本土特有的儒佛是竟然是处于一种绝缘的状态。这不得不说是中国武士道的欠缺。为《中国之武士道》作序的杨度看出了这一缺陷，试图来弥补。梁启超的中国之武士道所诉说的是为国献身的伦理，这是与"忠君爱国"的明治武士道的重要区别。

《中国之武士道》是对日本武士道的模仿，也是与日本武士道对抗的产物。中国武士道尽管是一个想象，但并非是一种自我陶醉，实际上产生了不容忽视的历史影响。著名历史学家顾颉刚的一段少年时代的记忆，可以看作是对《中国之武士道》历史意义的一个脚注。

> 这时候，国内革新运动勃发的时候，（略）梁任公先生的言论披靡了一世。我受了这个潮流的涌荡，也是自己感到救国的责任，常常慷慨激昂地议论时事。《中国魂》中的"呵旁观者文"和《中国之武士道》的长序一类文字是我的最爱好的读物，和学塾中的屈原"卜居"，李华"吊古战场文"，胡铨"请斩王伦秦桧封事"等篇读得同样的淋漓痛快。在这种热情的包裹之中，只觉得杀身救人是志士的唯一的目的，为政济世是学者的唯一的责任。①

"杀身救人"的自我牺牲精神，"为政济世"的自我责任感，萌发于《中国之武士道》等书籍的阅读。这或许是顾颉刚同时代的少年们的共同体验。或许由于这一强烈的感受和记忆，这位后来被誉为"疑古大师"的史家再次由从古代发现了"武士"的存在。《武士与文士之蜕化》这篇论

---

① 顾颉刚：《古史辨》第一册《自序》，北平朴社，1926，第12页。

文，① 不仅考证了古代中国确实存在一个武士阶层，而且显示了这个由"士"或"国士"组成的武士阶层由盛而衰，逐渐蜕化为文士，至东汉而绝迹的历史。武士所具有的慷慨赴死之精神，也蜕变为靠读书取尊荣的懦弱之风。梁启超在《中国之武士道》的叙述通过疑古学家的历史考辨得到了证实。而武士道所具有的"其名雅驯，其意甚渊浩"的深意，至此也变得更加清晰。

然而，"中国武士道"作为一个试图反映历史的术语，并没有为此后的中国历史所接受，就连发明此术语的梁启超本人也绝口不提。究其原因，这恐怕与日益恶化的中日冲突有关，就中国而言，武士道不再是一个可称颂的勇武精神，而成了日本军国化的特有象征。而更最为重要的是，对于武士道的研究有了新的进展。例如，戴季陶在其《日本论》中，便指出武士道其"最初的事实，不用说只是一种奴道。武士道的观念，就是封建制度下面的食禄报恩主义"②，一语喝破了武士道的本质。因此，武士道并非是日本古已有之的固有精神，而是在封建制度下形成的主人与奴仆的伦理，这一伦理的形成与发展，经历了数个历史阶段，"就是由制度论的武士道，一进而为道德论的武士道，再进而为信仰的武士道。到了明治时代，更由旧道德旧信仰论的武士道，加上一种维新革命的精神，把欧洲思想融合其中，造成一种维新时期中的政治道德的基础，这当中种种内容扩大和变迁，是很值得我们研究的"③。这一冷静而透彻的历史分析，无疑消解了笼罩在武士道上面的神秘光环。

如果说，在梁启超那儿，武士道只是找寻和重塑中国精神的外在契机的话，那么，此后中国采用何种内在的精神与道德，唤起民众的爱国热忱，以取代和抗拒已成为日本军国主义象征的武士道，则是值得深究的课题。

---

① 顾颉刚：《史林杂识初编》，中华书局，1936，第85~91页。
② 戴季陶：《日本论》，民智书局，1928，第15页。
③ 戴季陶：《日本论》，第15~16页。

清末军制改革与日本*

——以张之洞为中心

清华大学 〔日〕中央大学 李廷江

　　军制改革是清末新政的最重要内容。清末军制改革的契机与过程始终受到日本方面的强烈关注和影响。事实证明，清末军制改革之所以全面照搬日本模式，首先得益于日本政府与军部的精心设计和极力推进疏导。经过从 1895 年后到 1915 年的近二十年努力，中国军事开始走向现代化。但是发生了巨大变化的中国军事，无论是在制度理念上，还是在教学育人和武器装备上都深深地留下了日本的痕迹。这个变化对于 20 世纪中国的进步和中日关系的发展具有极其重大的意义。戊戌维新前后，中日关系呈现出重大变化的迹象。甲午战争后的中国，朝野上下沸腾，多数仁人志士视战败为国耻，力主学习日本，速行改革。日本方面为了加强同列强竞争的实力，从政府到民间开展了积极的对华外交。日本政府在调整对华政策的过程中，鉴于清政府的腐败无能和列强争夺在华权益的地域多元化，十分重视封疆大吏在中国政治中的作用，对这些地方高官进行了多层面的亲善外交。湖广总督张之洞是继李鸿章之后晚清中国最有影响的政治家，日本对张之洞的怀柔政策典型地反映了 20 世纪前叶日本对华政策的变化及特点。

　　在清末军制改革与日本的关系中，张之洞具有举足轻重的意义。本文拟通过梳理清末军制改革与日本的内在关联，探讨日本对张之洞的期待与支持，进而阐述清末日本对华政策的内容与特点。

---

* 此文曾提交 2007 年 11 月 3 至 4 日在东京大学召开的 "清末中华民国初期的日中关系史——协调与对立的时代" 会议（集刊）。

一

1895 年缔结的中日《马关条约》既意味着李鸿章政治生命的完结，也意味着日强中弱的近代中日关系史的开始。往昔如日中天的李鸿章江河日下，失去了生气。反之，张之洞坐镇湖北，遥对中央，独树洋务大旗，俨然为中国封疆大吏的领袖。张之洞取代李鸿章上升为中国政治舞台上的新星，理所当然地成为列强各国所追逐的目标。

1899 年 2 月 4 日、6 日、7 日邮报登载了题为"中国问题"的长篇报道，强调"在华英商人要争得内河航行权，开发长江流域"，必须重视中国地方高官的问题。文章认为张之洞是沿江督抚的领袖，提醒英国政府不要冷淡了地方官员，而要促使他们亲英，从沿江各省得到更大的利益。① 成为列强角逐热点的长江流域原是英国的势力范围。后起之秀的日本帝国主义，自甲午战前就已经注意在这一地区寻找和扶植自己的势力和代理人，张之洞、刘坤一便是其中的两个主要对象。1896 年一年中，大陆浪人宗方小太郎接二连三地向日本中枢部门汇报了张之洞设立军事学校的情况。5 月 4 日"张之洞赴任后欲在武昌城内设武备学堂，培养陆军将校，诸事将仿南京学堂，眼下土地的丈量已完，但距启动尚需时日"。② 9 月 "张之洞在武昌府设立的武备学堂已就绪，招募学生 120 名，参加考验者超四千人。学堂的课程为三年卒业，与天津武备学堂同一规则，两名德国人任教授，外有天津，广东武备学堂数人充任助教"。③ 1897 年 1 月 2 日 "张之洞设在武昌的武备学堂于客月 21 日举行开学典礼。两名德国士官应聘。……现有学生 120 人，预备生 120 人，共 240 人"。④

宗方如此关注张之洞的一举一动，显然有用意。面对列强各国瓜分中国的新局势，宗方认为：

---

① 中国第二历史档案馆、中国社会科学院近代史研究所编《中国海关密档：德·金登干函电汇编》第六卷，中华书局，1995 年 11 月，第 948 页。转引自清华大学历史系编《戊戌变法文献资料系日》，上海书店出版社，1998，第 1306 ~ 1307 页。

② 报告第 7 号，明治二十九年五月四日，〔日〕神谷正男编《宗方小太郎文书——近代中国密录》，原书房，1975，第 15 页。

③ 报告第 20 号，第 23 页。

④ 报告第 23 号，第 27 页。

（一）列强对中国的瓜分已成格局。俄据东北三省，德占领山东，法统云南、广西，英独占长江流域各省。

（二）清国的盛衰存亡与日本休戚相关，不可坐视。机会得难失易，错过一个时机，将误国家百年大计。因此，当今帝国至少要向清国要求福建、浙江两省，让其保证不将此两地让给他国。

（三）值此收揽清国有志之士。待他日时期到来之时，助此辈新建一国。我国里外助之，为日后将其纳入属国极其必要。若福建、浙江沿海部归我，再协助支那志士，把邻接两省的江西、湖南、湖北、贵州、四川五省合一建一国家。

（四）上述计划去春已着手进行，一两月内拟赴湖南、河南两省纠合力量。然江西、湖北尚无线索，现正努力。此时，需探知张之洞真意。从张心腹处得知，张强调眼下行动之弊，需待北京政府瓦解方好出击。张担心此时内部起殊，必给外国获渔翁利之机。①

宗方提出在中国政要中扶植亲日派，以利实现日本对中国领土野心。他向日本政府建议"湖广总督张之洞、湖南巡抚陈宝箴二位深孚天下重望。我辈宜说以大义，当我需要之时将得益甚多"②。可见，宗方把日本的对外方略选择与对以张之洞为首的南方高官的亲善外交联系到一起。戊戌维新前后，日本朝野分三路出击，紧锣密鼓地开始了对张之洞的游说工作。

关于游说张之洞，一般史家认为是军部之单独计划。经过对日本游说张之洞的过程和背景进行梳理，笔者则认为游说张之洞为甲午战争后日本对华政策的主要内容之一，除军事视察部之外，政府、民间始终参与其中。

首先，介绍两条史料。

1898 年 1 月 4 日，日本驻上海总领事小田切万寿之助电外务次官小村寿太郎："神尾陆军大佐巡视长江之际，拟访张之洞，但因张之洞勘查堤工不在武昌，不得已面见盛宣怀谈清国兵制改革之要，并约定今年大佐再次赴华与盛宣怀协议起草改革案（陆军）。兵制改革本为张之洞意中之事，近来张之洞归任后即发电给上海海关道请转告大佐，（张之洞）愿与神尾大佐

---

① 〔日〕神谷正男编《宗方小太郎文书——近代中国密录》，原书房，1975，第 34～35 页。
② 冯正宝：《评传宗方小太郎大陆浪人历史的役割》，熊本出版文化会馆，1997，第 176 页。

面谈协商（兵制改革及招聘日本人军事顾问一事）。"① 汇报了神尾大佐湖北之行。

张之洞致神尾大佐的短信也附在书简后。全文如下："上海蔡道台和此电请探转苏杭宁波等处日本参谋大佐神尾君光臣，台驾来鄂，适先期奏明出省勘堤工，仅派江汉关道及知府钱守接待，深以为怅，回省后该两员禀告阁下来意，极为欣悦。贵国与弊国同种、同教、同文，同处亚洲，必宜交宜远过他国，方能联为一气。现在极愿面商一切，切实详细办法，但中国制度，督宪不能出所辖省分，而此等事非面谈不可，可否请台驾重来鄂省？俾得面罄弊国真意，是东方大阙系事，不胜盼企之至鄂。湖广总督张之洞。"②

张信迄今只见于中文，笔者首次从日文史料中查实。③ 由此可以断定军部经上海领事馆中介与中国南方和张之洞取得联系，中日双方商谈内容包括具体日程均由小田切来安排。对于张之洞而言，小田切代表日本政府，因此万事通过小田切领事然后再与日本各方面沟通。

其次，从游说张之洞的角度重新考察伊藤博文的湖北之行。笔者认为军部访张只不过是日本对张工作的一个环节。伊藤博文与张之洞长达一星期的交流是游说张之洞的高峰。1898 年 9 月 14 日，伊藤访问北京期间，戊戌维新事起。10 月 13 日，伊藤从上海到汉口，张派专人到上海迎候。14 日伊藤抵汉口，19 日由汉口赴南京。伊藤在汉口的一周，受到张之洞的热情款待。伊藤对张印象极佳，盛赞《劝学篇》，说"委读之下，倾倒无极"。伊藤启程回国前委小田切转信给张，表示了对张的谢意和厚望："阁下砥柱中流，孚中外重望，料已筹度精详，念及办法，鄙人思唇亡齿寒之患，无顾越俎治庖之讥，肯效一言。惟阁下图之。"④ 伊藤反对激进的改革，主张变法维新"缓不济急"，强调中国的成败事关东亚存亡。伊藤还希望张之洞迅速派学生赴日本学习军事，从根本上解决中国问题。张接伊藤手书，感激涕零。当即回复伊藤："汉口一面，论亚洲大局各条，良规卓识，启发深切。"同时，他又向伊藤表述了"百忧业集，寸效无闻，上无报国恩，下无

① 《清国兵制改革之件》，日本外交史料馆。
② 《清国兵制改革之件》，日本外交史料馆。
③ 1898 年 1 月 4 日，日本驻上海总领事小田切万寿之助致日本外务次官小村寿太郎书简，载《清国兵制改革之件》，日本外交史料馆。张之洞致神尾大佐的短信也附录在书简后。
④ 1898 年 11 月 4 日，伊藤博文致张之洞信，《伊藤博文传》下卷，第 403 页。

慰朋友，中心如焚，夜不能寐"的困苦心情。① 伊藤信经小田切领事转交
张，时间应是 11 月 30 日。② 伊藤在北京期间就曾向莫理循强调了中国必须
有一支军队，这支军队必须由英国和日本的军官来训练。由此可见，推动
张之洞转向日本推动中国聘日本军事顾问与派遣留日学生是伊藤访中的主
要目的之一。③

小田切领事参与军部访张和参与伊藤访张既反映了上海领事馆在对中
国南方政策上举足轻重的地位，也折射了日本政府对张之洞的重视。事实
上，日本驻上海领事馆统管日方各界对中国南方的活动，总领事代理小田
切万寿之助为对张之洞工作的总负责人。甲午战前，天津总领事馆是日本
对华工作的重要阵地。到了戊戌维新前后，由于李鸿章的失势和日本政府
对华政策的调整，上海总领事馆的地位则远在天津总领事馆之上。此外，
从时间上来看，1898 年 8 月以后，大隈重信内阁制定新的对华政策，明文
重视张之洞，同时大张旗鼓地推动派日本军事顾问赴华和请中国军事学生
留日的事业。这表明伊藤博文的武汉之行与军部游说张之洞的工作，具有
更重大的政治意义。

1898 年 6 月 30 日，日本第一届大隈内阁成立。大隈重信任总理兼外务
大臣。继续对中国地方高官实行亲善外交，是新内阁对外政策的重要内容。
同时强调要把派遣日本军事顾问援助张之洞的各项改革事业与日英提携，
实现日英同盟的对外战略联系在一起进行考虑。

新任外务次官的小村寿太郎上任伊始，肯定了日本政府在培养中国地方
高官的亲日感情方面所作出的成绩，明确提出"开发清国系我对清经营之当
务之急。我须进而说服张之洞、刘坤一等实力派，用我国顾问，怂恿清国学
生留学日本，在永久坚固的基础上制定日清两国联合的计划"④ 的战略方针。

1898 年 8 月 17 日，外务大臣大隈电驻英大使加藤高明："显然，按照世
界水准改进清国陆海军维持该国独立的重要方策，其必要性已自不待言。因
此，希望阁下利用良机向英国政府转达我帝国之意见。……张之洞提出招聘

---

① 张之洞致伊藤博文信，《伊藤博文传》下卷，第 1284 页。
② "张之洞商请日本总领事小田切驱逐康有为、梁启超、王照。"笔者推测，小田切是面交伊
藤托书时，商谈了关于派遣军事留学生的事情。郭廷以编《近代中国史事日志》下，中华
书局，1987，第 1035 页。
③ 骆惠敏编《清末民初政情内幕》上卷，刘桂梁等译，上海知识出版社，第 108 页。
④ 日本外务省：《小村外交史》上卷，新闻月刊社，1953，第 103 页。

日本军事顾问及教师，派一些清国陆军学生留学日本的要求已经帝国政府承认，总理衙门也计划派陆军学生。"① 这就是百年来鲜为人知的大隈书简。

　　大隈书简的发现，对于重新探讨近代日本外交史意义重大。在对华亲善外交的层面，大隈书简揭示了一直未被注意的三个问题。第一，游说张之洞，乃新时期日本对华政策的产物。日本政府、军部、民间三方都参与了接近张之洞、培养张亲日感情的工作。尽管出面者时而是军人，时而是政治家，时而是大陆浪人，但行为的主体，既是军部，也是民间，更有政府的配合支持。

　　第二，对张之洞的工作又何以如此重要？我认为无外乎有下面几点。首先，如宗方所称张孚天下重望，是清末政坛的重镇。其次，在于湖北特殊的地理位置。汉口地处九省之要，自古以来便是连接中国南北的军事、交通要塞，尤其张之洞主政后，大兴产业建设，实行洋务改革，上下气象一新。这一切，无不令列强垂涎三尺，欲夺之而后快。如 19 世纪 80 年代后期云集在"汉口梁山泊"的日本大陆浪人和上海日本总领事馆就一直注意汉口的动向。最后，重视中国地方高官的战略视角。日本各界认为，在对外问题上张之洞取向关系甚大，他直接影响其他开始与清朝中央政府离心离德的地方官员。仅此三点，日本用心之良苦，就足以令人惊叹。况且日本政府游说张之洞之举乃要一石多鸟，达到参与中国军事改革之目的。

　　第三，日本千方百计要参与中国军事改革的目的。百年前的世纪之交，日本外交面临实行对列强协调外交与加速向中国扩张的两大重要课题。大隈重信组阁后，日本政府积极介入中国事务的根本考虑，一方面要实现日清同盟，另一方面希望以帮助中国军事改革的形式，实现日英联手，为日英同盟打下基础。日本政府认为，日本只有同英国共同介入中国，才能取得日英平等讨论中国问题的机会，英国若能与日本坐在一起探究中国事务，说明英国对日本实力的肯定，在此基础上，讨论日英同盟也就水到渠成了。就这个问题，驻英公使加藤与大隈之间进行了反复的讨论。②

　　我认为把握住日本外交转换期日英同盟与日清同盟的问题，才能客观地

---

① 1898 年 8 月 17 日，大隈外务大臣致加藤高明驻英大使书简，《中国兵制改革之件》，日本外交史科馆。

② 关于大隈书简及日本外务省调整对英对清政策，特别是大隈书简出笼前后加藤高明驻英公使在伦敦的详细活动情况。请参照拙论文《19 世纪末在中国的日本人顾问——"李鸿章工作"与"张之洞工作"》，第四回日中关系史国际学术讨论会（东京），1999 年 11 月。

认识 1898 年以来日本对华政策的演变与中日关系发展的根本，对于我们理解清末中日关系"黄金的十年"里两国各个领域密切交流的背景至关重要。①

二

早在中日甲午战争前，日本就对清国军事动向十分敏感。1894 年 1 月，北洋水师大演习及北洋大臣李鸿章等人的巡察，受到了日本驻华领事的极大关注。2 月 3 日本驻芝罘二等领事伊集院彦吉向外务次官林董进行了极为详细的汇报。林董收到报告，及时汇报给外务大臣陆奥重光，随后陆奥又及时派人送交海军大臣西乡从道。② 最近发现的史料不仅从一个方面证明了日本对争取张之洞工作的重视，同时，还揭示了一项未被人注意的关于招聘中国军人陪观日本陆军军事大演习的史实。本节拟首先分析日本政府、军部广向中国南北各地邀请中国军人陪观日本军事演习的目的，而后叙述日本招聘张之洞部下陪观日本陆军军事大演习的经过以及湖北军事改革的成果。

1898 年 10 月至 11 月期间，来自中国南北方的军人纷纷赴日参观在大阪举行的日本陆军军事大演习。本来，中国军人到日本阅操并非首次，但是此次阅操不同以往。

首先，日本方面有计划地把陪观作为培养中国亲日势力的前提条件。没有对日本军事实力的了解，中国自然不会雇用日本军事顾问。因此，事前军部派专人到中国各地进行了劝诱。1898 年 8 月至 9 月间，参谋本部特派仓迁少佐赴中国东北地区面见宋提督，劝其赴日阅操。仓迁被调离回国后，参谋本部委托外务省驻牛庄领事田边熊三郎，继续做宋提督的工作。田边多次走访宋提督，大谈"日本希望清国派将校参观我（日本）演习的目的是引导清国军队的改良，共同维持东洋的和平"，所以参观演习和派遣学生（留学日本）都是必要的。田边还强调"就东洋形势而论，对清国的当务之急，就是招聘我（日本）士官，尽快教练清国士兵"。③

---

① 参见拙作《戊戌维新前后的中日关系》，《历史研究》1992 年第 2 期。

② 1894 年 2 月 3 日，在驻芝罘二等领事伊集院彦吉电外务次官林董。《清国水师大演习并北洋大臣李鸿章等巡察之件》，日本防卫研究所。

③ 1898 年 9 月 20 日，在牛庄领事田边熊三郎电外务次官小村寿太郎。《清国兵制改革之件》，日本外交史料馆。

田边在给小村外务次官的电报中，不无得意地说，经过多次的接触，沟通了双方的情感，增加了宋对日本的信任，使宋已经认识到"只有得到日本的支持，才可以确保东北三省的安全"①。显而易见，阅操是手段，培养亲日派才是日本的本意（宋因即将退任等原因最终未能成行）。另外，从劝诱阅操过程中日本内部情报传递系统，② 如外务省每接牛庄领事的报告后，当天就以外务大臣的名义转告参谋总长，同时以鸠山外务次官的名义向中村陆军次官传达的过程，也可以看到外务省与参谋本部之间配合默契和对此活动之重视。

其次，对比一年前日方接待中方来宾的情形，两次的重视程度也不可同日而语。1897 年 10 月 29 日，日本驻华领事郑永昌向王文昭称："日本在九州拟演习陆军大操特请武职教员前往校阅……如派武员，在长崎迎候妥为照料。"③ 在王所派武员阅操归来的翌年 1 月 12 日，为感谢日本对直隶阅操武将的接待，王请赏给日本武官川上操六等八人宝星奖章。④ 第二年同样在阅操归来后，以北洋大臣名义请赏日人。若把王文昭列出的拟奖赏日本军人名单与第二年北洋大臣裕禄请赏日本接待中国阅操日本军人各员宝星名单相比，就会发现后者的接待规格高，参与人员多。⑤

---

① 1898 年 9 月 20 日，在牛庄领事田边熊三郎电外务次官小村寿太郎。《清国兵制改革之件》，日本外交史料馆。
② 1898 年 10 月 15 日，大隈外务大臣电川上参谋总长，同日，鸠山外务次官电中村陆军次官。当外务省接到田边电告宋提督放弃赴日消息后，大隈又当即电告川上参谋总长。《清国兵制改革之件》，日本外交史料馆。
③ 1897 年 10 月 29 日，北洋大臣王文昭来电。《清光绪朝中日交涉史料》卷 51，第 973 页。
④ 1898 年 1 月 12 日，北洋大臣王文昭奏折。《清光绪朝中日交涉史料》卷 51，第 976 页。日本接待阅操武官名单：陆军中将川上操六，陆军步兵大佐神尾光臣、福岛安正，炮兵大佐村木雅美，炮兵中佐石井阜太，陆军少佐伊东圭一，陆军炮兵大尉川重太郎和石井忠利，陆军书记官濑川良。八人分别建议赏给头等第三宝星一枚，二等第三宝星三枚，三等第三宝星三枚，四等宝星一枚。
⑤ 1898 年 12 月 17 日，北洋大臣裕禄奏折。《清光绪朝中日交涉史料》卷 51，第 1002 页。赴日阅操日本接待文武各员名单：陆军大将川上操六，陆军大将子爵桂太郎，宫内大臣子爵田中光显，陆军中将男爵大迫尚敏、寺内正毅，侍从武官长男爵冈泽精，陆军少将中村雄次郎，宫内次官川口武定，调度局长兼式部官长崎省，陆军大佐福岛安正，陆军炮兵大佐村木雅美，陆军步兵大佐大生定孝，陆军步兵大佐田村兴造，陆军炮兵大佐伊地知幸，陆军工兵大佐上原勇作，陆军步兵大佐东条英机，陆军炮兵少佐青木宣纯，陆军炮兵中佐石井阜太，陆军步兵大佐冈部正藏，宫内书记官兼式部官内事课长齐藤太郎，陆军步兵少佐宇都宫太郎，侍从侯爵广幡忠朝，陆军步兵大尉川重太郎，陆军步兵火尉古海严潮，陆军步兵大尉守田利远，陆军步兵大尉寺西秀武，干事长奥山三郎，教头冈本则录，干事田村松之助，陆军书记官等六名，合计三十四人。建议赏给头等第二宝星一枚，头等第三宝星二枚，二等第一宝星三名，二等第二宝星二名，二等第三宝星三名，三等第一宝星几名，三等第二宝星二名，三等第三宝星六名，四等宝星六名。两者之区别，一目了然。

劝诱张之洞派遣武员赴日阅操又具有特别的意义。关于张之洞部下赴日陪观，宗方留下了较详细的观察记录。"湖广总督张之洞派遣湖北武官参观今秋日本陆军大演习之事"，"前天确定人选，定于今晚（10 月 31 日）乘下江的汽船赴上海。其人员如下：候道张斯枸、前广东南湘连总兵方友升、署督标右营游击穆齐贤、尽先游击王得胜、用知县清瑞、用知县方悦鲁、都司谢树泉、千总姚广顺、千总邹正元湖北护军后营正队官李芳荣、千总杜长荣"。① 一省派 11 名官员赴日阅操，表明了张之洞对此行日本的重视与期待。

与同期赴日的其他省武员相比，张之洞的部下受到了非同一般的待遇。由于张之洞打出向日本学习的大旗，日本各界对张的部下格外友好，日本的过格接待丰富了湖北阅操团日本之行的内容，从不同的侧面间接地为张之洞向日转向创造了省内的环境。1898 年 12 月榎本武扬、花房义质两发起人在欢迎湖北陪观日本陆军大演习一行的请函，写下了如下热情洋溢的话："最近清朝南北洋及浙江等观看大演习的文武官员来朝之际，都举行了恳亲会予接待。此次来宾悉自近来对我邦深怀亲睦情意的张之洞制台处特派而来。一行结束在大阪的观看大演习后，又东上观光。日清两国同文同洲，古来有善邻交谊，值日后需要越来越密切往来之际，幸得文武贵绅来游，同志相商，设宴欢迎，望诸君光临。"②

一纸请函有三层意义。（1）日本朝野重视来自中国的陪观团，每次都设宴欢迎。（2）张之洞对日本近来深怀亲睦情意，关系非同一般。（3）中日同文同洲，既有悠久的友好历史，又有今日密切往来的关系。湖北陪操日本军事演习一行来到东京，除观光外，连日受到日方的盛大接待。像长冈子爵、花房男爵、涩泽荣一、福岛安正、大谷嘉兵卫、林权助、稻垣满次郎、岸田吟香等日本政界、财界、军界和对华民间团体头目等社会名流都出席了欢迎会。

近卫笃磨出席了所有的招待会。（贵族院院长近卫参加了陪冠军事演习，他在日记中对这次演习有较详细的记述，还专门提及张之洞派遣

---

① 〔日〕神谷正男编《宗方小太郎文书——近代中国密录》，原书房，1975，第 48 页。
② 《近卫笃磨日记》卷 3，1898 年 12 月 5 日，鹿岛出版会，1968，第 217 页。

的提督身着黄袍事①） 近卫对张之洞的部下表示出特殊的关怀，与张是改革派不无关系。近卫接受张的长孙入学习院留学，使其成为第一名跨进日本贵族学院的中国留学生，也为日后清末大批贵族子女留学日本开了先河。日本方面的良苦用心使这些来自湖北的军人耳闻目睹了明治维新以来欣欣向荣的日本社会，切身感受到了日本人对亚洲问题的关心和对中日提携的热情。"湖北派出陪观日本陆军大演习的一行 11 名文武官员，三日后归汉。据闻，一行醉心于日本，逢人张口不离日本。副将方友升等系反对兵制改革派类，观看了日本的大演习，也觉悟到改革的必要，不断地催促张之洞，必须下决断进行改革。"② 通过陪观日本军事演习，无论是于日方，还是于张之洞，都达到了预想的目的。宗方的观察与日后张之洞能在湖北以日本为模式迅速大规模地推行各项改革等一系列举措，证明了日本劝诱张派人陪观日本军事演习，做法巧妙，效果良好。

阅操团归来不久，张之洞在给小田切的信中表达了对日方接待陪观团的谢意，字里行间流露出对日本的感佩之情。③ 随后，张之洞马上同小田切就湖北的改革进行了一系列的重大部署。（1）计划派遣学生二百人赴日本游学，其中武备学生五十名，教导团学生五十名，枪炮厂学生经理科、军医科学生共五十名，工艺、农务、商务五十名。并明确希望这些留学生的生活费用能得到日本政府的援助，因为日本驻华大使矢野大曾表示日本政府有意为中国学生赴日本留学提供经费。（2）拟聘请一学识阅历之大佐来鄂教练兵勇充衙门参谋之职，同时希望能随带各项教习约一二十员同来。关于大佐的人选，提出要马步炮工辎五队俱习，并有经理官、会计官、军医官各项人员。还提出，去年神尾大佐曾言愿来鄂相助办事，若神尾能来

---

① 1898 年 10 月 13 日近卫赴大阪参加军事大演习。演习十分壮观，共三天，分蓝、红两军，陪观者二千八百人之多，有天皇、国务大臣、外国武官、将官以上及两院议长等。张之洞派遣的提督着黄袍极为显眼，"本日外国武官中黄袍者，为张之洞部下的提督。因清法战争中有功赐黄袍"。

② 〔日〕神谷正男编《宗方小太郎文书——近代中国密录》，原书房，1975，第 54 页。

③ 富卿仁兄大人阁下，遥启者，叠接张道斯枸方镇交外鍼电，知此次鄂中所派各员前往贵国阅操，既荷执事从中周旋，抵东瀛后，复承贵国诸君子节节招呼，无微不至，款接优厚，实越寻常。现在阅操事峻，尚承邀看学校营垒工厂，各处一诚相舆，谊若家人，非执事既诸君子推爱逾恒末竟臻此，得信之下，纫感至不可言。因日内公允匆忙，执事荣行在即，未及通肃谢笺。贵国外部大臣暨川上大将，陆军桂大臣，福岛大佐，梶川大尉，宇都宫大尉以及古海平岩仁兄诸君，统祈代致感忱，恕未一一尚泐，布谢即颂，行祺诸惟，亮照不备。愚弟张之洞顿首。

最好。（3）湖北拟共练兵五千名，目前练三千名，第一年先练二千，第二年添成三千，候足饷再练成五千之数。（4）湖北枪炮厂拟改用新式极小口径，应由日本遣一精于制造军械之员来鄂体察筹议速办之法等。（5）湖北此项枪炮新添各械需款甚巨，约需银一百余万两，拟与日本商人借此款，即以枪炮厂作押，分为二十年归还，前五年还利，后十五年本利并还，利息须极轻减。（6）湖北拟在武昌省城设造纸一所，系东式纸用诸皮稻草两种。设制革厂一所，腌熟牛羊各项生皮，制造各种皮货、枪皮带，炮厂所用皮带，兵士所用革靴、皮鞋、皮带，以及一切皮囊、皮毡、皮垫等件，凡皮革造成可用之物皆能制造。械器即在日本购买，惟两厂暂可不必甚大，每厂械器不过四五万金，待风气渐开、销路通畅，再行扩充。垫款还清以后，鄂省或另派员管理，或愿请日本人接管，应听鄂省之便。（7）湖北拟与日本商人商议办此纸草两厂，械器之法并延日本人专管经理厂务等。（8）湖北拟在日本托募技师三人，来鄂教习工匠艺徒，教制竹器者一人，教制漆器者一人，教制骨者角一人，薪水酌议①。一个月内，张又派出军事视察团与学校矿业视察团访日。② 限于篇幅，本文省略关于张之洞接受日本军事顾问及派遣留日学生的具体叙述，仅举几个全国之"最"事例，说明湖北学习日本军事的热情和效果。

最先派出赴日军事视察团。1898 年 12 月，张之洞派出第一批 6 人的赴日军事视察团，成员包括湖北武备学堂兼自强学堂总稽察姚锡光、湖北护军统带官张彪、湖北枪炮场监造官徐钧浦、湖北武备学堂监操官吴殿英、湖北护军后营帮带官黎元洪。③ 这也是甲午中日战争后中国派出的第一个日本军事考察团。

最先派遣留日军事学生。1899 年 1 月 7 日，张之洞与日本参谋本部之间谈妥的军事留学生计划开始得以实施。在总计 20 名学生中，10 名是湖北武备学堂学生，9 名是两湖书院学生，还有 1 名是张之洞长孙。④ 正如中国学者所说："张之洞积极派遣军事学堂学生出国留学，在晚清留日士

---

① 《清国兵制改革之件》，日本外交史料馆。
② 《清国兵制改革之件》，日本外交史料馆。
③ "清末中国对日视察者一览表"，载汪婉著《清末中国对日教育视察研究》附录，汲古书院，1998 年 12 月，第 3 页。
④ 20 名留学生中，13 名为湖北人，包括张之洞的长孙。〔日〕神谷正男编《宗方小太郎文书——近代中国密录》，原书房，1975，第 53 ~ 54 页。

官生中，张之洞派出的湖北留学生占较大的比例。如第一期留日士官生共39人，湖北占11名；第二期25人，湖北更占了17人。吴禄贞（1880～1911年）、蓝天蔚（1878～1922年）等著名军官，都是张之洞从湖北派往日本留学军事的。"①

最先招聘日本军事顾问。大隈书简问世一年后，1899年11月湖北共有铁政局、枪炮场、织布局等五所制造所和武备学堂、自强学堂、农务学堂、工艺学堂、练将学堂五所学堂。五所制造所只有铁政局聘用二名德国人，七名奥地利人。五所学堂除武备学堂外，共雇用九名日本人教习，其中自强学堂三名，农务学堂四名、工艺学堂一名、练将学堂一名。② 在雇用日本军事顾问方面，张之洞表现得十分开放、积极。

总之，通过分析日本对华政策的调整与对张之洞工作的实态与过程，使我们对张之洞是如何由"反日"转向"联日""亲日"的思想轨迹多少会增加些新的认识和理解。

三

综上所述，日本对张之洞的工作影响戊戌维新以来的中日关系，主要有以下几点。

---

① 冯天谕、何晓明：《张之洞评传》，南京大学出版社，1991，第341页。派遣军事顾问与迫压康有为离日是紧密相连的。白岩给近卫信中建议"关键的张之洞、刘坤一之辈被传言所误，恐惧朝廷，一方面又怀疑日本人的真意，中止了一切正在与日本进行中的关于派招聘陆军教练、派遣学生的计划，处于观望的地位"。1898年12月25日，白岩给近卫信。《张之洞评传》，第231页。至于张之洞利用日本介入中国军事改革之心，以接收军事顾问为条件压日本驱逐康有为离日的具体情节，请参照拙稿《戊戌维新时期的中日关系》，《历史研究》1999年第2期。日本驻上海代理总领事小田切电日本外务大臣大隈"张之洞要求我秘告（日本）政府鉴于康有为及其党徒滞留日本，不仅伤害了两国之间已存在的友好情谊，而且也使他无法实施诸如由日本军事教官训练军队等计划，因此，宜将他们逐出日本。张之洞说，如果日本准备接受中国学生，日本政府宜由在清公使通知总理衙门，并由总理衙门通知南洋通商大臣、北洋通商大臣及湖广总督，要求他们尽快派出学生。若他们愿意这样办，张之洞愿立即派出五十名以上学生，但他不愿意自己承担行动责任。因为他担心会由此而引起怀疑"。《日本外务省档案》明治三十一年八月至三十七年六月，各国内政关系杂件（支那卷）。转引自〔日〕神谷正男编《宗方小太郎文书——近代中国密录》，原书房，1975，第1244、1245页。

② 1899年11月，湖北新设制造所学校一览。〔日〕神谷正男编《宗方小太郎文书——近代中国密录》，原书房，1975，第69～74页。

（1）湖北率先招聘日本军事顾问直接影响南方各省，为日本积极向南方各省派遣军事顾问创造了有利环境。不少省份都是经湖北中介雇用了日本军事顾问。比如安徽省招聘日本军事顾问，就是张之洞部下陶森甲与小田切领事一手操办的。①

（2）在招聘日本军事顾问的具体程序、待遇和条件等方面，湖北的经验为日后大规模招聘日本军事顾问提供了十分重要的参考。注 2 是关于招聘日本军事顾问的"立受聘约章"②。

由七条组成的契约，至少反映了下述几个内容。第一条为聘东与被聘者之间平等的地位。第二条至第四条为双方都能接受的招聘条件和待遇。薪水略低于同期被雇用的洋人。③ 第五条至第七条则反映了立约双方对中日

---

① "练兵学堂总理陶森甲来履富卿仁兄大人阁下。顷奉惠书并合同底稿一件，即转呈督宪斠。酌改订钞呈台览。其聘东名目既经阁下声明，系为受聘武员，履历增光起见即用。督宪坐衔立约亦无不可，惟自福岛大佐去后，督宪深知贵国辅助的大意。因而，函致各省督抚，均请贵国人员，充当各项教习。现接安徽抚台筱帅来信，嘱为代聘贵国武官一员，充当武备学堂教习，其薪水一切均按此次金陵练将学堂合同办理，望阁下转致贵国参谋本部，致福岛大佐，再与安徽加聘一员，充当教习为要。"1899 年 5 月 22 日上海总领事代理小田切万寿之助致外务大臣青木周藏书简，"关于南京练将学堂教官招聘的问题"，《清国兵制改革之件》，日本外交史料馆。

② "大清国头品顶戴南洋通商大臣两江总督部堂刘，为聘请练将学教习，札委总理营务处候补道陶，会商大日本国驻劄上海署理总领事小田切，举荐充当，兹已荐到一员，为大日本国陆军□□□所有议定各条开列于后。（一）此次受聘之人，必须认真从事，聘东亦应以客礼相待，如事务纷繁，一人不能办到，可由受聘人，禀商聘东，斠情形，添增帮办之员，如聘东不愿添聘，则受聘人，当尽心教授，不得藉此推诿。（二）受聘之人，由聘东每月给与薪水龙洋壹百五十圆，每月薪水逢西历一号，由聘东发给。（三）受聘之人暂以二年为限，限内无故，彼此不得辞退，若受聘人因事自行辞退，则聘东只照第四条，川资银数送给，川资不能补足二年薪水，二年期满，如彼此情投意合，仍可立约续聘。（四）受聘人来华川资，由聘东给龙洋壹百五十圆，二年期满，所有回国川资，由聘东给龙洋一百五十圆。（五）受聘人即住学堂之内，不另租住房，房内床铺桌椅零用器具，由聘东预备，惟不预备衣服。（六）受聘人与学堂总办提调等官，同用中国饭菜，不备西国大餐，并由聘东拨给受聘人，夫役一名，常川伺候。（七）受聘人在学堂办公，并不与别国教习相干。（八）受聘人除每逢礼拜日及两国大节，一律停歇外，每逢礼拜六办公半日。（九）此约写三纸，一存两江总督署，一存日本总领事署，一交受聘人收存。受聘人充当金陵练将学堂教习、大日本国驻劄上海署理总领事官小田切　大清国两江总督部堂南洋通商大臣刘□大清国光绪二十五年□月□日　大日本国明治三十二年□月□日。"《清国兵制改革之件》，附录日本外交史料馆。

③ 当时中国官吏的薪水，出使日本大臣裕庚月薪 800 两，参赞张昭祖月薪 240 两，横滨兼筑地领事官吕贤月薪 200 两，函馆新潟夷港副领事官林朋月薪 140 两。《清光绪朝中日交涉史料》卷 50，第 967 页。按这样的条件比较，中方对日本顾问的待遇应谓很高。

两国风俗的认识。如住在学堂内，准备床铺桌椅零用器具。又如用中国饭，不特备西餐。这些都基于两国同俗的认识。这件契约最珍贵之处在于帮助我们了解中日初期交流的真实状况，其中包括两个问题。其一，双方地位相等，国力相近。其二，对于日方而言，此时派遣顾问的重要目的是介入中国事务，促进与英国联盟。因此既没有民国时期在华的日本技术顾问演变为顾问政治、干预中国内政的情形，也没有因日本顾问薪水过高，中国政府无力支付，不得不使用外国借款以补之的困境。①

（3）体现了日本对华政策的一元化。外务省同军部互通信息，友好合作。例如，1899 年 2 ~ 4 月间，在南京练将学堂提出招聘日本军事顾问时，收到小田切领事来函后，4 月 6 日，青木外务大臣致函桂太郎陆军大臣、川上操六参谋总长，建议"关于清国南京练将学堂招聘我邦士官一事，望紧急商议指派遣帝国政府之士官前往为宜"②。4 月 10 日和 4 月 15 日，又分别致函桂陆军大臣、川上参谋总长和山县内阁总理大臣，通告矢野龙溪驻中国公使就湖北招聘日本军事顾问的来电内容③。外务省与军部围绕中国问题的态度，体现了日本一元化的对华政策。

日本政府、军部、民间三位一体，采取全面攻势，以各种形式和手段培养张的对日感情，从政治、经济、军事、文化等方面，对张展开积极的亲善外交，取得了预想的效果。20 世纪初期，湖北成为中国学习日本最富成效的地区。在湖北各行各业的改革中，到处都能看到日本人参与的痕迹。张之洞也从一位拒日派变为亲日派。这种军部、民间、政府三者一体的形式，是近代日本对华政策的一大特征。

（4）当然，任何事物都有两个方面。张之洞为了维护大清江山，学习日本模式，培养军事人才，留日学生却在东京接受革命思想影响，加入反清队伍。张之洞的大本营——武昌，则成为辛亥革命的起源地。张之洞派出的第一批军事视察团员黎元洪走上了反清道路，长孙张厚坤因有受革命派影响之嫌，被张之洞急电调回，半路弃学，归国途中落马惨死，成为张

---

① 见李廷江《辛亥革命时期的日本顾问》，《亚洲研究》1992 年 12 月；《民国初期的日本顾问》，《国际政治》1997 年 5 月。

② 1899 年 4 月 6 日，青木外务大臣致桂陆军大臣、川上参谋总长函"关于南京练将学堂教官招聘的问题"，《清国兵制改革之件》，日本外交史料馆。

③ 上述史料均收入"关于南京练将学堂教官招聘的问题"之中。《清国兵制改革之件》，日本外交史料馆。

之洞变法守旧的牺牲品。在这段中日关系史中，类似的种瓜得豆的故事举不胜举。

（5）在张之洞向日本派遣军事留学生和商议接受日本的支持在武汉建立各种军事工厂的同时，1900 年 6 月底到 7 月上旬，东京的日本陆军参谋本部负责亚洲事务的陆军大尉宇都宫太郎等频繁与张之洞的使者钱恂接触，围绕如何乘清政府忙于对付义和团之际，联合中国南方的二三总督在南京建立新政权的设想，进行了多次的讨论。7 月 10 日，宇都宫太郎同钱恂见面后，从下午一直到第二天凌晨 3 点，写出了立即派出五个师团的兵力从大沽登陆，8 月再加派两个师团，9 月 1 日进入天津，9 月中旬占领北京的计划。7 月 12 日上午宇都宫太郎向上级提交了计划，下午参谋总长召开有参谋次长、总务部长、陆军大臣以及有藤井、与仓两位大尉列席参加的会议，讨论并通过了宇都宫太郎的作战方案。会后，宇都宫太郎于晚上 9 点抄清了计划。7 月 12 日，召开元帅会议，又一次讨论了 12 日的作战计划，派遣参谋次长寺内中将携带作战计划赴北京，宇都宫太郎同铸方同行。有一点值得注意的是，包括宇都宫太郎在内，参加这次计划的三位大尉后来都以军事顾问的形式被派往中国。

（6）剖析日本军事顾问与张之洞的关系，我们便会发现，尽管事实上，戊戌维新后中日两国在军事、政治、经济、教育、文化等各个领域的交流，前所未有并深刻影响了 20 世纪中国社会的发展。然而，这一切只是日本对华"亲善外交"的副产品。特别是当我们发现军部、外务省是想借帮助中国军事改革派遣军事顾问，以实现日英同盟，军部与宗方之流亲近张之洞，是企图在中国南部建"新国"真实目的之后[1]，日本方面所提倡的中日提携之用心，就昭然若揭了。因此避开当时日本对中国政治、经济、文化的渗透和野心不谈，只注意表层的友好，难以对极其复杂的近代中日关系史有比较客观的认识。

（本文为 2011 年 9 月 16 日在清华大学召开的近代中国
社会变革与日本国际学术研讨会的会议论文）

---

[1] 宇都宫太郎关系资料研究会编《日本陆军与亚洲政策　陆军大将宇都宫太郎日记Ⅰ》，岩波书店，2007。

张之洞与日本模式
海军建设的嚆矢

——创建湖北海军的颠末

日本中央大学　冯　青

前　言

清末宣统年间，清政府锐意重建海军所推行的新方针，即在借鉴西欧各国海军技术、体制的基础上导入日本海军的建设模式。而引导海军建设的指导者们把目光从西欧转向明治日本的却是湖广总督任内的张之洞①。

地方重臣张之洞于戊戌变法前夕上奏《劝学篇》一文，高度评价日本的近代化，鼓吹留学日本为学习近代知识的最简便途径等，深为统治者所赞许，该文也顷刻被推广于全国②。之后，清朝中央为缓和体制危机而施行了自上而下的诸种改革，其中也不乏借鉴日本的例子，中日关系融洽而又

---

① 张之洞（1837～1909年），原籍直隶省南皮县，生于贵州省兴义府。1867年任湖北学政，1881年任山西省巡抚，1884年调任两广总督。自1889年8月起就任湖广总督，此后在职约十余年（其间，1894年11月至1896年1月与1902年10至12月两次就任两江总督除外）。1907年7月，被封体仁阁大学士，同年8月离开湖北进京。1909年9月去世。参考胡钧编《清张文襄公之洞年谱》，台北：台湾商务印书馆，1978。

② 张之洞曾在《劝学篇·下》中写道："至游学之国，西洋不如东洋。一路近省费，可多遣；一去华近，易考察；一东文近于中文，易通晓；一西书甚繁，凡西学不切要者，东人已删节而酌改之。中东情势风俗相近，易仿行。事半功倍，无过于此。"《张文襄公全集》（六），卷203，台北：文海出版社，1963，第3726～3727页。

富有建设性的黄金十年便在此时期得以形成①。张之洞也于其间的 1904 年，开始利用日本海军技术、管理体制等，独自筹建长江史上第一支近代化的舰队，即湖北海军。

1908 年成军的湖北海军，第二年即作为宣统朝加强中央集权的整顿对象，接受改编成为中央政府海军的一部分。湖北海军的历史虽似"昙花一现"，其对中国近代海军的发展以及中日关系的影响却极为深远。

本稿试图从张之洞创建湖北海军的颠末，来窥视清末地方建设海军、增强国防的独自方针与行动，日本海军模式被导入中国的历史过程及其对中国近代海军建设所带来的影响等史实。通过对这些问题的研究，以达以下目的：（1）填补张之洞研究史上的一项空白，即地方实力派官僚张之洞在中国军事近代化上所作的贡献不仅止于陆军，而且还有海军。作为导入日本海军建设模式的先驱，其在近代中国海军建设、增强长江防御力量上所做出的努力应重新得到定位；（2）确认作为地方层次海军建设活动的产物——湖北海军的诞生，对清末中央制定重建海军的方针政策、构筑新的日本观等所波及的影响；（3）重新定位中国近代海军的发展与日本之间的关系等。

一　张之洞的海军经验与创建湖北海军的时代背景

清末于李鸿章之后崛起的地方实力派官僚张之洞，几乎是中国产业、兵工业、交通工业近代化之引导者的代名词，而他在参与近代海军的管理与建设方面所做的努力却有被忽视的倾向。

事实上，张之洞掌管中国近代海军的历史相当长。1884 年，文官出身的张从山西巡抚晋升为两广总督，此即其接触、管理海军的开端。同年中法战争的马江海战中，当时位于邻省的全国最强的福建海军主力于一日之中惨遭毁灭，使东南沿海国防日趋空虚。张之洞辖区内的广东海军多为旧式木造的中小型轮船，不用说外洋作战，即使沿岸防卫也呈力不从心的状

---

① 美国佐治亚州立大学历史系教授任达（Douglas R. Reynolds）在其以下的著作中提出，1898 年至 1907 年为中日关系的"黄金十年"这个概念。参考 Douglas R. Reynolds, *China, 1898-1912 : The Xinzheng Revolution and Japan*, Cambridge, Mass., Harvard University Press, 1993（中文改订版：〔日〕任达：《新政革命与日本——中国，1898—1912》，李仲贤译，江苏人民出版社，1998）。

态。张之洞仔细衡量辖区内的财政状况、造舰能力以及造舰所需的时间等因素后，认为现阶段只有制造浅水炮舰才是增强沿岸防卫力量的最有效手段。随后即选址广东黄埔港建设造船厂，并利用香港华洋船厂的技术，尝试凭自己的力量来建造炮舰。1885 年冬，该厂顺利建成 4 艘炮舰，并陆续下水，此即国产炮舰"广元"号、"广亨"号、"广利"号、"广贞"号的诞生①。这是张之洞建造海军舰艇的最初尝试。此次造舰成功的经验便成为张之洞之后继续参与建设海军诸活动的起点。

继两广总督之后，1889 年起张之洞调任湖广总督一职，开始接管长江防务。中日《马关条约》签订之前沿江主要港口重庆、沙市等并未对外开放，外国商船、军舰等也不能随意溯江而上，长江防卫的主要目的也停留在维持地方治安等方面。张之洞抵达武昌时，长江水师的装备还停留于 1860 年代曾国藩首创时期的舢板、长龙船的水准，二十余年来基本没有变化。而沿江各地的巡防规模却远不如以前，每年徒费大量的经费。遇有捉拿枭犯、平定匪乱等重大事件时，非有轮船等近代式的大船而不能解决问题。于是，张之洞就从广东海军与南洋海军中分别调用了"楚材""飞霆"等较大型的轮船来湖北应急。

1897 年山东曹州巨野教案后，11 月德国占领胶州湾，开启了列强瓜分中国的先例。长江的形势也由之一变。当时张之洞了解到的局势是"是时俄谋占大连、旅顺，德踞胶州，英欲擅长江之利，各国军舰云集海口……"②。特别是英以保护商务为借口，欲"入长江至镇江金陵屯兵"。对于英国欲于长江上扩张势力的举动，张之洞拟就了三条抵制英人的策略，其中列为首位的就是"借款练海军，中国无海军不能立国，无海军即无海矣，中国无长江各省立时扰乱，英兵屯金陵镇江，中国即无江矣"③。张认为，现在各国渐呈瓜分之心，如我大举经营海军的话，可以息其妄念，可以维持海面海口安全，又可以保护商务活动。此即张之洞公开倡言建设长江海军之始。

---

① 《试造浅水轮船工竣折》（光绪十二年五月二十七日），1886 年 6 月 28 日，《张文襄公全集》（一）奏议 17，台北：文海出版社，1963，第 376~377 页。

② 胡钧：《张文襄公（之洞）年谱》，沈云龙主编《近代中国史料丛书》第 5 辑，台北：文海出版社，1967，第 149 页。

③ "致总署"，载王树枏编《张文襄公（之洞）全集 电奏》，沈云龙主编《近代中国史料丛书》第 46 辑，台北：文海出版社，1970，第 5494~5495 页。

此后的义和团运动期间，长江流域各省的排外热也颇为盛行。随着各地毁坏教堂、袭击传教士等事件的增加，长江上的外国军舰数量也成比例地增加着。依据日本海军 1900 年视察长江时所得到的情报，可知从镇江到汉口各港口皆有英舰驻泊①。次年 3 月，英德等国欲组成联合军远征，计划从北京入西安，再至长江经由上海北归，湖广总督张之洞接到消息后则以强硬措施来阻止之②。从中可以看出，此时期张之洞对防卫长江国防毫不松懈，对英国等列强本着对抗的态度。

1902 年 11 月，因刘坤一去世，张之洞接旨赴任两江总督，同时也接管了南洋海军。这是他任两广总督掌管广东海军以来，第二次统制清朝国家的近海海军。与外国近代式的舰船同时停泊于长江口或沿江港口的南洋海军各舰艇，多为 19 世纪七八十年代制造的旧船，老化现象严重，相比之下整体上显得陈旧落后。正是此种差距感促使刚上任的张之洞就立刻着手整顿南洋海军，拟定了裁撤旧船、购买新船的计划。

具体而言，裁撤旧船即在南洋所拥有的 12 艘军舰中，留用轮机运转状态较好的军舰"寰泰"号、"镜清"号，与运输舰"威靖"号、"登瀛洲"号等 4 艘，其他的舰船则一律接受整顿。依据此案每年预定可省下大约 20 万两的薪俸、粮食、燃料、修理等舰船维持费，十年间计可省下 200 万两左右。其后购买新船的方案为："（利用）此资金向海外有名造船厂定购数艘长江用新式浅水快船（炮舰）。废弃七艘旧船省下之费用大约即可购入六七艘新船，限三年期内完成，明定每年应付之金额，不必另筹集巨额资金即可。如此，二年半后可得新式军舰，以用于巡视、防卫长江。"③

按计划裁撤南洋海军中现有的旧船并不费事，而于甲午战争后赔付巨款，中央、地方财政极度困难的现实中，运用有限的资金购买新式浅水炮舰则需要慎重从事。在选择造船厂之际，张之洞在权衡外国造船厂的技术水准、对外关系等因素的同时，又兼顾了本国官营造船厂的发展状况。结

---

① 驻上海高雄舰长成田胜郎发海军大臣山本权兵卫电报，明治三十三年（1900 年）八月十一日，《高雄特第 10 号》，亚洲历史资料中心（东京），Ref.：C08040802600。

② 《上海方面庚分遣舰队派遣报告》，常备舰队司令官远藤喜太郎发海军大臣山本权兵卫电报，旗庚秘第六号ノ二，明治三十四年（1901 年）二月廿二日，亚洲历史资料中心（东京），Ref.：C08040805100。

③ 《裁停旧式兵船积存薪饷另造快船折》（光绪二十八年十二月十三日），1903 年 1 月 11 日，《张文襄公全集》（二），奏议 58，台北：文海出版社，1963，第 1031～1032 页。

果决定向海外购买 4 艘，对内（福建船政局）分派 2 艘。前者的海外造船厂在仔细比较英、德、日各国的浅水炮舰制造技术、价位等情况后，最终与日本神户的川崎造船所①签订了购买合同。自 1903 年 1 月起，张之洞与川崎造船所副社长川崎芳太郎在南京经过 1 个多月的交涉，达成了委托该厂建造排水量 525 吨、采用当时最先进技术的"江元"号炮舰的协议②。

"江元"号于 1905 年建成被编入南洋海军之时，张之洞已经回到湖广总督任上。虽然不在其管辖的范围内，而"江元"号却是张之洞对外购买舰艇的开端，也是中国向日本定购舰艇的嚆矢。从交涉方式、签订合同到交接、返航手续等，皆为日后的双方重新合作留下了范本。

联系以上的时代背景，就不难理解此后张之洞于 1904 年开始筹建湖北海军的原因。其一，张之洞拥有长年管理海军的经验，在其地方总督的任职期间里，无论是在广东沿海还是在长江流域都没有放弃过建设海军的构想。任职两广总督期间遭遇中法战争，湖广、两江总督任内又经历甲午战争，造就其以强兵维持东方和平局势的思想。如认为，"苟欲弭兵莫如练兵，海有战舰五十艘，陆有精兵三十万，兵日雄，船日多，炮台日固，军械日富，铁路日通，则各国相视而不肯先动……而东方太平之局成矣"③。其二，认识到长江流域英国势力的扩大，既带来地方统治的危机，也是影响清朝国家独立、安全的因素。英以长江流域为势力范围后，以保护本国居民安全等为借口，欲派军舰溯江而上的次数不断增加。而阻止英舰行动的有效措施就是拥有与之实力相当的海军。从张之洞评价国防与海军的关系，即"国家不能无国防，国防不能无海军"④一语中即可窥见其对海军的重视。其三，从东南互保的经验中，体会到早期建设长江海军的重要性与必要性。沿江各省鉴于地理上的因素，海陆军事力量若不并重，特别长江口及其沿岸若无海上、江上的防卫力量，维持地方安定与和平必不可能。

---

① 神户川崎造船所，前身为 1869 年设立于加贺藩的"兵库制铁所"与 1881 年川崎正藏在神户创建的"川崎兵库造船所"。1886 年二者合并形成川崎造船所。与三菱造船所同为日本民间造船所的代表，另兼钢铁、汽车、飞机制造工业等。

② 参见拙著《甲午战争后重建海军与导入日本模式的尝试》（『日清戦争後の清朝海軍の再建と日本の役割』），《军事史学》第 42 卷第 2 号，2006 年 9 月。

③ "非弭兵第十四"，《张文襄公（之洞）全集》，沈云龙主编《近代中国史料丛刊》第 49 辑，台北：文海出版社，1970，第 14618～14619 页。

④ 沈鸿烈：《消夏漫笔》，未刊稿，台北："中央研究院"近代史研究所藏，第 21 页。

在筹建长江防卫舰队之际，按中国既往的惯例，多借鉴欧洲英德等国的海军经验。然而，张之洞选择的是继续与日方合作的途径。这就使中国最早的日本模式海军的出现有了可能。以下具体分析湖北海军诞生的颠末。

二　对日定购湖北海军的舰艇

（一）定购舰艇交涉始末

日俄战争爆发的 1904 年，沿江海防吃紧，特别是各国舰船频繁进出的长江口，警备任务日益紧迫。

1904 年春，日本各家报纸纷纷传出张之洞欲购买鱼雷艇等消息。

同年 9 月 14 日，汉口日本领事馆派遣中畑书记生与张之洞幕僚汪凤瀛会面，呈上川崎造船所制造的鱼雷艇的照片、图案资料等，极力劝诱与该厂再次合作。从与汪的谈话中，中畑了解到一俟筹集经费的方法解决后，张之洞将尽快着手建造所需的舰艇。同月 22 日，汪氏即奉张之洞之命，给中畑送来秘信，欲请其来总督署密商建造小炮舰一事。23 日，中畑回访汪氏，汪氏以张之洞之命传达了以下之事。即张之洞欲向川崎造船所订造以前在两江总督任内所订造的同一类型的江河用小炮舰 4 艘，且希望能快速建造完工[①]。并提及，前次在两江总督任内向川崎造船所订造炮舰之际，当时曾得该造船所代表的许诺，即"将来若添造同样的小炮舰，将提供格外公平的价格等"[②]，为此今后将派遣适当的代表进行商议等。

张之洞要求到合同缔结成功为止，双方的商议不应对外公开。张之洞还强调此件由其本人单独筹划，湖北其他的官宪并无一人知道。之所以采取机密的方式，主要为了避开反对意见与干扰等。当时，福建船政局的船政大臣为发展国内造船业已经向朝廷上奏在案，要求今后各省所欲订造的大小舰船必须由该厂来承造。另外，前一年与川崎造船所交涉订造炮舰一

---

① "张之洞让川崎造船所制造小炮舰之件"（『張之洞カ川崎造船所ヲシテ小砲艦ヲ製造セシメントノ件』），驻汉口领事官辅佐吉田美利发外务大臣小村寿太郎电报，明治三十七年（1904 年）八月二十四日，机密第 38 号，《有关各国向帝国订造舰船以及承揽计划杂件（大清之部一）》（『各国ヨリ帝国ヘ艦船建造方依頼並ニ同引受計画関係雑件（清国ノ部一）』），外务省外交史料馆史料，5.1.8.30-1。

② "张之洞让川崎造船所制造小炮舰之件"。

事时，曾受到布政使等人的反对、阻碍而致造舰的进展遭拖延。

而张之洞要求日方守秘的另一个理由则是基于当时的中央地方关系以及经费支出等问题。事实上，此次造舰的费用将不依赖户部拨款，而完全取自湖广地区的财政收入，其目的是用湖广地区自己的财源来建造一支完全统属于湖广总督支配的舰队。具体而言，建立这支湖北舰队所需的资金，主要来源于本地商人的捐款、盐税以及贷款等。

于此种机密的状态下，张之洞与川崎造船所之间的第二次订造舰船交涉得以顺利地展开。1904 年 11 月，双方代表在武昌缔结了建造长江用浅水炮舰 6 艘、二等鱼雷艇 4 艘的合同。即《订定合同》一文。

该合同共 15 款，并附有船身构造图等。由大清国总办湖北善后总局代表湖北候补道札勒哈哩、湖北布政使李岷琛等 7 名官员奉湖广总督张之洞的命令，会同日本驻汉口领事永泷久吉与神户川崎造船所的特派委员四本万二，在武昌订定。

合同规定预定建造的舰艇必须与日本以及其他各国同类型的舰艇式样相同、装备无异。其结构、性能如下①。

（1）6 艘浅水炮舰

长 200 英尺、宽 29.5 英尺、船舱深 14 英尺、吃水 8 英尺、排水量 740 吨、马力 1350 匹、航速 13 海里等。

（2）4 艘二等鱼雷艇

长 40 法尺 100、宽 4 法尺 940、船舱深 2 法尺 50、吃水 1 法尺 110、排水量 96 吨、马力 1200 匹、航速 23 海里等。

在制造与交船方面，合同又有如下的明确规定。在以上 10 艘舰艇的制造期内，由湖广总督派 1 人以上的监督委员常驻该厂内，负责查验、督造各项工程的进展状况，并监督厂方使用最优质的材料等。当时中方的监督委员即饶怀文。交船时期分两期，第一期于合同签押后 26 个月内完工交炮舰 3 艘、鱼雷艇 1 艘；第二期则于之后的 9 个月内完成另外 5 艘舰艇。

另外，中方须承担的义务则是，总计 393 万日元（浅水炮舰每艘 45.5 万日元、鱼雷艇每艘 30 万日元）之 10 艘舰艇的订造价格，全额分 5 期应于期限内付清。

---

① 《订定合同》，1904 年 11 月 2 日，同第 304 页注① "张之洞让川崎造船所制造小炮舰之件"。另，1 法尺约为 32.5 厘米。

依据此合同，可以预见此后两年之内便会有最新式的浅水炮舰等出现于长江之上。

（二） 湖北海军的编成

川崎造船所的建造工程进展得非常顺利。1906 年 6 月 28 日，"楚泰"号首先在该厂进水。之后至 1907 年 11 月为止，预定订造的其他 5 艘炮舰"楚同"号、"楚有"号、"楚谦"号、"楚豫"号、"楚观"号等，与 4 艘二等鱼雷艇"湖鸭"号、"湖鹗"号、"湖隼"号、"湖燕"号等皆陆续完成了进水仪式[①]。

1907 年初，"楚泰"号、"楚同"号、"楚有"号 3 艘已竣工的炮舰，由道员李孺等前往验收。在神户完成交接手续以后，雇用以北野舰长为首的 31 名日方海员将之驾驶到上海的长江口，再溯江而上经由南京，于 3 月 28 日安全抵达汉口。4 月 20 日，接受张之洞视察检验。张率领阖城的文武官员登上"楚同"舰，仔细检阅了三舰的构造后，又让它们溯江而上到上游 10 余里处，察看轮机运转状况、航行的速度等，结果颇为满意[②]。

检阅完毕收下三舰后，张之洞并没有让日方担任返航的人员立即回国，一面热情犒劳他们，一面则挽留上述包括舰长、轮机长、下级海员在内的 31 名日方人员全体暂时逗留汉口，继续管理、维持该三舰的运转。很明显，因这是长江上的第一支近代式舰队，能够操使、驾驶该舰队的湖北方面海军人员尚未具备。由上文张之洞在梦寐以求的炮舰抵达后却未立即检视接收，而拖延了 20 多天即可推测到此原因。

按合同本该与炮舰同行到汉口的两艘鱼雷艇"湖鹏"号、"湖鹗"号，因 3 月份海上风浪大风险高，张之洞同意其延期返航。6 月 27 日，两艘鱼雷艇在日本海军少校相羽恒三、轮机少校松岛纯节等指挥下返航到汉口，与前次同样返航员皆为日方人员。张之洞亲临检视，又坚持检阅鱼雷发射状况后（在神户已经试验过），才将之接收下来。同样也挽留返航员中一等水兵、轮机兵

---

① 株式会社川崎造船所：《川崎造船所四十年史》（1936 年的翻印版），ゆまに书房，2003，第 298 页。

② 《湖北海军之件》（《湖北海軍二関スル件》），林外务大臣发斋藤实海军大臣，明治四十年（1907 年）七月二十二日，机密第 11 号，亚洲历史资料中心（东京），Ref.：C06091975800。

各 1 名在汉口继续管理两艇。此即组成湖北海军的最初 5 艘舰艇。

日方海军人员逗留汉口期间也是张之洞召集、配置各舰艇人员的缓冲期间。作为确保人才的暂时措施，其间张之洞从北洋海军中调来海军将校充当各舰艇的舰长，而舰上的普通水兵，则从湖北陆军，特别是陆军小学堂学生中挑选年轻且有学历的人，让其乘船接受实地训练后即开始勤务。

1907 年，按合同第二期建造的其余 3 艘炮舰、2 艘鱼雷艇也于期限内竣工，于第二年返航到汉口。以汉口为基地，一支拥有 10 艘最新式河川用之舰艇的海军——湖北海军得以编成。

虽说这只是支河川上的舰队，但从舰艇的构造、武器装备到管理系统等，完全采以日本模式。所以说湖北海军就是中国最早导入日本模式的海军。该舰队的舰艇从开始订造到付诸使用，前后仅花费了三四年的时间，此种高效率在清末不能不说是一个奇迹，同时也反映出张之洞果断、精明强干的作风。然而，这支当时最精锐的河川舰队是在一个地方官吏的主导下被建立起来的，此后又完全置于地方官吏的统辖下，这种情形自然便引起清朝中央统治者的猜忌。1909 年 9 月，湖北舰队即遭到清朝中央的收编，与部分南洋舰队的舰船被合编为长江舰队，直属筹办海军事务处管辖。

然而，张之洞所开启的中国与日本神户的川崎造船所之间的合作关系，之后在宣统年间政府重建海军之际又得到了继承。清末向日本订造、民初返航到中国的炮舰"永翔"号（900 吨），即川崎造船所继湖北海军之后又为中国所建造的一艘炮舰。1913 年初，它与姐妹舰"永丰"号（长崎三菱造船所建造，1925 年改名"中山舰"）抵达中国后，随即被编入北京政府的海军第一舰队，之后于"护法运动"中积极支援南方政府的活动等，在民国史上发挥了重要的作用。

三 日本模式海军人员的养成

（一） 对日派遣海军留学生

当在川崎造船所订造的第一期舰艇返航到汉口时，湖广总督张之洞尚未准备好操使这支舰队的海军人员。召集海军人员自然成为当时的最急之务。张之洞也为此事已经操心了几年，思考过对日派遣留学生、建立海军学堂、招聘日本教习或顾问等方法，或已付诸实施或未实施的，都还未见到成效。

　　对日派遣海军留学生，是张之洞培养海军人才最初设想的途径。1904年在与川崎造船所交涉定购舰艇的同时，也开始实施对日派遣海军留学生的计划。

　　在日本，培养海军将校的专门机构叫海军兵学校①，除战时以外每年只收几十名学生入学，规模不大。早在1899年大清北洋大臣袁世凯追随陆军之后，首次派遣5名海军学生赴日本要求进入该兵学校学习。日本海军省以本国有敕令在先，"海军兵学校是专门培养帝国未来海军将校的机构"② 为理由，拒绝接受这批学生入学。所以，在此之前该学校并没有招收过外国留学生。

　　前文中1904年11月，张之洞与川崎造船所成功地缔结了造船合同，使对日派遣留学生的环境发生了变化。随后，张为了培养各舰艇的航海、轮机人员，即委托驻扎汉口的日本领事永泷向日本海军、外务部门询问派遣海军留学生的可能性等事项。张在了解日方的海军兵学校不接收外国学生的情况下，提出"若向贵国派遣留学生的话，哪所学校肯接收、教育他们？鱼雷班的学生能否进入贵国水雷团接受训练？"③ 等。由日本外务省转达海军省、逓信省（邮政、电信）共同协议后，1905年2月18日得出结论，先让大清海军学生进入逓信省管下的商船学校，学习海军士官所必备的一般知识，修业后再进入海军省属下的有关练习所（海军技术专门学校），接受作为将校、轮机士所必备的武科、轮机科教育。如此并无任何障碍。

　　对于日本海军省来说，这是一个重大的决定，所以对不久之后就要来日的第一批大清海军留学生特为留意，就学生们的入学资格等另做出以下的规定。

　　入学资格：通晓日语，具有听写能力。算术程度需达到普通中学毕业水平。

----

① 日本的海军学校，分直接培养士官的海军诸学校与对士官、特务士官、准士官以及下士官实施技术教育的技术科学校两种。前者有海军兵学校、海军机关学校等，直辖于海军大臣，后者有海军炮术学校等，由所在地镇守府司令官管理。海军兵学校的前身为1869年创设于东京筑地的海军操练所，1876年改称海军兵学校，1888年移址广岛县的江田岛，1945年废止。〔日〕外山三郎：《海军》，东京堂出版，1995，第44~45页。

② 海军大臣山本权兵卫发外务大臣青木周藏电报，受第8929号，明治三十二年（1899年）七月十五日，外务省外交史料馆收藏，3.10.5.3-3。

③ 《关于张总督派遣海军学生之件》（『張総督海軍学生派遣ニ関スル件』），汉口领事永泷久吉发外务大臣小村寿太郎，送第十九ノ二号，明治三十七年（1904）十二月二十日接收，外务省外交史料馆收藏，3.10.5.3-3。

考试科目：日语会话，日语听写，数学（含算术、代数、几何、三角等）。

学习年限：专业课程 1 年半，实地训练 2 年。①

同月，以上决定由汉口领事转达给张之洞。对中方而言向日本派遣的海军留学生，也是首次，上奏清朝中央，再由中央裁决乃为必经的渠道。由张之洞开头的对日派遣海军留学生一事，之后正式的交涉便在中日两国政府的外交代表之间进行。

就海军留学生接受教育的途径一事，清朝中央希望援陆军之例办理，即由普通学校而递升到士官学校的方式。5 月，驻日公使杨枢询问日本外务大臣小村寿太郎"可否援照陆军办法特许敝国学生附学，倘蒙允许，请将应入何校递升何校一并详示"②。杨公使得到的回答即与上述海军省的决定一样。之后，中方也无异议。双方就商船学校的学习年限、海军练习所的学习年限、各校的学费、接收的人数等各项内容进行了具体的协议。1905 年 7 月 13 日拟定的新协议中，除入学资格、考试科目等内容不变外，另修改、增添了以下各项目的内容，即商船学校修业年限为 4 年（专业科 2 年、实地演习 2 年），商船学校学费为每月 25 日元，入学年龄为 16 岁至 25 岁，接收学生总数为 70 名等。

首次向日本派遣的大清海军留学生皆为政府的公费生，预定将从全国各地挑选合格者。而从结果来看，张之洞为了给湖广地区争取更多的留学生名额费了相当大的工夫。在其努力下，清朝中央练兵处（1903 年设置的新式陆海军管辖机关）第一次派出的留日海军学生中，湖广地区籍贯的人约占了三分之一，其余则为烟台水师学堂学生 22 名，以及江南水师学堂学生 12 名等。③

1906 年 4 月 27 日，刘华式、郑礼庆、凌霄等 65 名海军留学生顺利抵达日本东京。其后稍晚一些又有 5 名留学生到达东京。此即清政府第一次向日本派遣的 70 名海军留学生。同年 5 月 31 日，全体留学生于商船学校航海科专业正式入学。

---

① 海军大臣山本权兵卫发外务大臣小村寿太郎电报，明治三十八年（1905 年）二月十八日接收，官房第四五一号ノ四，外务省外交史料馆收藏，3.10.5.3-3。

② 驻日公使杨枢发外务大臣小村寿太郎电报，第 126 号，光绪三十一年四月初六（1905 年 5 月 9 日），同月 9 日接收，受第 6361 号，外务省外交史料馆收藏，3.10.5.3-3。

③ 包遵彭：《清季海军教育史》，台北：国防研究出版部，1969，第 112~113 页；海军军令部编纂《留日中国海军武官的现状　1924 年 6 月调查　附留学概况》（『留日支那海军武官ノ现状　大正十三年六月调　附留学概况』），1924 年 7 月，东洋文库（东京）收藏。

如此，清政府对日派遣海军留学生这个多年的夙愿终于在张之洞的引导下得以实现，让中国海军学生接受日本海军教育，于日本培养中国海军人才的政策便有了开端。

清朝派遣的第一批海军留学生在商船学校经过 2 年的学习，到 1908 年夏季陆续修完了该校所定的专业课程，接下来就进入接受海军武科、机关科等实地训练的时期。1909 年 11 月 1 日，按学习程度的高低，谢刚哲、刘华式等 8 名作为首期被许可升入日本海军技术学校学习的留学生们，于横须贺的海军炮术学校（前身为炮术练习所）正式入学，专攻航海科课程。日本海军省强调大清留学生的身份待遇及其应恪守的纪律等，在校中与日本海军学生，在航海练习中与日本海军士官候补无异，留学生接受海军省以及海军教育本部的直接管理等①。

当第一次派遣的 70 名海军留学生逐渐走上学习的轨道后，继之，1908 年 6 月清政府第二次又派遣了 25 名海军学生赴日留学。第二批留学生于商船学校入学后，主攻轮机科的课程。与第一批留学生一样，他们于日本接受教育的过程将为 3 个阶段，即接受商船学校的基础教育、海军技术学校的实地训练与乘舰航海练习等。

按入学海军炮术学校的先后顺序，可知两批海军留学生中的湖广籍学生之总数，即表 1 所示。

表 1　海军炮术学校湖广籍的留日海军学生

入学期别（人数）	姓名（出生地）
第一期（8）	刘华式（湖南新化）
第二期（23）	姜鸿澜（湖北襄阳）、刘田甫（湖北沔阳）、杨征祥（湖北宜昌）、姚葵常（湖北罗田）、沈鸿烈（湖北安陆）、哈汉仪（湖北汉阳）、李右文（湖南衡州）、姜鸿滋（湖北襄阳、姜鸿澜兄）、杨启祥（湖北宜昌、杨征祥弟）、宋式善（湖南长沙）、黄健元（湖北宜昌）、张楚材（湖北安陆）、童锡鹏（湖南长沙）、尹祚乾（湖南芷江）、陈华森（湖北荆门）、萧举规（湖南湘乡）

---

① 《关于大清海军学生管理规程》（『清国海軍学生取扱規程ニ関スル件』），海军大臣斋藤实发桂太郎首相电报，1909 年 10 月 30 日，官房第 3694 号，《明治四十二年　公文类聚》第 33 编第 13 卷，1909 年，亚洲历史资料中心，Ref. A01200048000。

续表

入学期别（人数）	姓名（出生地）
第三期（33）	范腾霄（湖北利川）、王时泽（湖南长沙）、严昌泰（湖北兴山）、李静（别名毓麟、湖南桂阳）、任重（湖北武昌）、胡晁（湖南宝庆）、范熙中（申）（湖北汉阳）、戴修鉴（湖南常德）、宋复九（湖南常德）、杨宣诚（湖南长沙）、李刚（别名大倬、湖南桂阳）、郭家伟（湖南长沙）
第四期（25）	张萬然（湖南长沙）、王道植（湖北宜昌）、张振曦（湖南长沙）、高凤华（湖北武昌）、黄锡典（湖南永顺）、易定侯（湖北德安）、李振华（湖南长沙）、＊黄承羲（湖北汉阳）

注：第四期学生中带＊记号者为中途退学。

出处：根据海军军令部编纂《留日中国海军武官的现状　1924年6月调查　附留学概况》（『留日支那海軍武官ノ現状　大正十三年六月調　附留学概況』），1924年7月，东洋文库（东京）收藏；以及《商船学校一览》，商船学校刊（东京），1912，第285页等，笔者制作。

若以这些留日学生全数配置湖北海军各舰艇的话，于人数上足够解决一时的人才危机。事实上却存在着提供人才的时间问题，对1907年3月已浮于汉口江面的湖北舰队来说，无疑是望梅解渴而已。张之洞也于派遣留日海军学生的同时，另策划建立海军学堂和招聘日本海军顾问、教员等来解决海军人才等问题。

（二）招聘日本海军顾问、教习

早在1906年5月，当向川崎造船所订造的湖北海军第一期炮舰即将迎来下水之日时，人才奇缺的问题也日趋表面化。

熟知此情况的驻清日本外务人员、海军人员等纷纷给张之洞出谋献策，概括其中心议题即建议招聘日本海军士官，任职于各舰艇并承担教练中方人员的任务。同时期在汉口访问的驻清公使内田康哉（1865至1936年，1901年11月至1906年7月任驻清公使）和海军上校釜屋向张之洞作了如下的建议。即"为了解决急需的人才问题，每艘舰艇可聘用我海军士官二三名，准士官二三名，另一方面可同时招募壮丁，实施实务训练等，此乃最方便的方法"[1]。

---

[1] 《关于湖北海军训练之件》（『湖北海軍訓練ニ関スル件』），驻汉口领事水野幸吉发外务大臣林董电报，明治三十九年（1906年）五月三十一日，机密第19号，六月十三日收，《有关外国政府机关雇用本邦人杂件　大清之部》（『外国官庁ニ於テ本邦人雇入関係雑件　清国ノ部』）第4卷，外务省外交史料馆收藏，3.8.4.16-2。

此为招聘日本海军士官，让其直接参与湖北海军的管理之法。

汉口日本领事水野幸吉在寄给国内的报告文件中说，张之洞对此办法大为赞成。而从之后的事实来看，张并没有采纳这种看似有效的方法。张对水野的回答也只停留于眼下湖北财政困难，需要确实调查经费状况等而已。

另一方面，作为中国通的水野对此事的成功抱很大的希望。一面加紧联络张之洞，一面又向国内做工作，劝说海军大臣斋藤实如果日本的海军士官、准士官有应聘的余力，于此时正是让应聘问题被提出讨论、得到认可的好时机。而更重要的是关系到日本的国家利益。水野在发给海军大臣的电报中明确指出，从表面上看"湖北海军的实权为我方所掌握，日本帝国所获得的利益，结果也只停留于维持大清中部地区的自强与领土保全等而已"，而从长远来看，眼下大清地方有实力的督抚们相互暗斗、割据一方，此时日本若能于其中某一方扶植势力的话，将来必能使日本的势力渗透得更深、扩大得更广。掌握湖北海军的实权，"使之成为于南北洋海军中扶植我海军势力的机会，即使将来湖北海军为南北洋海军所统一，也会成为我国训练大清全体海军舰队的先声。综观东方局势，我国获得的利益岂止只是纯粹的使大清国自强，领土保全呢？"[①]

让日本海军人员接受湖北海军聘雇之事，对于日方来说乃属首次。海军大臣斋藤实并没有犹豫，很快就做出指示，"清国湖北希望聘用我海军将校、准士官充当新造舰艇的海员之件，可以在附上适当的条件下应聘，此件请着手办理"。并补充，应聘者除将校、准士官之外，在必要的时候下级军官也可应征[②]。至此，可以说日方政府、军方对派遣海军士官参与湖北海军的管理一事，达成了一致的意见。

接下来，就是催促张之洞早日下聘请的决心了。1907 年 1 月，水野在与张之洞的谈话中，再次强调"聘用我方人员担任各舰艇的重要职位，对湖北海军教授技术与施行舰上实务训练，此不仅是维持湖北舰队良好的运

---

① 《关于湖北海军训练之件》（『湖北海軍ニ関スル件』），林外务大臣发斋藤实海军大臣，明治四十年（1907 年）七月二十二日，机密第 11 号，亚洲历史资料中心（东京），Ref.：C06091975800。

② 海军大臣斋藤实发外务大臣林董电报，官房机密第 302 号／2，明治三十九年（1906）8 月 9 日收，《有关外国政府机关雇用本邦人杂件 大清之部》（『外国官庁ニ於テ本邦人雇入関係雑件 清国ノ部』）第 4 卷，外务省外交史料馆收藏，3.8.4.16–2。

转状态，又是培养海军人才的捷径"①。对于此种露骨的提案，张之洞没有正面表示反对，却以雇用外国海军将官担任各舰重要部门的职务，势必招致其他国家的猜疑与本国一般民众的物议等为理由，一时搪塞敷衍了事。

张之洞乃为一深谋远虑的人，也许此时对解决湖北海军人员一事早有心案，即比起聘请日本海军士官，让其参与舰艇的管理，只招聘海军顾问或者海军教官来协助湖北海军将更为适当。这一点从之后行动中就得到了证实。

事实上，同年3月当川崎造船所竣工的第一期炮舰返航到汉口时，湖北方面并没有准备好接替的中方海军将校、水兵等。于是，便有了上文中所提到的张之洞临时挽留日方返航人员继续维持舰艇的事实。

而最早受邀担任中国海军顾问的是驻上海日本海军军令部副海军少校平井德藏②，在职仅仅两个月。张之洞聘请平井的目的是，请其担任暂留在汉口的日方海员的总管与咨询委员。此事自然得到日本海军省的许可，因是日本海军军人首次接受聘请，而叮嘱其在缔结契约时要审慎。军令部也酌情下令调平井改驻汉口，为湖北海军做力所能及之事。平井于5月13日向湖广总督递呈了一份建议书，就湖北海军的管理与将校的养成等，提出最完美的方法即聘请日本海军将校，担任学校教育与舰艇实地练习的教习；其二让少数日本海军人员于舰艇上实地教练中方人员。③ 张之洞接受平井的建议书后，却没有立即将之付诸实施。汉口领事水野到此也认识到张之洞在聘请平井少校当顾问，以及对湖北海军的将来前途等是深思远虑的。6月，平井因家事紧急回国时，汉口领事水野还向张之洞一方表示，即使平井少校不能再回来，也可以派遣其他适当的人员来汉口。事实上，自平井顾问回国后，张之洞就没有计划继续聘请日本海军顾问。

---

① 《关于湖北海军》（『湖北海軍ニ関スル件』），驻汉口领事水野幸吉发外务大臣林董电报，明治四十年（1907）一月二十三日发，机密第4号，二月五日接收，机密受第106号，前引外务省外交史料馆史料，3.8.4.16-2。

② 平井德藏（1870~1935），生于日本三重县。1889年10月入学海军兵学校，1894年以少尉候补生的身份参加中日甲午战争的丰岛海战，1904年参加日俄战争任"浅间"号军舰的鱼雷长，同时晋升少校。1907年2月起约5年间以军令部属员的身份被派驻上海，晋升中校。东亚同文会馆编《续对支那回顾录》（下），原书房，1973，第415~416页。

③ 《湖北海军之件》（『湖北海軍ニ関スル件』），林外务大臣发斋藤实海军大臣，明治四十年（1907年）七月二十二日，机密第11号，亚洲历史资料中心（东京），Ref.：C06091975800。

同月底，鱼雷艇"湖鹏"号、"湖鹗"号由日本海军少校相羽恒三等指挥返航到汉口。汉口领事水野将相羽少校介绍给张之洞，并提及其在日俄战争时生擒俄将的经历。张之洞大为所动，而对相羽特别注意并产生信赖感。这就是促成之后相羽受聘为湖北海军学堂的教习一大因素。

当时应聘来中国学校任教的日本教师被称为"日本教习"①。在湖北地区，张之洞自 1896 年起已经在铁路、武器制造工场、农业、各类学校等部门聘雇了不少日本技师、教习②。而为湖北海军聘请教习却非同寻常。

张之洞重新拟出的方案，即招聘日本海军军官到湖北任教，湖北方面"在陆上组织海军学校，让其教授海军技术知识，并且随时到舰艇上施行实务教育等"③。1907 年 10 月 11 日，日方通知湖北方面"海军省决定让少校相羽④以及另一名轮机大尉接受应聘"⑤。

然而，就在两个月前，张之洞却接到朝廷的命令，封其为体仁阁大学士，迅速进京赴任。清朝中央的这种决定，即出自让张之洞脱离湖广地区，削弱日益强大的地方势力，以进一步加强中央集权化统治的意图。接任张之洞的是赵尔巽，当看到后任总督赵尔巽继承了张之洞的诸政策后，驻汉口领事高桥橘太郎即作出判断，让海军少校相羽、轮机大尉吉川⑥即刻来湖北赴任一事，并不会有任何障碍。所以高桥领事催促日本国内的有关部门

---

① 有关日本教习的日文资料，详见〔日〕卫藤沈吉、李廷江编著《近代在华日人顾问目录》，中华书局，1994。

② 黎仁凯等：《张之洞幕府》，中国广播电视出版社，2004，第 150~162 页。

③ 《关于湖北海军》（『湖北海軍ニ関スル件』），驻汉口领事水野幸吉发外务大臣林董电报，明治四十年（1907）一月二十三日发，机密第 4 号，二月五日接收，机密受第 106 号，前引外务省外交史料馆史料，3.8.4.16-2。

④ 相羽恒三（海军中校，1871~1918），旧盛冈藩士相羽恒的第三子，1889 年于海军兵学校入学，1894 年参加中日甲午战争，1900 年庚子事变之际，赴华北担任警备任务。后历任"明石"舰炮术长、吴水雷团分队长等。日俄战争中担任驱逐舰"涟"舰舰长。1908 年 1 月供职海军省。同年应聘前往大清。1911 年晋升中校。对支功劳者传记编纂会：《对支回顾录》下，1935，第 1242~1243 页。

⑤ 外务大臣林董发驻汉口领事高桥橘太郎电报，1907 年 10 月 11 日，第 69 号，电送第 2848 号，前引《有关外国政府机关雇用本邦人杂件　大清之部》，外务省外交史料馆史料，3.8.4.16-2。

⑥ 吉川力（海军轮机中校，1877~1932），旧仙台藩士吉川兵治的长子。1896 年于横须贺海军机关学校入学。1900 年海军升海军轮机少校，任职"明石"舰，庚子事变时随"明石"舰赴中国担任警备任务。日俄战争中出征，历任"出云"舰分队长、"大凑"舰施工队轮机长等。1907 年 10 月供职海军省，翌年 1 月应聘于大清。归国后，1913 年配属吴镇守府，升海军轮机中校。对支功劳者传记编纂会：《对支回顾录》下，1935，第 1243~1244 页。

让他们快些成行①。

　　同年 12 月 23 日，以高桥领事为介绍人，湖北教练处总办齐耀珊为主聘人，日本海军少校相羽恒三、轮机大尉吉川力为受聘人，双方缔结了雇用合同。依据合同，相羽、吉川分别担任陆军小学堂附属海军驾驶学堂与海军轮机学堂的教习，受雇者"接受督宪以及教练处总办的管辖"，授业时间为每周 24 小时，相羽与吉川的月薪分别为 350 两、300 两，聘用期限为 2 年等。此外，该合同还附有其他各种详细的规定，如交通费、医疗费、住宿费、薪金以外报酬的支付方法与辞、退职手续等②。

　　相羽在湖北任职期间，除了在课堂上授课外，也担任实地教学任务等。在舰艇上授课时，相羽向湖北舰队人员同时"传授日本海军的技术与军人精神等，因为舰队人员必须拥有严格的军纪与熟练的操船技术。这样，湖北舰队虽然仅接受了一年的训练与教育，在许多方面都令人刮目相看，总督不断给予赞扬与表示感谢"③。1908 年 5 月，在川崎造船所订造的第二期鱼雷艇竣工后，相羽还接受委托参与了返航工作，并成功地引导鱼雷艇溯江而上抵达汉口，再交付给湖广总督一方。另一位教习吉川在其任期内用新方法训练湖北舰队，使将校操纵轮机与使用鱼雷的技术大为提高，整个舰队面目为之一新。其本人也于任期中晋升为轮机少校。

　　1909 年 11 月，在清朝中央统一全国海军的运动中，湖北海军驾驶学堂与海军轮机学堂也遭封锁，相羽、吉川两教习刚好合同期满，而踏上了回国的归程。

　　以上可见，从拒绝聘请日本海军士官参与舰队管理，到短期招聘日本海军顾问，再到聘请日本海军军官学堂教习，张之洞煞费苦心来解决湖北海军的人才问题。最后聘请日本海军教习一事，虽然历时并不长，又属于张之洞离开湖广总督职位后的地方事务，而从清末数十年海军建设的历史来看，这却是张之洞开启的招聘日本教习之最初的尝试。④

---

① 驻汉口领事高桥发外务大臣林董电报，1907 年 10 月 29 日发，同 30 日着，第 129 号，前引外务省外交史料馆史料，3.8.4.16-2。

② 《寄送相羽少佐、吉川大尉合同复印件》（『相羽少佐、吉川大尉合同写送附ノ件』），驻汉口领事高桥发外务大臣林董电报，明治四十一年（1908 年）一月九日，送第 4 号，受第 1350 号，前引外务省外交史料馆史料，3.8.4.16-2。

③ 对支功劳者传记编纂会：《对支回顾录》下，1935，第 1242～1243 页。

④ "大清雇用本邦人名表"（"清国傭聘本邦人名表"），《清韩国国状一斑》，防卫省防卫研究所图书馆收藏，1909 年 9 月，第 587～588 页。

结　语

　　中国近代海军发展史上存在过两次建设高潮：一为甲午战争前 19 世纪七八十年代以日本为假想敌的建设时期；二为宣统年间尝试导入日本模式的重建海军时期。而促使清末重建海军之际导入日本模式的先驱即张之洞。张之洞于湖广总督任上的 1904 年开始创建长江防卫的近代史舰队——湖北海军，从舰艇的制造、装备，到培养使用该舰艇的海军人才，无一不借鉴日本海军的经验。湖北海军即清末导入日本海军建设模式的嚆矢。

　　张之洞鉴于长江国防的需要，而决定独自建设一支河川、沿海用的海军，并选择了日本海军建设模式。其原因可归纳如下：（1）对甲午战争之战胜国——日本的向往心理。张之洞习性不拘于旧习，易于接受近代化的东西。可以推测张同样对战胜国的海军组织、技术等充满了向往。（2）拥有以往与日本陆军合作的基础，对日怀有亲近感。1898 年起，张之洞开始招聘日本陆军将校为顾问，向日本派遣陆军留学生，并按照日本陆军体制来建设湖北新军等，双方合作关系甚为融洽。[①]（3）现实中的合理性与高效率。江河用的舰艇不宜远洋航行，向欧洲等远距离国家订购并非合理。日本除了距离近、价格低外，如张之洞所理解的于亚洲率先成为近代化国家的日本已高度吸取了西欧近代技术、社会体制的精华，直接效仿日本则会收到好效果。然而，张之洞肯定日本的近代化、借鉴日本海军的经验，同时却不被其所左右一事，更值得重新评价。1906 年以后围绕聘请日本海军士官、顾问或教习的问题，最终拒绝了日方海军人员直接参与舰队管理一事，即为一个好例子。

　　1909 年，受清政府中央集权化政策的影响，湖北舰队被迫接受合并归属中央管辖，被改编为长江舰队。而经由张之洞一手导入的日本因素，却因此在中国海军全体中扎根下来。由湖北海军的舰艇构成的长江舰队，之

---

①　参照李廷江《日本军事顾问与张之洞——1898～1907》，『アジア研究纪要』第 29 号，2002。另见，『19 世纪末中国の日本人顾问——「李鸿章工作」と「张之洞工作」を中心に』、《戊戌维新前后的中日关系——日本军事顾问与清末军事改革》，『近代中国における日本人顾问（1882–1945）』、平成七年度～平成九年度科学研究補助金（基盤研究（B）(2)）研究成果報告書，1999 年 3 月，研究代表者李廷江。

后于民国时期作为中国海军主力的一部分，一直服务到抗日战争爆发为止。
于人才方面，留日海军学生回国后为民国海军注入了新鲜的血液。特别是
1920 年代张作霖创设的东北海军中，组成骨干力量的沈鸿烈等人即留日海
军学生。而于中日关系方面，两国海军交流也使日本海军孕育出诸如秋山
真之、八角三郎等中国通或亲中派的军人，他们自清末重建海军初期开始
就与中国密切往来，能比较正确地理解中国的国情，并主张支援清政府重
建海军的活动等。于中日双方都涌现出熟知对方国家海军状况的军人这种
事实，即促成清末中日两国出现友好关系、中日海军关系持续发展的一个
重要条件。

（本文为 2011 年 9 月 16 日在清华大学召开的近代
中国社会变革与日本国际学术研讨会的会议论文）

法政速成科与清末中国

日本岛根县立大学　李晓东

一　进士留学生

1906 年 10 月，在法政大学的杂志《法学志林》中刊载了这么一条消息："清国北京进士馆这回变更制度举其学生（进士）托我法政大学实施法政教育。曩由进士馆教头严谷博士与法政大学交涉，更经清国学部与滞清中的梅总理熟议，至今回由清国公使馆正式发出入学介绍信。进入补修科三十七人加上另项记载的进入第五班的五十八人合九十五人，均为有学识有地位的清国绅士。"①

进士馆于 1904 年由清政府设立，规定 35 岁以下的进士进入该馆接受三年的再教育以补充新知识。在开始向日本派遣留学生的 1906 年，进士馆已更名为京师法政学堂，学堂分预科与本科，预科教授日语，本科用日语教授法律政治知识，由日本的法学博士严谷孙藏担任学堂的教头。学堂的教育目的在于"造就完全法政通才"，亦即培养具有近代法律政治知识的官僚，而留学日本就是为达此目的的一环。

1905～1906 年间，留日的中国学生人数将近万人，达到了高潮，这与清末废科举、日本在日俄战争中的胜利等因素都有着直接的关系。为追求新的功名，为探寻通过立宪强国的方法，留学生大举赴日。同时，1906 年也是清政府上谕预备立宪的年头，向法政大学派遣进士留学生正是在以上的背景中实施的。进士作为传统中国的精英，被如此大规模地派往日本接

---

① 法政大学大学史料委员会编《法政大学史史料集》第 11 集（《法政大学史清国留学生法政速成科特集》，以下简称《史料集》），1988 年 3 月 31 日，第 148 页。

受再教育可以说具有重大的象征意义。在儒学意识形态的体制中，基于儒家的道德修养肩负"治国、平天下"使命的传统精英们被派往日本重新开始学习近代政治法律知识，象征着中日之间的地位的彻底逆转。更应注意到的是这些精英知识分子已没有 10 年前的甲午败于"东夷"后的惊愕，在短短 10 年间，人们习惯了接受"中华"已然式微的这一现实，精英们也习惯了自身作为学生的位置。张之洞"中体西用"论中的"体"与"用"之间已没有了紧张感，昔日的"东夷"已很自然地成为"中华"改革所效仿的模式。

二 日本对留日的推动

清末留日潮的形成还不能不提到张之洞的《劝学篇》。在此书中，他列举了中日在地理上比邻，在语言、文化等方面相近的便利条件以及通过日本学西方可以事半功倍的优点，积极倡导留学日本，《劝学篇》因此被称作留学日本的宣言书。

然而，张之洞对留日的积极倡导却离不开日本方面的积极推动。日本游说张之洞等人推动留日从一开始就是与日本国内的大陆政策密切相关的。1897 年前后起，日本贵族院的议长近卫笃磨就向清朝政府游说实行新教育的重要性；参谋本部次长川上操六更是派遣下属福岛安正、宇都宫太郎等人先后访问了清朝中央的实力官僚及各地方的洋务派总督，热心地说明派遣陆军留日学生的必要性。同时，当时的清朝驻日公使矢野文雄也是积极地劝说清政府派遣留学生。

清末变法派制定留日政策经戊戌政变后仍然被承袭成为国家政策，说明留日已成为包括洋务、变法等在内的改革派与保守派的朝野间的共识，而这之间，日本的外部推动也起了重要的作用。对于日本采取积极态度的目的，矢野文雄在给本国的外务大臣西德二郎的信中说得很明确。他写道："受我国感化的新人才散布于老帝国内，以为今后在东亚大陆树立我势力之长计，具体而言之，其从武事者不仅模仿日本的兵制，军用机械等亦需仰仗于我，士官等人才的聘用亦求之于日本，清国军事多将日本化无疑。"他一语道中了日本积极推动留日的政治策略。

而从日本的教育界来看，他们对接受中国留学生的态度也是十分欢迎的。时任文部省专门学务局长的东京帝国大学教授上田万年在《太阳》杂志上发表评论说："（清国）尊敬我邦依赖于我邦，举其人才之教育托于我邦……我邦焉能不以不可夺之大节而当之。"① 《教育时论》的论说中也写道："（对留学生）必细致严肃的教育、对待之，以竭善邻之好，使之知我邦仁义之所以厚。"② 类似这样的言论在同时期的各种杂志中随处可见。

在教育者们看来，留日的学生们将来归国之后将处枢要位置，作为"新空气"的代表起到"先觉者"的作用，是肩负着清国未来的人才。从这一角度出发，日本的教育者们从各自不同的立场出发热心地承担起了留学生们的教育工作。随着留学生的增加，日本先后成立了像弘文学院、成城学校、振武学校、法政大学法政速成科（以下简称"法政速成科"）和早稻田大学清国留学生部等一批专门教授留学生的教育机关，接受了大批来自中国的留学生。

三 留学生教育中两个侧面

对于日本的教育者对留学教育倾注热情的原因，法政大学速成科教授政治学的小野塚喜平次在对速成科留学生的讲话中总结了以下四点：

第一是留学生们为了求学来到日本，日本的有识之士特别是从事教育的人们是作为学友欢迎留学生的到来的；第二是因为留学生们来自与将来世界有着重大关系的清国，而他们对清国的未来将产生至要的影响；第三是由于日中两国的特别关系，两国在未来处于应相互提携的命运之中；第四是因为日本的文明得益于中国，现在欢迎留学生的到来是为了偿还历史上的负债。③

小野塚的发言可以归结为两个侧面，即日本的教育者们一个是从国际关系和中日关系的角度，另一个是从作为知识分子与教育者的角度来看待留学生教育的。

从前者来说，一方面留学生教育往往与日本在大陆的利害关系相连，时任早稻田大学总长的大隈重信从这一角度称对清国留学生的教育是日本的"天职"。而该校的清国留学生部教务主任青柳笃恒则为"天职"做了很

---

① 〔日〕上田万年《清国留学生に就きて》，《太阳》，明治三十一年八月二十日。

② 《清国留学生の待遇に就きて》，《教育時論》，明治三十一年七月二十八日。

③ 《史料集》，第73页。

好的注释。他在《外交时报》上发表评论认为对中国留学生的教育不仅是教育界的任务，其教育的成败"将关系到国际间的亲谊；关系到保全东亚的大局，关系到在支那的列国势力的消长，以及将来早晚必将到来的关于支那问题的列国会议上的发言权的大小"①。他在批判了日本政府的对清政策没有一定的主义的同时，引用有贺长雄的论调说道："（有贺博士）曾论述过，日本能一跃而跻身于世界的一等国，意味着欧美诸国在对东亚采取措施时非得到日本的同意将寸步难行，我相信它主要是针对支那问题而言，然则日本欲得以永久维持一等国的地位，必早日确定对清国的国是方针亦自明之理。"② 在青柳看来，留学生教育是与日本的对华权益紧紧相连的。

另一方面，也有将留学生教育与黄种人与白种人的对立、或是东洋与西洋的对立联系起来，从不同意义上的"日清提携论"的角度主张留学生教育的意义。

但是，不容忽视的是，作为教育者，这些中国留学生的老师们对教育所倾注的热情并不总是与政治相关的。正如实藤惠秀所言，他们的"诚意之中有着对过去日本从中国所受的恩惠的感谢之念"③。同时，也正是这种"感谢之念"，使得许多人对中国受侵略的积弱现状抱着同情之心。像青柳笃恒那样主张留学生教育与政治利益相连的人也不例外，目睹中国学生求学之艰辛的他，在浩叹中国国家之不幸的同时，也主张应该摒弃以先觉者自居蔑视清国国民的态度，而应该以"清净无垢之亲切心"对待中国留学生。

同时，也有学者强调学术的独立性，更是突出了作为学者的纯粹的一面，在法政速成科教授国际法的中村进午就强调学术应该是独立的，"学问上的这一重要特征不能因政治或其他情况而被歪曲"④。他希望留学生们要将学问与政治区别开来。同在法政速成科任教的志田钾太郎也对留学生们说道："以我邦在世界上之地位，在政治上不能说具有中介人的天职，但是撇开政治的问题，我可确信在学术上无疑具有以中介人为己任的天职。"⑤

① 〔日〕青柳笃恒：《支那留学生教育と列国》，《外交時報》，明治四十年四月十日。
② 〔日〕青柳笃恒：《現政府の対清政策を難んず》，《外交時報》，明治四十一年三月十日。
③ 〔日〕实藤惠秀：《増補 中国人日本留学史》，くろしお出版，1970，第207页。
④ 《史料集》，第32页。
⑤ 《史料集》，第58页。

很显然，留学生教育中的以上两个侧面在现实中并非互相排斥。从这一时期的各主要杂志的有关讨论中可以看出，单纯从政治利益的角度或相反地从纯粹的教育的角度的讨论毋宁是少数。这两个侧面往往不同程度地相互交错在同一个论者的看法之中。而留学生的教育就是在教育者们这样一种复杂的观点交错中展开的。

四　围绕速成教育的论争

1906 年，清朝学部举行了归国留学生考试，在近一百人的应试者中，大部分是留学日本的毕业生，然而考试的结果却是全部落第，相反成绩前五位的全都是从美国归来的留学生。如此的结果可以说与日本的速成教育有直接的关系。速成教育之所以会成为日本留学教育的主流，一方面是因为清朝的改革急需人才，从一开始就希望通过速成教育以应急用；另一方面，也正是在这一背景下，伴随着科举制度的废除，留学被认为是新的追求功名之路，因此，除了政府派遣的官费留学生，大批自费留学生也大举东渡，形成了清末的留学潮。与此相应，在日本如雨后春笋般地成立了许多速成学校，教育年限短的有一年或半年，更有甚者，还出现了不少单纯为了营利的被称为"学商""学店"的学校。

面对这种无序的教育状况，日本不少有识之士提出了批评。他们一方面批评一味追求速成的学校和教育"速是能速，成是不能成"，另一方面也批评只图速成的留学生终不能成为"大有为的人才"。

1905 年，在早稻田大学清国留学生部开设之际，其学监高田早苗就专门指出了速成教育的弊病，提出了进行充分教育避免一知半解的教育方针。针对速成教育，早稻田清国留学生部设置了预科一年、本科两年的三年学制，同时还为本科的毕业者设立了补习科。

在为求功名只求速成的留学生大举来日，日本国内为求营利的速成学校大量应运而生的情况下，以上的教育方针从教育角度来看，对防止不负责任的教育是十分重要的。

然而，正如从日本的教育者们的对留学教育观中可以看到的那样，留学生教育从一开始就不是一个纯粹的教育行为，特别是日本在富国强兵之后不断向外扩张的过程中，它不可避免地与政治策略紧密相连，使留学生教育的方针也同样带有政治的色彩。

对于一些教育者来说，速成教育的弊端不仅在于不能造就"完全之才"，也不符合日本的国家利益。这不仅关系到作为"文明的翼赞者"的日本的面子问题，同时还关系到日本的利害的问题。高田早苗就认为，"（日俄）战后的工作中心当然是支那，国家战后经营的中心就是支那"，通过实行留学生教育可以"增加支那国民对日本的同情"[1]。留学生教育与日本的国家经营是直接挂钩的。青柳说得更明确："通过对支那青年的教育，不出数年必在支那的大陆上扶植起有根据之势力。"正因如此，对于他们来说，只为营利的速成学校和速成教育决不能培养"同情"和理解日本的人才，因此必须加以取缔。

同时，对留学生的速成教育的批判还受到了在"留学生取缔规则"问题后，美、德等西方各国对华教育政策的刺激。

所谓"留学生取缔规则"，指的是 1905 年，在同盟会的成立后东京的反清革命活动越发活跃的情况下，11 月 2 日，日本文部省在清政府的要求下发布了关于清国留学生管理的规则。此规则表面上是为了取缔和管理处于无管理状态下的营利学校和"性行不良"的学生，而实际上，这些所谓"性行不良"的学生多为从事革命活动的积极分子。因此，规则的制定同时也是为了打击在东京的革命派势力。对此，留学生界强烈反对，实行了同盟罢课。这一反对活动更因法政速成科学生陈天华为抗议当时的《朝日新闻》将留学生的行动斥为"放纵卑劣"的行为而蹈海自杀进一步激化，留学生为抗议而大举归国，因抗议活动而归国的留学生达两千人以上。

"留学生取缔规则"问题后，相比之下，西方各国的对华教育却迅速活跃起来。到了 1907 年，美国纽约的报纸上出现了题为"Chinese don't want Japanese Teachers"的评论，评论批判在中国的日本教习的学识"肤浅浅薄"，并谈及前面提到的学部考试中留学日本的中国留学生成绩的恶劣状况。翌年，美国总统罗斯福在国会的演说中明确宣称："不遗余力地以符合实际的方法帮助中国的教育。"这些都给日本的教育者们以很强的危机感。[2]

事实上，从 19 世纪中期开始，欧美就开始了在华的教育事业，其主要目的是传教，但同时为开当时中国社会的风气起了重要的作用。1905 年在

① 〔日〕高田早苗：《遊清所感》，《早稲田学報》，明治三十八年九月一日。
② 〔日〕高田早苗：《清人教育と米国大統領の教書》，《早稲田学報》155 号，明治四十一年一月。

中国的基督教大学已达到了 11 所，而中国当时的国公立大学仅 3 所，非基督教系列的私立大学是 7 所，可见基督教大学在中国的影响力。① 到了 1908 年，美国政府决定将部分庚子赔款归还中国，开始了派遣官费留学生的制度，而清华大学就是作为留学生的预备校在 1911 年成立的。美国政府对留学教育的介入促进了美国对华教育的发展，这更是刺激了当时的日本的教育者们。

高田指出："美国人关于支那人的教育活动不单纯是出于宗教的博爱的人道事业，实际上是出自其对东洋政略的一种政治活动。"② 因此，日本也应该"从国是考虑尽力于支那人教育"。青柳也批评日本的留学生教育"没有理想，没有定见"③。

在这种情况下，对速成教育的"成是不能成"的批判，不仅意味着不能造就真正的人才，同时意味着不能造就符合日本国家利益的亲日人才。

然而，就在速成教育因其所抱的弊端而备受批评时，却有人挺身而出为速成教育辩解，他就是法政速成科的创设者，时任法政大学总理的日本著名法学家梅谦次郎。

法政速成科设立于 1904 年 5 月，梅谦次郎接受留学生范源廉、曹汝霖的请求，在得到清政府的赞同后专为中国留学生开设了此速成科。尽管最初在听取留学生们的意见时，梅谦次郎表示速成科也要三年才算充分，但他最后还是尊重留学生们的意愿，在开设时暂定一年的学制。但是，在同年的 11 月，范源廉等人也感到一年确实不够，再次恳请梅谦次郎将学制改为一年半。速成科的课用日语教授，配翻译进行。

梅谦次郎明确指出，法政速成科的成立是迫于一时之需，自然是不完全的教育。在这一点上他与批判速成教育的其他教育者们的想法是一样的。那么他又为何要设立法政速成科并挺身为之辩护呢？

梅谦次郎说道："现在的清国欲与其他文明国争衡，必行立法、行政之

---

① 〔日〕佐藤尚子：《米中教育交流史研究序説—中国ミッションスクールの研究》，龍溪書舎，1990，第 26、28 页。

② 〔日〕佐藤尚子：《米中教育交流史研究序説—中国ミッションスクールの研究》，龍溪書舎，1990，第 26、28 页。

③ 〔日〕青柳篤恒：《支那人教育と日米独間の国際的競争》，《外交時報》122 号，明治四十一年一月。

改革，因此，讲求有关学术实为今日之急务。"① 而从学习日语开始的正规留学生教育无法解此燃眉之急，必得有应急之法才可。为此，他主张应清国改革之需，在让年少者接受正规教育的同时，还需对壮年者施行速成教育，这也正是设立法政速成科的宗旨。就这样，法政速成科弥补了没有法政科的速成教育的空白。

事实上，梅谦次郎的以上观点也并非独树一帜，但是他又为什么能够充满信心地撰文《雪法政速成科之冤》来反驳对速成教育的批判呢？可以说，是他对速成科教育倾注的热情使他充满了信心。

一方面梅谦次郎不仅从东京帝国大学的法科大学聘请了像美浓部达吉、小野塚喜平次这样的后来成为日本法学、政治学的最具代表的著名教授，后来被称为日本民法之父的他自己也精心地准备教案，亲自教授留学生。同时，他从一开始就痛感时间太短。为了弥补不足，还采取了取消暑假并延长上课时间的方法，与其他教员一道投入到留学生教育之中。另外，为了让留学生更好地理解授课内容，还发行了汉文的讲义录。对于速成科在教育上对学问的认真态度，我们可以从前引的法政速成科教员中村与志田的发言中窥见一斑。

另一方面，在速成科学习的留学生们也有很高的素质，在众多的进士学生之中甚至还包含了状元，这些留学生们的认真态度也是让梅谦次郎充满信心的理由。梅谦次郎给了勤奋的留学生们以很高的评价。

另外，梅谦次郎还举出了明治初期司法省所设立的速成科后来对日本的司法所作出的贡献来说明速成教育的必要性。他认为，如果没有往年的速成科，或许到今日也还不能施行法典。可以说，这也是他认识到速成教育的必要性的原因之一。

此外，和梅谦次郎一样主张以速成教育解中国改革的燃眉之急的观点的虽然大有人在，但是，我们不仅能从梅谦次郎的教育实践中看到他的热情，同时还可以通过他对留学生们的肺腑之言感受到他的真切情感。

前面提到的反对"留学生取缔规则"的活动对法政速成科也产生了很大的冲击，由于活动的激化正是在于法政速成科的学生陈天华的自杀，可以说，这一反对活动对法政速成科的影响是首当其冲。

运动到了1906年初终于平息下来，同年的7月，法政速成科举行了第

① 《史料集》，第4页。

二次毕业典礼。梅谦次郎对 230 名毕业生作了讲话。在讲话中，梅谦次郎谈到中国的现状时说到在生存竞争的世界里，各国皆为本国自存而侵他国，现在劣者若不努力迅速成为强国以免于他国之侵略，终将至于灭亡。

无论梅谦次郎的认识是否值得认可，但是他绝不采取中日两国永远处于同一利害这样的论调，而是面对当时国际关系的现实教导留学生们："劣者处弱者地位之时大都隐忍为将来而计，即如尺蠖欲伸而曲，今屈居于劣者之地位，若欲得优者之地位以伸张而与列国对抗，则大抵需要忍耐。"① 梅谦次郎在这里并没有直接谈到反对"留学生取缔规则"活动，但可以看出，他显然是针对这一抗议活动发言希望留学生们学习明治初期的日本政府所采取的"尺蠖主义"，要留学生们"着眼于大局，以图贵国将来之幸福"。

梅谦次郎的优胜劣败式的进化论认识显然是帝国主义与殖民地主义时代的产物，同时他本人处于日本官僚学派的主流，自有其局限性。但是，以他对速成教育的态度及他对速成科教育所倾注的热情，他并不单纯从本国的政治利益出发看待留学生教育，而能够从留学生们的立场出发，认识到在中国为了避免劣败的命运需要尽快地培养新人才的重要性。对他来说，培养亲日的人才并非他的关心所在，他也没有对落后于欧美对华教育的日本的留学生政策的焦虑。

梅谦次郎的学生、大正民主主义的理论思想家吉野作造在谈及中日关系时曾说道："或曰同文同种，或曰唇齿相依，口头禅重复了几万遍而眼前的利害与关系却如此地不同无法互相亲近。只有支那认识到自身的地位，在物质上和精神上充分恢复其力量；日本亦认识到以往之妄真正立于平等之地步，在正确衡量利害的基础上协商自由的提携，否则两国国民的亲善实难指望。"② 吉野还谈到要树立正确的日中关系，从根本上来说，需要探讨和反思日本过去的行动在中国受到的评价，因为"同一行动对他们与对我们来说的意义有可能完全不同……特别是关于支那的事物，日本人的出发点总是出于国家与政治的立场，对这一点的斟酌是最为重要的"③。可以说，吉野为其师梅谦次郎的观点和行动作了最好的注解。

---

① 《史料集》，第 48 页。
② 〔日〕吉野作造：《对支问题》，《吉野作造选集 7》，岩波书店，1995 年 8 月，第 288～289 页。
③ 〔日〕吉野作造：《对支问题》，《吉野作造选集 7》，岩波书店，1995 年 8 月，第 393 页。

五 法政速成科与近代中国

从结果看来，接受了法政速成科教育的留学生们在近代中国的政治舞台上所起的作用可以说是举足轻重的。这些接受了近代法政知识熏陶的留学生们在归国以后不仅在各地兴建的法政学堂中作为教员起到了传播有关立宪、自治等新的知识和观念的作用，他们中的许多人还作为拥有近代的新知识而同时具有传统功名的士大夫，在清末的立宪运动中作为议员活跃在资政院与各地的谘议局中。据统计，光在各省的谘议局里担任议长与副议长的法政速成科的毕业生就达 13 名之多。

同时，法政速成科在清末的革命运动中也起到了特殊的作用。汪精卫、胡汉民与陈天华作为革命派的《民报》的主笔，与梁启超的《新民丛报》相抗衡，展开了一场持久的关于改革与革命的论争，在客观上对推广和传播近代的启蒙起了重要的作用，在争论中，他们的知识来源主要就是在法政速成科中所学到的知识。美浓部达吉、小野塚喜平次、笕克彦等在法政速成科任课的学者的名字通过讲义录不仅时常出现在《民报》，还出现于《新民丛报》中。特别值得一提的是，无论是"开明专制"的理论，还是以"训政"为特色的革命方策的理论，它们的理论来源都可追溯到笕克彦在法政速成科所讲授的内容。① 因此，可以说留学生们在法政速成科所积累的近代法政知识，是近代中国启蒙中立宪与革命两大潮流的重要的知识与思想资源。

（本文为 2011 年 9 月 16 日在清华大学召开的
近代中国社会变革与日本国际学术研讨会的会议论文）

---

① 详请参照拙稿《立宪政治与国民资格——笕克彦对〈民报〉与〈新民丛报〉论战的影响》，《二十一世纪》（香港中文大学、中国文化研究所）2006 年 12 月号。

从文学方面看中日两国百年历程
—— 历史和展望

东京工业大学　刘岸伟

一　转折性的一年

百年之前的日本和中国

从很多意义上讲，今年，也就是 2010 年是转折性的一年。从世界史的角度来看，今年是打倒法西斯的世界第二次世界大战结束 65 周年。如果单从中国和日本的历史来看，今年则是抗日战争胜利 65 周年，中日甲午战争 115 周年，距离日俄战争和中国同盟会的成立，都是恰好 105 年。考察清末中国社会变革以及和日本的关系有很多视角可以选择，今天我想从广义的文学范畴，以及文化史的侧面来概括一下中日两国近代的百年历史。

首先来看看领导辛亥革命的"中国同盟会"的建立。中国同盟会，是清末革命团体，于 1905 年，由孙文和黄兴领导的几个革命团体在东京结成。同盟会作为推动推翻清朝封建统治和建设近代国家的革命运动的主体，发挥了重要作用。后来同盟会改组为中国国民党，吸收了众多优秀人才，逐渐成为革命运动的主力军。可以这样说，中国同盟会是中国近代民族国家形成、中国近代民族主义的原点和出发点。而同盟会恰好在东京创建。这正暗示了当时中日关系的有趣之处。当时同盟会的主要成员，以孙文为首，都是以日本为据点活动的。辛亥革命前后，在中国大陆和台湾地区都被尊为"国父"的孙文，曾在横滨中华街度过一段亡命生涯。他的周围聚集了很多日本人，其中有监视他的当局警察，也有为他提供援助、支持他的日本友人。帮助孙文的志士宫崎滔天和梅屋庄吉以前就比较为世人所知，后来学界出现了着重描写在这个时期，对孙文的日本经历产生重大影响、却被历史埋没的女性的专著。

2005 年文艺春秋社出版的作家西木正明的新作《孙文的女人》正是这样一部书。这是一本介于虚构与写实之间的作品。以 20 世纪初从历史的另一面影响日本命运的女性为主人公，包含四个故事。与书名同题的《孙文的女人》一文，所描写的就是支持孙文度过亡命生涯的两位日本女性，两个人都是现实中存在的人物，分别是清水港出身的浅田春和出生于横滨的大月薰。虽然是以小说的形式写成，但是经过了翔实的史料调查和求证，笔者认为可以看成是反映百年之前中日关系的一个片段。我们所知的历史通常都只是历史全体中的极小一部分，经过世人的判断、取舍最终湮没于历史长河中的残片应该有很多。而把这些历史的残片发掘出来的工作是非常重要的。通过读《孙文的女人》这本书，不仅可以深入了解身为革命家的孙文作为一个普通人的一面，而且为叙述平淡的中日关系史平添几分深意。

中日两国民族主义的走向

要回顾中国和日本的近代史，民族主义的问题不可回避。所谓民族主义，换句话说就是作为国家公民的意识，是一种民族的自觉。但是，不管是在日本还是在中国，这一民族的自觉都是基于外来势力的压迫而产生的。虽然中日两国都是受了西方的影响，但是两国的具体情况又各有不同。

在考察日本以及中国民族主义的产生、变化，又或者是两者之间的关系的时候，具有世界意义的两个事件值得注意。那就是甲午中日战争和义和团事件。

甲午中日战争爆发于 1894 年 8 月 1 日。战争爆发前一天，也就是 7 月 31 日，时任日本外务大臣的陆奥宗光向欧美各国使节发出书信，通告了和清朝的开战。信中写道："帝国政府为正当解决与清国之间的纷争做出了巨大努力，采用各种光明正大手段均未奏效。"文中的"正当""光明正大"等虽说是外交辞令中常用的套话，但可以看出当时日本的领导阶层是非常重视外界的看法，特别是欧美各国的反应的。领导层希望向国内外宣示，这次战争是日本脱离蒙昧，实现近代化的一座里程碑。这是明治维新的成果，也是官民共同积极努力积累的结果。福泽谕吉曾经在《时事新报》的社论（明治十八年）中代言日本民意，他这样说：我国不应犹豫，与其坐等邻国的开明，共同振兴亚洲，不如脱离其行列，而与西洋文明各国共进退。对待支那、朝鲜的方法，也不必因其为邻国而特别予以同情，只要模仿西洋人对他们的态度方式对待即可。

甲午中日战争，可以说是为达到"与西洋文明各国共进退"目的的试金石。至此，我们可以看出日本民族主义的某种形态和性质的变化。而这个问题又与"文明"的本质相关联。小泉八云（拉夫卡迪奥·赫恩）这样说，"一个国家的军事实力是评价其文明程度高低的重要尺度"。甲午中日战争时期，赫恩恰好正在为神户的一家英文报纸《神户日报》撰写稿件。赫恩一向被视为亲日派。他所写的一系列战争评论大致都是在为日本的立场辩护。但是，认为科学技术的进步程度是衡量文明程度高低尺度的赫恩，同时也很重视"文明"的伦理性的一面。赫恩强调，为了进行现代化的战争，高度发达的科学技术不可或缺，但更为重要的是"与知性同步的，高标准的伦理素质要求"。日本之所以能在战争中获胜，既是因为日本军中"某种道德训练，优异的精神训练"，同时也是因为士兵的勇敢善战和国民的献身支持。同样的道理，要说清帝国失败的原因，科学技术的落后是其中一个原因，但官僚体制的腐败和"高标准伦理素质"的欠缺也是不可忽视的因素。

有一部我们这一代的中国人都知道的电影，就是表现甲午中日战争的《甲午风云》。其中有两国舰队在黄海激战的场面，清帝国的大炮时不时会出现无法发射的炮弹。打开炮弹一看，里面装的不是火药，而是砂子。这是贪图利益的奸商搞的鬼。这样的话，战争是没办法取得胜利的。到了现代也是一样，我认为文明的本质在于超越科学进步的道德的进化。

正是因为重视"文明"的道德的进化、"近代化"的这种伦理性的侧面，身为亲日派的赫恩才对日本军队战时的野蛮行径进行了严厉的批判。我们简单来看一下 1894 年 7 月发生的"高升号事件"。

所谓"高升号事件"是指，在甲午中日战争爆发之前的 7 月 25 日，日本巡洋舰"浪速"号击沉运送清朝士兵的英籍船只"高升"号的事件。由于没有预料到会演变为国际关注的事件，日本政府非常狼狈，事后处理显得急躁。然而，这一事件的核心并非国际法上的合法与否这一交战国的权利问题，而是两军海战之际，日本军队所采取的行动。根据《日本外交文书》等的记载，在击沉运送士兵的船只之后，日舰"浪速"号仅派出救生艇救助了从"高升"号落水的欧洲高级船员。除去第二天被法国军舰搭救的二百人之外，清朝约一千名将士和过半数的船员葬身大海。更有甚者，根据当时乘坐"高升"号的德国将官冯·汉纳根的证言，当时日本士兵曾对"高升"号沉船的落水者进行射击。赫恩的谴责正是针对这一点（参考1894年11月10日《悉尼号纷争》）。这一事件是围绕"文明"或"人权"问题的实行双重标准的典型例子。实际上，这又和现在伊拉克发现的美军虐囚事件存在共通之处。

以甲午中日战争为界，以民族独立为目标的日本民族主义愈发倾向于国家主义。进一步学会了对待被西方列强压迫的亚洲邻国的方法，即"模仿西洋人对他们的态度方式对付即可"。也许可以这样认为，这种多层次的心理构造，与第二次世界大战中日本的疯狂侵略和建立"大东亚共荣圈"的思想有着密切联系。

二　民族主义的遗产

义和团事件和《王大点庚子日记》

发生于1900年的义和团事件震撼了迎来新世纪的整个世界。所谓"义和团"是指清末的一个秘密结成的团体，是以义和拳教徒为中心组织起来的一个自卫团。甲午中日战争后，为抵御逐渐蚕食渗透中国社会的基督教和列强的侵略，1899年义和团兴起于山东省，第二年进入北京城，包围外国公使馆区域。义和团的口号是"扶清灭洋"（即帮助清朝把洋人赶出中国），所以得到了清王朝一部分皇族的支持，这些皇族也参与到运动中来，态势紧迫。日本公使馆的陆军武官柴五郎少佐当时参加了攻防战，后来他将这段经历记录下来整理为有名的《北京笼城日记》。

结果，这一事件遭到英、美、德、法、俄、意、奥、日八国联合出兵镇压，最后以清政府支付巨额赔款收场。这一事件在日本被称为"北清事变"，很长时间里义和团都被称为"拳匪"。也就是说这一事件被视为暴民的叛乱。客观来看，"义和团事件"是由列强侵略所诱发的、中国民众的排外性质的民族主义运动，可以看做是近代中国民族主义的表现。但是也必须看到其中杀害传教士，破坏教堂、铁路的狂热激进行为。可见，民族主义，从其自发产生到形成以国家独立和统一为目标的国民运动的过程中，常常包含着某种非理性的情绪在其中。很长时间以来，由于过于重视抵抗帝国主义侵略的中国革命的一贯性，在中华人民共和国，一直较为片面地强调义和团反帝国主义的性质，而忽视了其中非理性的情绪化内容。我认为应当认识到"义和团运动"中狂热非理性的一面是民族主义的负面的遗产，警惕它在新的形势下以新的方式出现。

通过探讨"义和团事件"，基于中日两国的民族主义性质上的不同，我发现了几个很有趣的点。首先我们来看中国人的意识。在这里介绍一下近年来被发现的《王大点庚子日记》。王大点是当时北京政府的一名低级官吏，是一个没有名气的市井小人物。他的日记在很偶然的机会下被发现。该日记记录了"义和团事件"前后，尤其是被八国联军占领后北京城的日常生活，被视为从民众的视角记录历史的珍贵史料，因而得到关注。王大点从始至终关注了整个事件的发展。他看过义和团主持的行刑场面，在北京被占领后通过引导占领军去妓院得到一些小钱，还曾趁发生火灾的时候搞过小偷小摸。通过这些事情可以看出中国社会的非均一性和复杂性。考察近代中国的民族主义，可以得出以下结论：像明治维新之后在日本出现的民族主义的动向、甲午中日战争时期官民一致支持战争体制的民族意识，在"义和团事件"前后的中国社会还没有显现出来。而且我想当时的中国人对日本的感情并非很差。被八国联军占领后，北京城内到处发生抢掠等暴力事件，一片狼藉，日军管理的区域相对来说治安较好，很多北京市民曾在那里避难。

森鸥外的书信

另外非常有趣的一点就是，日本人对西方的认识的变化。义和团事件发生的时候，森鸥外时任九州的小仓第十二军团的军医部部长，随着事件的发展，他产生了极其浓厚的兴趣。明治三十三年（1900 年）八月七日，在寄给东京的母亲森峰子的信中，森鸥外这样写道：

> "根据从中国回来的军医的说法，西方军队士兵因为是逃跑时被打的，所以伤口多在背部。这些事如果登在报纸上只会令西方人蒙羞所以不能对别人说，只和我说。而日本士兵的伤口却并非如此，都是从胸前射穿的。"

以义和团事件为契机，虽然是以军人为主，日本人第一次得到了大规模与西方人接触的机会，亲眼所见了他们掠夺、粗暴的本性和他们的胆怯、贪婪。用《日本事物志》的作者张伯伦教授的话说，"日本人发现自己一直当做老师尊敬的西方人，其实道德上比不上自己，实际上西方人还不如自己"。而且日本人认识到，作为军人日本人远比西方人勇敢。

这些对于西方认识的变化对后来历史的发展产生了重要影响。如果从给予民族主义的刺激这个点上来看的话，我想有正反两方面的影响。消极方面是指，日本人对于西方认识的变化成为"近代崛起"的伏笔，更关系到后来引发太平洋战争的过度自信的暴行。另外，从以森鸥外和夏目漱石为代表的明治时期日本人的奋斗、背负国家命运的使命感当中，可以看到明治时期日本人民族主义的优良部分。

从"致力模仿"到"致力创造"

年轻时的森鸥外曾到德国慕尼黑留学，那时候，他不甘于只是做一个"欧洲医学的二道贩子"，而是要自己创立学问，梦想有朝一日日本能从"致力模仿"转向"致力创造"。思考一下就会发现，对西方文化的接受和抵触曾是近代史上中日两国的共同的课题。一方面被西方文化所吸引，向西方学习，另一方面中日两国都曾不断摸索自己独特的近代化模式。这种独立自尊的精神正是民族主义所应该继承的优良传统，是必须向下一代传达的宝贵精神遗产。

胡适的日记和英文书信

1915年，在美国纽约州的康奈尔大学留学的胡适，实际上和森鸥外思考着同样的问题。胡适是早期赴美留学生中的一员，回国后任北京大学教授，提倡白话文学，是新文化运动的领导者。1915年2月20日，胡适的日记中记录了与一位叫做亚当的英文老师的对话。

和英文老师亚当谈话，他问"中国有大学吗"，我没能回答。于是他又问："京师大学如何"（京师大学堂是北京大学的前身——引者注），我就把传闻说给他听了。亚当老师是这么说的，"如果中国想要保存固有的文明，进而创造出新的文明的话，国家必须创立大学。一个国家的大学是该国的文学、思想的中心。如果没有大学的话，也就是说新文学和新知识会成为无源之水、无本之木。现在国家最紧急的任务莫过于创立大学"。我把自己近年所主张的创立国立大学的想法告诉亚当老师，他很赞成，说报效国家的义务没有比这件事更紧急的了。

青年胡适对于为学习西方学问的留学和使学问生根的国立大学的意义进行了认真的思考。现在想来，胡适是第一代有着"近代的自觉"的中国留学生中的一人。我们再来看看 1915 年是怎样的一年。打开中日关系年表就可以看到，正是在 1915 年，日本政府迫使以袁世凯为首的北洋政府接受了"二十一条"。"二十一条"的内容，包括确保日本在中国国内权益（铁路、矿山的开发），领土的租借，以及雇用日本人作为中国政府机构的顾问等，很明显是想要把中国变成日本的附属国。胡适虽然当时远在美国，却始终密切关注着事态进展。在 5 月 4 日的日记中，抄录了自己寄给当地报纸的英文书信。信翻译成中文如下：

> 致《ISAKA 日报》编辑
>
> W. E. 格里菲斯教授所作的、关于日本对华要求的文章昨天发表在《标准邮报》上，这里的报纸的晚报也转载了。关于这篇文章我想发表一下看法。
>
> 根据那篇报道，格里菲斯博士说"将中国的命运置于日本的支配之下是解决两国纷争的最明智的选择"。我们丝毫不怀疑博士对于"皇国"的好意，也无意质疑他对日本的了解，但是我们强烈感到他忽视了一个重要的事实。他没有意识到如今的东方已经不是当初他所看到的东方了。时至今日，各国民族自觉、国民团结一致的意识觉醒。我认为，解决各国间的纷争决不能指望通过把某一个国家的"命运置于他国支配之下"了。格里菲斯博士从他所掌握的信息当中，并没有看到当时中国各地人民的强烈反日情绪，不对，是反日运动。即使日本能够暂时控制中国，难道博士认为中国人会甘于长期受日本支配自己国家的命运吗？

信中提到的"格里菲斯博士"，应该是指那位有名的威廉·姆艾略特·格里菲斯吧。他于 1870 年来日，在大学南校和福井藩等地执教四年，回国之后仍继续着广泛的关于日本的写作，著有《皇国》（*The Mikado's Empire*），是有名的亲日派。我们不能确定《标准化邮报》是否准确传达了博士的意思，在这里更需要关注的是近代中国的民族主义和日本的关系。大约从 1915 年的对华"二十一条"提出开始，中国的反日运动迅速高涨。

在那之后，经过国民党的全国统一、满洲事变、中日战争等，作为国民国家形成的原动力的中国的民族主义，可以说是被日本的侵略和压迫所刺激而成长起来的。

三　留学生的日本论

《留东外史》

从明治末期开始到大正、昭和时期，直到中日战争爆发之后，去日本留学的中国人络绎不绝。尤其是明治末期到大正时期的十年间，更是达到了一个高峰。留学生归国后，有人成为政治家或者军人，也有人成为大学教授或者小说家。留学生们是怎样看待日本的呢？读他们的日本论后感到有意思的是，虽然是半个世纪以前的事情，但是从中可以隐隐感受到现代中国人对日本看法的几个原型。下面我们先来看《留东外史》这部小说。

这是一部以戏谑的笔触描写民国初年在日中国留学生生活的长篇小说。其中一篇序文的日期是丙辰年，也就是 1916 年，所以该小说应该是 1916 年或 1916 年以后出版的。根据第一章开头的内容来看，作者将当时的在日中国人分为四种。第一种是公费或自费来到日本，想认真学习的人。第二种是带着资金想在日本从事商业的人。第三种是公费来到日本，既不学习也不做生意，沉迷于女色、饱食终日的人。第四种是反对袁世凯的统治，发起二次革命却失败，逃亡至日本的人。但是这些逃亡之人和清末的亡命者不同。清末像孙文那样的亡命者都是时刻做好牺牲的准备，召集志同道合之士，以日本为活动据点力图推翻清政府的。与他们不同，这个时期的亡命者大多都是卷走了政府的钱财，在日本终日享乐的"亡命贵族"。

想一想现在也是如此，在日本的中国人，有很多种，鱼龙混杂。但是在这部小说中出场的人物，几乎都是第三种和第四种人。虽说是留学生，却连学校都不去。他们终日在饭馆喝酒，和艺妓玩乐，流连于花街柳巷。或者大白天就沉湎于赌博、喝醉酒寻衅滋事。这本来是一种近乎色情文学的风俗小说，作为文学来说并没有什么阅读的价值，但若要了解当时留学生对日本的看法却是难得的史料。小说的描写采用讽刺漫画式的手法，让人感觉所有的出场人物都跃然纸上。其中出现的日本人也不例外。书中出场的日本人有贪婪的高利贷者，小酒馆儿的女佣人，善于迎合客人的艺妓，欺凌弱小的警察，傲慢无礼的军人，以花边新闻威胁、敲诈别人的报社记者等，没有什么让人佩服的人。尤其糟糕的是对于日本女性的描写。书中描写的女性，不管是贫穷的女佣人，还是有钱人家的太太，或者艺妓、女学生，大家都一样，品行不端，患得患失，欺骗别人，为了金钱很随意地舍弃贞操。关于这点我很吃惊。这是因为明治时期来日本的大部分外国人对日本女性的看法和以上说法是恰恰相反的。明治时期来日的外国人观察者一致赞美旧式日本女性。1877 年作为外交官来日的清末著名诗人黄遵宪在《日本杂事诗》中把当时日本的风俗与中国古代风俗相比较，写道："男女无别而不淫"，也就是说男女关系虽不像中国那样被儒家伦理紧紧束缚，但是并没有造成什么混乱。诗人还赞美日本女性的姿态"优美贤淑"，而且不依赖于浓妆艳抹，耳朵上不戴耳环，手腕上也没有手镯，也不缠足。日本女性的美是一种与生俱来的、天然的美。在大学课堂里读这首诗，学生们想到如今涩谷一带特意把脸涂黑的女孩子们，都对这种变化感到不可思议。

说到旧式日本女性的赞美者，小泉八云算是代表人物吧。在最后一本著作《日本：一个解释的尝试》中，他在日本女性身上发现了代表过去世界的道德理想的人格的结晶。当然小泉八云有把自己的经历一般化之嫌，但即使是这样，小泉八云逝世于 1904 年，《留东外史》中所描写的是明治末年到大正初期的日本。在这么短暂的时间内，女性的生存方式、社会风气不可能发生如此剧烈的变化。既然如此，那么小说的作者为什么要这样写呢？考虑到小说出版时，也就是 1915 年前后的中日关系状况，我想就能得出答案了。也就是说这是一本为泄愤而写成的小说。书中对日本人的蔑视和漫画式的描写正是当时反日情绪的体现。书中还出现了借出场人物之口揭露日本侵略中国的野心的场面。但是从这一点上看很明显并不成功，全书更多的只是迎合了大众的低级趣味，却没有达到批判日本的效果。

戴季陶的《日本论》（1928 年）

戴季陶，四川人，1905 年于 14 岁时留学日本，进入日本大学法学部学习。他参与了反清革命，后来加入了孙文领导的同盟会。他曾长年担任孙文的秘书，在孙文访问日本之时，担任重要的会见、演讲等的翻译。

作为国民党元老的戴季陶，对日本非常了解，他参与了国民革命初期一系列的重大政治、外交事件，在日本的政界和军界交游广泛。所以，他对于日本的了解，不仅限于书本知识，还有种种实际经验作为基础。《日本论》正是这种经历的产物。此书于 1928 年出版于上海。当时的中日关系剧烈恶化，形势日益紧迫。戴季陶认为，正是在这种时期，对日本的研究才显得尤其重要。在反日风潮日益高涨的形势下，他力图尽量冷静、客观地对日本进行全面分析。书中对明治维新以来日本的迅速军国主义化的分析批判占了很大篇幅，同时戴季陶始终从日本民族过去的体验、传统与现代的连续性的视角捕捉文明的本质，表现出来敏锐的洞察力。比如在分析明治维新是否取得了成功这一问题时，戴季陶这样写道：忘却德川时代三百年治迹的明治维新史是不正确的。因为一个时代的革命，种种破坏和建设的完成，一定不能超出那一个民族的社会生活之外。这些论述比最初正面评价江户时代逐渐形成的各种条件对日本近代化的意义的赖肖尔的观点要早 30 余年。

正因为戴季陶始终采取客观的、公正的态度评价日本文化，所以在观察日本人的社会生活时自然与《留东外史》不同。比如在论及男女之间的爱情时，为表现日本人的信仰的纯粹性和真实性，戴季陶举了男女殉情的例子，认为殉情中蕴含着为爱的人而死的果敢的意志和无私的爱情。或许戴季陶留意到了《留东外史》等书籍中对日本女性的描写，他这样为日本女性辩护：

> 据我所知，日本女性是很重视贞操的。日本社会贞操观念极为浓厚，绝不是像中国留学生所想象的那样的淫乱社会。（中略）而且他们的贞操观念，并不是立足于古代礼教，而是基于现代社会的人情义理，很显然这一点要比中国更为自由、健全。

虽然只是我个人的想象，我想长年跟随孙文左右的戴季陶也许对支持孙文的两位日本女性——浅田春和大月薰很熟悉吧。戴认为她们是富有爱心和侠义之心的"侠女"。

周作人的散文《亲日派》

在中国的近代作家中，像周作人这样与日本文化有如此之深纠葛的再没有第二人了吧。他是鲁迅的弟弟，跟随哥哥来到日本，在法政大学和立教大学学习过。和戴季陶一样，周作人也认识到日本文化独特的价值，并对其进行了公正的评价，主张必须研究日本文化这一"他山之石"。这里介绍一下其发表于1920年的散文《亲日派》。说到1920年，正是以第一次世界大战后的巴黎和谈为契机席卷全国的反日的"五四"运动爆发的第二年。在那种时代氛围之下，"亲日派"和"卖国贼"是同义词。但是，周作人的解释突破了世人通常的理解，他认为向日本出卖中国利益的这些人并不是真正的亲日派。

中国并不曾有真的亲日派，因为中国还没有人理解日本国民的真的光荣，这件事只看中国出版界上没有一册书或一篇文讲日本的文艺或美术，就可知道了。日本国民曾经得到过一个知己，便是小泉八云（Lafcadio Hearn 1850～1904），他才是真的亲日派！中国有这样的人么？我惭愧说，没有。

"一个国家的荣耀在于其文化，即学术和文艺"，这是周作人的观点。这可称为是一种文化至上主义，而我们的真正的荣耀究竟在何处呢？这也是对我们现代人提出的问题，是关涉文明本质的问题。就日本文化而言，能够引以为傲的，古时候有松尾芭蕉、与谢芜村、小林一茶，还有尾形光琳、葛饰北斋。进入近代，则有作家森鸥外、夏目漱石，政治家石桥湛山，外交家新渡户稻造，军界的秋山真之，经济界的涩泽荣一，科学家野口英世等人作为日本人的骄傲蜚声世界。今年的《文艺春秋》一月号曾有一个叫做"闪耀世界的日本人"的特辑，我读了后发现，其中收录的都是对世界人民的生活的改善、福利的充实作出贡献的人物。

四　21 世纪的中日关系和文学交流

交流的多样化

现在，世界政治、经济正逐渐向多元化、多样化的方向发展，这已经成为时代的潮流。中日关系也不例外。在中日两国之间，正以前所未有的规模进行着跨越国境的人员的迁移、货物的流动、新型的经济活动、文化活动。面向中日两国的历史的和解，继续开展对话，我们的主观努力当然不可或缺，但是促进中日关系的多样化从某种程度上也能成为抑制两国民族主义恶性膨胀的力量。人与人之间的相互理解、心灵的沟通的重要性无需赘言。深入思考这一点，文学所起到的作用不可忽视。

村上春树的小说《去中国的小船》

村上春树的作品为世界上许多的国家的人所喜爱。《去中国的小船》是他比较早期的作品，发表于 1980 年。主人公是出生于 20 世纪 50 年代的年轻人，叙述记忆中的三个中国人的故事。其中出场的中国人都是出生于日本并在日本生活的，比如中国人小学教师、一起打工的女大学生、高中时代的同班同学等。其中的女大学生既没有去过中国，也不会说汉语。在主人公看来，这些中国人和周围其他人没有什么区别。既有成绩好的，也有成绩不好的，既有性格开朗的，也有不爱说话的。正因为如此，当他们第一次意识到自己是中国人的时候，对中国到底是什么这一问题感到困惑。虽然也读过《史记》《中国的红星》等书籍，在脑海中描绘过自己所想象的中国印象，可是和自己同时代的中国年轻人远在大海的对岸，现实中的中国无法把握。小说的最后有这样一段话："坐在港口的石阶上，望着远处的水平线，等待着去中国的小船的身影的出现。"当时中日刚刚实现邦交正常化，我想这说出了作者，同时也是同时代的年轻人的心声。是一种对于理解的渴望。

在那以后，我不知道村上春树是否写了有关中国年轻人的作品。之后不久，中国年轻人就带着热情和情感的共鸣接受了村上的作品。1989 年漓江出版社出版发行了村上春树的《挪威的森林》一书的中文译本。第一次即印刷六万册。这部作品在 20 世纪 90 年代初的大学中引起热烈反响，大学生争相阅读。要给村上春树的作品在日本文学流派中定位很困难。或者可以说村上与传统划清界限，自己构建了一个独特的世界。而且他的读者相对于过去更关注现实世界，可以说是着眼于未来的年轻人比较多。考虑到中日关系的问题，过去的历史当然不能不知道，但是对于将来要在东亚共处的中国人和日本人来说，最重要的是面向未来构建信赖关系。相互了解对方的历史和现实，培养能够相互理解的"知日派""知中派"。我认为这是非常重要的工作。根据报纸的报道，为资助中国高中生来日本的学校留学，日本政府计划于 2006 年 2 月设立百亿日元的"日中 21 世纪基金"。我所在的东京工业大学今年开始与清华大学合作，创设联合培养研究生院，是为共同培养肩负中日两国未来的科学家、研究者而开设的项目。现在，虽然中日两国之间还有一些亟待解决的难题，但我相信，通过双方脚踏实地的努力，一定可以转变对立局面，构建新的共生共存的两国关系。距今恰好一百年前的时候，纽约的福克斯·达菲尔德公司出版了冈仓天心的 *The Book of Tea*（《茶之书》）。著者憧憬着东方和西方的融合，这样写道：东方和西方停止纷争，互相谦让，即使不能变得更加贤明，也让我们更加认真地思考。虽然东西方发展方向不同，但是相互取长补短绝无害处。这个道理同样适用于中日两国关系。

（本文为 2011 年 9 月 16 日在清华大学召开的
近代中国社会变革与日本国际学术研讨会的会议论文）

研究笔记

西方社会科学理论与日本研究：
实证材料、方法和视野

——以《经济意识形态与日本产业政策：
1931～1965 年的发展主义》为例

美国杜克大学　高　柏

在美国上课，很多学校要求你得有一个教育哲学。在教本科生的时候，我的教育哲学是强调三个层面：知识、技能和视野；到了研究生阶段，实际上也一样，只不过是把知识变成了实证材料了，你的技能就是你的分析方法，你的视野就是分析框架。所以，西方一般所谓社会科学分析基本的构成要件就是这三个方面。

那么这三方面为什么缺一不可呢？或者说要想做一个好的学者，最好是在这三个方面都要有自己的想法，而且争取有所创新。你如果在这三个方面做不好的话，最后肯定要出错误的。

从知识社会学的基本观点来看，为什么我们要讨论学术范式？因为中国人的一般观念认为，所谓的科学是对客观规律的认识，这是咱们上本科甚至是上中学的时候大家所接受的理论。但是西方人一般不这么认为，尤其是从知识社会学的角度出发，他认为研究人员所处的环境，不论是社会环境、历史环境、政治环境，还是经济环境都会影响你在从事社会科学分析时的分析框架，甚至你如何选择材料。所以不是说客观存在着一个所谓的规律，我们的任务是把它给找出来。从研究者的主观和客观对象相对来说是一种互动的过程，在这个过程中围绕着研究人员本身的各方面的条件都会影响对这个客观、具体问题的认识。

有了这一个基本的前提，就会知道学术范式是会发生变化的，提一下大家托马斯·库恩论述科学革命的那本书，那是 20 世纪 50 年代的名著，中文译本早就出了。那里讲科学是有范式的，这种范式在经过历史的长河的过程中是经常发生变化的。

既然发生变化，显然你就要问为什么会发生变化，从知识社会学的角度来讲，发生变化的原因就是围绕在研究人员周围的各种外在条件发生了变化。这些变化影响了研究人员在分析一个社会现象时的那个分析框架。这样讲，我的目的是给大家交代一下我们要想理解在美国学术界关于日本研究的大辩论，首先有一个问题是为什么要进行辩论，把这个事搞明白了，你就可以发现这其实是因为围绕着研究人员的周围环境发生了变化。这就涉及每个具体的研究人员怎么认识外在环境。每个人对外在环境的认识并不一样。这就是为什么我发给大家的大纲里提到的这种范式，跟范式有关的辩论经常是有意识形态卷入的，而且经常是很强烈的。为什么呢？那就是因为很多研究人员对他所信奉的、对外在环境的理解已经达到了一种涉及强烈的感情色彩的东西，或者是宗教色彩的东西，到了这个份上就是纯粹的意识形态了。

按照所谓的马克思主义基本原理，经济基础决定上层建筑，意识形态永远受社会变迁、社会条件本身的制约。例如，改革开放以来，我们面临的是一个如何从计划经济体制下走出来的问题。在这个过程中，西方关于市场的理论对中国人来说特别有吸引力。大家都信奉有市场是好的，计划经济好多东西是不好的。这个道理很简单。到了四五年前，中央说要建立和谐社会，大家对全球化的反思突然进入了一个新阶段，马上又认为过去的二十年里不光是中国，而且是在世界范围内都有所谓的新自由主义这个思潮。由此你可以看到，那显然是人们对他的周围外在环境的认识不一样所造成的。那么具体采用的分析框架、研究方法甚至是对象的选择都会不一样。所以这是知识社会学对社会科学研究跟学术范式为什么会发生变化的基本观点。

在美国学术界，研究范式主要表现为两种形态：一是地域研究，二是理论建树。

美国的社会科学在第二次世界大战以后在很大程度上受当时的所谓大国历史条件——冷战的制约。为了冷战的需要，政府部门、私人基金会提供了大量的科研经费，研究所谓敌对国的各方面的情况。这就产生了地域研究这样一种范式。

地域研究的范式从某些方面而言与我们中国人平时做的研究有很像的

地方，与日本人做的研究也有很像的部分，有重合的地方。你要想解释一个东西，就要就事论事。什么是就事论事？比如说为什么清华大学成立了日本研究中心，你要以这个东西作为一个课题的话，作为研究人员如果按地域研究这样的范式来做的话，他会去采访所有曾经参与这个过程的人，他会理清所有事件具体的演进阶段，在每一个阶段上哪些个人发挥了作用，比如说像李教授，像曲教授在这个过程中怎么样，一般研究这样的事情。就是说地域研究一般采用的方法是归纳法，你把所有的零部件都找出来，都搞清楚，然后你如果能推论，推出什么东西得出结论。就是这个道理。

理论建树是一个什么范式呢？理论建树他们关心的是什么呢？是所谓放之四海而皆准的东西，就是说如果你要想发现理论，这理论不能只在这一个地方停留，否则就不叫理论。所以你要放之四海而皆准。如果各位学过经济学的话，那就是一种理论建树的方法，就是演绎法。你用抽象的数理逻辑也好，或者是建立模型也好，推出一些假设，然后你收集实证材料去检验这个假设。这个过程就是理论建树。后面我要讲到当你研究一个具体的国家时，这些跟理论建树的关系。如果你想按照这个方法做，怎么做呢？

按照地域研究的步骤很清楚，你就把所有的事件都解释清楚，前因后果，你能找到的具体情况都找到，给它归纳归纳，最后就能总结出来了。

可是理论建树要求不一样，不一样该怎样做？我刚才提到了理论建树一般是用抽象法，用演绎法，然后你检验的时候用实证材料去验证假设，对上了，证明这个理论是对的，没有对上就对这个理论本身提出了一个很大的质疑。

经济学在二战以后走的就是这条路。在这个过程中弗里德曼在1952~1953年发表了关于改革的一篇重要文章，是一篇关于经济学方法论的文章。他在那篇文章中说他认为经济学的理论就是经济学家完全靠逻辑推出所谓的理论，你可以有各种各样的假设条件，在这个条件之下你以一个模式能解释什么问题。他说你只要没证明我这个东西是错的，之前我都是对的。你想想这个思维的逻辑跟这个路数与归纳法完全不一样。归纳法是说在你知道所有事之前你什么都不知道，你老老实实去查材料去，你才能知道。而演绎法是说我只要推出一条逻辑来，想法证明我说的对不对，这是你的工作，你要证明不了我错，我就是对的。所以在逻辑上是完全不一样的。

在这种情况下，在西方想要研究日本也好，研究中国也好，我们经常面临着两对矛盾的困扰，一个是就事论事，相对的是什么呢？相对的是放之四海而皆准的理论，这是一对矛盾。另外还有一个，是什么呢？是象牙塔式的，相对的是什么呢？是所谓时代的变化。

我给你们解释一下这是怎么回事。就是说按照地域研究的几个部分，你要知道所有详尽的实证材料，这个实践过程中是怎么发生的，这个目前是属于就事论事了，你可以归纳出来什么东西就归纳出什么东西。而理论建树我刚才讲了，你光在一个地方搞明白没有用，你要放之四海而皆准。但是按照放之四海而皆准搞来搞去的一个结果是什么呢？变成一个象牙塔式的选择了，就是学者坐在书斋里在这儿想，经济学家坐在计算机前搞数据模型，最后这个东西没法适应时代的变化，因为时代是在不断地变化的。

如果你们关注日美关系的话，在 20 世纪 90 年代末期日本的舆论界有一种说法，就是日美关系已经破裂，为什么呢？因为在 20 世纪 80 年代当日美贸易不平衡特别严重的时候，美国的舆论一致骂，到 20 世纪 90 年代初，特别是克林顿转变了对华政策的基本方针以后，日美在 1995 年汽车谈判破裂了以后，美国人绕过了日本，好多事直接跟中国谈了。到了 20 世纪 90 年代末的时候，美国人已经没人再关心日本了。

所以随着中国的崛起，你要从西方，尤其是在美国再讨论任何日本的问题，中国是其中重要的参照系数。倒过来说，我们在理解很多中国的事的时候，日本也变成了参照系数。

这表示什么呢？就是时代的条件在不断地变化，它可以极大地改变你当时讨论任何一个具体问题的范式。我想像曲老师和李老师早年在日本的时候，一定对日本人论都有印象。那是什么呢？就是说当日本经济在 20 世纪 80 年代如日中天的时候，日本的什么东西都好，而且西方人也都同意，你的东西就是好，然后把"天照大神"等所有东西都拿出来解释日本的成功。但是等到 1990 年股票市场一垮，所谓纯文化的解释顿时就不行了。那些神社还在那儿呢，怎么这回就不行了呢。你用文化解释这个东西的时候，你遇到最大的挑战是什么呢？文化的东西不是说没了就没了的，这个东西如果在过去导致了你的成功，现在突然不灵了，你的文化还在那儿，过去你说是因为它成功，那你现在文化没有变，应该还成功，怎么就不成功了呢？显然这个文化解释论是有问题的。

所以，时代的变化特别重要，你要是不能与时俱进去改变你分析这个客观现象的分析框架，那你就要落伍了，就是这么一个道理。所以，在美国你要是想分析他国，日本也好，中国也好，经常面对两对矛盾的困扰，放之四海还是就事论事，但是你走极端的话就变成了象牙塔了，你怎么去赶上时代的变化？所以你经常要处理这个变化。

下面讲一下在西方的理论。咱们假设说，因为我个人试图追求走理论的路，我遇到的困扰是：你如果一开始就走同地域研究的人不一样的路，怎么来进行理论建树？我给你讲一个最简单的，就是在西方社会科学研究的一个基本的逻辑：首先第一件事是什么叫理论？理论在一般人的理解可以是特别抽象、特别深奥、特别玄的一些东西，这个东西叫理论。西方的理论，严格意义上的社会科学理论，是两个变量之间关系的一个系统阐述，这就叫做理论。就是说一个叫自变量，一个是因变量，自变量决定因变量。

比如说什么导致了中国的改革开放成功，这是你要解释的因变量，你去找一个自变量，你可以说是十一届三中全会，你可以说是邓小平出书，你可以解释是当时全球化的条件发生深刻变化，可以说"文化大革命"结束种种。你可以选择任何一个自变量去解释改革开放的成功。首先你要设定一个研究问题，或者是日本人经常用的问题意识，但是那个跟研究问题还是有所不同的。这个研究问题是关于自变量和因变量两个关系提出的问题，提出了问题之后前人肯定对你所问的问题曾经试图做过回答。在任何一种学术界，它奖励的是原创性的东西，你怎么才能做出原创性的东西呢？你首先得知道别人做了什么，你怎么能知道呢？文献回顾，去图书馆查资料。你把前人去回答这个问题到目前为止形成了哪些文件看一遍，这是文献回顾。文献回顾结束之后，你也就知道现有的文献中在回答这个问题上存在哪些弱点，你就能找出来有针对性的问题。如果想要做出原创性的东西，该怎么办？既然大家都是做博士生的话或者是拿到学位的话，这个过程都走过，所以这个大家都了解。

问题出在对于如何检验理论的方法经常会有误区。我过去的五年中一直在研究中国，每次回来买很多书，对国内的写作情势也稍微知道一点。在经济学上最常见的问题是什么呢？比如说他跟你讲研究外资，他的文献回顾就是张三说过什么，李四说过什么，王五说过问题，给你简单地罗列，罗列了以后开始写他的东西，他写他的东西，跟张三、李四、王五说的东西没有任何关系，加这么一个形式，戴一个帽子就完了，这是比较常见的东西。

严格意义上西方要求你做的是什么呢？就是你找到了一个理论，提出问题的话，是关于两个变量之间的关系，最后你要形成假设。你要在文献回顾中第一步找到人家现有的理论，他的那个假设的结构、证明的逻辑是什么，证明的方法是什么，怎么证明的，这个证明是不是真正的证明。你把这些东西搞一遍，就知道好多东西没有证明，或者他们证明的方法有问题。等后面讲我自己的研究的时候，我会给你们更具体的例子，为什么好多东西是伪证明，没有证明的，这个可以更容易懂。

到了这时候，就是说现在有一个理论的问题了，你想你也进行文献回顾了，也知道人家是怎么搞的，哪些地方是薄弱地方。人家马上挑战你，你就研究一个日本，我们现在讨论的是放之四海的东西，你研究问题就算你搞出来了，你又怎么样呢？英语里最怕大家开会发表一番之后，然后问："So what?"，那又怎么样，你说了半天就说一个 case，一个案例的事，说完了等于白说。

社会科学家中有好多做方法论的人专门琢磨这个事，专门有一派发展出来关于方法论的理论，有一种方法叫：Negative Case Method——负面案例方法。什么叫负面案例方法呢？比如说一般情况下你要做社会科学的理论建设都是用定量来分析的。定量的样本大，比如说一万人，三千人，哪怕你做定性的，一般一个比较经典的做法是至少要研究四国，或者是四个产业，而且你在选择哪些国家、哪个产业的时候要有一套理由的。就是他们必须要具有一定的所谓的代表性。这样的话，你得出来的结论相对来说更有说服力。就是说要回到当年科学革命时代的 17 世纪、18 世纪，培根那些人当年搞的方法论。

如果你说的一条理论，你通过一个案例证明了，有没有说服力？比没有有，你毕竟说明了一次，用一个实证例子说明了一次。如果你能用两个例子，你就比一个例子更有说服力，你能有四个、十个，越多越好，最后说服力就越来越增加，这个道理我相信大家肯定明白。

如果你只研究一个国家，你的说服力在哪儿呢？西方这帮专门研究方法论的人搞出一个什么东西呢？负面案例方法。你们这帮人用定量也好，用多个案例也好，你不就是搞出一个理论吗，我现在就研究一个案例，我干吗？我不指望我建树理论，我只说你建树的理论不灵，这个是可以办到的。让你建一个理论，你只有一个样本，你是不行的，但是我拿出这么一个样本，说你这个不灵，到这儿不好使了。所以，如果社会科学家要愿意做定性研究。如果你愿意只研究一个国家，就要这么做，挑战西方的主流理念；你要愿意的话，显得更友好一点，你还可以提出你的东西要完善应该怎么样。坦白地告诉大家，我做的东西就是从这儿开始的。西方主流的东西到日本不灵，解释不了。实际上一定要碰到这个事，这个是很有意思的方法论哲学。

现在我们开始进入日本问题本身了。大家知道尤其是在经过了过去这三五年对全球化这个问题的观察和认识，即使哪怕你对这个问题不关心，也应该有一定的认识。我去美国的时候是 1986 年。1986 年是什么概念呢？1986 年是日本经济泡沫正在开始高速往上走的时候，1989 年就破了。1986 年西方人眼里的日本是什么样的呢？资本主义的未来。当时，尤其是到 1985 年，你们学经济的都知道，即使 1985 年搞了一个广场协议，即使日元在 6 个月之间升值 40%，日美之间的贸易顺差增长势头根本就控制不了。西方人就蒙了，说日本绝对是资本主义国家。

这时候就出现一个问题。美国的日本研究，第一批研究日本的人都是二战过程中成长起来的。例如，美国日本研究的鼻祖赖肖尔，是传教士的儿子，从小在日本生活。二战的时候在普林斯顿大学念书，给招去学日语，学完日语就去截获日本军方的电报，就干这个。美国当时培养了一大批人，同样很多人现在还没有退休，都是这么出身的。赖肖尔的第一代学生包括我的导师马里乌斯·詹森（Marius B. Jansen）。

在整个 1950 年代，当时西方对日本没有什么感觉，因为刚作为二战以后的战败国，日本经济也处于一个不是特别明显的撵上来的架势，没有人关注。但是战争期间接触了日本，还有好多人是作为美军占领去了日本，这些人马上被日本的文化给迷住了，很多人开始研究日本的文化，好多人开始研究日本的历史。

在 1950 年代末，现代化理论是西方战后社会科学出现的第一个大范式，那个东西就是简单的一个类比，把任何社会分成现代、前现代，就是这么两个分法。现代的标志是什么，有一系列具体的指标我们就不谈了，所有的认识的框架在分析其他国家的时候都用这样的一种框架。比如说当年分析日本，为什么从前现代能够走向现代，就是分析明治维新前期日本识字率有多高。一查，40%，文盲率和很多发展中国家来比低得多，这就是一个条件，就是为什么日本现代化能够成功的一个重要的原因之一。

在那个时候，第一美国的一般大众，第二美国的学术界没有人关心，根本就没有人关心，只有一个精英小团体，在各个大学里教书的，开始研究日本的文化，研究日本的历史。什么东西使得情况发生了比较大的变化呢？1973 年的两件事，"布雷顿森林体系"彻底垮台，发达国家的汇率都由固定汇率转向浮动汇率，这是第一大件事。第二个大的变化是 1973 年第一次石油危机爆发。石油危机爆发是什么概念？我一个同事告诉我，美国 1973 年年末的汽油 2.2 美元一加仑。工资水平是多少呢？当时如果是刚在大学教书的大概是 1 万块钱一年的年薪。2.2 美元一加仑的汽油，美国人顿时就傻了，作为能源最重要的生产要素价格涨了 400%，6 个月的时间，所有发达国家同时进入调控。1978～1979 年间，第二次石油危机又爆发了。就在这个过程中，学术界冒出一个新的学术领域，叫比较政治经济学。这就是所谓的时代变化，这个条件的变化太大了，这种冲击也相当的深刻，学者总要去理解到底发生了什么事。他们发现德国人干得很好，日本人干得不错，他们到底怎么回事？这不都是市场国家，都是资本主义吗，他们怎么就不一样呢？学术界至少开始认识到这个问题了，这时候一大批学者开始转入研究政治经济，这是从 20 世纪 70 年代后半期开始的。

查默斯·约翰逊（Chalmers Johnson）——就是《通产省与日本奇迹》的作者——就是从这个时候开始他的研究的。他原来是中国问题专家，关于中国革命的书也写了相当多。经由 1974 年石油危机，他通过观察日本的经济表现突然认识到日本这套东西有跟西方完全不一样的地方，他就开始研究日本。查默斯·约翰逊这个人是相当聪明的人，而且特别的敏锐，他起家也是地域研究，但是他的问题意识永远是理论建树的问题。《通产省与日本奇迹》中译本我知道至少两种，如果大家是学政治或者是经济的，大家肯定会看过。那本书他搞了将近十年，1982 年这本书出来了，出来了就变成爆炸性的了。因为他第一次提出这两个概念，就是发展型国家和归置型国家是两种不同的资本主义国家，从美国的政治学的角度一下子就扔出一枚重磅炸弹。

在冷战期间，因为意识形态的压力，西方资本主义阵营必须保持团结一致。什么叫资本主义阵营呢？民主政治外加市场经济，是这么界定的。那么市场经济是什么概念呢？私营企业说了算。我刚才提到 20 世纪 50 年代开始美国的经济学家都去建立理论模式了，不再研究实证材料了，所以到了 20 世纪 70 年代末 80 年代初，查默斯·约翰逊提出来日本的经济跟美国的完全不一样，其差别最重要的地方是政府的作用。这个政府干了什么？你们要是看过那本书，那本书上说得很具体，你要想理解日本经济，必须要理解产业结构这个词，你要想理解产业结构，你就得理解产业政策。什么意思呢？就是说在一个当时西方人广泛认为的这个所谓的市场经济中，政府是一个守夜人的角色，出了事你冲在前，平时就待在一边去，你制定游戏规则，谁犯法了去抓谁。但是哪个产业繁荣，哪个产业衰败，这是市场决定的，政府不要掺和。

查默斯·约翰逊提出来了说在日本这种资本主义里，政府管这个产业结构。什么叫产业结构呢？后来伊藤元重（Itō Monoshige）几个人曾经在 20 世纪 80 年代末出了一本书就叫《日本产业结构》，小宫隆太郎（Komiya Ryūtarō）也写过关于产业结构的书，定义很明确——产业结构就是一国的产业在组成经济整体中所占的比例。那么他要追求一个怎样的最佳比例呢？就是说你在进行国际贸易时，你可以获得最大利益的这样一种结构，这个就叫产业结构。如果靠市场实现不了这样一个结构，政府就需要通过它的产业政策想法达到。

约翰逊这本书出来以后，关于政府在市场中的作用顿时就是一个颠覆性的观点了。日本当时已经被广泛认为是发达国家中特别成功的资本主义国家。你研究一个土耳其或者是什么地方，那个地方是前现代，那个政府怎么弄都是可以理解的，不稀奇。但是日本当时已经是世界经济第二了。居然这个国家是这样。你想一般美国人不接受，所以这个东西提出来以后掀起了一场辩论。

咱们先来简单分析一下约翰逊自己的观点，他用的就是负面案例法。他告诉你日本的做法跟西方的主流理论完全不一样，因为他们政府管产业结构，西方经济学意义的政府在经济中根本没有作用这段，他给你提出来了，那你怎么办？你现在要有理论危机了。

所以查默斯·约翰逊脑子里想的就是这个问题，他用的就是这个方法，他通过详尽的历史分析，把整个通产省从 20 世纪 20 年代末开始一直到 20 世纪 70 年代初在日本经济发展过程中发挥的作用都写出来了。

这里还有一个次要的观点是指什么呢？是说在日本的经济体制或者是政治经济体制里，官僚是起决定作用的，他之所以后来被人抓住骂，很大成分上是被抓住了第二点，大多数人都骂他第二点，而很少有人挑战第一点，因为这是一个客观事实。我们来看，其他的学者怎么骂的。

理查德·塞缪尔斯（Richard Samuels）是麻省理工学院的教授，他在 1987 年出了一本书，他研究了四个产业，后来就变成了一个范式了，研究了四个产业证明什么呢？是说日本的官僚没有试图像计划经济那样去指挥日本的企业。实际是什么呢？是日本企业自己也愿意。这个理论再简单不过了，就是这么一句话。你同意了，但是是谈判谈来的，我觉得你应该发展这儿，好，我发展这儿，你给我什么条件，就是这样的意思。所以他研究了四个产业，得出了一个结论。他同意查默斯·约翰逊的研究。他说第一，日本确实是一个发展型的国家，这个跟西方不一样，这点他同意。第二，他说不是像查默斯·约翰逊说的那样官僚一说，底下一呼百应，完事儿。实际上是官僚和企业界谈判谈出来的。

第二个是肯特·E.考尔德（Kent E. Calder）。这个人做的东西比较绝，而且作出的贡献相对在日本研究里也比较大。凡是查默斯·约翰逊研究的东西他也都同意，因为查默斯·约翰逊研究的东西都是跟机构有关系的产业，在与出口有关系的产业方面，大家没有几个敢说查默斯·约翰逊说的那些产业政策没有用，这个大家都达成了共识。肯特·E.考尔德说什么呢？他弄了一大堆跟出口没有关系的，什么农业、福利、建筑等。他说你看在这些产业中确实没有官僚主导，实际上那里边的政治过程跟任何的资本主义政治过程一样，什么意思啊？腐败。就是自民党只要一有危机了，腐败了，就得想法去找支持者，要想找支持者怎么办呢？各个产业的人找你谈条件，你给这个点好处，给那个点好处。他说实际上这个东西就是一个补偿性的政治，一点不稀奇。这在任何民主主义国家、资本主义国家都如此。只要民主都要选举，选举要有人选你，人家凭什么选你呢？你要给人家好处，就是这么简单。

所以，他试图通过研究非出口产业得出什么呢？日本实际上跟其他的资本主义国家一模一样。在西方大家经常讲笑话，说肯特·E.考尔德搞的这套东西跟查默斯·约翰逊的东西对不到一块儿去。他们举的例子很有意思，说查默斯·约翰逊讲说如果我们把日本作为男人，把美国作为女人，查默斯·约翰逊说你看男女不一样。肯特·E.考尔德说除了男女性器官不一样，别的都一样。这个东西变成了一个什么东西呢？你的研究问题是什么，你要是就他们性别打仗的话当然不一样了，你要是想讨论是不是人，那当然一样了。所以你就可以看出辩论的技巧，他转移讨论问题的角度，这么一弄你拿他没有辙——我也证明了，这个跟我们西方是一样的。所以你看做学问的技巧很多，可以从中看出这里面有很多的学问。

还有一个是学生，叫戴维·弗里德曼（David Friedman），这个人研究的是机械制造业。机械制造业是出口领域，他证明即使在出口领域里中小企业特别多，查默斯·约翰逊说的官僚主导是不全面，甚至是不对的。你们在做学术研究的时候面临同样的问题，就是一旦找出了一个研究问题以后，你进行文献回顾，你会发现有不同的解释，你要想怎么办，我干什么活啊。你看他们三个怎么想的，查默斯·约翰逊的东西一出来以后特别有影响，在美国有一个习惯性的看法，越有影响的人你第一个跳出来骂，你也变得有影响了。你敢骂有名的人，你的东西也很有影响了，所以这些人就全都跳出来了。

还有一个人，这个人更有意思，名字叫约翰·哈利（John Haley）。这个人是一个律师，学法律的，他过去在西雅图的华盛顿教书，后来被挖到圣路易斯华盛顿教书。他证明什么？他说查默斯·约翰逊认为说官僚主导，但实际上在法律上没有任何依据，日本人之所以比较听官僚的、比较懦弱，是一种文化习惯。因为实际上每个省都有省令，你要研究日本的各个部，部委都在省，每个省都有令，令就是规定你这个省的职能是干什么的。他说查默斯·约翰逊说的官僚主导其实没有任何的法律依据，但是在实践中你确实还能看到官僚经常有很大的说话余地。他说这一个叫权力（Power），权力是强制性的，迫使你不得不服从。这个才叫 Power。实际上是人家尊敬日本政府官僚，变成一个文化的惯性。这是他的解释。

我是在 1986 去的美国。我在 UCLA 教育学院读了一年，后来觉得没有意思，就转学到普林斯顿。我当时在普林斯顿的第一个老师吉尔伯特·罗兹曼（Gilbert Rozman）就是地域研究起家的，犹太人，会三门外语，中文、日文、德文全通。就是这么一个老师，而且做得很不错。他做的是日本现代化之前的城市化，研究的都是古文，后来跟中国进行比较，功力很深。我跟着他学，他就让我跟马里乌斯·詹森去学。詹森是历史学家，我当时对美国学术范式的意识形态影响的第一个印象是在詹森那里获得的。他教的就是这些东西，整个的主题就是这些东西。

我吃惊的第一个地方是什么呢？当时在美国的学术界，那是 1987 年，研究日本明治史的话，最时髦的东西是什么？是把明治维新解释为革命。在国内一直到今天也认为是一种改良，没有人认为明治维新是革命，但是在美国的学术界 20 世纪 80 年代末期认为那是革命。

后来我就想这个革命是什么意思呢？为什么你们说是革命呢？和我同班读书的那帮人，他们本科和硕士都是在美国读的，是美国科班上来的。

我就跟他们聊，我说你为什么说明治维新是革命，革命的证据在哪儿？因为我接触的都是日本文献或者是中国的文献。他们把好几本新著推荐给我，我一看分析的都是当年武士的日记，他们的思想都是非常坚定的。

我就质疑说，你在给一个历史过程定性的话，总不能凭日记来定性吧，你要通过政治过程本身或者是经济过程本身来进行。他们说在我们这里最时髦的就是后现代主义。后来我明白他们这一套是什么意思了。从此我就意识到了意识形态对他们的影响。他们信得都特别虔诚，认为明治维新就是革命，而且基本的依据就是那些日记。

与此同时我也受了一点启发，研究日记也可以把它作为实证的材料。现在这已经变成美国社会科学里特别常用的东西了，而且现在最时髦的像研究移民的认同，需要看大量的草案，所以那个东西在那个时代做得还相当相当少。但是我至少学到这个东西可以作为实证材料，也可以部分地解释这个过程的性质。我学到了这么一个东西。

学了两年以后，通过大考，考完了。当时詹森就跟我说，你是中国人，又研究日本，做中日比较吧。我说比较得有可比的啊，我比什么啊？后来我左思右想了以后，一想中国改革开放是从计划经济走向市场经济的这么一个过程，当年日本战争期间到战后的几年，一直到 20 世纪 40 年代末是统治经济，后来 20 世纪 50 年代初开始走向了逐渐的市场化过程，就比较这两个吧。

我就写了一个论文大纲，一报上去就通过了。1989 年去了日本进行为期一个月的前期调研，见到中村隆英（Nakamura Takafusa）。那是日本经济史的头把交椅，现在还活着。他很给面子，因为当时我仅是托了一个教授作介绍。中村第二天就要去匈牙利访问，前一天下午专门见我。我就跟他讲了我要研究什么。当时我要研究所谓的决策过程、政策制定过程。他说你最好换一个话题，第一不要说外国人研究这些论题两眼一抹黑，他都没有法研究。有一年是大藏省请他去写大藏省的史，他说我一天不干别的，天天在那儿复制，把人家的内部文件给复制了。因为他平时也看不到。他说你研究这个太难了，这是第一。第二，他说中日之间没有可比性。我当时见了日本的经济学家不下十个人，所有人告诉我的第一句话都是没有可比性，当时我还不信。

当时在日本的另外一个任务就是申请国际交流基金写论文的研究经费。第二年，申请到了。1990 年去日本后待了 14 个月。大家知道，那 14 个月内你做完你的专业就回去了。所以我就拿着我的中日比较的论题到了东京大学社会科学研究所，天天钻图书馆，结果三个月看下来才知道那帮日本人说得有道理，确实没有什么可比性，那里面的东西我控制不了。

但是三个月的文献读下来一看我发现日文文献里有一个共同的东西，就是至少在 20 世纪 40 年代末经济学家的作用特别显著。我说干脆我就写这个算了。我就把它往前推，往后推。你要是只写几个经济学家，后来想要做理论建树就有问题了，在 20 世纪 40 年代末就那么几个人，如有泽广巳。后来我想解释他们在 20 世纪 40 年代提供的政策建言，你得了解他们原来的经历。结果往上追溯一看不得了，这帮人在战争期间都是给日本政府决策的重要的人物，你就知道他的想法从哪儿来的，弄了半天都是二战时期的东西。后来这帮人又干什么了呢？后来是 20 世纪 50 年代，这伙人成为一个很大的群体——官厅经济学家。他们在政府部门工作的特别多，有石桥湛山这种原来是报社写日本经济新闻的，然后也有所谓"马经"（Marukeik，即马克思主义经济学）、"近经"（Kinkei，即近代经济学）。这里面我遇到第一个方法论的问题，就是在日本做学问这些人是不碰的，这是一个禁区。就是说你如果在日本想要写有泽广巳的话，没人会把他放在跟"近经"有关的范畴里。这在日本是一个很有意思的现象。

在美国，有马克思主义经济学，有近代经济学。这两个有截然不同的思想来源，解释不一样。但这不正好是检验理论的一个好问题吗？在方法上我试图突破当时我所知道的那种研究方法的第一步，我把这伙人都装进来，装进来以后你怎么给他们概念化，使得在理论上有意义，这个事咱们先放在一边，但是你先把这帮人都装进来。

这样装进来一看就看出什么问题来了呢？就看出来在 20 世纪 40 年代末有泽广巳（Arisawa Hiromi）、中山伊知郎（Nakayama Ichiro）、东畑精一（Tobata Seiichi），这三个人叫"御三家"，他们在 1974 年开始三年以内每个人被授予了一个旭日一等大勋章。这勋章在日本是不得了的事，只有 70 岁以上的人才给予考虑，不到 70 岁根本就是不合格的，没有人考虑。而且到我写那本书的时候大概真正得到这个勋章的人也就是七八十个人吧。所以，为什么给这三个人这么高的荣誉呢？这里面肯定是有原因的。你一看这三个人是各种各样的委员会的主席，参与了各种各样的工作。

把这些人找到以后，我就想知道当时他们为什么要去搞比如说"清洁生产方式"，就读他们早年的东西。日本人有一个好处，就是愿意写回忆录，每个人都有回忆录，凡是沾边的人都写，而且出了大量的回忆录。你要采访这帮人。当时我的导师跟这些人全都是朋友，全认识，为什么呢？国际文化会馆在盖的时候把马里乌斯·詹森请去一年做顾问，那帮人都是顾问委员会的，他都认识。所以他一听我要写这个，他就很高兴了。他说，我给你介绍，他就把我给介绍给了大来佐武郎（ōkita Saburō）了。大来佐武郎特别高兴。一说写这伙人，他想起了他年轻的时候，他组织那个活动的时候只有 24 岁，在第二次世界大战结束的第二天，他作为外务省官员把这伙人召集到一块儿说日本经济重建怎么办，从那天开始就开始研究这些事了，是这么一个关系。大来给我介绍了很多人。

在这个过程中我就开始考察各种各样的回忆录，最后把所有的东西从实证材料中找齐了。有泽广巳在 1936 年被捕，罪名是从事社会主义活动，被军部逮捕了，关了一年多，又被释放了。释放了以后军部去委托调查，让他干，当时他不敢以自己的名义，因为他是当时的赤色分子，秘密警察可以随时把他逮捕。他就找到了坂井三郎（Sakai Saburō）。当时成立了一个昭和研究会，那是他的智囊团。昭和研究会的事务局长就是坂井三郎，我电话采了两次，最后他把一封信给我寄来了，我现在还留着呢。

坂井三郎在 1979 年出了一本书，叫昭和研究会，在这里第一次披露，闹了半天日本最有影响的经济学家当年都是为军部服务的一帮高级参谋，以前这帮人自己是从来不说的，一个字都不说，被他给写出来了。有意思的在哪儿呢？在护封上，日本的书都包着一个窄窄的一条纸，他请有泽广巳写了一个东西。有泽广巳在那儿写的是"我作为一个在当年那样动乱年月里生存下来的人，现在脑子里还天天想着我们在为国家命运如何思考的"。就在这本书里，坂井三郎说有泽广巳是拿着我的名片被军部从监狱里放出以后为军部干活的，到矿山做调查不敢说他是有泽广巳，只要说了马上就被抓了。

对我来说，我说这简直是太绝了，你想马克思主义者跟法西斯搞到一块儿了。这里面理论相通的东西是什么呢？是对市场的怀疑。这就回到了卡尔·波兰尼，中文叫《大转折》（或译作《大转型》）。那本书大家可以看看。波兰尼的说法是什么呢？在大萧条的时候全世界出现了三种不同的对应方式。第一种是叫自由主义的对应方式，是以罗斯福新政为代表的。第二种是法西斯主义的对应方式，第三种是以苏联为代表的社会主义方式。

大家都知道福山写了《历史的终结》那篇文章，为什么叫历史的终结？

就是认为如果人类关于本身社会政治经济制度的思索已经不再存在任何其他选择了，历史结束了，是从黑格尔哲学的视野出发的。在 20 世纪特别是在大萧条的时候，实际上人类社会作出了三种选择，法西斯主义、社会主义和资本主义。二战的结束标志着法西斯主义这个选择的彻底失败。到了柏林墙的倒塌，在福山认为社会主义的选择彻底失败了，只剩下了自由主义。自由主义是什么东西啊，民主政体加市场经济。这就是整个这套思维或者是意识形态。

法西斯主义议题在西方整个战后的文献中注重的是它杀了多少犹太人，干了多少坏事，但是法西斯主义它的经济纲领是什么东西？基本上没有人研究。为什么当时那么多国家引用？因为信法西斯主义的可不光是德意日，还包括拉美的好几个国家呢，甚至是法国都有法西斯主义运动，在美国也有。我一想这个太有意思了，我得仔细看一看与法西斯主义到底是什么关系。

结果，循着日本的文献我就去了一桥大学。那里居然是 20 世纪 30 年代出版的日本的很多书还都有存献，那里有大量的关于纳粹的东西。你把那个东西找来一看，经济方面的东西全都出来了。我们现在记住波兰尼讲的是三个不同的反应方式，那么自由主义的反应方式咱们认为是代表着市场，社会主义代表的是国家主导下的计划经济和私人企业主导下的市场经济。在二者之间是法西斯主义。法西斯主义是什么？在日本叫"统制会"，后来我在那本书的前言里叫"非市场治理"。什么叫非市场？就是说你完全信市场，有了大萧条就弄砸锅了，不行了，同时我们不想搞社会主义，那时是反共的，我们搞一个中间的东西，是什么呢？政府与私人企业通过专业行会的形式合作。

这里面政治、经济的后果是什么呢？第一，日本的国家对经济的干预跟社会主义国家的计划经济是不一样的。你要把他们等同起来那是你认知的错误，它不像我们改革开放之前的计划经济，只要计委下了令就行了。第二，你别看那里面有私人企业，那个私人企业可不是像美国的市场那样，完全是另外一回事，怎么办呢？就是所谓的非市场治理结构，这个非市场治理结构包括什么？包括像战争期间的统制会，战后的专业行会，包括企业集团。大家知道企业集团运作可不是靠纯粹市场原则，你既然不是市场原则，那就是非市场治理结果，包括银行跟企业的关系。

我在《日本经济的悖论》第四章中几乎对所有的制度性之间的关系都

详细地进行了论述。所以，日本的这种模式是介于社会主义选择和自由资本主义之间的一种形态，这就是法西斯主义。法西斯主义的基本特点从经济上来说就是用非市场治理结构来管理经济的，而不是依靠单纯的市场，也不是单纯的依靠国家，是通过非市场的。

日本的相关研究现在出了许多，你们要读的话会很有意思。有一个德裔美国学者，在比较英国和德国的汽车产业之后，得出了同样的结论，说法西斯主义到了战后也没有死，制度还在里面呢。实际上，什么叫欧洲大陆型资本主义，这个跟英美资本主义有什么不同？就在这儿，有很长的传统。法西斯主义的思想脉络也不是从 20 世纪二三十年代才出来的，你再往前追，整个 19 世纪的很多东西都是怀疑市场的。

如果你熟悉日本经济史的话，有一个叫社会政策协会。那是日本的第一个学术的专业协会。这个协会是成立于 19 世纪末期，在成立宣言上说我们既反对社会主义，也反对自由资本主义市场经济，我们找的是一个中间道路。战后日本走的路还是这条路，所以从这里面可以看出日本的经济形态为什么跟西方不同。如果回到刚才那个所谓理论建树上，我的逻辑过程是什么呢？大家先看一下应变量、中间变量和自变量。这个逻辑关系就是自变量影响中间变量，中间变量影响应变量。

西方在一般方法论上会教你说，在现实生活中你经常会发现应变量也影响资本。这个很简单，鸡生蛋，蛋生鸡。但是为了分析的目的，在一个具体的研究过程中，你只有看一种关系，这个很重要。不是说认为这个跟那个有没有关系，而是为了回答一个特殊的研究性问题。这是我们要研究的。

我这本书里研究的应变量是什么呢？我要解释的东西是什么呢？是日本这种所谓协调式的市场经济，其经济制度与西方在哪些方面不一样。我要解释的是经济制度。中间变量是什么？是产业政策，是说为什么从 20 世纪 30 年代开始到 20 世纪 60 年代，日本执行了这么三个不同的政策范式，通过这样的一种政治过程，日本政府执行的产业政策就极大地改变了日本的经济制度。我终极的自变量是，为什么日本政府会在那个阶段有这样三个主要的政策范式。我用自变量推了一下，是经济发展主义这样一套独特的意识形态在这个历史时期出现了，这样一种意识形态通过各种与政界的人脉关系和智囊团，极大地影响了政策的决定过程。要想执行这些政策和落实这些政策，以及在执行、落实过程中发生的政治纠纷——包括政府和私营部门之间的矛盾，最后导致了日本经济制度发生了这样的变化。逻辑关系就是这样的一个关系。

这个要按逻辑推论的话，整个过程就是这样一个过程。这是什么呢？是方法的问题。回到前面我讲的，就是说实证材料这是一个，第二步是方法，第三是理论或者是分析框架。刚才讲的这些是方法，就是你怎么去搞自变量和应变量之间的关系。为什么要这样做呢？你要没有这样的一个很强的逻辑关系，西方的社会研究会认为你这个东西方法有问题。逻辑必须要很强，最后才构成一个所谓解释，否则那个解释本身就站不住脚。

方法是为了满足西方社会科学界对一个研究最基本的要求。逻辑都站不住，别的更站不住了，所以这是一个很基本的东西。有了它以后，你还要有视野，还要有理论。理论或者分析框架方面如何超越现有的文献？记得不记得我刚才提到了查默斯·约翰逊提出了发展型国家这样的概念？后来一大堆的美国的政治、经济学家试图去挑战他提出的这个概念，用了各种各样不同的方法。

如果他们论争的焦点是政府和市场的关系，如果他们认为日本的这套东西是一个市场，我们就要看，第一这套制度像不像西方理论说的市场。一看说不是，好多东西跟西方尤其是跟美国不一样。那再看政策，政策更不是了。那最后就看意识形态。如果你认为是市场经济，我来给你证明它不是。我怎么证明呢？考察当年决策过程中的主要的经济学观点，如果说他大量引用海耶克，说根据自由市场的经济理论，我们应该这么办，强调资源配置效率，那至少你能沾上边啊。如果说他们用的是另外一套理论，他们思维的逻辑完全是另外一套，你愣说他是市场经济，那就说不通了。

所以我就决定我要研究这个。我就考察日本最重要的经济学家在最重要的决策过程中，他们讨论最重要的议题的时候，那个理论的逻辑是什么。所以，我的所谓的实证材料就是20世纪30年代到20世纪60年代的主要政策辩论。全都是从过去的报纸、杂志、出版的图书中找来的，400多篇，这就是我的实证材料。把这个东西梳理一遍，发现了他们的理论来源是什么。

第一，德国总体战争理论。关于德国总体战争，实际上20世纪90年代末，山内之靖（Yamanouchi Yasushi）有一本讨论现代化与总体战争之关系的书，他就发现包括20世纪90年代初关于1940年体制的大辩论，野口悠纪雄那伙人很多受所谓新自由主义的影响。这批要改革的——就是小泉手下一批经济学家——就指出现在的日本经济实际就是1940年体制，为了应对二战搞出来的。这套东西跟 20 世纪 30 年代以前的自由市场经济完全不一样，为了打仗才变成这样了。实际上原来我们也是自由市场经济，现在应该把这些战时的东西全都拿走，我们应该回归。

为了检验这个理论，我觉得把这些东西读了以后，最后归纳出来了第一是德国总体战争的理论。这是在第一次世界大战之后，当年的德军的参谋本部形成的一套理论。什么理论呢？是说过去打仗就靠枪口，现在不行了。现在你要想打仗，你得有现代化的武器；你要想生产现代化的武器，你必须要有现代化的产业；你没有重化工业，你的仗没有办法打，要打也输。所以，他们认为现在两国之间的战争是经济与经济之间的斗争。如果你的经济结构，如果你的重化工业不灵，这个仗还打吗，这就是总体战争理论一个最基本的想法。

有泽广巳那帮人 20 世纪 30 年代的工作基本上就是这些。——大家知道石原莞尔 20 世纪 30 年代初有一个预测，说 10 年之内肯定要跟美国打仗——当时他们在东北三省就是当时所谓的"满洲国"搞的实验就是说 10 年之内怎么能把日本的重化工业发展到能跟美国开仗的水平。当时日本人整个 20 世纪 30 年代干的事就是这么一个事。

这样的东西出来了以后，你追溯他的理论根源，就是德国总体战争这个理论，有泽广巳在德国留学了两年，没有干别的事，天天研究这些。我考察昭和研究会人员构成发现整个 20 世纪 30 年代很多人是在东北待过，后来调回来的。

第二，马克思主义的计划经济理论。最邪门的是后来好多日本政府的官僚在二战期间也被捕了，为什么呢？因为他老读马克思主义的东西。那帮人申诉说我们现在要打总体战争，你不读计划经济打什么总体战争呢？所以他们当时满铁调查部，有一个叫苏联研究室，是整个世界上最发达的一个研究苏联经济计划的研究室，几年之内把苏联关于计划经济的书翻译了 80 多本。马克思主义的计划经济理论是第二个主要思想。在我那本书后面，查默斯·约翰逊写道："高柏这本书是关于那些在战后日本真正地指导了经济高速增长的经济思想家和战略家的第一个认真的研究。他们中的很多人是具有民主主义倾向的马克思主义者。这一事实是我们在理论上理解在 20 世纪下半叶发生的世界上最重要的力量均衡转移时的关键。"实际上我讲了好多主义，他只是把马克思主义挑出来支持他的理论。

马克思主义一直到柏林墙倒掉前，在日本绝对是很先驱的。1950 年代末期曾经做过一个统计，百分之七八十的人都认同马克思主义经济学。柏林墙倒了以后，这个正统性没了。新的一代就在美国学完近代经济学回去，这才开始了新的经济理论的传播。很多老人一退休，在古稀的时候又把马克思主义提出来了。所以马克思主义在日本的影响力是不得了的。

第三个理论就是熊彼特的创新概念为核心的竞争优势理论。熊彼特这个是极为独特的。熊彼特是一个犹太人，过去一直是在德国，1929年日本东京帝国大学试图要挖他，给他一个职位。他没有接受，他在去美国的过程中专门跑了一趟日本，举办了一个讲座。那个讲座就是关于经济周期的一个最有名的讲座，是在日本讲的。在他的学术生涯中，他教了三四个日本学生，这几个学生都是不得了的。其中中山伊知郎最后成了一桥大学的校长，是"御三家"之一。"御三家"有三个人，两个是熊彼特的学生。熊彼特1949～1950年是美国经济学的会长，哈佛的教授，计量经济学会的会长，1951年就去世了。他去世之前，中山伊知郎已经翻译过他一两本书了。等到他一去世不要紧，这几个学生合伙，包括都留重人——都留重人是他在哈佛时候的学生——把他的书全都翻译出来了。这批著作一翻译出来，影响就有了。

到了1956年，日本政府要撰写"日本经济白皮书"，每年要发布一个白皮书，执笔者叫后藤誉之助（Goto Yonosuke）。后藤早年就是熟读熊彼特的著作，然后又拿到了一笔钱，到欧美去游学去了。等游学回来以后，他对欧美的自动化这套东西觉得印象深刻，就把这形成一个idea，写到1956年的经济白皮书中，其中有一个特别有名的概念就是"已经不再是战后了"，什么意思呢？就是说到1956年为止的经济恢复，你打完仗打得稀里哗啦，现在开始建设了，那不会自然就恢复的。他主张到今天你不能再靠战争打到溃败那样。那种反弹式的恢复不行了，已经没有足够的动力了，从现在开始日本的经济必须要依靠技术革命，所以"技术创新"这个词就是在这个白皮书里第一次被提到日本官方文件上的。

他提出这个概念以后，成为当年的流行语，四十多家日本企业把他请去讲这个白皮书的观点是哪儿来的。我书里有一章关于20世纪50年代的，讲了很多当年的实证的数据。就是说在20世纪50年代初的时候，日本纺织业的工资水平与英国和美国比差几十倍。所谓比较优势，按照资源禀赋的比较优势，日本当年还有很大的优势，可以接着干。就像龙永图主张中国应该再做20年衬衫，可以接着干。但是他这些观念提出来以后，20世纪50

年代整个就开始重视重化工业。当然这里不止是他在提，还有战争期间的德国总体战争理论的延续，到了这儿他给你完全翻新，就是战后已经进入一个现代化的时代了，现代化是什么意思？现代化主要是科学技术现代化，日本的企业必须要全面赶上。所以日本战后仅从美国进口的技术许可就有两万多项，全面赶超，就是把你的东西找来。

第四个是凯恩斯的有效需求管理。这个是下村治（Shimomura Osamu）提出来的。他是一个很厉害的人物，这里面有一些小故事你自己去书里看，很有意思。凯恩斯那本书是1936年出版的，当时下村治被大藏省派到纽约的事务室工作。有一天他路过书店的门口发现许多人都在那儿排队买书，他不知道怎么回事，他也跟着排，看热闹，后来就买了这本书，《就业、货币和利息通论》，就是凯恩斯最有名的那本书。

这个老兄买完了真看，看了十几年，到了1952年的时候，他写了一篇长文章，寄给当时东北大学有一个叫安井琢磨（Yasui Takuma）的教授，那是被认为日本经济学界研究凯恩斯的头把交椅。他写这些东西寄给安井教授说你给指点指点，安井一看这个人关于凯恩斯的理解已经超过了所有他知道的人，就建议东北大学授予下村治经济学博士学位。那是在日本大藏省头一遭，一个官僚拿了一个博士。结果当时的大藏大臣是谁啊？池田勇人（Ikeda Shigeto）。大家知道池田勇人在20世纪60年代初当过日本首相，他当然记着下村治，下村治就成为了他的首席顾问。所以下村治就把熊彼特的创新理论加上凯恩斯的有效需求管理给捏一块儿了，是什么呢？有效需求大家只要学过经济学的都明白，凯恩斯理论是说形成经济危机就是因为有效需求减少了，没有需求了，不就变成危机了吗，供给过剩。这个时候怎么办？增加公共投资，就是创造有效需求，本来是这么一个事情，下村治怎么用呢？他说你要把这个钱用来强调科技现代化，这也是一种制造有效需求，他把这两个捏到一块儿，所以搞出来所谓的国民倍增计划。

所谓日本高度增长期的经济学的主要研究人员就是这四个。第一个不一定纯粹算什么经济学博士，可以称为是，但是后三位都是经济学博士。没有任何这么一条是所谓自由市场经济的指导理论。我还见到了宫崎义一（Miyazaki Yoshikazu），我北大的同学给我介绍的，那是他的老师。我去见了宫崎义一，他送了两本书，其中有一本是从1968年《东洋经济新报》做的一个长篇系列采访，采访了十大日本战后的经济学家。我这本书里面这十个人都讨论到。采访人小泉明和宫崎义一还有另外一个学者有一个对谈，在那的对谈里面他们进行了归纳，说这些人的经济理念或者是马克思加熊彼特，或者是熊彼特加马克思；没有一个哈耶克（这里是把哈耶克作为代表自由市场经济的代表人物）。他说这帮人就是指导着整个战后日本经济增长的主要的人物，这帮人的思想脉络全都是这些地方来的，正好跟我合得特别好，所以我只不过把更多的实证过程拿出来。我的工作是把历史再现，不仅这帮人在 1968 年怎么说，而且他们在 20 世纪 50 年代初怎么说，20 世纪 40 年代末怎么说，20 世纪 30 年代怎么说，把当时说的东西都分离出来。

这里讲的是实证材料，实证材料主要干什么呢？实证材料实际上满足的最大读者群是日本问题专家，因为你面临的是所谓日本问题专家的话，你实证材料如果不过关，你根本什么事都干不了，免谈。这里面还有一个特别有意思的小插曲，当年我去工作面试的时候，底下坐了一个老先生，经济系教授。我讲日本的高度增长，就用了下村治整个的决策建议。讲完了以后这个人站起来了，说我当时就在日本啊，我怎么不知道这个事啊，我说你不知道我可以告诉你啊。你在日本你不知道的事多了去了是不是，你怎么可能知道日本人发生什么事了呢。但是你经常会遇到这种事，所以从实证的角度你要掌握的材料多，日本问题专家就会服你。刚才我讲的就是说在美国研究政治学的，如果你去查参考文献，日本的文献能读上七八十篇基本上就是多的了，我这里是四百多篇，所以你这一下子就用实证材料让这帮人没有办法挑你任何毛病了。这本书能够获奖，其中一点就是评选委员会的人都是日本问题的专家。所以呢，实证材料你就可以满足这一点。

而方法是满足社会科学家的。他们怎么挑你刺的，至少从逻辑关系上你挑不出我任何的刺，我每一个逻辑论证都是特别过硬的。

最后一个来讲理论或分析框架的问题。这时候的目的是什么呢？就是说是针对一般的学术界。这帮人既不关心日本，或者没有那么关心，也不关心你的经济社会学，他就是听说日本最近这几年挺强大的，我也想看看怎么回事。好多读者都是这样的。还有就是说他是社会科学家，或者说是学者，他不关心你里面的实证材料，也不关心那么多的理论，他就关心有日本这个现象，我看你怎么解释。面对这些读者你的理论，或说你的分析框架要起特别大的作用，就是你怎么解释日本就很重要了。

我采取的方法是，只要关心人类社会在 20 世纪的共同历史经验，你只要关心这个，我这儿就给你预备了一道菜，这道菜是什么呢？就是波兰尼所讲的三大不同反应类型的最大效益。因为什么呢？我算得上是说，不是第一个也是很少的几个人里把日本作为对象给提出来，说日本战后整个那套经济制度里面有法西斯成分的。法西斯是什么呢？不仅仅是杀犹太人这个问题，那是代表了人类社会在遇到大萧条这样一个大危机的时候，这几个国家做出的一个独特的反应形式，这个反应形式主要的特点是用非市场治理结构来解决怎么来运营经济，是这么一个问题。所以，你把他放到一个历史的大视野的角度，20 世纪 30 年代有一个大萧条，马上接着打了二战，在那个过程中日本为了反应当时它所面对的危机，搞出了这么一套东西，这套东西在战后仍然管用。尽管经过了很多的改革，但是实际的核心部分仍然存在，而且这个部分对支持战后的经济发展起了重要的作用。

我的第二本书《日本经济的悖论》还是一样的，只不过是再往前推了。因为全球化在西方文献里，我们现在经历的是第二步，第一步是 1870 年到 1913 年。1914 年大家知道是金本位垮台，垮了台之后就爆发了第一次世界大战，那就意味着第一次全球化浪潮全面逆转了，逆转的后果就是大萧条。我只不过是把这个分析的框架进一步地往前推了。下面要给大家讲的还是这个框架，现在我们面临的问题如果放在全球化的过程中看，到底是什么阶段呢？是从这样一个新的视角出发，我怎么看这个问题。理论分析框架从历史的大视野这个角度来看是这么一个关系，因为我是学社会学的人。

我也属于学制度学的人，在制度学概念里要讨论这个制度到底是怎么回事，关于制度有好多杂七杂八的理论，为了给这帮人也能在你的书里挑出一些东西看，你就强调历史在塑造制度的过程中所发挥的作用。制度学方面，我所在的这个派别又特别强调人的认知对整个制度形成的作用，所以我用的终极的自变量就是意识形态，意识形态就是认知。什么是制度？制度是众多的人共同享有的一些规则，你脑子里对某一个事物的认知本身就变成一个潜在的规则，会影响你的行为方式。所以从严格的意义上来讲，这就是制度。

你看我前面有四条，那四条拎出来说，每一个都是为了给一个特定的读者群，我这本书跟你有关系，有关系是这儿有关系，实际上就是整个的书要是讲下来大概就是这么一个过程。剩下的就是具体的故事了，具体的故事就像我说的基本上是满足日本的读者，或者是满足日本问题专家，你要想知道当年的事是怎么回事，我可以给你讲很多很多的故事，而且很多故事都是很少人能写的。但是这个故事不是为了故事而故事，否则就变成了就事论事了。我是把你这个故事最后组织到一个，提供一个大视野，提供一个大的分析框架，这些故事每个之间都有变量，是为这个服务的。每个之间都有严密的逻辑关系，每个章里面都把这个关系再现。所以这本书整个分析下来，这是这么一个样子了。

（本文为清华大学日本研究中心举办的
第三次日本研究高等研讨班上的报告）

自古兴邦赖老成

—— 张謇父子与涩泽荣一

日本中央大学博士研究生　李　佩

张謇的一生和日本有着不解之缘。作为近代中国的改革家，早在19世纪80年代张謇就开始关注邻国日本的改革与发展。通观张謇作为实业家和教育家的一生，无论在其实业救国的宏图大略的设计中，还是在其筹建工厂学校的微观经营上，处处都不难看到来自日本的影响痕迹。近年来，关于张謇与日本的研究，之所以能够吸引相当多的学人，也是有道理的。被称为"日本资本主义之父"的涩泽荣一是日本财界的创建人和领袖，也是张謇所尊重的未曾谋面的日本友人。涩泽生于明治维新前夜的1840年，逝世于1931年11月，其一生经历了日本和东亚社会的巨大变革，和中日关系有着密切的关联。从19世纪80年代起到20世纪30年代的近50年中，涩泽参与了日本财界与中国的重要交往，同时也和中国的政界、文化界等方面保持有千丝万缕的联系。涩泽日记中留下了他和张謇父子交往的记录，但是由于史料缺乏，这两位中日实业界巨人之间的交流实况细节零碎，整体模糊，导致相关研究始终进展缓慢，成为张謇研究的空白和遗憾①。

本文介绍迄今鲜见的张謇父子与涩泽荣一交往的十件相关资料，期待为进一步探讨张謇父子的对日行动与思想提供一些知识和线索。

由于张謇和涩泽荣一两人是中日实业界的代表，用张謇的话来讲，神交已久，但是直接交往较晚，大致在20世纪20年代初。从资料来看，其直

---

① 涩泽荣一日记中多处留下了接待张孝若（张謇之子）和中国实业代表团的记录。详细见涩泽青渊纪念财团龙门社编纂刊行《涩泽荣一传记资料》别卷第二，日记他，1966。

接的契机是从日本借款的计划。关于张謇向日本借款的经纬，本文不作专门论述①。但是应该指出的是，虽然借款计划最终没有实现，但是涩泽荣一对借款给张謇，积极表示了愿意帮助张謇的态度，这种关心使这两位中日实业界巨头，在当时两国国家关系紧张对抗的恶劣环境下，仍能建立起个人之间的理解和信任。此外，张謇和涩泽荣一最后也没有机会见面，上述所有的交涉总是由张孝若中介代办，对于涩泽荣一而言，张孝若既是张謇的令郎使者，也是中国实业界忘年交的友人。下面按照时间顺序介绍，其中包括 1924 年 4 月张孝若访日期间为日本《外交时报》撰写的文章以及 1924 年 8 月访问归来时写给涩泽的长信。

第一件资料是涩泽荣一给张謇的信，时间为 1923 年 3 月 12 日②，内容如下。

拜启、谨祝健康。去岁，由请贵门章克元、张同寿、陈仪三君所提案之议，拜承委曲，待调查贵方现况等，再与敝邦实业界协议。特委托外务省驹井德三进行调查。驹井受命赴贵地，曾蒙好意关照，已顺利完成任务，于旧岁腊月归朝。驹井归来，因老生年初以来，旅行较多，尚无见面机会。近来，有机会（同驹井）见面，得知尊处的状况等。欣闻阁下康健，执掌各般事务，诸相关事业发展顺利，去岁三君来访的提议，自然已无必要，对此甚感欣快之至。如前述，因事有变，尊提议失去必要，然与贵国之亲善愈发重要。要增加亲善，两国之经济提携是为关键，而经济提携需以忠恕相爱为基础。去岁，尊函教示之义，老生对此完全赞同。几年前，老生从实业界引退后，从事与各国之亲善，尤其极力强调与贵国友好沟通之必要，并企望将来仍能继续此种努力。老生自少年起，对汉学兴趣颇深，尤其爱读《论语》，以此为处世信条。阁下委托驹井氏惠赠的亲笔题字的老子画幅，于我而言乃是最好之礼物，再次深谢！

---

① 关于张謇向日借款，见〔日〕浅田泰三《张謇与驹井德三——张謇对日借款始末》，《近代改革家张謇——第二届张謇国际学术研讨会论文集》，江苏古籍出版社，1996。〔日〕驹井德三《张謇关系实业调查报告》，江苏省政协文史资料研究委员会编《江苏文史资料选辑》（第十辑），江苏人民出版社，1982。

② 涩泽荣一给张謇的信，1923 年 3 月 12 日，涩泽荣一史料馆所藏。

这封信为日文，收录在《涩泽荣一传记资料》中。信中所谈到的关于张謇派人商谈借款的细节，最早披露在日本外务省职员驹井德三的回忆录中。驹井写的《张謇关系实业调查报告书》刊登在《江苏文史资料选辑》第 10 辑。遗憾的是，张謇给涩泽的信，或许因为 1923 年 9 月日本关东大地震，涩泽荣一事务所遭受震灾，和大多数的资料一样毁于火灾。

第二件资料是张謇写给涩泽荣一的信，时间为 1923 年 9 月 5 日[①]。1922 年 7 月 13 日，民国大总统黎元洪任命张孝若为专使，前往欧美日考察实业。然而孝若年幼资历浅，既非政治家更无涉外经历，在当时国内各派斗争激烈状况下，对于政府的这一任命，无论是孝若本人还是张謇，都是喜忧参半。在内外压力之下，张謇斟酌再三，最后还是决定以国家大任为重，支持孝若接受任命。此后，张孝若一行经过一年多的筹备，终于于 1923 年 9 月 17 日正式出发。考察团正式访问了法国、比利时、荷兰、德国、奥地利、瑞士、意大利、英国、美国、日本十个国家，全程长达 7 个月之久，于 1924 年 4 月 19 日回到上海。张孝若带领的赴欧美日实业考察团，是近代中国海外实业考察中的一次重要举措。这就是张謇写信拜托涩泽在日本照顾张孝若的时代背景。

在孝若即将率领考察团出发之际，张謇致信涩泽荣一，通告张孝若赴外考察的目的，希望在孝若访日期间给予关照。张謇原信收藏在日本涩泽荣一史料馆，全文如下。

涩泽先生大鉴：久疏通问，驰想无极。惟福业骈美，是颂是祷。儿子孝若，去岁奉敝政府明令，派赴各国考察实业。部署筹备，今始成行。我国实业幼稚，待取法于先进各国者不少。儿子年来以里事纷繁，时为余助。今藉问俗观风之便，为善邻亲仁之媒。实业取资，尤为主要。夙承知好，必荷关垂，特令晋竭，敬致诚款。幸示南铖，予以赞助，则感激之私为无量也。附陈南通风景画一册，近影一帧，聊以将意。敬颂日祺。

---

① 张謇给涩泽荣一的信，1923 年 9 月 5 日，涩泽荣一史料馆所藏。

同样内容的信，张謇同时发给了美国的史蒂芬、芮恩施夫人，英国的朱尔典、汤姆司，德国的史脱纳司，荷兰的特莱克玛丽等人①。此信在日本，仅发现给涩泽的这一份。出于对涩泽的信任和尊敬，张謇拜托涩泽接待孝若的访日，期待涩泽能动用其在日本社会举足轻重的影响力来为张孝若捧场助威。

日本政府对于张孝若担任考察欧美日实业专使，也格外重视。从任命公布时起，就积极通过各种渠道收集此项任命的背景。同时，通告驻外使馆注意有关张孝若代表团访问各国的情况。例如，1923 年 11 月 22 日，在南京领事深泽暹致电外务大臣内田康哉，详细报告了关于张孝若赴欧美以及日本考察实业的内幕②。11 月 11 日、日本驻里昂代理领事若月馥次郎给东京发来了里昂新闻的报道③。12 月 12 日、驻荷兰公使长冈发来了松村书记官执笔的长达 6 页的关于张孝若一行在荷兰的活动报告④。1924 年 2 月 13 日，在张孝若一行来访日本之前，松平外务次官转发松村报告给农商务次官鹤见⑤。翌年 2 月 1 日，在伦敦商务官松山晋一致电外务大臣松井庆四郎，以 6 页的篇幅报告了关于中国特派工业视察使一行在英活动的详细日程等⑥。

中国驻日公使汪宝荣也接到了张謇的委托信。公使馆一等秘书官江洪杰受公使之命与日本外务省交涉，希望日本外务省对张孝若一行入关时，提供免检放行的特殊照顾。中国使馆公函为："考察欧美日各国实业专使张

---

① 为了张孝若考察顺利，张謇一边给中国驻美公使施肇基、驻英公使朱兆莘、驻法公使陈任先、驻瑞士公使陆征祥、驻德国公使魏宸组、驻荷兰公使唐在复发函，同时也致函国外友人，拜托关照孝若一行，为代表团提供方便。包括美国史蒂芬、芮恩施夫人，英国朱尔典、汤姆司，德国史脱纳司，荷兰特莱克玛丽。《张謇存稿》，上海人民出版社，1987，第 432 ~ 433 页。

② 日本驻南京领事深泽暹致外务大臣内田康哉电，《张孝若氏欧美以及日本实业视察》1923 年 11 月 22 日，日本亚洲历史资料中心。

③ 日本驻里昂代理领事若月馥次郎致外务大臣内田康哉电《〈关于中国实业〉团访问里昂之件》，1923 年 11 月 11 日，日本亚洲历史资料中心。

④ 日本驻荷兰公使长冈致电外务大臣伊集会院彦吉，发来了村松书记官执笔长达六页的关于张孝若一行在荷兰的活动报告，1923 年 12 月 12 日，日本亚洲历史资料中心。

⑤ 日本外务省松平外务次官致农商务次官鹤见电报，《关于中国实业团来荷之件》，1924 年 2 月 13 日。

⑥ 日本驻伦敦商务官松山晋一致电外务大臣松井庆四郎，《关于中国特派工业视察使之件》，1924 年 2 月 1 日，日本亚洲历史资料中心。

孝若，秘书二人，随员五人，共计八人。约于四月一、二日横滨入港，请通知横滨税关对于张专使一行荷物免验放行。又，谒见摄政殿下。"① 1923年2月8日，日本外务省人事科长代理致函横滨税关长神鞭，曰："中国政府赴欧美日实业考察特使张孝若一行8人，计划4月1日乘船从香坡（原文）抵达横滨，应中国驻日公使的特别要求，请对一行登陆携带行李，给予简易通关的方便。"

　　1924年4月1日，张孝若率领中华民国政府实业考察团一行8人抵达日本横滨，下榻东京帝国饭店②。4月2日午后3点，张孝若一行应约赴涩泽荣一飞鸟山私邸，拜访涩泽先生，进行了一个小时的交谈③。4月4日，涩泽荣一以个人的名义给31位在京日本财界代表发出通知，表示计划于4月9日晚上6时举办欢迎张孝若一行的晚餐会④。在当时的日本，大凡举办接待外国宾客的宴会，一般需要提前三周或一个月发通知。此次，因张孝若一行抵达时间不定，才有涩泽提前五天发通知的特例。这也表明了涩泽对张孝若的特殊感情。5日上午9点至10点，张孝若在外务省职员驹井德三等陪同下，访问了位于东京市中心的涩泽事务所，又一次拜会了涩泽，进行了交流⑤。8日上午，在中国驻日公使汪荣宝的陪同下，拜访了日本摄政殿下⑥。9日，已经很少公开活动的涩泽荣一，不顾83岁之高龄，在坐落于东京车站附近的，号称日本财界迎宾馆的东京银行俱乐部，亲自主持晚餐会，欢迎年龄不足30岁的中国政府实业考察团团长一行⑦。日本的财界领袖有财界总理之称，其社会知名度和影响力有时甚至在内阁总理之上。当时涩泽荣一的名望，如日中天，在日本社会无出其右者。因此，涩泽设宴接待来自中国的年轻客人，成为日本实业界的重要新闻。出席宴会的都

---

① 日本外务省人事科长代理致函横滨税关长神鞭，《关于中国视察团简易通关之件》，1924年3月28日，日本亚洲历史资料中心。

② 《朝日新闻》1924年4月3日。

③ 涩泽青渊纪念财团龙门社编纂刊行《涩泽荣一传记资料》别卷第二，日记他，1966，第619页。

④ 涩泽青渊纪念财团龙门社编纂刊行《涩泽荣一传记资料》别卷第二，日记他，1966，第275页。

⑤ 涩泽青渊纪念财团龙门社编纂刊行《涩泽荣一传记资料》别卷第二，日记他，1966，第619页。

⑥ 《朝日新闻》1924年4月9日。

⑦ 涩泽青渊纪念财团龙门社编纂刊行《涩泽荣一传记资料》别卷第二，日记他，1966，第619页。

是日本实业界的重镇，这为张孝若和代表团的在日活动创造了良好条件。可以想象，张孝若是何等的兴奋与满足。

第三封和第四封信就是张孝若对涩泽荣一的热情接待表示感谢的谢函。4 月 14 日、张孝若赴京都访问期间，以日本下关的明信片代信，写下七言诗一首，寄给涩泽荣一，表达了发自内心的尊敬和酬谢之情①。原文如下："三月樱花照海明，青松山外碧波平。齐民要术资师在，自古兴邦赖老成。"他还于诗的下面写道："京都车中奉寄，涩泽子爵前辈，以示景仰感激之忱，甲子四月十四日。"

4 月 17 日下午，在乘船离开神户返回上海之前，张孝若又一次致电向涩泽表达谢意。因为只有日文，翻译成中文的大意是："子爵涩泽荣一阁下：逗留期间，有幸几次拜会，敬承教诲，真挚款待，广为介绍实业界名流，不胜感激，谨致深深的谢忱。本日已经顺利完成使命，值踏上归程之际，吾教有日，遥祝阁下身体健康。烦请代向各位转达问候。"② 这两份资料，即上述明信片和日文电报，现收藏于涩泽荣一史料馆。

第五件资料是张孝若在访日期间，为日本著名杂志撰写的文章，题目是《可以乐观的日本前途——欧美人对于震灾后日本的看法》，发表在 1924 年 5 月 1 日的《外交时报》③。原文应该是中文，现再从日文译回到中文，全文共 1600 字左右。为便于了解张孝若的对日认识，特全文引用如下。

美国桑港大震灾的损失之巨乃为近世罕见，但如果和去年 9 月日本的地震灾害相比，日本损失之大，几乎不可同日而语。因此，凶讯传来，举世对日本表示深切之同情，努力援助。如果说，当时我中国国民各界人士对日本复兴所持何种心理，鉴于日本国民的刚毅天性和日本近年来的神速发展，确信日本有能力在短时间内恢复现状。那么，我想诸位也希望了解欧美人士是如何看待这些的，因为这不仅关系到日本复兴的进展，也影响东亚大局的前途。

---

① 1924 年 4 月 14 日张孝若从京都发给涩泽荣一的明信片，收藏于涩泽荣一资料馆。
② 1924 年 4 月 17 日张孝若从神户发给涩泽荣一的电报，收藏于涩泽荣一资料馆。
③ 张孝若：《楽観すべき日本の前途—欧米人から見た震災後の日本》，《外交时报》1924 年 5 月号。

大约于日本震灾半个月之后，我奉政府之命，踏上调查欧美和日本实业的旅途，在欧美各国期间，有机会了解到欧美人士对震灾后日本的复兴及其前途的看法。毋庸质疑，震灾之影响波及政治、经济以及国计民生万般，但是从根本而言，还是经济上的损失。所以，我特别注意从经济方面观察各国的态度。总之，我发现，除一两点以外，欧美人士总体上对日本经济的前景充满乐观。

横滨为日本第一大贸易港口，东京是帝都，都是国家中枢之地，由于此次地震给国家和国民带来的损失金额至少达到数十亿，远远超过当年日本和俄国开战时所损失的货币的几倍。尽管如此，欧美各国人士发至内心的乐观，是有足够乐观的材料的。我所了解到的乐观理由，极其错综复杂，简而约之，大致可以分为下述五点。

（1）历史的见解。

虽然，日本因震灾的损失极其巨大，但是有必要比较十几年前桑港的震灾来思考。（桑港震后）当时恐慌论弥漫，前途暗淡，尽管如此，短短几年，已恢复现状，今天几乎看不到当时的痕迹，所受的损失只不过成为经济发展中的一段障碍。日本震灾损害之巨大，固然非桑港之比。但是若以历史眼光来看，日本的震灾损失也不过为一时之障碍。到了将来恢复的阶段，必将有同样的感受，这就是第一个理由。

（2）金融的见解。

三十年来，日本在世界金融界保持有很好的地位。当年日俄战争之际，日本向欧美各国借债求援，欧美各国无不积极视认购日本国债为稳妥的投资一事，就是最好的例证。这足以说明日本对外金融信用之高。灾后复兴的进展之难易取决于金融援助的能力。如上述，各国既然充分信任日本，那么日本一定会从欧美取得巨额借款以利复兴。因此经济上的复兴必将迅速，这就是我讲的第二个理由。

（3）效率的见解。

震灾的损失虽然巨大，但是根据各国的普遍看法，这一损失可以凭借促进效率而得到补偿。如果全国人民认为有必要于短时间内消除震灾所带来的痛苦，必将在今后建设中付出更大的努力。因此，增进此种效率等于减轻总损失金额。而且，日本国民具有此种努力已经被各国所公认，这正是可以乐观的第三个理由。

（4）经济的见解。

欧洲大战时，日本根据各国需要，提供各种商品，连年贸易入超，外币储存达18亿，国富增长极快。其后，日本虽然受到战后冲击的影响，经济萧条，但其经济实力依然保持着坚实的地位。为此，各国认为，日本受灾损失的十亿还不到国库的十分之一，受灾人数还不过是全人口的百分之三，所以说影响是比较小的，这就是第四个乐观的理由。

（5）心理的见解。

以上各理由，既是事实上的也是科学上的，但是不能忽视的就是，值得乐观的根本则是建立在各国民众良好的对日心理的基础之上。欧州各国人士对日乐观态度的原因在于，日本在维新之后国家发展神速，以及具有国际竞争力。而且，这一事实使各国民众具有对日乐观心理，这也是可以乐观的第五个理由。

欧美人乐观看待灾后日本的理由如上所述，今天这些理由如同他们得到五亿元贷款，成为了促进日本复兴的动因。事实上，这些都给上述观察者一种感怀。一言以蔽之，可以说一方面，日本由于震灾国家财产受到了某种程度的损失，另一方面，在振兴国民精神和国家荣誉方面则受益良多。

此次，尽管我到访日本的停留时间并不长，考察复兴大业的概况，使我不仅耳闻目睹了日本全国民精神高度紧张地投入到复兴大业中，而且看到各种计划在井然有序地落实。同时也发现，眼下的经济、金融和商业上的诸困难只不过是暂时的障碍。我想，眼下日本之困难，也可以看作是为实现无穷造化之大难，这和孟子所说的"天将降大任于斯人也"为同义词。我还认为，此言不限于人，对于国家亦然。从这个意义而言，我此次海外视察的最大收获，就是痛感中国的未来与其学习欧美各国，更应该在各种意义上学习日本。

杂志编辑在文章后面附加备注，写道："张孝若乃德高望重的中国当代政治家和中国实业家之重镇，原农商总长张謇的令郎。氏年青有为，毕业于美国大学，前年七月被委派欧美考察实业。众所周知，此次于视察欧美的归途，除作为中国实业特使外，同时还以中国总商会联合会代表的身份访问我国，为促进中日经济界之交流活跃于朝野上下。本稿为氏于百忙之中抽出时间特为本杂志撰写，寄自归国途中的京都。"① 在现存有关 1924 年 4 月张孝若访问日本的资料中，这篇文章具有特殊意义。首先，它是中国人眼中的欧美人对日本震灾的看法。其次，综观全文，字里行间强烈流露出中国人的日本认识，反映了张孝若本人的日本观，也可以推测其中或多或少地也带有张謇对日思想的痕迹。另外，大名鼎鼎的《外交时报》向一名年龄不过 26 岁的中国人征稿一事本身，也说明了日本各界对张孝若的认可和评价。

第五件资料是张孝若访日回国后，写给涩泽荣一的长信，时间为 1924 年 8 月 20 日，也就是张孝若回国不到四个月的时候②。这封信较长，他向涩泽荣一详细汇报了回国以后的主要工作。由于没有找到中文原件，下面根据日文原文译出。

东京市涩泽子爵阁下：

中国南通、欧美及日本实业考察专使张孝若、张謇（小），一九二四年八月二十日

拜启　前次负（考察）实业使命访问贵国之际，承蒙亲切援助，深表谢意！小生于本年四月回国后所从事事业之概况如左，敬请阁下一阅。小生将在情况允许的范畴，致力于商工业之发展，直接或间接为实业界及一般公众利益服务，努力尽到对我政府之义务。下述之概况，企望有机会可以得到阁下的建议及批评。

为方便起见，现将小生之事业归分成以下三类。一、在各种团体及公众集会上的演说；二、给政府的报告；三、将鄙见以议案之方式提交给全国工业大会。小生经常发表公开演说，给政府的报告也基本完成，将在一两周内赴北京，届时（报告）提交给共和国大总统。全国工业大会预定于九月在北京召开。

在各种团体及公众集会上的演说，已经发表过演说的团体如下：上海总商会，上海银行业者协会，江苏省教育协会，上海中国纺织品联合会，中国学生世界同盟，上海基督教青年会，上海南通俱乐部，

江苏省议会，南京总商会，南京银行家协会，江苏省的政治、财政、工业、教育各局，以及其他（统治）团体，南通的各种商业、教育、（统治）团体及主要工业团体。在这些地方的演说中，小生介绍前次历访各国的一般经济情况概要，并简要描述受到各方之款待，此外，还简要提到了下述诸条款之内容。小生认为，欲促进我国工业发展及外贸增长，这些内容是必要的、不可缺少的。

（一）付清已经超过支付期限的外债，以恢复我国在国际市场上的信用。

（二）延长铁路和公路，以及改造运河和港湾的计划，利用廉价及运输之便，活用国内消费及出口的原料的计划。

（三）通过实施疏通灌溉工程、改良种子、向西北部的移民以及设立农业信用工会等措施，为农业发展及开拓荒地提供特别方便的计划。

（四）通过扩大宣传报道之范围，加入国际商业会议所，任命派驻欧洲、美国、日本、南洋诸岛的商业会议所特派员，组织在外中国商人团体等措施来促进外贸的计划。

（五）制定劳动法及其他相关法令，以及有效施行的计划，通过日内瓦的国际劳动局与世界运动保持联系。

除以上简要概括的根本性的重要问题之外，附带论述关于应尽快落实的下述诸问题。

（一）在全国及各省设置统计局。

（二）在中学以上的学校中采用关于实业原理及关于国家政策的课程，同时通过报纸及其他机构来扩充实业教育。

（三）统一货币制度的计划，使货币的内涵和外观一致，并确立辅助货币的十进数制度。

废除入市税及厘金税，以关税和盐税来补充国库之收入。

（四）确立度量衡制度。

考虑到经济发展与政治上的和平密切相关，因此小生极力主张依靠法律的力量，实现以法治国的必要性。

关于给政府的报告，因小生的此次世界漫游时间短暂，不可能充分收集到关于各国的工业、财政以及其他问题的资料，小生仅凭手头资料，就下述诸项，提交了报告。

（一）小生历访各国的经济状况，特别是关于农业信用组合的一般性的调查。

（二）关于煤矿及金属工业的报告。

（三）世界纺织品工业的调查。

（四）关于河川港湾保存问题的专门讨论。

（五）关于某种化学工业的研究。

（六）世界船舶业之概况。

（七）关于市制的报告。

上述报告整理后，提交给共和国大总统，由其自由定夺。

在全国工业大会上发表我之私见；根据农工总长提议，指令全国召开工业大会。此大会出席人员为各省工业局代表、地方商业会议所成员以及重要的地方工业家等。会上将讨论促进中国工业发展的方法，并提出具体方案。

九月一日在北京召开的此次大会，将讨论小生提出的基于海外调查结果的议案，征求与会各位代表意见，以求通过。关于对外贸易，小生计划的内容提纲如下。

（一）在政府的支持和协助下，从联合商业会议所中选出有资格的代表，派驻到欧洲、美国、日本以及其他重要地区（恰如其他国家的商务官），负责通报及传播商业信息之业务。

（二）根据需要，组织全国经济协会，拥有国际商业会议所会员之资格，同时提出（入会）申请。

（三）尽快向政府相关部门提出我们对于如何尽早处理尚未支付、且处于极不稳定状态的外债的建议。

（四）组织旅居海外从事商业的中国商人团体，充分有益地活用其所拥有之财力，进行充分的、有益的信息沟通，增进相互利益。

（五）思考确立外汇市场之方法，大大减少中国于外贸上所特有的不确定性和各种障碍。

（六）为了各种出口工业之发展，要确立出口商品之品级、维持品质以及改善制作方法，并在情况允许之地区组织出口业者协会。

小生之为了我国工商业发展的微小努力能有何种程度之贡献，尚不明了，即便不能成功，或许可以找出一些如何对应将来的方法。小生已被任命为驻智利国公使，并将在全国工业大会结束之后赴任，但小生不会因此而放弃一贯之钻研以及相关方面之工作。为实现预定之目标，还请阁下一如既往地多多给予建议和支援。

这份资料对于了解张孝若实业考察的收获以及其回国后的作为极其重要。

第六份资料是殷汝耕于 8 月 27 日写给涩泽荣一的信①，当时殷的身份是南通实业总管理所代表。在有关张謇和日本借款等的交往中，殷汝耕始终穿梭其中，包括张孝若访问涩泽的所有日程似乎都和殷有关系。因此，殷致函涩泽荣一也属正常。殷在信中再次感谢涩泽荣一对张孝若访日期间的接待，同时禀告张孝若被任命为中国驻南美智利大使并转交了张孝若旅途中写的诗集，提出希望再次拜访请教。殷在日本人脉丰富，被认为是亲日派。关于信中提到的张孝若的诗集，还没有被发现。

第七份资料是涩泽荣一接到张孝若 1924 年 8 月 20 日的长信后，于 1925年 1 月写的回信②。其实，1924 年 10 月 15 日，涩泽荣一得知张孝若来信，十分重视，对手下人没及时翻译来信，极为不满，批示道：来函翻译延迟，理由何在，请速调查。并要求认真研究来信内容。同时指示，要白岩龙平、角田隆郎两位共同协商来办理③。对张孝若的来信，涩泽于 1925 年 1 月回信如下。

　　　　拜复　谨祝祥安。拜悉阁下受重任，结束对欧美各国和敝国的实业考察归朝后，向当局报告对贵国商工业进展的高见，同时向贵国各方面广为介绍（考察）要纲。阁下视察先进各国实业的热情及相关研究，以及对于改善发展祖国实业的方法的确切建议，使小生不禁回想起少壮时巡游法德诸国之情景，追念往事，感慨良多，对尊书表示诚挚之敬意与同情。改善商工，增进国富乃近世政治的第一要义。在贵国政治变乱不止之现实中，独谋改善扩张实业之计，艰难之至。唯赖如尊父之德高望重、学识超群之权重者登高呐喊、因势利导。阁下聪敏，前途无量，与尊父协力奋力指导，绝非仅是贵国之幸福。对于细

───────────────

① 1924 年 8 月 27 日殷汝耕从京都发给涩泽荣一的信，收藏于涩泽荣一资料馆。
② 1925 年 1 月涩泽荣一给张孝若信，涩泽青渊纪念财团龙门社编纂刊行《涩泽荣一传记资料》第 39 卷，1966，第 283 页。
③ 涩泽青渊纪念财团龙门社编纂刊行《涩泽荣一传记资料》第 39 卷，1966，第 280 页。

则的敝见，容当他日，谨对来函高见深表谢忱。

白岩龙平是涩泽的得力心腹，是近代日本具有亚洲主义思想的实业家代表，他主张中日经济合作、互通有无，反对日本政府对华的高压和侵略政策。白岩当时在涩泽担任会长的日中实业协会任职，主要辅佐涩泽的对华事务①。

第八份资料也是涩泽荣一给张孝若的信②。

> 1925 年 1 月，东京涩泽荣一、南通、张孝若阁下　孝若仁兄大人惠鉴：敬启者、日前具函，托安东君代呈尊大人处，奉候起居，现已接奉环云，至为欣慰，尤可喜者，现有弟壮年时代同力经营各股份公司之至友大仓男爵，年近九旬，拟于本月十二日动身往游贵邦，此公最注意者在于我两国经济关系，曾于本溪湖经营规模宏大之铁厂，今又思在蒙古创办开垦，为实地研究起见不辞跋涉风尘。来舍辞行时，弟虽病卧幸获畅谈贵邦经济情况，并告以贤乔梓在南通州颇负盛名，及阁下日前来东与弟往来甚厚感情亦深，以趁此次机会得接芝颜为幸，现闻大仓男爵于本年六月末住北京北池子大仓洋行内，如阁下遇便，深望枉驾光临为祷，果能藉此一书，彼此晤会一堂，与将来大局或有所裨益亦未可料也，再尊大人处亦拟具函奉达，仅就愚见略陈两国将来。弟自去冬以来，时时病喘，至今尚未就痊，是以缺候，务祈顺便代告是盼，专此奉达，顺颂，起居百福。涩泽荣一。

从涩泽信中得知，张孝若收到涩泽来信后又写了回信。这封信中有几个内容。一是涩泽指派安东赴张謇处商议中日实业界的合作等事项③。二是介绍日本大仓财阀首脑大仓喜八郎，希望在大仓停留北京期间，张孝若能

---

① 白岩龙平（1870~1942 年）近代日本实业家，1870 年生于冈山。1890 年加入荒尾精在上海创设的日清贸易研究所，后参与创建大东汽船，湖南汽船和日清汽船。是涩泽荣一信任的对华实业家。详细请参照中村义一《白岩龙平日记——亚洲主义实业家》，研文出版，1999。

② 1925 年 1 月涩泽荣一给张孝若信，收藏于涩泽荣一资料馆。

③ 有关涩泽委托安东赴南通拜会张謇的具体情况，仅见安东从中国发给涩泽的几封信，其他不详。

去拜访请教。经查实，涩泽荣一确实在大仓访华前，专程赴大仓私邸拜访，交流了关于中日实业界合作的意见①。涩泽荣一主动提出把张孝若介绍给大仓喜八郎，可见他对张孝若期待之殷。此外，在短短的一个月之中，涩泽接连写信给一位比自己年龄小近五十岁的中国年轻人，实属罕见之举，说明了他把张孝若来访时所建立的感情看得较重，用涩泽自己的话来讲，"阁下日前来东与弟往来甚厚感情亦深"。

第九份资料是张謇写给涩泽荣一的信，时间是 1925 年 4 月 29 日②。张孝若回国后，向父亲汇报了在东京受到涩泽荣一的接待及其之友情，张謇一定是深为感动，这次是亲笔写信，感谢涩泽对孝若的盛情款待。"涩泽先生惠鉴：儿子去春在日，诸辱优遇，至今心感。安东先生，来奉手书，至为感荷。询悉道履，胜常尤深，慰颂。敝国人士对于棉业，渐知注重，南通实业，循序改进，旧观渐复。重承远注，均敬奉闻，复请大安。"从张謇的信中似乎可以读到，张孝若从日本回来后，如此热心靠近涩泽荣一，频繁书信往来，绝不会是背着父亲的个人行为，理所应当是得到张謇的首肯和支持的。因此，此封张謇发给涩泽的言简意赅的谢函，并非一般性的客气套话，而是表达了对涩泽的真实谢意。

第十份资料是张謇逝世时，涩泽荣一在第一时间里发给张孝若的唁电③。"张孝若先生鉴：顷惊悉尊大人毙逝之耗，曷禁痛惜，尚祈珍重，节哀顺变，专电奉唁。涩泽荣一"。张謇逝世后，涩泽曾多次公开向媒体谈起对张謇的怀念和与张謇父子的友情。

以上资料是张謇父子两代人和涩泽荣一之间的、时间跨度并不长的交往和友情的纪录，也是深藏在历史档案中的中日关系的另一个侧面。

近代中国人的对日感情十分复杂。1868 年的明治维新开辟了近代日本改革的新时代，成为亚洲第一个实现近代化的国家。1895 年的中日甲午战争中，大清帝国竟然被区区岛国日本所打败。这一现实激发了中华朝野有志之士化战败之耻辱为学习日本的动力。戊戌变法是自上而下学习日本、改革图强的理性尝试；中国赴日留学高潮的兴起则是学习日本、教育救国的必然选择。20 世纪初中国络绎不绝的各类赴日考察团，是期待借用日本

---

① 涩泽荣一拜会大仓喜八郎见涩泽荣一日记。
② 1925 年 4 月 29 日张謇给涩泽荣一的信为张謇亲笔，收藏于涩泽荣一资料馆。
③ 涩泽荣一发给张孝若的唁电，收藏于涩泽荣一资料馆。

经验、推动清末新政的举措。1903 年 4 月，50 岁的张謇东游日本，考察农工及市町小学，同样是适应时代潮流的明智选择。从踏上日本的第一天到回国的 67 天行程之中，张謇不辞辛苦、马不停蹄，分秒必争地认真考察学习，留下了翔实的东游日记①。这一年，张孝若刚刚 5 岁。

1915 年 2 月，在日本对华提出无理蛮横的 21 条要求时，张謇给 17 岁的孝若的信中写道："日人无礼要求之款至二十余，余人不复可耐，然不耐亦无法。一二月内，必有变相。临难而去，父所不为。到此地位，只有静观其变，以义处之而已。"同时谆谆教导说："儿须知无子弟不可为家，无人才不可谓国。努力学问，厚养志气，以待为国雪耻。"②

1922 年，为日本船员擅自登陆游猎一事，张謇写下近千字的抗议，致信日本外务大臣，指出：南通县者，敝国江苏省之内地，非开辟商埠可比。依照公章约法，行旅商人，非有该国及本国护照，不得擅自登陆，何况军队——查军队无故闯入吾国内地，违我内政，南通至人，百思不得其解。全文有理有据，言辞激烈，指出日本军人违法的行径，暴露了其平时无文明教育，严正声明歧视我方的行为理所当然地应该受到法律的处罚。同时，揭露了日本宣传中日亲善的虚伪性，一针见血地指出中国民众抵制日货是因为日本的对华歧视③。这一年，张孝若已经 24 岁。

正是这样一位对日本有着清醒认识的张謇，在 1922 年的同一时期，为了挽救其所创办的企业的危机，在张孝若主导从日本借款之大计时，结识了涩泽荣一。1924 年春季，张孝若考察欧美日实业，承涩泽荣一照料指教。由此，近代中国实业的开拓者张謇父子和日本资本主义之父的涩泽荣一之间的友情故事如是展开。

历史从来都是多层面的，历史人物的世界更是无比丰富多彩。从上述资料中，我们读到了张謇父子为建设中国实业而奋斗中的另一些故事，同时也会慢慢体会到在时隔近百年的今天，在南通张謇纪念馆和东京涩泽荣一故居的面前，张家后代和涩泽家后人重续旧好的历史沉淀和时代意义。

---

① 《张謇全集》第六卷日记，江苏古籍出版社，1993，第 478～515 页。
② 1915 年 2 月，《张謇全集》第四卷事业，江苏古籍出版社，1993，第 674 页。
③ 《为日舰员擅自登陆游猎致日本政府》1922 年，《张謇全集》第四卷事业，江苏古籍出版社，1993，第 471～472 页。

（后记：本文从定题到资料以及论文的撰写，始终得到指导教授李廷江老师的热心帮助和指教。中央大学大学院博士研究生刘佳备同学、清华大学日本研究中心博士后尹虎老师不辞辛苦，帮助查找资料，对此一并表示衷心的感谢！）

（本文载于 2013 年 7 月 9 日《东方早报》）

清华四大导师与日本

中国科学技术发展战略研究院 石长慧

在清华近百年的历史上，国学研究院的四大导师，如四颗璀璨的星辰，熠熠生辉。回首百年，清末民初，国家贫弱，百姓困苦，多少仁人志士，为救国救民而苦苦追寻求索，四大导师就是其中的杰出代表。他们都有着留洋（寓居）海外的经历，取法强国，融汇中西，为国家之崛起，民族之强大，学术之振兴，作出了不朽的贡献。其时，在西学东渐的过程中，明治维新之后的邻国日本起着十分重要的中介作用，而四大导师则或多或少，都与日本结下了深厚的渊源。

梁 启 超

1898 年 9 月，戊戌变法失败，被清政府通缉的梁启超登上日本军舰，开始流亡东洋的异国生涯。至 1912 年回国参政，梁启超共在日本生活了 14 年。从 26 岁到 40 岁这一人生的壮年阶段，是梁启超政治思想最为活跃、学术研究成果最为丰硕的时期。他立足日本，以超人般的热情对救国强民之道孜孜以求，笔耕不辍，将对新世界的了解和认识源源不断地介绍给国内，有力地推动了中国社会的近代化。

梁启超一生经历了两次惊险的逃难：一次是"百日维新"失败，追随老师康有为亡命海外；另一次是潜赴广西组织军务院，领导护国战争，反对袁世凯复辟帝制。而这两次逃难都得到了日本的大力协助。梁启超的思想、学术和政治立场，在许多方面也受惠于明治日本。抵达日本之后，除了积极劝说日本政府救助光绪皇帝之外，他立即开始学习日语，并通过日语，博览群书，如饥似渴地吸取西洋思想文化精华。梁启超天赋过人，仅仅半年左右的时间，他不仅自己可以使用日语阅读日文书籍，还把学习日语的经验加以总结，和朋友罗普创作并出版了学习日文的速成教材——《和文汉读法》，这本书在当时的留日青年学生中，产生了较大的影响，在传播知识、介绍西学方面也发挥了重要作用。

梁启超曾把接触明治日本的思想比做"如幽室见日，枯腹得酒"，他眼见当时的日本学术界，在明治维新之后，朝气蓬勃，出版物琳琅满目，"如行山阴道上，应接不暇"，"畴昔所未见之籍，纷触于目，畴昔所未穷之理，腾跃于脑"，从前在国内患无书可读，在日本则可读之书太多。在广泛阅读了政治、经济、社会、历史、哲学、科技等诸多西方和日本的典籍之后，他觉得自己"脑质为之改易，思想言论与前者若出两人"。他虽"沾沾自喜"，"而不敢自私"，尽力翻译介绍西方先进的文化思想予国内，在此过程中，他大量地借用了日本人创造的汉字词汇，这些词汇输入我国，不仅为传播西方先进的科学文化作出了杰出贡献，而且大大丰富了祖国的语言文化，泽被今日。

梁启超终身致力于变法维新。宣传西方先进思想，造就"完备之国民"，是他矢志不渝的奋斗目标。在日本，他创办报刊，设立新学，为教化国民积极奔走。他先在横滨办起了《清议报》，1901年底《清议报》报馆遭火灾被迫停刊之后，他又于1902年2月创办了《新民丛报》，11月创办《新小说报》，宣传变法维新和君主立宪思想。这些报纸在海内外产生了巨大的影响，而梁启超也因此获得了"舆论之骄子""天纵之文豪"的美誉。此外，在日本友人和爱国华侨的帮助下，他创办了横滨大同学校、神户同文学校和东京大同高等学校，以"开民智"，"养新民"，为中国走向独立富强培养人才。脍炙人口的《少年中国说》，就写于此间的1900年，其中所含的对少年学子的殷殷期望之情与拳拳爱国之心，至今读来仍让人热血沸腾。

在梁启超的九个子女中，分别有梁思成、梁思忠、梁思庄在日本出生，而长女梁思顺则毕业于日本女子师范学校。他崇拜日本著名的改革志士吉田松阴和倒幕英雄高杉晋作，并为自己取了一个日本名字——吉田晋。在逋居日本期间，他和日本政、商界人士犬养毅、高田早苗、柏原文太郎、志贺重昂等交往甚密，结下了深厚的友谊。他曾不止一次地对日本友人表示：日本是我的第二故乡！可见其对日本的感情之深。但是当他获知袁世凯准备接受日本提出的企图亡我中国的"二十一条"时，义愤填膺，发表了一系列谴责日本侵略者的文章。他正告日本军国主义者："凡以正义待我者，无论何国，吾皆友之；凡以无礼加我者，无论何国，吾皆敌之。"强烈的民族情感，使梁启超超越了个人恩怨，为后人做出了爱国爱家的典范。而这一点似乎也得到了日本人的尊敬，据说在抗战期间，日军得知广东新会茶坑村是梁启超的家乡，扫荡队伍绕道而过，对茶坑村秋毫无犯。

王 国 维

1894 年，中日战争爆发，号称亚洲海军第一的大清北洋水师全军覆没。甲午之败，让国人震惊，而自是年，18 岁的王国维"始知世尚有所谓'新学'者"，而且由于"家贫不能以资供游学，居恒怏怏"。到了 1898 年，罗振玉等人在上课开办中国第一所日语专门学校——东文学社，聘请日本教师，教授日文，翻译日本新刊书籍，传播新学。开班时学生仅有 6 人，王国维名列其中，开始向藤田丰八、田冈佐代治等老师学习日语和英文，开眼看世界。

1901 年，在罗振玉的资助下，王国维登上东渡的轮船，踏上梦想多年的出洋留学之路。到达日本之后，他接受藤田老师的建议，进入东京物理学校就读。当时绝大多数留学生并不安于学习，卷入了轰轰烈烈的反清斗争运动，而他则"两耳不闻窗外事，一心只读圣贤书"，学习十分刻苦。不幸的是，在东京 4 月有余，王国维就患了脚气病，饮食不进，只得回国疗养。此后"遂为独学之时代"，开始潜心研究哲学，而此一期间他读书的指导者，仍然是藤田丰八老师。

1911 年 10 月，武昌起义爆发，封建君主专制制度覆亡，一批清朝的遗老遗少纷纷逃往日本。其时，京都是日本的文化中心，以狩野直喜教授为首的一批汉学家，在京都大学形成了日本首屈一指的汉学研究中心。日本学人倾慕中国文化，而罗振玉作为颇有成就的国学专家，加之所收藏的善本古籍、金石拓片甚巨，更为日本学界所尊崇。他们积极地建议和邀请罗振玉赴日。为避时乱，并保全所收藏的典籍器物，罗振玉携同王国维东渡日本，侨居京都。在日期间，王国维和罗振玉潜心整理、研究罗所收藏的典籍文物，开始了两人之间学术合作最紧密、成就最辉煌的阶段。

自 1911 年 11 月赴日本，到 1916 年 2 月回国，4 年多的时间里，王国维的学问突飞猛进，事业达到一生中的鼎盛阶段。他在日记中写道："自辛亥十月寓居京都，此四年中，生活在一生中最为简单，惟学问变化滋甚。"1912 年春，他发表"中国简牍学"的开山之作——《简牍检署考》，正式开始国学研究。1913 年，他以 3 个月的时间集大成，完成《宋元戏剧史》，开创我国戏曲史研究的先河。是年又作《明堂庙寝通考》和《释币》，考证古代的建筑制度和服饰文化，并创立著名的"取地下之实物与纸上之遗文互相释证"的"二重证据法"，为近代历史考据作出巨大贡献。1914 年，他又与罗振玉合著《流沙坠简》一书，论述敦煌和西域所出汉晋木简的学术价值，考证汉长城和玉门关等历史地理问题，在考古学界引起轰动。在日本 4 年，他"成书之多，为一生之冠"。

在寓居日本期间，王国维与日本学者狩野直喜、铃木虎雄、内藤虎次郎、富冈谦藏、林泰辅等交往甚密，彼此投赠诗文，讨论学术，情深谊厚。其中尤以内藤虎次郎和铃木虎雄为甚。王国维与内藤过从甚厚，有诗《海上送日本内藤博士》，称颂内藤氏的治学精神与成就。而内藤则曾于 1918 年延请王国维赴日本大学任教。1927 年，王国维自沉之后，内藤于《艺文》杂志出专号组织一系列文章悼念他，尔后又组织"静安学社"出版了《静安学社一览》，可谓王国维的生死之交。而铃木虎雄与王国维在诗文唱和之外，还翻译了他的《简牍检署考》和《古剧角色考》。正是他的工作，才使日本学界广泛了解了王国维的学术思想。

在清末民初扰攘动乱的年代，王国维得以寓居异国他乡，专心治学，与日本友人的帮助扶持是分不开的。从 1898 年受藤田丰八启蒙学习日语、英语，接触西方科技、哲学；到 1901 年留学日本，再到寓居日本 4 年有余，创出人生事业之高峰，日本与王国维的人生和事业有着难以割舍的关联。

陈　寅　恪

1902 年春，13 岁的陈寅恪和哥哥陈衡恪（师曾）东渡日本留学，开始走出国门、游学世界的人生旅程。根据当时日本政府的规定，到日本留学的中国学生一般要先学习日文，过了语言关才能进入各类学校读书。因此，到达东京的陈寅恪兄弟都进入弘文学院学习日语，同年进入该校的还有文学家鲁迅先生。1904 年夏天，陈寅恪趁假期返回南京看望父亲，并与五兄陈隆恪一道通过了官费留日考试。同年冬初，陈寅恪兄弟共赴日本，陈隆恪先进入庆应大学，后转学到东京帝国大学财商系学习。而陈寅恪则仍然在弘文学院就读，直到 1905 年秋天，与王国维一样，因为脚气病需要易地疗养，才告别日本，回到南京家中。此后再也没有重返东洋。

在留学日本的 3 年时间中，少年时期的陈寅恪把主要精力放在了日文的学习上。而日语理所当然成为他所精通的十几种语言中的第一门外语。在日本，陈寅恪留心观察和体验日本人的生活习俗，对日本民族特性和语言文化颇为了解。日后他在批阅《旧唐书》太宗纪下贞观十七年秋七月庚辰条"秋七月庚辰，京城讹言云，上遣枨枨取人心肝，以祠天狗。递相惊悚。上遣使遍加宣谕，月余乃止"时，便想到了早年在日本街头经常见到的高鼻赤面、具有灵性和神通的怪物，遂援笔写下按语："天狗，日本所传，当由唐代转入。"而他于 1944 年在成都撰写《长恨歌笺证》，考释《长恨歌》"春寒赐浴华清池，温泉水滑洗凝脂"两句中"温泉"之由来时，旁征博引，指出"今之日本所谓风吕者，原由中国古代输入，或与今欧洲所谓土耳其浴者，同为中亚故俗之遗"。这里的"风吕"一词，日语中即意为"沐浴"。由此两例，可见陈寅恪对日本生活观察之细，体验之深。

对日本社会与文化的了解也为陈寅恪的学术研究提供了良好的基础。他认为，日本文化多受我国唐代文化的影响，近世则受西方影响，但仍保留了很多中国文化的精髓。如在比较唐宋礼法之别时，他在《元白诗笺证稿》中写道："考吾国社会风习，如关于男女礼法等问题，唐宋两代实有不同。此可取今日日本为例，盖日本往日虽曾效则中国无所不至，如其近世之于德国及最近之于美国者然。但其所受影响最深者，多为华夏唐代之文化。故其社会风俗，与中国今日社会风气经受宋以后文化影响者，自有差别。"由此可知，观察日本，可作为学者研究我国唐宋制度变迁的重要参照系。

陈寅恪的著作中言及日本人的论著颇多，表明了他对日本学术界的关注。在人际交往上，他和日本学者的交往虽不甚密切，但是他对于日本学者的评价很高。比如在流传甚广的《王观堂先生挽词》中，有句云："当世通人数旧游，外穷瀛渤内神州。伯沙博士同扬榷，海日尚书互倡酬。东国儒英谁地主，藤田狩野内藤虎。"陈寅恪为了表明王国维在海内外汉学界的突出地位，列出了当世的"通人"旧游。神州以内，学问堪与王国维比肩者，为"海日尚书"沈曾植；"瀛渤"之外，则有法国的"伯（希和）、沙（畹）"两位大师，以及日本的藤田丰八、狩野直喜和内藤虎次郎，在 6 个"通人"中，日本人居半，可见陈寅恪对日本学者的评价之高。（蒋天枢根据陈寅恪亲口所述，在"藤田狩野内藤虎"这句诗下笺注："——罗（振玉）先生昔年在上海设东文翻译社，延藤田丰八讲授日文。先生从之受学。故此句三人中列藤田第一，不仅音韵关系。至于内藤虎列第三，则以虎字为韵脚之故，其实此三人中内藤之学最优也。"据之可知，陈氏对内藤氏之学评价甚高）

日本史学界对于陈寅恪的为人为学也给予了高度评价。他的著作如《隋唐制度渊源略论稿》和《唐代政治史论述稿》等，被《中国史研究入门》列为必读，《亚细亚历史研究入门》也有类似的说明。而《亚细亚历史事典》《东洋史辞典》《大百科事典》等辞书都有"陈寅恪"条目。东京大学著名史学家池田温教授认为，"若举民国以后之中国历史家，陈先生必在十指之中"，由此可见陈寅恪在日本历史学界的地位。

赵 元 任

在四大导师之中，以赵元任最为年轻，而相较之于前面三大导师，他与日本的渊源也略少。从前文我们可以得知，梁启超、王国维、陈寅恪三位都有在日本或留学，或寓居的经历，他们都曾以日本为中介，学习西方的先进文化与思想。而赵元任则直接取法西方，先后毕业于美国名校康奈尔大学和哈佛大学。

20 世纪 70 年代，加州大学伯克利分校的 Rosemary Levenson 女士在对赵元任的口述史采访中，曾问他受教于英美、欧洲大陆和受教于日本的中国人之主要区别。赵元任认为，总体而言，人们对于受教于西方的国人评价更高。原因之一在于，日本离中国太近，易于交通，去者众多，较之要为漂洋过海做更长准备、跋涉更远的留学西方的人士，成就总体上稍为逊色。

作为语言学家，赵元任更加注意留学生的阅读和发音。他认为，日本的语言与中国相近，许多重要的词汇都用汉字表示，而留学日本的国人很容易以国语的发音来读日语中的汉字。他列举了一个有趣的例子，在日语中，"今日は良い天気です"（发音为"Kyo wa yo i tenki desu"）表示"今天天气很好"，由于有"今日""良"和"天气"三个汉字、词汇，大多数的中国人，甚至是留学日本的人，都会把这句话读作"jin ri wa liang i tian qi desu"。而留学西方的人就不会存在这样的问题，有利于对语言和文化的掌握。

抗战前后，赵元任写了《我们不买日本货》《抵抗》《看醒狮怒吼》《我们是北方人》以及《背着枪》等抗战歌曲，积极投入抗日救亡运动。但是对日本军国主义的恨并不代表对日本的盲目排斥。他的三女儿赵来思就嫁给了日本反战人士之后——华盛顿大学教授波冈维作。1959 年 4 月到 9 月，应京都大学的小川环树教授之邀，赵元任获得 Fulbright 基金会的资助，与夫人——毕业于东京女医学校的杨步伟女士到日本进行了为期 5 个月的讲学。在京都，赵元任作了中国语法的结构和符号研究方面的系列演讲，这两个系列讲座凝聚了他多年的研究成果。在日期间，他几乎每天都自学日语。而为了用日语向友人致谢，他还特地把中文谢词译成日语，勤加练习朗读。在此期间，他修改了《新歌诗集》《语言问题》等重要著作，撰写完 "Distinctive features for the language" 等论文，并帮助日本友人修改文章，并与日本学者讨论学术。1961 年发表于《清华学报》的《语言成分里意义有无的程度问题》就是在此间写成。在日本，赵元任与小川环树、尾崎雄二郎、吉川幸次郎、清水茂等结下了深厚的友谊。

1968 年，赵元任再次偕夫人环游世界，又访日本。恰逢三女儿赵来思一家休假寓居京都，遂在日本逗留一个多月，76 岁高龄时与儿孙得享难得的天伦之乐。而故地重游，与日本友人团聚，并为杨步伟女士庆贺了 80 寿诞，让二老十分欣慰。在赵元任于 1982 年辞世后，小川环树、桥本万太郎等纷纷撰写纪念文章，追溯他对学界的贡献，回忆与先生终生难忘的交往，让我们品读到了赵元任先生与日本友人的深厚情谊。

图书在版编目（CIP）数据

清华日本研究. 第 1 辑/李廷江主编. —北京：社会
科学文献出版社，2014.2
（清华东方文库）
ISBN 978-7-5097-5065-0

Ⅰ.①清…　Ⅱ.①李…　Ⅲ.①日本-研究-文集
Ⅳ.①K313.07-53

中国版本图书馆 CIP 数据核字（2013）第 218377 号

·清华东方文库·
清华日本研究（第一辑）

主　　编／李廷江

出 版 人／谢寿光
出 版 者／社会科学文献出版社
地　　址／北京市西城区北三环中路甲 29 号院 3 号楼华龙大厦
邮政编码／100029

责任部门／人文分社　（010）59367215　　　责任编辑／宋淑洁　岳　蕾
电子信箱／renwen@ ssap. cn　　　　　　　责任校对／李　红
项目统筹／宋月华　魏小薇　　　　　　　　责任印制／岳　阳
经　　销／社会科学文献出版社市场营销中心　（010）59367081　59367089
读者服务／读者服务中心　（010）59367028

印　　装／三河市尚艺印装有限公司
开　　本／787mm×1092mm　1/16　　　　　印　　张／25.25
版　　次／2014 年 2 月第 1 版　　　　　　字　　数／412 千字
印　　次／2014 年 2 月第 1 次印刷
书　　号／ISBN 978-7-5097-5065-0
定　　价／98.00 元